한국수학교육학회 2017년 연보
Korean Society of Mathematical Education Yearbook 2017

수학교육에서 수학적 과정 및 교과 역량

서보억 · 한혜숙 · 주홍연 · 최남광 편집

KM 경문사

서문

우리나라의 교육에서 최근 교과 역량(competency) 혹은 핵심역량(core competency)이라는 말을 어렵지 않게 들을 수 있게 되었다. 지난 2009 개정 교육과정을 개정하기 이전부터 우리는 핵심역량이라는 말을 쉽게 접하게 된 것이다.

여기서 역량이 무엇인지에 대해서는 학자마다 다양한 견해가 있을 수 있지만 보편적으로 받아들이는 관점은 존재한다. 역량의 어원은 매우 오랜 역사를 지닌 것으로 알려져 있다. 예를 들어 역량이라는 개념과 매우 가까운 개념이라고 판단하는 수행(performance)이라는 개념은 고대 그리스 시대의 교육 사상가들에게서도 찾아볼 수 있으며 18세기 유럽의 교육자들도 수행의 개념을 강조한 바 있다. 하지만, 실제 교육현장에서 수행과 관련된 역량이라는 용어를 구체적으로 사용한 것은 1960년대부터이며, 최근에 들어 매우 활발하게 논의되는 화두임에는 틀림이 없는 것 같다. 많은 학자들을 이러한 역량에 대해 다음과 같이 밝히고 있다.

역량에 대하여 모두가 합의하는 정의는 아직 존재하지 않지만 대표적인 정의로 두 가지를 제시할 수 있다. 첫째, 역량은 '준거에 따른 효과적이고 뛰어난 수행과 인과적으로 관련되어 있는 내적인 특성'으로 정의하는 것이다. 여기서 준거에 따른다는 것은 역량이 구체적 기준이나 표준에 의해 측정될 수 있음을 의미하고, 인과적으로 관련되어 있다는 것은 역량이 행위와 수행을 예언할 수 있다는 것이다. 둘째, 역량은 '특정한 상황이나 맥락에서 발생하는 복잡한 요구들을 개인의 심리사회적 특성들(지적인 측면과 비지적인 측면을 포함)을 동원하여 성공적으로 해결하는 능력'으로 정의한다.

앞에 제시된 두 가지 정의 중에서 수학교육 측면에서 더욱 친숙한 것은 후자의 개념이다. 일반적으로 말하는 수학교육의 궁극적 목적이 문제해결이라고 한다면 이러한 성공적인 문제해결에 필요한 능력을 역량으로 보는 것이 훨씬 합당할 것이다.

또한 핵심역량이라는 개념은 다양한 역량들 가운데 삶의 여러 영역에 걸쳐 필요하거나 혹은 여러 영역에 걸쳐 전이가 가능한 역량을 가리키기 위하여 도입된 용어로, '개인의 성공적인 생활과 행복한 사회를 유지하기 위하여, 삶의 여러 영역에 공통적으로 적용될 뿐 아니라, 모든 개인들 누구에게나 중요한 역량'을 핵심역량으로 정의하고 있다. 곧 핵심역량은 개인의 행복과 사회의 발전을 위하여 기본적으로 갖추어야 하며, 삶의 다양한 영역에서 사용될 수 있는 것이라 볼 수 있다. 따라서 핵심역량은 인지적 영역, 정의적 영역 등이 모두 집결된 복합체인 셈이다.

우리나라 수학교육과정을 보면, 2009 개정 수학과 교육과정은 '수학적 과정'이라는 개념을 통해 역량을 강조하였다. 수학교육학자들이 제시한 수학적 과정의 정의는 아래와 같다.

> 수학적 과정은 수와 연산, 도형 등의 내용 영역에서 다루는 수학적 주제를 이해하고 습득하는 데에서, 그리고 그러한 수학적 주제를 활용하여 다양한 현상을 이해하고 문제를 해결하고 의사소통하는 데에서 활성화되어야 할 능력이다. 다시 말해, 학생들 주변의 다양한 현상을 수학과 연결하고 다양한 상황에서 발생하는 문제를 해결할 때 활성화되어야 하는 수학의 과정적 기능을 의미하고, 하위요소로 수학적 문제해결, 수학적 추론, 수학적 의사소통이 있다.

이와 같은 2009개정 수학과 교육과정에서의 수학적 과정의 정의와 수학적 과정의 하위요소인 수학적 문제해결, 수학적 추론, 수학적 의사소통은 2015개정 수학과 교육과정에서 제시하고 있는 교과 역량의 개념 및 이의 구성요소와 크게 다르지 않다. 실제로 2015 개정 교육과정의 중요한 특징은 핵심역량을 강조하는 것으로, 총론에서 제시한 핵심역량 중 수학과와 직결되면서도 구현하기 적합한 교과 역량으로 '문제 해결', '추론', '창의·융합', '의사소통', '정보 처리', '태도 및 실천'을 선정하였는데, 이것은 곧 수학적 과정과 일맥상통하는 것이다.

이렇게 볼 때, 최근의 교육과정은 수학적 과정 및 교과 역량을 강조하는 교육과정으로 귀결될 수 있으며 향후 우리나라 수학교육의 가장 큰 방향을 설정한 것으로 볼 수 있다. 이에 2017년도 연보의 주제로 '수학교육에서 수학적 과정 및 교과 역량'으로 설정한 것은 큰 의미가 있다고 생각된다. 본 연보에서의 수학적 과정 및 교과 역량에 대한 논의를 통해 향후 수학교육의 방향을 살펴보는 계기가 되기를 기대한다.

마지막으로 이 책이 수학교육을 연구하는 연구자, 학교에서 수학을 지도하는 교사, 교육정책 개발자 등에게 의미 있는 시사점을 제공하기를 바란다. 또한 이 책의 출판을 위해 노력해 주신 경문사 여러분께 감사의 말씀을 드린다.

2018년 2월
서보억 · 한혜숙 · 주홍연 · 최남광

차례

제 9 장 수학적 창의 역량
최중오

제10장 수학적 정보 처리 역량
최남광

제1장 수학적 과정 및 역량에 대한 개관 및 논쟁

김진호(대구교육대학교), 서보억(충남대학교)

1. 들어가는 글

우리가 살고 있는 사회는 역동적으로 발전해 오고 있다. 수렵사회, 농경사회, 산업사회, 과학사회, 지식기반사회, 지식융합사회, 4차 산업혁명사회처럼 말이다. 그런데, 최근 들어 우리 사회의 발전 속도가 그 유례를 찾아볼 수 없을 정도로 급격하다. 이 급격한 사회의 발달은 우리 삶에 많은 영향을 미치고 있고 우리 교육계에도 많은 영향을 미치고 있다. 왜냐하면 이 새로운 사회에서 삶을 살아갈 어린 학생들을 잘 교육해야 하기 때문이다. 이들의 교육에 실패하면 우리 미래는 밝지 못하다 해도 지나친 말이 아닐 듯하다.

Tofler(1980)가 1980년대 초에 이미 지식기반사회를 예견하였듯이, 현재 우리 사회에서 가장 중요한 생산요소는 지식이다. 학교 수학 교육을 통해서 우리는 이제 학생들이 지식을 스스로 구성해 낼 수 있는 능력, 다른 말로 창의력 및 서로 다른 영역의 지식들을 결합해서 전에 없던 새로운 지식 또는 산출물을 생성해 낼 수 있는 융합력을 함양할 수 있도록 돕고 촉진해야 한다. 이를 위해서 우리나라는 제7차 수학과 교육과정을 개정하면서 학생들의 수학적 창의성 신장을 중요한 목표로 설정하였고 지금까지 중요한 목표로 설정되어 있으며, 2015 개정 교육과정은 융합력을 중요한 목표로 설정하고 있다. 또한 이러한 정신은 지속적으로 강조될 것은 분명해 보인다.

그런데, 최근에 사회적 화두가 되고 있는 것처럼 학생들이 각급 학교에서 수학을 학습하면서 수학적 창의성을 함양하기보다는 수학 공부를 포기하는 현상이 벌어지고 있다. 이른바, 현재의 수학교육체제 더 나아가 현재의 우리나라 교육체제는 학생들을 '수학포기자(간단히, 수포자)'로 이끌어 주는 경로가 되고 있다. 이는 교육과정에서 추구하는 이상과 현실인 수업의 실천 사이의 불일치에서 발생하는 것이 아닌가 한다. 이를 타산지석으로 삼아 수학 교과 역량을 함양하는 수학교육에서는 '수포자'가 발생하지 않기를 기대해 본다.

우리는 학생들이 학교에서 수학을 배우면서 그들이 살아갈 사회에서 필수불가결한 역량 혹은 핵심역량[1]을 학습하기를 기대하고 있다. 여기서 우리가 주목해야 하는 점은 학생들이 수학 지식 그 자체를 학습하는 데서 더 나아가 핵심역량까지도 학습해야 한다는 것이다. 핵심역량이 무엇인지는 연구자마다 또는 관련 단체마다 다르게 정의할 수 있지만,[2] 수학교육자들이 주목해야 하는 것은 바로 수학 학습의 무게 중심이 지식 획득 또는 이해에서 핵심역량으로 이동하고 있다는 점이다. 다시 말해서, 수학 수업을 통해서 학생들이 학습해야 하는 것은 지식 측면의 차시별 학습목표에 초점을 두어서는 안 되고 역량이 수업의 초점이 되어야 한다는 것을 의미한다. 예를 들어, 우리나라 교육과정도 2007 개정 수학과 교육과정부터 학생들의 의사소통 능력의 신장을 수학 교육의 목표로 명문화하기 시작했는데(교육과학기술부, 2007), 이 문구가 뜻하는 것은 학생들이 수학을 학습하는 데 의사소통을 해야 한다는 것이 아니라, 바로 학생들이 수학을 학습하면서 그들의 의사소통 능력을 향상시켜야 한다는 것이다. 이에 대해 2007 개정 수학과 교육과정은 “오늘날의 … 사회에서는 수준 높은 정보를 자유롭게 의사소통하는 능력을 필요로 하고, 다른 사람들과 토론하고 협의하는 과정을 통해 자신의 이해를 발전시킬 수 있다(신성균 외, 2005)”고 진술하고 있다.

사실, 본 서에서 초점을 둔 수학과에서의 교과 역량들은 이미 우리나라 수학교육과정들의 ‘수학교육목표’ 장과 ‘교수학습방법’ 장 등에서 강조해 오고 있었다고 할 수 있다. 또한 NCTM이나 PISA 및 세계 여러 나라의 수학과 교육과정에서도 동일하게 강조해 오고 있는 것들이다. 구체적으로 우리나라의 2015 개정 수학과 교육과정에서는 문제 해결, 추론, 창의·융합, 의사소통, 정보 처리, 태도 및 실천을 교과 역량의 제시하고 있고(교육부, 2015), PISA(2012, 2015)에서는 의사소통, 수학화, 표현, 추론과 논증, 문제해결을 위한 전략 고안, 상징적·형식적·기법적인 언어와 조작의 활용, 수학적 도구의 사용을 제시하였고, PISA(2009)에서는 수학적 사고와 추론, 수학적 논쟁, 수학적 의사소통, 모델링, 문제 제기와 문제 해결, 표현, 상징적·형식적·기법적인 언어와 조작의 활용, 보조 교구와 도구의 사용을 강조하고 있다.

이처럼 수학 교과 역량은 각 국가와 상황에 부합되게 설정하고 있지만 매우 유사한 속성을 지니고 있음을 알 수 있다. 이에 본 장에서는 구체적인 교과 역량에 대한 소개에 앞서 다양한 단체와 국가에서 강조하고 있는 교과 역량이 무엇인지 살펴보고 우리나라 수학교육에서 중요하게 다루어야 할 9개의 교과 역량 및 수학적 과정을 선정할

---

1) 역량 혹은 핵심역량은 각 단위 교과의 관점에서는 ‘교과 역량’이라고 부른다.

2) 이 진술을 지지해 주는 근거로 국내로는 최근 개정 교육과정의 총론 및 수학과 교육과정의 교과 역량에 있고, 국외적으로는 NCTM, PISA 등에서 찾을 수 있다.

것이다. 또한 최근 제시되고 있는 수학 교과 역량과 관련된 몇 가지 쟁점에 대해 다루게 된다. 본 장에서의 이러한 고찰을 기반으로 2장부터 10장에서는 각 교과 역량에 대해서 개관해 보도록 한다.

2. 수학적 과정 및 교과 역량의 선정

본 연보에서 다루게 될 역량 및 수학적 과정은 다음과 같이 정의할 수 있다(황혜정, 2016; 한국과학창의재단, 2015).

> 역량은 '준거에 따른 효과적이고 뛰어난 수행과 인과적으로 관련되어 있는 내적인 특성'이다. 여기서 준거에 따른다는 것은 역량이 구체적 기준이나 표준에 의해 측정될 수 있음을 의미하고, 인과적으로 관련되어 있다는 것은 역량이 행위와 수행을 예언할 수 있다는 것이다. 또는 역량은 '특정한 상황이나 맥락에서 발생하는 복잡한 요구들을 개인의 심리사회적 특성들(지적인 측면과 비지적인 측면을 포함)을 동원하여 성공적으로 해결하는 능력'으로 정의한다.
>
> 수학적 과정이란 '수와 연산, 도형 등의 내용 영역에서 다루는 수학적 주제를 이해하고 습득하는 데에서, 그리고 그러한 수학적 주제를 활용하여 다양한 현상을 이해하고 문제를 해결하고 의사소통하는 데에서 활성화되어야 할 능력'을 의미한다. 다시 말해, 학생들 주변의 다양한 현상을 수학과 연결하고 다양한 상황에서 발생하는 문제를 해결할 때 활성화되어야 하는 수학의 과정적 기능을 의미한다.

역량과 수학적 과정의 정의를 살펴보면, 학습자 내적인 특성으로 주어진 과제를 해결하기 위해 활성화되어야 하는 능력으로 서로 일맥상통하다는 것을 알 수 있다. 최근의 수학과 교육과정의 개정 방향은 이러한 수학적 과정 및 교과 역량을 강조하는 방향으로 흘러가고 있음을 쉽게 알 수 있다. 이러한 경향은 전 세계적으로 공통적인 현상으로 나타나고 있다.

교과 역량 혹은 수학적 과정을 강조하는 교육과정에는 이견이 없지만, 이에 대한 하위요소를 무엇으로 할 것인가는 다양한 의견이 존재하는 것을 확인할 수 있다. 예를 들어, 우리나라 수학과 교육과정(교육부, 2015)에서는 문제해결, 추론, 창의·융합, 의사소통, 정보 처리, 태도 및 실천 역량을 하위요소로 설정하고 있지만, NCTM에서는 수학적 과정으로 문제해결, 추론과 증명, 의사소통, 연결성, 표현을 하위요소로 설정하고 있다. 따라서 수학적 과정 및 교과 역량에 대한 하위요소를 무엇을 설정할 것인지에 대한 논의가 우선적으로 이루어질 필요가 있다.

2.1 다양한 관점에서의 수학적 과정 및 교과 역량

2.1.1 미국 NCTM에서의 수학적 과정

미국의 NCTM(2000)에서는 내용 규준과 더불어 과정 규준을 제시하고 있다. 내용 규준은 '수와 양, 대수, 함수, 기하, 측정, 자료 분석 및 확률'로 크게 나눌 수 있고, 과정 규준으로 '문제해결, 추론과 증명, 의사소통, 연결성, 표현' 다섯 가지를 제시하고 있다. 내용 규준에서 초등학교는 '세기와 개수, 연산과 대수적 사고, 수와 연산, 기하, 측정과 자료'로 구분되고, 중학교는 '비와 비율, 수 체계, 식과 방정식, 통계와 확률,

[표 1-1] NCTM의 과정 규준

수학적 과정	수학적 과정의 평가 요소
문제해결	K-12학년의 모든 교육적 프로그램은 다음을 할 수 있어야 한다. • 문제해결을 통해 새로운 수학적 지식 만들기 • 수학적 상황 혹은 다른 상황 속에서 발생하는 문제 해결하기 • 문제를 해결하기 위해 다양하고 적절한 전략을 채택하고 적용하기 • 수학적 문제해결의 과정에 대해 반성하고 모니터링하기
추론과 증명	K-12학년의 모든 교육적 프로그램은 다음을 할 수 있어야 한다. • 추론과 증명을 수학의 기본적인 관점으로 인식하기 • 수학적 추측을 만들고 탐구하기 • 수학적인 논쟁과 증명을 개발하고 평가하기 • 다양한 증명의 방법과 추론의 유형을 선택하고 사용하기
의사소통	K-12학년의 모든 교육적 프로그램은 다음을 할 수 있어야 한다. • 의사소통을 통하여 자신의 수학적 사고를 조직하고 통합하기 • 동료, 교사 및 다른 사람에게 일관되게 자신의 수학적 사고를 전달하기 • 다른 사람의 수학적 사고와 수학적 전략을 분석하고 평가하기 • 수학적 아이디어를 정확하게 표현하기 위해 수학적 언어를 사용하기
연결성	K-12학년의 모든 교육적 프로그램은 다음을 할 수 있어야 한다. • 수학적 아이디어들 사이의 연결성을 인식하고 사용하기 • 수학적 아이디어가 어떻게 서로 연결되어 있고 일관된 전체를 만들어내는지 이해하기 • 수학 이외의 상황이나 맥락에서 수학을 인식하고 적용하기
표현	K-12학년의 모든 교육적 프로그램은 다음을 할 수 있어야 한다. • 수학적인 아이디어를 전달하고, 수학적 아이디어를 기록하고, 수학적인 아이디어를 조직하기 위해 표현을 만들고 사용하기 • 수학적 표현을 선택하고, 수학적 표현을 적용하고, 수학적 표현들 사이의 상호 변환을 통해 수학 문제 해결하기 • 물리적 현상, 사회적 현상, 수학적 현상을 해석하고 모델링하기 위해 표현을 사용하기

기하, 함수'로 구분되며, 고등학교는 '수와 양, 대수, 함수, 기하, 통계와 확률'로 구분된다. 또한 과정 규준을 구체적으로 살펴보면, [표 1-1]과 같이 요약할 수 있다.

2.1.2 싱가포르의 수학 교과 역량

싱가포르의 교육과정 문서를 보면 학생 개개인의 능력과 요구를 구체적으로 반영한 교수요목임을 명시하고 있다. 특히 문제해결과 관련한 수학적 틀에 대한 오각형 모형은 매우 잘 알려져 있다.

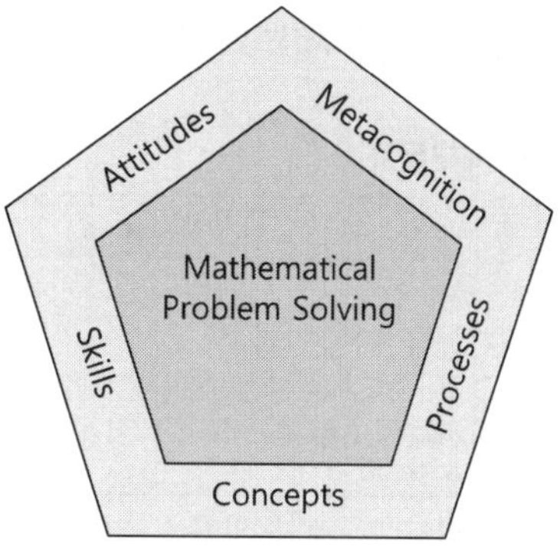

〈그림 1-1〉 싱가포르의 교수목표의 틀

또한 싱가포르는 수학적 과정을 구체적으로 명시하고 있다. 초등학교 수학과 교육과정에 제시된 수학 교과 역량은 '추론, 의사소통, 연결', '적용', '사고 기술, 발견술'이고, 중등학교 수학과 교육과정에 제시된 수학 교과 역량은 '추론, 의사소통, 연결', '적용, 모델링', '사고 기술, 발견술'이다. 이에 대한 설명은 [표 1-2], [표 1-3]과 같다.

[표 1-2] 싱가포르의 초등학교 수학 교과 역량

항목	설명
추론, 의사소통, 연결	• 수학적 아이디어를 제시하고 소통하기 위해 적절한 표기, 표현, 약속 사용 • 귀납적, 연역적 추측 • 수학 내에서의 연결, 수학과 실생활 사이의 연결
적용	• 수학 내적, 외적 문제해결을 위해 수학적 개념, 기능 적용
사고 기술, 발견술	• 사고 기술(분류, 비교 등), 문제해결 모델, 발견술(그림 그리기, 표 만들기 등) 등의 사용

[표 1-3] 싱가포르의 중등학교 수학 교과 역량

항목	설명
추론, 의사소통, 연결	• 수학적 아이디어를 제시하고 소통하기 위해 적절한 표현, 수학적 언어, 테크놀로지의 사용 • 귀납적, 연역적 추측 • 수학 내에서의 연결, 수학과 타 교과 사이의 연결, 수학과 실생활 사이의 연결
적용, 모델링	• 수학 내적, 외적 문제해결을 위해 수학적 개념, 기능 적용 • 수학적 모델링 과정의 본질 이해
사고 기술, 발견술	• 사고 기술(분류, 비교 등), 문제해결 모델, 발견술(그림 그리기, 표 만들기 등) 등의 사용

2.1.3 중국의 수학적 과정으로서의 세부목표

[표 1-4] 중국의 수학과 교육과정 세부목표

영역	세부 목표
지식과 기능	1. 수와 대수의 추상화, 연산 및 모델링 등 과정을 경험하고, 수와 대수에 대한 기본적인 지식과 기능을 파악한다. 2. 도형의 추상화, 분류, 성질에 대한 토론, 도형의 변화(이동), 도형의 위치를 확인하는 과정을 경험한다. 도형과 기하의 기본 지식과 기능을 파악한다. 3. 실제 문제에서 자료의 수집 및 처리, 자료를 통해 문제를 분석하고 정보를 획득하는 과정을 체험한다. 통계와 확률의 기본 지식과 기술을 파악한다. 4. 종합과 실천 활동에 참여하고, 수학적 지식과 기능, 방법 등을 활용하여 간단히 문제를 해결한다.
수학적 사고	1. 수감각, 기호 인식과 공간 관념을 세운다. 기하 직관과 연산 능력을 형성하고, 구체적인 사고와 추상적인 사고를 발전시킨다. 2. 통계적 방법의 의미를 체험하고, 자료 분석 관념을 발전시키고, 무작위 현상을 체험한다. 3. 관찰, 실험, 추측, 증명, 종합 활동 등 수학활동에 참여하는 중에 개연적인 추리와 추상적인 능력을 발전시킨다. 자신의 의견을 명확하게 설명할 수 있다. 4. 독립적으로 생각하는 방법을 배워서 안다. 수학의 기본적인 사고 및 사유방식을 체험한다.
문제해결	1. 수학적 시각에서 출발하여 문제를 발견하고 문제를 제기할 수 있다. 수학적 지식을 종합·응용하고 간단한 실제적인 문제를 해결한다. 응용 의식을 강화하고, 실천 능력을 향상시킨다. 2. 문제를 분석하고 해결하는 기본적인 방법을 획득한다. 문제를 해결하는 방법의 다양성을 체험한다. 혁신(창의) 의식을 발전시킨다. 3. 다른 사람과 의사소통하는 방법을 배운다. 4. 초기부터 평가와 반성 의식을 형성한다.
감정과 태도	1. 적극적으로 수학 활동에 참여하고, 수학에 대한 호기심과 지식욕을 가지도록 한다. 2. 수학 학습 과정에서 성공을 얻는 즐거움을 체험하고, 자신감을 확립하며 어려움을 극복하는 의지를 단련한다. 3. 수학의 특성을 체험하고, 수학의 가치를 이해한다. 4. 독립적 사고, 의사소통, 반성적 태도와 질의응답 등의 학습 습관을 기른다. 5. 진리인 것은 고수하고, 자신의 실수는 수정하며 엄밀한 실사구시(實事求是)의 정신과 과학적 태도를 형성한다.

중국은 초등학교와 초급중학교의 수학교육의 목표를 총괄목표와 학단 목표로 구분하고 있다(서보억, 2015). 총괄목표는 전체적인 목표에 대한 개관과 더불어 네 영역별 목표를 별도로 제시하고 있는 반면, 학단 목표는 개괄적인 목표의 제시 없이 네 영역별 목표만 제시한다. 그런데 총괄목표를 달성하기 위한 세부목표를 수학적 과정과 유사한 형식으로 제시하고 있다. 중국 교육과정에 제시된 수학적 과정으로서의 세부목표는 '지식과 기능, 수학적 사고, 문제해결, 감정과 태도'라는 하위 4개 영역으로 제시된다. 이에 대한 구체적인 설명은 [표 1-4]와 같다.

2.1.4 PISA의 수학적 과정

국제학업성취도 비교의 가장 대표적인 시험은 경제개발협력기구(Organization for Economic Cooperation and Development, OECD)에서 주관하는 PISA(Program for International Student Assessment)이다. PISA 평가틀을 보면 그 시대의 수학적 과정 및 수학 교과 역량에 대한 흐름을 살펴볼 수 있다. 최근에 실시한 PISA 시험의 평가

[표 1-5] PISA 2012와 PISA 2003의 수학 평가틀(송미영 외, 2013)

<table>
<tr><th colspan="2">PISA 2012</th><th colspan="2">PISA 2003</th></tr>
<tr><td>맥락</td><td>• 개인적
• 사회적
• 직업적
• 과학적</td><td>• 개인적
• 교육적
• 직업적
• 공적
• 학문적</td><td>상황과 맥락</td></tr>
<tr><td>수학적 내용</td><td>• 양
• 공간과 모양
• 변화와 관계
• 불확실성과 자료</td><td>• 양
• 공간과 모양
• 변화와 관계
• 불확실성</td><td>수학적 내용</td></tr>
<tr><td rowspan="4">수학적 과정</td><td rowspan="2">• 형식화하기
• 이용하기
• 해석하기</td><td>능력군</td><td rowspan="4">수학적 과정</td></tr>
<tr><td>• 재생
• 연결
• 반성</td></tr>
<tr><td>기본 수학 능력</td><td>수학 능력</td></tr>
<tr><td>• 의사소통
• 수학화
• 표현
• 추론과 논증
• 문제해결을 위한 전략 고안
• 상징적·형식적·기법적인 언어와 조작의 활용
• 수학적 도구의 사용</td><td>• 수학적 사고와 추론
• 수학적 논쟁
• 수학적 의사소통
• 모델링
• 문제 제기와 문제해결
• 표현
• 상징적·형식적·기법적인 언어와 조작의 활용
• 보조 교구와 도구의 사용</td></tr>
</table>

틀은 2003년과 2012년에 변화가 각각 있었다. PISA의 평가틀을 정리하면 [표 1-5]와 같다.

[표 1-5]에서 2012년에 제시된 수학적 과정의 의미에 대해 PISA는 다음과 같이 정의하고 있다(송미영 외, 2013).

먼저, 수학적 과정에 대한 하위요소와 그에 대한 세부 내용이다.

첫째, 형식화하기이다. 학생들이 얼마나 효과적으로 문제 상황에서 수학을 사용하는 능력을 인식하고 구체화할 수 있는지, 그리고 맥락화된 문제에서 수학적 형식을 형식화하기 위해 요구되는 수학적 구조를 찾을 수 있는지를 나타낸다. 수학적 상황을 형식화하는 데에는 실세계 맥락 문제의 수학적 측면을 구체화하고, 의미 있는 변수를 구체화하기, 문제 또는 상황에서 규칙성, 관계, 패턴을 포함한 수학적 구조를 인식하기 등의 활동이 요구된다.

둘째, 이용하기이다. 학생들이 얼마나 연산과 조작을 잘 수행하는지, 수학적으로 형식화된 문제로부터 수학적 해를 구하기 위해 그들의 개념과 지식을 얼마나 잘 적용할 수 있는지를 나타낸다. 수학적 개념, 사실, 절차, 추론을 '이용'하는 데에는 수학적 해를 구하기 위해 전략을 고안하고 실행하기, 대략적인 해를 구하기 위해 테크놀로지를 포함한 수학적 도구를 사용하기 등의 활동이 포함된다.

셋째, 해석하기이다. 학생들이 수학적 해와 결과를 어느 정도 파악하고 있으며, 이를 실세계의 문제 맥락에서 해석할 수 있는지, 그 결과나 결론이 합리적인지 아닌지를 판단할 수 있는지를 나타낸다. 수학적 결과를 '해석, 적용, 평가'하는 과정에는 수학적 결과를 실세계 맥락의 문제에 다시 대입하여 해석하기, 실세계 맥락의 문제에서의 수학적 해의 합리성 평가하기 등의 활동이 포함된다.

다음으로는 수학적 과정으로서 기본 수학 능력에 대한 세부 내용이다.

첫째, 의사소통으로 다음과 같은 세부내용이 있다.

- 명제, 질문, 과제를 읽고, 해독하고, 해석하기
- 문제를 해결했을 때, 이를 다른 사람에게 설명하고 정당화하기

둘째, 수학화로 다음과 같은 세부내용이 있다.

- 실세계의 문제를 수학적 형태로 변형하기
- 원래 문제와 관련지어 수학적 모델 또는 수학적 결과를 해석하고 평가하기

셋째, 표현으로 다음과 같은 세부내용이 있다.

- 상황을 포착하고, 문제에 대해 의사소통하고, 작업을 나타내기 위해 다양한 표현을 선택하고, 해석하고 번역하기
- 그래프, 표, 다이어그램, 그림, 방정식, 공식, 문장, 구체물 등이 포함됨

넷째, 추론과 논증으로 다음과 같은 세부내용이 있다.

- 문제의 요소들을 탐색하고 연결 짓고 추론하는 과정에서의 논리적 사고

- 문제의 해를 구하고 명제를 정당화하기

다섯째, 문제해결을 위한 전략 고안으로 다음과 같은 세부내용이 있다.

- 문제를 효과적으로 인식하고 형식화하며 해결하는 데 도움을 주는 비판적 통제과정
- 과제 또는 맥락에서 발생하는 문제를 해결하는 데 수학을 사용하기 위한 계획 또는 전략을 선택, 고안, 실행하는 것

여섯째, 상징적·형식적·기법적인 언어와 조작의 사용으로 다음과 같은 세부내용이 있다.

- 수학적 맥락 내에서 수학적 규칙에 의거한 기호 표현을 이해하고, 해석하고, 조작하고, 사용하는 것
- 정의, 규칙, 형식 체계에 기초한 형식적 구성, 알고리즘을 이해하고 사용하는 것

일곱째, 수학적 도구의 사용이다.

- 측정 도구, 계산기, 컴퓨터 기반 도구 포함
- 수학 활동을 도와주는 다양한 도구, 그 사용 방법 및 한계점에 대한 지식
- 의사소통에서도 중요한 역할을 함

2.1.5 우리나라 수학과 교육과정에서의 교과 역량

앞에서도 여러 번 언급하였지만 최근 개정된 우리나라 수학과 교육과정의 주요 특징은 수학 교과 역량 함양을 수학과 교육과정 전 맥락에서 강조하였다는 점이다. 우리나라 교육과정에서는 수학 교과 역량을 6가지로 설정하고, 그 의미와 하위요소에 대해 구체적으로 제시하고 있다(박경미 외, 2015). 6가지 교과 역량을 구체적으로 살펴본다.

2.1.5.1 문제해결 역량

문제 해결 능력은 '해결 방법을 알고 있지 않은 문제 상황에서 수학의 지식과 기능을 활용하여 해결 전략을 탐색하고 최적의 해결 방안을 선택하여 주어진 문제를 해결하는

[표 1-6] 문제해결 능력의 요소와 의미

하위 요소	의미
문제 이해 및 전략 탐색	문제에서 구하고자 하는 것과 주어진 조건 및 정보를 파악하고, 적절한 해결 전략을 탐색하여 풀이 계획을 수립하는 능력
계획 실행 및 반성	계획한 풀이 과정을 수행하고 검증 및 반성을 통하여 해결 방법과 해답을 평가하는 능력
협력적 문제 해결	균형 있는 책임 분담과 상호작용을 통해 집단적으로 문제 해결을 수행하는 능력
수학적 모델링	실생활 문제 상황을 수학적으로 나타내고 분석하여 결론을 도출하고 이를 상황에 맞게 해석하는 능력
문제 만들기	주어진 문제를 변형하거나 새로운 문제를 만들어 해결하는 능력

능력’을 의미한다. [표 1-6]은 문제해결 능력의 하위 요소와 의미를 정리한 것이다.

2.1.5.2 추론 역량

추론 능력은 ‘수학적 사실을 추측하고 논리적으로 분석하고 정당화하며 그 과정을 반성하는 능력’을 의미한다. [표 1-7]은 추론 능력의 하위 요소와 의미를 정리한 것이다.

[표 1-7] 추론 능력의 요소와 의미

하위 요소	의미
관찰과 추측	관찰과 탐구 상황에서 귀납, 유추 등의 개연적 추론을 사용하여 수학적 사실을 추측하는 능력
논리적 절차 수행	수학적 절차와 수학적 사실 도출 과정을 논리적으로 수행하는 능력
수학적 사실 분석	수학적 개념, 원리, 법칙을 분석하는 능력
정당화	수학적 사실이 참임을 보이기 위해 증거를 제시하고 이유를 설명하는 능력
추론 과정의 반성	자신의 추론 과정이 옳은지 비판적으로 평가하고 되돌아보는 능력

2.1.5.3 창의·융합 역량

창의·융합 능력은 ‘수학의 지식과 기능을 토대로 새롭고 의미 있는 아이디어를 다양하고 풍부하게 산출하고 정교화하며, 여러 수학적 지식, 기능, 경험을 연결하거나 수학과 타 교과나 실생활의 지식, 기능, 경험을 연결·융합하여 새로운 지식, 기능, 경험을 생성하고 문제를 해결하는 능력’을 의미한다. [표 1-8]은 창의·융합 능력의 하위 요소와 의미를 정리한 것이다.

[표 1-8] 창의·융합 능력의 요소와 의미

하위 요소	의미
독창성	문제 상황에서 새로운 아이디어, 해결전략, 해결 방법을 찾아내거나 새로운 관점에서 문제를 제기하는 능력
유창성	문제 상황에서 많은 아이디어나 해결 방법, 해답을 산출하는 능력
융통성	고정된 사고방식에서 벗어나 다양한 관점에서 해결 방법이나 전략, 아이디어를 찾아내거나 문제를 제기하는 능력
정교성	기존의 수학적 아이디어에 세부사항을 추가하거나 변형하여 더욱 가치 있는 것으로 발전시키는 능력
수학 내적 연결	여러 수학적 지식, 기능, 경험 등을 연결하여 새로운 수학적 지식, 기능, 경험 등을 생성하고 수학 문제를 해결하는 능력
수학 외적 연결 및 융합	수학과 타 교과나 실생활의 지식, 기능, 경험 등을 연결·융합하여 새로운 지식, 기능, 경험 등을 생성하고 문제를 해결하는 능력

2.1.5.4 의사소통 역량

의사소통 능력은 '수학 지식이나 아이디어, 수학적 활동의 결과, 문제 해결 과정, 신념과 태도 등을 말이나 글, 그림, 기호로 표현하고 다른 사람의 아이디어를 이해하는 능력'을 의미한다. [표 1-9]는 의사소통 능력의 하위 요소와 의미를 정리한 것이다.

[표 1-9] 의사소통 능력의 요소와 의미

하위 요소	의미
수학적 표현의 이해	수학적 표현의 의미를 이해하고 정확하게 사용하는 능력
수학적 표현의 개발 및 변환	자신의 아이디어를 나타내는 표현을 만들고 수학적 표현들끼리 변환하는 능력
자신의 생각 표현	수학 학습 활동 과정과 결과를 다른 사람에게 표현하는 능력
타인의 생각 이해	다른 사람의 생각을 이해하고 평가하는 능력

2.1.5.5 정보 처리 역량

정보 처리 능력은 '다양한 자료와 정보를 수집·정리·분석·활용하고 적절한 공학적 도구나 교구를 선택·이용하여 자료와 정보를 효과적으로 처리하는 능력'을 의미한다. [표 1-10]은 정보 처리 능력의 하위 요소와 의미를 정리한 것이다.

[표 1-10] 정보 처리 능력의 요소와 의미

하위 요소	의미
자료와 정보 수집	실생활 및 수학적 문제 상황에서 적절한 자료와 정보를 탐색 및 생성하여 수집하는 능력
자료와 정보 정리 및 분석	수집한 자료와 정보를 목적에 맞게 분류, 정리, 분석, 평가하는 능력
정보 해석 및 활용	분석한 정보에 내재된 의미를 올바르게 파악하여 해석, 종합, 활용하는 능력
공학적 도구 및 교구 활용	수학적 아이디어와 개념을 탐구하고 문제를 해결하는 데 적합한 공학적 도구 및 교구를 선택하고 이용하는 능력

2.1.5.6 태도 및 실천 역량

태도 및 실천 능력은 '수학의 가치를 인식하고 자주적 수학 학습 태도와 민주 시민 의식을 갖추어 실천하는 능력'을 의미한다. [표 1-11]은 태도 및 실천 능력의 하위 요소와 의미를 정리한 것이다.

[표 1-11] 태도 및 실천 능력의 하위 요소와 의미

하위 요소	의미
가치 인식	수학에 대해 관심과 흥미를 갖고, 수학의 실용적, 도야적, 심미적, 문화적 가치를 인식하는 능력
자주적 학습 태도	수학 학습 의지와 자신감, 끈기를 갖고 자신 스스로 목표를 설정하여 자율적으로 학습을 수행하며 학습 결과를 평가하는 태도
시민의식	수학적 활동을 통하여 정직하고 공정하며 책임감 있게 행동하고 어려움을 극복하기 위해 도전하는 용기 있는 태도, 타인을 배려하고 존중하며 협력하는 태도, 논리적 근거를 토대로 의견을 제시하고 합리적으로 의사결정하는 태도를 갖고 이를 실천하는 능력

2.2 수학적 과정 및 교과 역량의 선정

지금까지 미국의 NCTM에서 제시한 수학적 과정(과정 규준), 싱가포르의 수학적 과정, 중국의 세부목표로서 수학적 과정, PISA 2012에 제시된 수학적 과정, 우리나라 교육과정에 제시된 교과 역량에 대해 살펴보았다. 이에 대한 논의를 간단히 표로 나타내어 수학적 과정 또는 교과 역량의 존재 유무를 판정하면 [표 1-12]와 같다. 이 표에서 △은 간접적으로 다루거나 하위요소에 포함되어 있다는 것을 의미한다.

[표 1-12] 수학적 과정 및 교과 역량에 대한 현황

과정/역량	NCTM	싱가포르	중국	PISA 2012	2015 개정
문제해결	○	○	○	○	○
추론(증명)	○	○	○	○	○
창의성		△		△	○
의사소통	○	○	△	○	○
정보 처리		△	△	△	○
태도 및 실천			○		○
표현	○			○	
수학화/모델링		○		○	△
형식화 하기				○	
수학적 도구 사용			△	○	△
융합 및 연결성	○	○			○

이러한 논의를 기초로 하여 최소한 2곳 이상에서 다루는 수학적 과정 또는 교과 역량을 본 연보에서 다루는 것을 기본 방향으로 설정하였다. 단, 태도 및 실천의 경우,

그 대상의 불명확성으로 인해 본 연보에서는 다루지 않는 것으로 하였다. 이러한 방향 설정에 따라 본 연보의 각 장별 구성은 다음과 같다.

1장. 수학적 과정 및 역량에 대한 개관 및 논쟁
2장. 문제 해결 역량
3장. 추론 역량
4장. 융합 역량
5장. 의사소통 역량
6장. 표현 역량
7장. 모델링 역량
8장. 도구 사용 역량
9장. 창의 역량
10장. 정보 처리 역량

3. 수학 교과 핵심 역량과 관련된 논쟁점들

앞서 언급하였듯이, 본 서에서는 수학과 교육과정에서 제시한 수학 교과 역량뿐만 아니라 본 편집자들이 제시한 역량들도 다루고 있다. 이들 역량 하나하나에 대해서는 후속 장들에서 각 집필자들이 상세하게 다룰 것이다. 이에 본 장에서는 수학 교과 역량과 관련한 몇 가지 논쟁점을 다루고자 한다.

3.1 각 역량이 분리될 수 있는가

수학 교과 역량을 논의하는 데 있어서 각 역량을 분리해서 논의하는 것은 편의상 하는 것이지 실질적으로 수업이 발생하는 수업상황에서 이들 역량들은 분리할 수 없다. 즉, 이들 역량들은 수업 중에 발생하는 것을 고려하면, 정도의 차이는 있을지언정, 이들 역량들은 서로 연관되어 각각의 기능을 하고 있다는 점이다. 이들을 분리해서 고찰하는 것이 수업의 실제에서는 발생하기 어렵다는 것은 명백하다.

예를 들어, 한 학생이 문제(또는 과제)를 해결하기 위해서는 문제 해결을 해야 하고, 문제를 해결하는 동안에 적절한 추론을 해야 하며, 경우에 따라서 이 문제를 해결하면서 이해한 지식을 바탕으로 기존에 자신이 알고 있던 지식과의 결합이 이루어져 새로운 이해가 발생할 수도 있고, 이해하는 과정(문제해결과정)에서 표현, 수학화 및 모델링, 수학적 도구를 사용할 필요도 있으며, 문제에서 주어진 정보 및 과제를 수행하는 중에 수집된 자료(정보)를 처리해야 한다. 물론, 학생들이 각 역량을 신장하기 위해서 각 역량을 구체적이고 개별적으로 경험하기도 해야 한다. 앞의 진술은 이를 부정하는 것이 아니라 각 역량 간의 조합이 필요하다는 점을 강조하는 것이다. 그렇지만, 유감스럽게도, 2015 개정 수학과 교육과정(교육부, 2015)은 이들 역량들이 마치 독립적으로 존재 가능한 역량들인 양 독립적으로 진술하고 있다(pp. 233-236). 이런 진술은 교육과정에 따른 수업지침서라고 할 수 있는 교사용지도서에도 진술되어 있다(교육부, 2017a, pp. 39-41).

좀 더 구체적으로 초등학교 2학년 1학기 수학교과서(교육부, 2017b, p. 11)와 그에 따른 지도서(교육부, 2017a, p. 121)를 살펴보면 수학교과서에 제시되어 있는 활동으로 의사소통 역량을 위한 수업관행으로 다음과 같은 것들을 제시하고 있다.

- 100은 10이 10, 100이 1이라는 점을 논리적으로 설명할 수 있다.
- 수학적 언어와 용어를 사용해 100의 구성 원리를 설명할 수 있다.
- 수학 학습 활동 과정과 결과를 다른 사람에게 표현하는 활동을 통해 의사소통 능력을 기를 수 있다.

이와 같은 교수·학습 방법을 실천에 옮긴다고 해서 학생들이 의사소통을 한다고 할 수 없다. 학생들의 이런 행위는 발표에 지나지 않는다. 학생들이 발표만 한다고 해서 그들의 의사소통 능력(역량)이 향상되는 것은 아니다(김진호, 2015). 진정한 의사소통은 학생들이 구성한 아이디어들에 대해 학생들이 메타인지 또는 반성적 사고를 할 때 발생한다(김진호, 2015; Chapin, O'Connor, & Anderson, 2013). 원 논의 주제로 돌아와서, 이 설명으로부터 의사소통 역량과 다른 역량과의 통합을 살펴보자. 교사용지도서의 설명에 따르면(교육부, 2017a, p. 121), "10은 1이 10이라는 지식을 적용하여 100은 10이 10이라는 것을 유추할 수 있다."고 진술하고 있다. 이 진술은 참이다. 다만, 이 진술을 알고 있는 집필자에게만 말이다. 이것을 학습해야 하는 대부분의 학생들에게 이 진술이 참일 수 없다. 집필자가 진술하고 있는 "10은 1이 10이라는 지식을 적용하여"가 수학교과서에 제시되어 있어야 학생들은 집필자가 의도한 유추를 할 수 있을 것이다. 결과적으로, 학생들은 제시된 활동을 하는 도중에 추론 역량을 발현할 기회를 갖지 못할 것이고, 결과적으로 학생들은 자신들의 의사소통 역량을 발현하는 과정에서 추론 역량과 연결시키지 못할 가능성이 매우 높다.

따라서, 수업 자료, 교수·학습 방법 등과 연계해서 다양한 역량들이 서로 영향을 미칠 수 있도록 수업을 실천에 옮겨야 학생들이 이들 역량들을 함양해 갈 수 있을 것이다.

3.2 실천 방안은 있는가?

학생들이 수학 수업을 통해서 수학 교과 역량을 신장하기 위해서, 학생들은 수학 수업 중에 수학 지식을 학습하면서 동시에 다양한 교과 역량들을 복합적으로 경험해야 한다. 학생들이 이런 경험을 겪기 위해서 교사가 수업에 반영해야 하는 지식은 이들 수학 교과 역량이 무엇인지에 대한 선언적 지식이 아니라 수업에서 실제로 활용할 수 있는 실제적 지식(practical knowledge)이다. 제7차 교육과정과 2007 개정 교육과정을 보면 수학적 의사소통을 강조하고 있지만 실천 방안이 마련되어 있지 않아서 교과서를 집필하고 학교에 적용하는 데에 어려움이 많았다(방정숙, 김상화, 2006). 이런 어려움은 여전히 현재도 개선되고 있지 않다.

앞서 지적한 바와 마찬가지로, 우리는 지금까지 학생들이 수학을 배우는 동안에 이 역량들을 개별적으로 다루는 데 초점을 맞추어 왔기 때문에(그나마도 제대로 실천에 옮겨지고 있지 못하였지만), 이 역량들이 서로 조화를 이루는 수업을 실천하고자 하는 교사들에게 요구되는 실제적 지식을 교사들은 갖고 있지 못하다. 이런 실제적 지식의 발달은 교사가 해마다 동일한 수학 내용에 대해서 동일한 수업 자료로 동일한 수업을 하는 것이 좋은 수업이라는 신념을 형성하고 있으면 발생하기 어렵다. 그 대신에 학생들이 구성하는 아이디어가 수업의 중심에 서는 수업에서는 그 가능성을 찾을 수 있을 듯하다(서은민, 2017).

예를 들어, 학생들이 수학적 의사소통 역량을 함양하기 위해서 수학 수업 중에 서로 의사소통을 경험해야 한다. 그런데 앞서 지적하였듯이, 이 의사소통이라는 것이 단순히 학생들이 개인 또는 모둠 활동에서 한 자신들의 사고과정 및 결과물을 발표하는 것을 의미하지 않는다. 수학 수업 중 의사소통의 백미는 교사가 학생들이 구성해 낸 아이디어들을 존중하는 교실문화 속에서 학생들이 동료 학습자들이 구성해 낸 아이디어들에 대해 그들의 사고를 이해하고 이를 자신의 이해로 구성하는 과정을 의미한다. 이를 위해서는 기본적으로 학생들이 다양한 사고를 할 수 있는 수업 자료를 투입해야 하고 그들이 한 다양한 사고를 모두 허용적으로 수용해 주어야 한다. 그런데, 현재 2015 개정 교육과정을 적용해서 개발된 초등 수학교과서는 이를 인정하고 있지 않다. 즉, 현재의 초등 수학교과서 역시 모든 학생들이 함께 동시에 학습해야 하는 어떤 지식(차시별 학습목표)이 있음을 전제하고 있다. 이 전제는 사실 제7차 수학과 교육과정이 개정될 때부터 사라졌어야 하는데 아직도 구패러다임에서 용인되던 관점을 존속시킨 결과이다. 그 결과로 우리는 학생들이 수업 중에 발현될 가능성이 있는 다양한 사고를 허용적으로 수용할 수 없다.

따라서, 선언적 지식 또는 명제적 지식 수준에서 학생들이 학습해야 할 역량들을 진술해서는 안 되고 그들이 이 역량들을 함양해 갈 수 있도록 수업을 실천에 옮길 때 교사들이 활용할 수 있는 실제적 지식을 그들에게 제공해 줄 필요가 있다.

3.3 수학 교과 역량은 내용 지식인가, 지도 방법 지식인가

2015 개정 수학과 교육과정의 교수·학습 방법 (2)항 중 (나)~(사)를 보면, 6가지 수학 교과 역량에 대해서 다음과 같이 진술하고 있다(교육부, 2015).

(나) 문제 해결 능력을 함양하기 위한 교수·학습에서는 다음 사항을 강조한다.
(다) 추론 능력을 함양하기 위한 교수·학습에서는 다음 사항을 강조한다.
(라) 창의·융합 능력을 함양하기 위한 교수·학습에서는 다음 사항을 강조한다.
(마) 의사소통 능력을 함양하기 위한 교수·학습에서는 다음 사항을 강조한다.
(바) 정보 처리 능력을 함양하기 위한 교수·학습에서는 다음 사항을 강조한다.
(사) 태도 및 실천 능력을 함양하기 위한 교수·학습에서는 다음 사항을 강조한다(pp. 234~235).

이 말은 학생들이 수학을 학습하면서 동시에 이들 수학 교과 역량도 함양해야 한다는 것을 의미한다. 곧, 이들 수학 교과 역량도 학생들이 학습해야 하는 학습 내용인 것이다. 예를 들어, 문제 해결 역량을 살펴보자. Polya(1956)가 제시한 문제 해결 4단계를 학생들이 학습하면, 그들의 문제 해결 역량이 함양되는 것이라고 해 보자[물론, 이 주장에 대해 지지하지 않는 연구결과들도 있지만(길양숙, 1989), 2015 개정 수학과 교육과정에서는 이를 강조하고 있다(교육부, 2015, p. 234)]. 학생들이 자신들의 문제 해결 역량을 함양하기 위해서, 4단계를 모두 잘할 수 있어야 한다. 그런데, 이들 4단계를 모든 학년에서 균등하게 강조하는 접근을 해야 하는지, 아니면 저학년에서부터 고학년으로 가면서 점차적으로 함양해 나가야 하는지에 대해 논의도 필요하고 실험도 필요하다. 어쨌든, 본 절과 관련해서 핵심은 학생들이 문제 해결 역량을 함양하기 위해서 그들은 어떤 내용을 어떤 교수법을 통해서 이 역량을 함양할 수 있다는 것이다.

즉, 학생들이 수학 교과 역량을 함양하기 위해서 학습해야 하는 어떤 내용이 있다는 것이고, 이 내용은 2015 개정 교육과정에서 제시하고 있는 것처럼 "4. 교수·학습 및 평가의 방향, 가. 교수·학습 방향, (2) 교수·학습 방법" 항에서 다룰 것이 아니라 "나. 성취기준"에서 다루어야 한다. 왜냐하면 교육과정은 학생들이 이들 수학 교과 역량을 학습하기 위해 필요한 내용들을 진술해 주어야 하기 때문이다. 이전 교육과정에서는 이들 역량에 해당하는 각각을 통해서 수학 내용을 학습한다는 데 방점이 있었던 것과는 전혀 다르게, 2015 개정 교육과정에서 각 수학 교과 역량은 교수·학습 방법이 아니라 학습내용이다.

3.4 수학과 교육과정의 역량과 수학교과서에서의 역량의 일관성

소경희(2000)와 김진락(1992)은 수학과 교육과정과 교육과정 총론 간의 괴리에 대해서 언급하고 있고, 이부다와 김진호(2010)는 수학과 교육과정과 수학교과서 간의 괴리에 대해서 언급하고 있다. 수학과 교육과정에서 강조하는 바가 수학교과서에 제대로 실현되어야 하고, 또한 수학교과서를 가지고 수업을 하는 교사들을 위한 안내서인 교사용지도서에도 수학과 교육과정에서 강조하는 바를 교사들이 실천할 수 있는 실제적 지식을 제시해 주어야 한다. 이들 3가지 문헌들(수학과 교육과정, 수학교과서, 수학지도서)은 유기적인 관계를 맺고 있어야 한다. 하지만, 이들 문헌들에 진술된 내용들은 여전히 서로 유기적인 관계를 맺고 있지 않은 듯하다.

실제로, 2015 개정 교육과정이 공포되고 이에 따른 수학교과서 집필 작업이 이루어지고 있던 시점에서 서보억(2016, p. 38)이 다음과 같이 지적한 바와 같이, 구체적인 실천 방안이 준비되지 않은 상태에서 수학교과서가 개발되고 있음을 시인하지 않을 수 없다.

> 특히 창의·융합에 대해 박경미 외(2015)는 '수학의 지식과 기능을 토대로 새롭고 의미 있는 아이디어를 다양하고 풍부하게 산출하고 정교화하며, 여러 수학적 지식, 기능, 경험을 연결하거나 수학과 타 교과나 실생활의 지식, 기능, 경험을 연결·융합하여 새로운 지식 기능 경험을 생성하고 문제를 해결하는 능력'으로 개념화하였고, (중략), 초등 교과서에서 실생활 맥락의 활용으로 충분한지 이에 대한 논의가 필요하다.

서보억의 지적에 대해서 전적으로 동의하면서, 실제로 개발되어 사용되고 있는 초등수학교과서는 보다 심각한 문제점들을 안고 있다. 첫 번째, 다른 수학 교과 역량도 마찬가지이지만, 창의·융합 역량도 본차시 수업 활동을 통해서 학생들이 함양해야 할 역량임에 틀림없는데, 이 역량을 수학교과서가 아닌 수학익힘책에서 함양할 수 있는 활동을 제공하고 있다. 예를 들어, 초등학교 2학년 1학기 1단원에 대한 교사용지도서(교육부, 2017a, pp. 118-135)를 보면, 본 차시[이 용어에 대한 보다 상세한 의미에 대해서는 교육부(2017a, p. 45) 참고] 활동들 중에는 학생들이 단 한 번도 창의·융합 역량을 함양할 수 있는 기회를 가질 수 있는 활동이 없다. 그런데 이 단원의 8차시를 위한 교사용지도서(교육부, 2017a, p. 133)에는 수학익힘책(교육부, 2017c, p. 18) 6번 활동이 창의·융합 역량을 함양하기 위한 활동이라고 진술하고 있다. 교육부(2017a, p. 50)는 수학익힘책은 "기본적으로 학생들이 학습 결과를 스스로 점검해 보는 자학자습용 워크북으로 활용하도록 구성하였다."고 진술하고 있다. 자학자습용 워크북에서 창의·융합 역량을 함양할 수 있는 활동을 제공한다는 것은 누가 보아도 난센스다. 두 번째, 창의·융합 역량 중에 창의 역량은 있되 융합 역량은 거의 없다. 일부 독자들은 이 진술이 잘못되었다고 판단할 수도 있을 것이라고 필자는 예상한다. 필자도 그들의 입장을 수긍할 수 있다. 아마도 이들은 2015 수학과 교육과정(교육부, 2015)과 교사용 지도서 2-1(교육부, 2017a, p. 16)에서 진술하고 내용을 준거로 융합 역량을 보면 융합 역량을 함양할 수 있는 활동들이 있다고 판단할 수도 있을 것이다. 그러나, 이런 해석은 이 진술에 대한 그릇된 오해에 불과하다고 필자는 판단한다. 좀 더 구체적으로 살펴보기 위해서 이들 문헌에 있는 진술들을 살펴보도록 하자.

- 여러 수학적 지식, 기능 경험 등을 연결하여 새로운 수학적 지식, 기능, 경험 등을 생성하고 수학 문제를 해결하는 능력
- 수학과 타 교과나 실생활의 지식, 기능, 경험 등을 연결·융합하여 새로운 지식, 기능, 경험 등을 생성하고 문제를 해결하는 능력
- 새롭고 의미 있는 아이디어를 다양하고 풍부하게 산출할 수 있는 수학적 과제를 제공하여 학생의 창의적 사고 촉진

여기서 공통적으로 진술된 핵심적인 문구는 '새로운'과 '생성'이다. 그런데, 유감스럽게도, 2학년 1학기용 초등수학교과서(교육부, 2017b)에 제시된 창의·융합 역량 활동들 중 창의 역량을 위한 활동은 있어도 융합 역량을 함양하기 위한 활동들은 은미(隱微)하다.

이 융합 역량이 이처럼 간헐적 활동을 통해서 함양할 수 있는 역량인지에 대해서는 의문을 제기하지 않을 수 없다. 아마도 이런 적절하지 못한 길로 들어서게 된 계기는 초등 수학에서의 교과 역량은 주로 놀이 수학과 탐구 수학을 통해서 구현 가능하다(장혜원, 2016)고 보기 시작하면서부터가 아닌가 한다. 말 그대로 수학 교과 역량이라고 하는 것은 수학 수업이 이루어지고 있는 본 차시 수업을 통해서 이루어져야 하고, 이처럼 간헐적인 수업 활동으로 함양될 수 있는 역량이 아니다.

3.5 수학 교과 역량은 어떻게 평가할 것인가

학생들이 수학 수업을 통해서 수학 교과 역량을 함양하고 있는지를 언제, 어디서, 어떻게, 무엇으로 평가할 것인가 하는 것은 학교교육에서 중요한 영역이다. 이 평가는 그 목적에 충실하게 이루어져야 소기의 목적을 성취할 수 있다. 제7차 교육과정 및 개정 교육과정들에서 잘못 실행된 수행평가의 전철을 되풀이해서는 안 된다. 수행평가는 수업 중에 학생들이 학습하는 과정에서 발생하는 여러 가지 측면들을 평가해야 하는데, 수업 중에 제시된 과제가 아닌 별도의 과제를 학생들이 수행하고 그 결과를 평가하고 이를 수행평가라고 하였다. 수학과 교육과정에 제시되어 있는 "평가 방법 및 유의 사항"을 검토하면, 수학 교과 역량에 대한 평가가 제대로 이루어지지 않을 가능성을 배제하지 못할 듯하다. 왜냐하면 평가원칙 중 하나로 "(다) 수학과의 평가에서는 수학의 개념, … 뿐만 아니라 문제 해결, 추론, 창의·융합, 의사소통, 정보 처리, 태도 및 실천과 같은 수학 교과 역량을 균형 있게 평가한다(교육부, 2015, p. 236)."고 진술되어 있으나, "3. 내용 체계 및 성취기준, 나. 성취기준, (다) 평가 및 유의 사항"을 살펴보면, 수학 내용을 평가한다는 것은 진술하고 있지만 교과 역량을 평가한다는 진술은 그 어떤 학년군 더 나아가 각 영역에서 진술하고 있지 않기 때문이다. 이 진술에 대한 근거는 "2015 개정 수학과 교육과정 시안 개발 연구 II" (박경미 외, 2015, p. 28)에서 찾아 볼 수 있다. 그들은 수학 교과 역량이 수학과 교육과정의 각 항목에 일관성 있게 반영하였다고 하면서, 평가와 관련해서는 언급을 하고 있지 않다.

3.3절에서 언급하였듯이, 수학 교과 역량이 학생들이 수업을 통해서 함양해야 하는 역량이라고 하면, 이를 평가할 수 있는 최적의 장소와 시간은 바로 수업이 이루어지고 있는 시점의 교실이다. 한 차시의 수업을 하면서, 즉 어떤 수학 내용을 학생들이 학습하면서 이들 역량들이 모두 나타나기는 어렵다고 하더라도 이들은 중첩해서 나타날 것이고 이를 교사는 시기적절하게 평가할 수 있어야 한다. 수업 중 학생들의 수학 교과 역량의 발달을 평가할 수 있는 필요조건들 중 몇 가지에 살펴보도록 하자.

3.5.1 연차시 수업의 필요성

앞서 언급한 수업 중 평가를 제대로 수행하기 위해서, 40분(45분 혹은 50분) 단차시 수업이 아니라 연차시 수업을 실천할 필요가 있다. 왜냐하면 연차시 수업을 하면서 학생들이 자신들에게 제시된 과제를 수행 하는 중에 구성한 다양한 아이디어들을 자유롭게 공유하는 가운데 교사는 그들의 역량을 평가할 수 있다. 이때 교사가 학생들이 공유하고 있는 아이디어들을 평가한다는 것은 그들의 사고과정을 검토한다는 의미이지, 학생들의 사고결과의 옳고 그름을 판단한다는 의미가 아니다. 그야말로 학생들의 사고 과정을 검토한다는 것이다.

3.5.2 연차시 수업 과제 개발

유감스럽게도 수학교과서는 '거의 연차시 수업 과제가 없다.'고 해도 과언이 아니다. 제7차 교육과정을 거치면서 학생들의 활동과 의사소통이 강조되면서 국어과 및 사회과 등의 교과에서 활용하는 교과서는 연차시 수업 과제가 다수 포함되어 있다. 유독 수학교과서만이 이를 거부하고 있다. 김진호(2016)는 초등학교 1학년 수학 수업을 하면서 연차시 수업 자료를 개발하여 사용한 바 있다. 그는 학생들의 사고 과정을 존중해 주는 수업은 기본적으로 연차시 수업을 해야 한다고 주장한다. 학생들의 사고가 중심이 되는 수업은 단차시로 이루어질 수 없다. 왜냐하면 학생들이 자신들의 사고과정을 공유하면서 서로의 이해에 대한 이해를 하는 과정이 발생해야 하기 때문이다.

학습을 위한 과제로 개방형 과제를 개발할 필요가 있다. 개방형 과제[수업 중 활용할 수 있는 개방형 과제의 예에 대한 자세한 내용은 김진호(2016) 참고]는 말 그대로 학생들이 자신들의 인지적 수준, 흥미도, 전략의 선택 등을 통해서 자신만의 방식으로 과제를 수행하는 것을 허용해 준다. 학생들의 수학 교과 역량을 평가한다는 것은 모두가 동일한 어떤 특정 기능을 익숙하게 수행하는지를 평가하는 것이 아니라, 각자가 각자의 수준에서 수행한 정도를 평가해야 하므로 개방형 과제를 활용하는 것도 한 가지 방법임에는 틀림없다.

3.5.3 학생들의 사고 과정이 수업의 중심이 되는 수업을 실천하기

학생들이 수학 교과 역량을 함양하고 있는지를 수업 중에 평가하기 위해서는 학생들의 사고 과정을 수업 중에 공유해 주어야 한다. 그래야 교사는 수업 중에 학생들의 수학 교과 역량의 발달 정도를 평가할 수 있다. 그런데 일반적으로 학생들은 수업 중에 자신의 사고 과정을 공유하기를 꺼려한다(Chapin, O'Connor, & Anderson, 2013). 이런 현상이 발생하는 것은 교육과정에서는 구성주의를 기반으로 하는 학습자 중심 수업을 해야 한다고 규정하고 있지만 여러 가지 미흡한 점들로 인해서 여전히 교사 중심 수업이 이루어지고 있기 때문이다.

학생들이 구성해 낸 아이디어들을 자유롭게 공유하기 위해서, 교사는 학생들이 서로의 아이디어를 존중해 주는 교실 규범을 조성해야 하고, 학생들의 아이디어를 '옳다' 또는 '틀렸다'라는 잣대로 재단해서는 안 되며, 학생들에게 그들의 아이디어를 공유할 수 있는 기회를 공평하게 부여해야 한다. 또한, 가능한 한 학생들이 구성해 낸 아이디어들을 허용적으로 수용해 주어야 하고, 수업을 실천에 옮기면서 학생들의 개인차를 고려한 수업을 할 준비를 해야 하며, 수업 중에 수학적 지식을 학생들에게 전달할 목적으로 설명하는 수업 사태가 발생하지 않도록 주의해야 한다.

4. 나오는 글

우리나라는 지금까지 많은 수학과 교육과정의 개정이 있어 왔다. 미래사회에서 삶을 영위해야 하는 현재의 초·중·고등학교 학생들이 그 사회에서 중추적인 역할을 담당하기 위해서 필요한 내용이 이제는 지식만이 아니라 다양한 교과 역량이라고 한다. 현재의 2015 개정 교육과정의 변화들 중의 가장 큰 변화는 바로 이 교과 역량의 강조이다. 학생들이 진정으로 수학 교과 역량을 함양하기 위해서 연구자들은 본 장에서 논의한 몇 가지 사안들에 대해서 현재 우리나라 교육현장에 어느 정도 적용되고 있는지 주도면밀하게 추적조사를 할 필요가 있다. 다음은 본 장에서 논의한 주제들에 대한 요약이다.

- 수학 수업이 이루어지는 시공간에서 수학 교과 역량들은 복합되어 있는 것이지 분리되어 있는 것이 아니다.
- 기존의 수업 방식으로 수학 내용 지식뿐만 아니라 수학 교과 역량까지 학생들이 함양할 수 있을지에 대해서 의문을 제기하지 않을 수 없다. 학생들이 수학 교과 역량을 함양할 수 있는 교수·학습 전략은 무엇인지 진지한 고민을 해야 한다. 이런 고민이 필요한 이유는 현재 수학과 교육과정에 진술되어 있는 대부분의 교수·학습 전략들은 이전 교육과정, 즉 수학 교과 역량을 강조하지 않던 교육과정에서 추천되던 교수·학습 전략들의 각색에 가깝기 때문이다. 아마도 이런 접근이 허용되는 것은 수학 교과 역량을 "이전 수학과 교육과정에서도 지속적으로 강조되어 왔던 능력(김유경, 2017, p. 95)" 정도로 인식하고 있기 때문일 것이다.
- 수학 교과 역량은 학생들이 수학 내용을 학습하는 데 활용해야 하는 수단이 아니라 그들이 수학 내용을 학습하면서 함양해야 하는 또 다른 측면에서의 내용지식이다.
- 일부 연구자들은 수학과 교육과정과 수학교과서 사이의 괴리에 대해서 언급하고 있다. 이들 연구자들의 연구물을 반면교사 삼아, 2015 개정 교육과정, 수학교과서, 교사용지도서 사이에 괴리가 발생하지 않도록 해야 하며, 이미 생긴 괴리는 수정해 가야 할 것이다.

• 수학과 교육과정에서 학생들의 수학 교과 역량에 대한 평가는 구체적으로 언급되어 있지 않다. 수업 중에 이를 평가하기 위해서 몇 가지 제안을 하였는데, 그것은 연차시 수업의 필요성 및 연차시 수업 과제 개발 그리고 학생들의 사고 과정이 수업의 중심이 되는 수업 실천하기이다. 그래야 교사는 학생들의 수학 교과 역량을 평가할 수 있다.

수학과뿐만 아니라 각 교과에서 교과 역량을 각 교과를 통해서 학습해야 하는 시대가 온 것이다. 많은 연구자들이 학생들이 수학 내용 수업을 통해서 수학 교과 역량을 함양할 수 있도록 하기 위해 나름대로의 노력을 하였고, 2017년부터 초등학교 1학년과 2학년은 실제로 이를 반영한 수학교과서로 수업을 실천에 옮기고 있으며, 2018년부터는 중학교와 고등학교에서도 동일하게 시도되고 있다. 계획하고 준비한 만큼의 성과가 있을지 또는 그 이상의 성과가 있을지, 아니면 그 이하의 성과가 있을지에 대해서는 지속적인 관찰과 연구가 필요해 보인다. 연구자들은 그 결과에 따른 후속 조치를 취해야 할 것이고, 교사들은 새로운 내용 지식에 따른 수업 방식, 평가 방식 등에 빨리 익숙해지려고 노력해야 할 것이다. 교사들이 새로운 수업 방식, 평가 방식 등에 익숙해지는 노력을 게을리하면, 교사들이 게을리한 만큼 우리나라의 미래인 학생들은 수학 교과 역량이 미흡한 채로 학교를 졸업하고 사회에 진출하게 된다. 그 반대로 그들이 최선의 노력을 한다면, 학생들은 (수학) 교과 역량을 신장할 수 있으므로 개인의 발전은 물론, 우리 사회의 발전에도 큰 힘이 될 것이다.

본 연보의 다양한 논의가 연구자, 교사, 학생 모두 만족할 만한 결과로 이어지기를 기대하면서 글을 맺고자 한다.

참・고・문・헌

교육과학기술부(2007). 초등학교 교육과정 해설 Ⅳ: 수학, 과학, 실과. 서울: 대한교과서주식회사.

교육과학기술부(2011). 2009 개정 수학과 교육과정. 교육과학기술부 고시 제2011-361호. 서울: 교육과학기술부

교육과학기술부・부산시교육청(2009c). 세계 각국의 교육과정 및 운영사례(Ⅲ) -대만-. 교육과정 자료-438.

教育部(2011). 义务教育各学科课程标准〈2011年版〉, 北京: 北京師範大學出版集團.

교육부(2015a). 초등학교 교육과정-교육부 고시 제2015-80호 [별책2]. 세종: 교육부.

교육부(2015b). 수학과 교육과정. 교육부 고시 제2015-74호. 세종: 교육부

교육부(2017a). 초등학교 1-2학년군 수학: 교사용 지도서 수학 2-1. 서울: ㈜천재교육.

교육부(2017b). 초등학교 1-2학년군 수학: 수학 2-1. 서울: ㈜천재교육.

교육부(2017c). 초등학교 1-2학년군 수학: 수학익힘책 2-1. 서울: ㈜천재교육.

구자옥・김성숙・임해미・한정아(2015). OECE 국제 학업성취도 평가 연구: PISA 2015 본검사 시행 보고서. 한국교육과정평가원 연구보고 RRE 2015-6-2.

길양숙(1989). 문제 해결 전략의 지도에 관한 연구 동향. 교육학연구, 29(4), 94-109.

김경희・시기자・김미영・옥현진・임해미(2010). OECE 학업성취도 국제비교 연구(PISA 2009) 결과 보고서. 한국교육과정평가원 연구보고 RRE 2010-4-2.

김유경(2017). 수업과 통합한 수학 교과 역량 중심의 평가 실행 연구. 한국초등수학교육학회지, 21(1), 93-113.

김진락(1992). 수학과 교육과정의 개발과 체재에 관한 연구. 한국교원대학교 대학원 미간행 박사학위논문.

김진호(2015). 수학 수업의 실행에 앞서서 전제되는 몇 가지 요소에 대한 일 논의. 과학・수학교육연구, 38, 115-123.

김진호(2016). 초등학교 1학년 수학 학습을 위한 개방형 과제. 과학・수학교육연구, 38, 115-123.

박경미 외 40인(2015). 2015 개정 수학과 교육과정 시안 개발 연구 II. 한국과학창의재단.

서보억(2015). 2011년 발표된 한국과 중국의 초등학교 수학과 교육과정 비교 분석. 한국수학교육학회 초등수학교육, 18(1), 1-16.

서보억(2016). 포럼: “초등 수학교실에서의 수학 교과 역량의 실제”에 대한 토론. 2016년 한국수학교육학회 학술발표논문집, 38-39.

서은민(2017). 초등 수학 수업 우수 교사의 PCK 분석: 학습자 중심 수업의 관점에서. 대구교육대학교 미간행 석사학위논문.

소경희(2000). 우리나라 교육과정 개정에 있어서 총론과 각론의 괴리 문제에 대한 고찰. 교육

과정연구, 18(1), 201-218.

송미영 · 임해미 · 최혁준 · 박혜영(2013). OECE 국제 학업성취도 평가 연구: PISA 2012 결과 보고서. 한국교육과정평가원 연구보고 RRE 2013-6-1.

신성균 · 고정화 · 권점례 · 박선화 · 이대현 · 이봉주 · 최승현(2005). 수학과 교육과정 개선 방안 연구. 서울: 한국교육과정평가원.

이부다 · 김진호(2010). 구성주의 지식관이란 관점에서 초등학교 수학교과서 분석: 1학년과 2학년 수와 연산 영역을 중심으로. 한국학교수학회논문집, 13(3), 415-442.

장혜원(2016). 포럼: 초등 수학교실에서의 수학 교과 역량의 실제. 2016년 한국수학교육학회 학술발표논문집, 23-27.

한국과학창의재단(2011). 2009 개정 교육과정에 따른 수학과 교육과정 연구. 서울: 한국과학창의재단

한국과학창의재단(2015). 2015 개정 수학과 교육과정 시안 개발 연구. 서울: 한국과학창의재단

황혜정(2016). 수학교육학신론. 서울: 문음사.

Chapin, S. H., O'Connor, C., & Anderson, N. C.(2013). Classroom discussion in math. Saualito, CA: Math Solutions.

Ministry of Education Singapore(2013a). O- & N(A)-Level Mathematics Teaching and Learning Syllabus. Singapore.

Ministry of Education Singapore(2013b). Primary Mathematics Teaching and Learning Syllabus. Singapore.

National Council of Teachers of Mathematics(2000). Principles and Standards for School Mathematics, VA: The National Council of Teachers of Mathematics

Polya, G.(1957). How to solve it. NJ: Princeton University Press.

Topler, A.(1980). The third wave. NY: Bantam Books.

제2장 수학적 문제해결 역량

고상숙(단국대학교)

1. 들어가는 글

과거 수학교육에서 문제해결의 중요성은 '1980년대 수학과 교육과정은 문제해결 중심으로 조직되어야 하고, 수학교사는 문제해결이 수업의 중심이 되는 교실 환경을 창출할 만한 전문성이 있어야 하며, 문제해결의 교수·학습에 필요한 적절한 교육과정 자료가 모든 학년 급을 위해 개발되어야 하는데 이때 수학문제들은 컴퓨터나 계산기의 힘을 충분히 활용할 수 있어야 한다'는 NCTM(1980) 권고안으로부터 출발한다. 이와 연계선상에서 NCTM(1989)에 문제해결의 단원이 제공되었고 이를 보완한 NCTM (2000) 역시 문제해결은 추론과 증명, 연결성, 의사소통, 표상과 더불어 중요한 목표로 강조되고 있다.

2015 개정교육과정에서도 문제해결 역량을 신장하기 위한 교수·학습 방법으로 문제해결은 전 영역에서 지속적으로 지도해야 하고, 학생 스스로 문제 상황을 탐색하고 수학적 지식과 사고 방법을 토대로 문제해결 방법을 적절히 활용하여 문제를 해결하게 하며, 문제해결의 결과뿐만 아니라 문제해결 방법과 과정, 문제를 만들어 보는 활동도 중시해야 한다고 명시되어 있다.

지난 해 열린 스위스 다보스포럼에서 인류는 2016년을 원년으로 제4차 산업혁명의 시대를 살아가고 있다고 선포되었다. 제4차 산업혁명시대를 사는 우리는 창의성(creativity)과 사회적 정서지수(EQ: Emotional Quotient)에 의해 우리의 삶이 지배될 것이며 미래를 살아가는 데 요구되는 인간형은 창의적인 인간이다. 창의적인 인간은 자신의 일을 스스로 결정하고 책임질 줄 아는 자주적인 인간을 말한다(최인수, 2017). 또한 최근 발표된 우리나라 글로벌 창의성지수(GCI: Global Creativity Index)는 OECD 139개국 중 31위로서 교육적 지수와 테크놀로지 지수는 1위를 자랑하지만, 관용지수가 70위로 낮게 나왔다는 것은 미래를 대비하는 우리사회가 고정관념과 편견에서 벗어나 다양성을 추구하는 개방적 사회로 크게 변화되어야 함을 시사한다. 관용지수가 낮다는 것은 사회가 폐쇄성이 강하여 수정하거나 변화하는 데 오랜 시간이 걸리므로 창의적인 아이디어가 인정받고 실현되는 데에 장애가 많다는 것을 내포한다.

이처럼 변화하는 시대 속에 우리 수학교육에서 창의성과 감성(또는 인성)을 키워나가는 데 효과적인 방법이 무엇일까를 함께 고민해봐야 하는 시점이다. 2009 개정교육과정에서 창의·인성을 중요한 역량으로 명시한 것(교육과학기술부, 2011, p. 2)은 이러한 시대의 변화를 수용한 것이라 할 수 있다. 따라서 본 장에서는 수학교과의 핵심역량 중 어느 시대에서건 그 중요성이 가장 먼저 언급되었던 문제해결 역량에 대해 역사적 변천과정을 고찰해보고, 수학교육에서 창의성과 문제해결은 밀접한 연관이 있는 바 이들의 관계성을 살펴보며, 오늘날 절대평가제에 대한 관심이 높아지고 있으므로 문제해결 역량에 대한 평가방안에 관해 미래 방향성을 제안해보고자 한다.

2. 수학적 문제해결 역량

2.1 문제해결에서 통찰

문제해결은 오랫동안 수학교육의 핵심을 이루어왔기 때문에 수학교육의 역사와 함께한다고 볼 수 있으며 그 시작은 형태심리학자들의 연구로 거슬러 올라간다. 형태심리학자들은 우리의 사고와 지각하는 과정은 모두 같은 기본적인 원리에 의해 지배된다고 믿었는데 문제해결에 대한 주된 연구가 바로 통찰의 현상에 관한 것이다 (Resnick & Ford, 1981). 당시 Thorndike(1924)의 단순암기나 결합법칙에 의한 시행착오적 관점이 팽배한 시점에 그들은 Köhler(1929/1959)에 의한 침팬지 연구를 통해 일상생활에서 마주치는 문제해결에 대해 설명하였고, 다음과 같이 언급하였다.

> "행동은 항상 목표를 향해 똑바로 나아가지 않으며 때로는 목표로의 접근이 수월하지 않을 시 일시적으로 피하기도 하고 궁극적으로는 같은 결과를 가져오는 우회경로를 찾음으로써 해결한다. 예를 들어, 높은 선반 위에 바나나가 있음을 발견하였을 때 침팬지는 그 음식으로 바로 접근하지 않고, 자신이 밟고 올라갈 상자를 놓기 위하여 우리 밖으로 이동한다. 이것은 원숭이도 문제 상황에 직면했을 때 인간처럼 추리에 의해 반응한다는 것을 의미한다. 이런 예는 문제의 중요한 측면에 통찰의 순간이 일어났음을 보여주는 것 같다. 문제와 그 해결의 본질에 대한 인식은 한참 동안 겉으로는 멋대로의 활동을 한 후에 갑자기 그리고 동시에 일어난다"(Resnick & Ford, 1981, p. 131).

우리가 일컫는 문제에서는 목표로의 접근이 쉽지 않은 관계로 해결이 즉각적으로 이루어지지 않게 되는데 이런 문제 상황에서 특유의 갈등이 있게 되면 역동적인 정신력은 어떤 재조직을 통하여 평형화를 이루려고 한다. 이 재조직은 문제의 올바른 구조를 밝혀내어 해결의 길을 찾는다. Köhler(1929/1959)는 이러한 내적 갈등의 해소는 문제의 구성요소들이 전체와 관련하여 그들의 적절한 기능에서 지각되었을 때 한해서만 일어난다고 하였고, 이를 통찰이라고 부르며 이러한 재조직이 일어나는 시점에 일어난다고 하였다. 이러한 주장은 이후 문제해결 이론의 골격을 형성하는 데 기여하였다.

교실현장의 학생들의 행동양식에 관심이 많았던 Wertheimer(1945)가 주장한 생산적 사고(productive thinking)를 이해하는 데 있어 문제 구조에 대한 이해가 얼마나 중요한가는 다음 그림에서 잘 설명하고 있다. 평형사변형의 넓이를 구할 때 표준알고리즘(그림 2-1)을 적용해온 학생들 중에는 Wertheimer가 제시한 오른쪽의 새로운 문제(그림 2-2)에 대해서는 표준알고리즘을 적용할 수 없는 틀린 문제라고 생각하는 학생도 있었다.

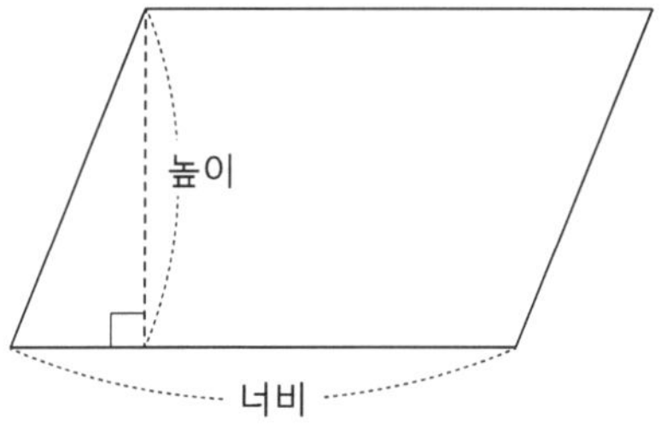

〈그림 2-1〉 표준알고리즘에 의한 넓이 구하기

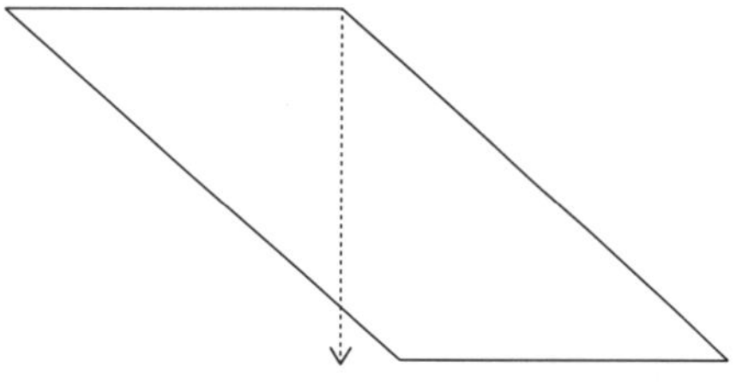

〈그림 2-2〉 새로운 평형사변형 넓이 구하기

이것은 학생들이 표준알고리즘의 기초가 되는 구조적인 원리를 이해하지 않고 교사가 제시한 법칙을 암기 위주로 습득하였을 때 나타내는 반응이다. 평형사변형과 직사각형이 기능적인 동치관계임을 이해했다면, 즉 이 문제의 구조에 대한 진정한 이해를 통해 학생은 문제해결을 가능하게 하는 생산적 사고로 나아간다고 보았다. 하지만 항상 우리가 모든 문제에서 지각적인 구조와 문제의 본질적인 구조 사이에서 해결의 실마리를 찾을 수 있는지는 의문이 남는다. 그럼에도 불구하고 이 시대에서는 창의성을 발휘하는 것이 중요하므로 이 통찰에 대한 형태심리학자들의 주장은 우리가 문제해결을 시도하는 과정에 나타나야 하는 필수불가결한 과정임을 암시한다.

특히 형태심리학자들은 지식의 구조에 초점을 두었는데 〈그림 2-3〉, 〈그림 2-4〉는 문제해결에서 부딪히는 항목들(nodes: 타원으로 표현) 사이에, 대상은 수량(m)이 되고

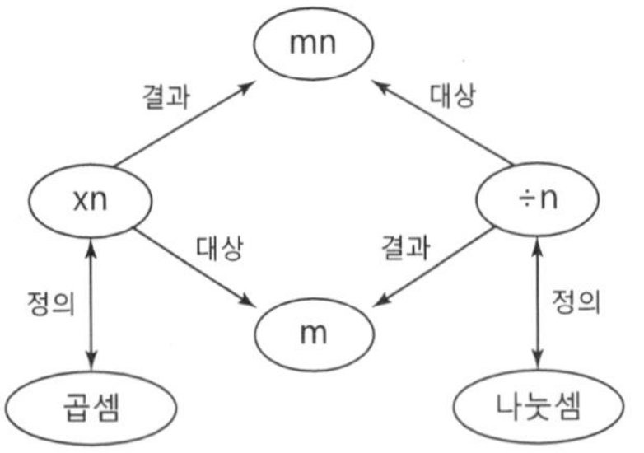

〈그림 2-3〉 잘 연결된 지식의 구조

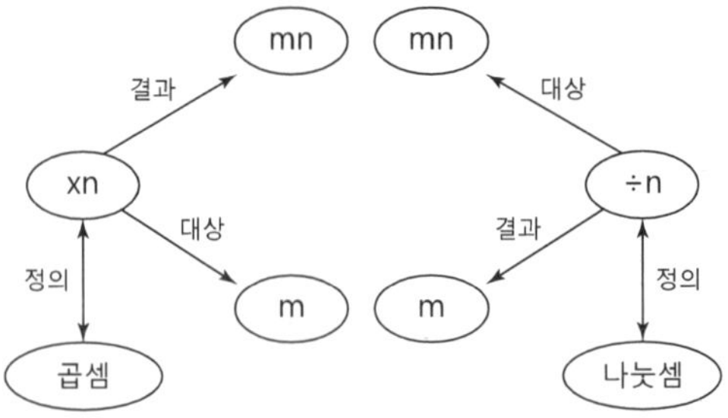

〈그림 2-4〉 잘 연결되지 않은 지식의 구조

결과는 수량(mn)이 되는 과정을 도식화하였다.[1] 이처럼 이론적이고 경험적인 과정분석은 절차적 지식, 즉 수학적으로 정형화된 경로를 수행하기 위한 인간의 내적 프로그램을 설명할 수는 있지만 개념적 지식은 설명하지 못한다. 따라서 교사가 위 과정을 염두에 두고 수업을 구성한다고 할지라도 이를 받아들이는 학생은 자신의 수준에서 개념적 지식을 형성할 수 있음을 알아야 한다. 이러한 점이 문제해결에서 관찰자(교사) 입장에서 어려운 점이라고 할 수 있다. 인간의 정신을 들여다볼 수 없고, 개념적 네트워크 모형을 관찰할 수 없기 때문에 지식의 구조는 행동을 통해서 추리될 수밖에 없다. 따라서 반응시간 측정, 오류 패턴 연구, 큰 소리로 생각을 말하기 분석, 또는 프로토콜 분석 등과 같은 정성연구 기법을 활용하여 지식의 구조에 따른 인지적 이해정도를 규명해오고 있다.

Greeno(1978)는 이와 같은 의미적 체계에서 나타나는 수학적 이해의 정도를 평가하는 데 적용할 수 있는 3가지 준거로 표상의 내적 통합성, 정보와 알고 있는 다른 사물들 간의 연결성, 그리고 표상과 이해되어야 할 자료와의 일치성을 꼽았다. 우리는 〈그림 2-3〉이 〈그림 2-4〉보다 내적 통합성이 뛰어남을 알 수 있고, 연결성 또한 나눗셈은 곱셈의 역연산 관계로 연결되어 있어 개념적으로 적용할 수 있으며, 일치성은 수학전문가가 가지고 있는 지식구조와 학생 개인의 지식구조의 형태 간의 일치성을 의미한다는 것이다. 이러한 준거는 최근에 인지적, 교수적, 수학적 충실도(fidelity)로 연구되고 있는 주제와도 관련이 있으며 우리나라 학교수학의 교육과정상에서 언급되지 않은 연결성 역량에 대해 그 중요성이 강조되는 이유이기도 하다.

좀 더 자세히 살펴보면 내적 통합성을 지닌 학생들의 반응을 Resnick과 Ford(1981)

1) 화살표 방향은 주제(subject)에서 대상(object)으로와 같은 관계의 방향을 나타낸 것이지 처리의 방향을 나타낸 것은 아니다(Resnick & Ford, 1981). 여기서는 주제와 대상 관련 노드에 관한 이해를 돕기 위해 곱셈 나눗셈의 구조를 나타낸 것이지만 문제해결과정은 발견술을 중심으로 비알고리즘적인 (개념적) 관계망이 복잡하게 얽혀 있을 것으로 예측된다. 메타인지적 문제해결과정을 연구한 자료조사가 더 요구된다.

는 시간이 주어진 자유 연상 실험에서 나타나는 행동의 패턴을 묘사하였는데 이를 요약해보면 학생이 새로운 문제를 만났을 때 문제주제에 관련된 이미 알고 있는 지식들은 핵심적인 개념을 중심으로 즉각적으로 재생하고 이어서 잠시 지체를 보인 후 관련된 항목들(nodes)을 재생한다는 것이다. 이 지체된 시간에서는 처음의 조직 개념에서 다음의 조직 개념을 탐색하기 위해 소비된 시간이며 이 탐색은 길거나 복잡한 결합의 경로를 따라서 이루어진다고 보았다. 즉 핵심적인 개념들 주위에는 복잡한 경로들이 얽혀 있는데 유능한 문제 해결자들은 청크화된(chunk) 내적인 통합성에 따라 이 경로들이 연결되어 있는 것이다. 이에 대한 흥미로운 연구로는 Larkin(1977)의 초보자와 전문가의 차이점에서 찾을 수 있는데 초보자는 청크화가 되지 않은 체계로부터 정보를 아끌어 내게 되므로 두 항목 간에 경과된 시간은 불규칙적으로 분산되는 반면에 전문가에게서는 많은 항목들의 쌍이 짧은 시간 간격으로 분리되며 긴 시간 간격으로 분리된 쌍들의 수는 비교적 적다는 것이다. 이 긴 시간 간격은 새로운 노드(nod)의 개념이나 청크에 접근하는 시점이며, 짧은 간격들은 청크 내에서 소요되는 시간이다.

최근 기술공학의 발달로 학생들이 수학 과제를 수행할 때 뇌파나 뇌 영역에서의 변화를 측정할 수 있게 되었다. 〈그림 2-5〉와 〈그림 2-6〉은 Choi-Koh와 Ryoo(2017 in review)가 함수변환과제를 제시하였을 때 중학교 3학년 학생들의 뇌파의 분포를 EEG (Electroencephalography)를 사용하여 조사한 것이다. 수학적 사고와 밀접한 관련이 있는 p300을 조사하였을 때 성취도가 낮은 그룹의 학생들의 뇌파는 그 높낮이의 범위가 크며 특히 G 과제(그래프를 함수식으로 변환) 뇌파가 F 과제(함수식을 그래프로 변환) 뇌파보다 깊게 나타난 것으로 보아 F 과제보다 G 과제에 더 많은 작업공간을 할애하며, 이 그룹의 학생들의 뇌 활동이 비교 그룹에 비해 뇌의 작업공간에서 훨씬 분산적이며 소모적임을 알 수 있다. 과거 정보 처리체계이론에서 논의되었던 연구결과가 뇌 과학 영역에서도 확인되는 결과라 하겠다.

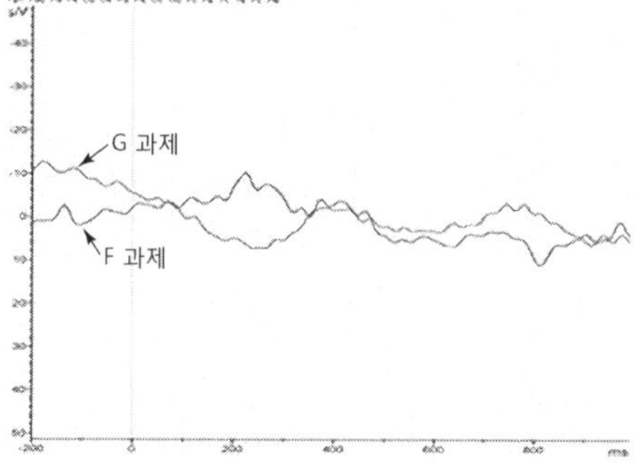

〈그림 2-5〉 성취도가 높은 그룹의 함수 과제 간의 뇌파변화

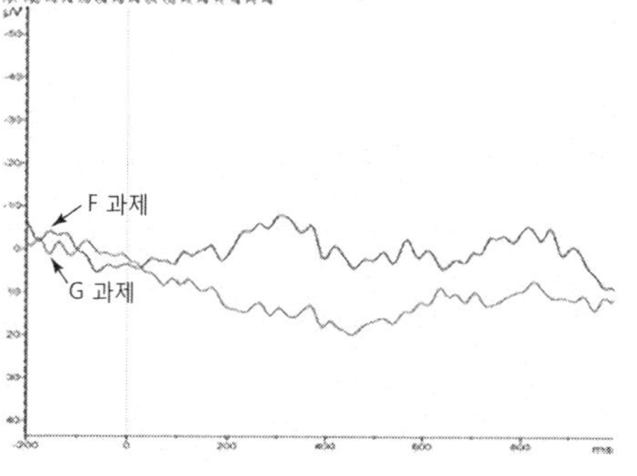

〈그림 2-6〉 성취도가 낮은 그룹의 함수 과제 간의 뇌파변화

Polya(1957, 1973)는 문제해결은 학생들이 문제를 직접 해결하고 풀이를 분석해 보며, 다른 사람에게 문제를 제시하고 문제의 해결 과정을 반성해 보는 과정으로 볼 수 있다고 하였으며 문제해결의 과정을 4단계(이해 → 계획 → 실행 → 반성)로 구분하여 제시하였다. Polya는 교사들에게 학생들이 문제해결상황에서 통찰을 안내할 수 있는 도움이나 힌트에 초점을 맞추어 수학을 가르치는 방법을 제시하기 위하여 노력하였는데, 이 도움이나 힌트를 '발견을 돕기'라는 의미의 발견적 전략(heuristic)이라 부른다(Resnick & Ford, 1981). Polya가 학습자 중심의 표현을 사용했다는 것에서 교육자로서의 모습을 볼 수 있어 주목된다.

나아가 Wilson(1991)와 Choi(1996)에서는 문제제기(problem posing)를 넣어 문제해결과정이 선형적이 아니라 순환적이며 서로 양방향으로 상호작용하는 매우 역동적인 과정이라고 강조하였다. 이러한 역동적인 순환과정은 기술공학을 활용하는 학습과정에서 더욱 강화된다고 보았다. 문제해결에서 문제제기는 우리나라에서는 늦은 감이 있지만 2009 개정 교육과정에서부터 삽입되어 강조되기 시작하면서 그 중요성을 인식하는 계기가 되었다. 문제제기라는 단어는 연구자마다 문제만들기, 또는 문제설정이라는 다양한 용어로 사용되고 있다.

또한 Schoenfeld(1985)는 Polya의 문제해결 4단계에 탐구의 단계를 추가하여 '분석 → 계획 → 탐구 → 실행 → 검증'이라는 문제해결 모델을 제시하였다. 탐구 단계는 어려운 문제에 대한 계획을 수립하는 단계로 여러 가지 동등한 문제를 생각해 보고 그것을 통해 특별한 시사를 얻지 못한다면 하위 목표를 설정하거나 조건을 완화하거나 문제의 영역을 분해하여 문제를 약간 수정해야 하는데, 그래도 불충분하면 수정한 문제를 생각해 보아야 한다고 하였다.

Kilpatrick(1987)은 문제만들기와 문제해결은 매우 밀접한 관계를 맺고 있어 서로

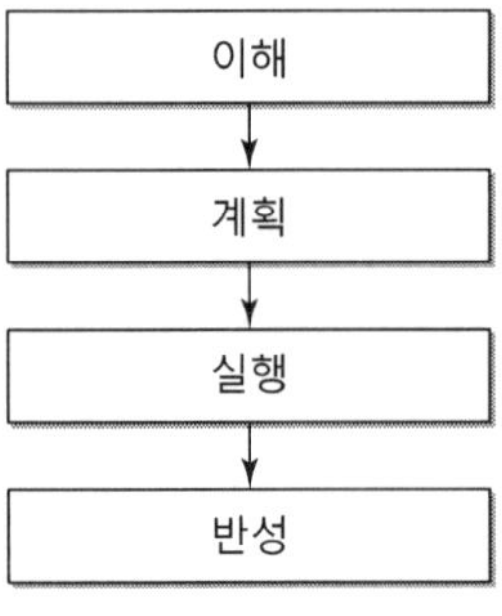

〈그림 2-7〉 Polya의 문제해결

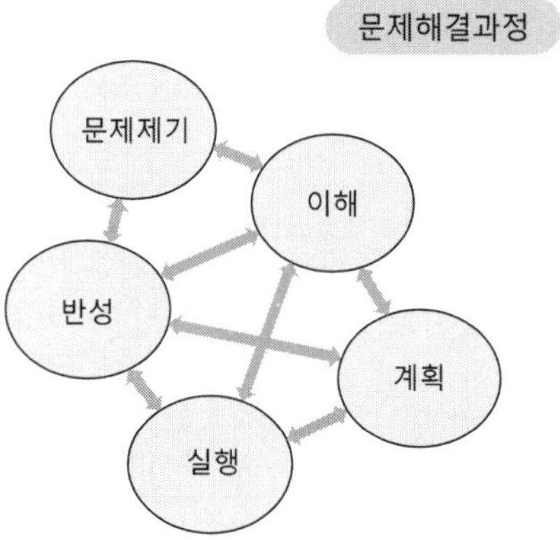

〈그림 2-8〉 Wilson(1991) & Choi(1996)

분리될 수 없다고 하였으며, Brown과 Walter(1983)도 문제제기와 문제해결 간의 본질적 관계를 강조하였다. 특히 Brown과 Walter(1983)는 “what if not”이라는 주어진 조건을 바꾸어가는 전략을 사용하여 문제제기를 안내함으로써 누구나 쉽게 문제제기를 할 수 있게 하였다. 김경옥과 류성림(2009)도 문제만들기는 아동들의 문제해결력을 향상시키는 수단이 되고, 동시에 아동들의 수학적 사고력을 높여주며, 또한 아동들의 수학에 대한 태도를 긍정적으로 개선하는 수단이 될 것이므로, 문제만들기 활동은 다른 수학 학습과 동떨어져 있는 새로운 영역으로서의 학습 내용이 아니라, 모든 교수·학습 활동 속에 활용할 수 있는 교수·학습 방법의 하나로 수업 현장에서 자연스럽게 사용할 수 있어야 한다고 하였다. 염상섭(2009)은 수학문제를 해결하는 데 있어서 학습자가 갖춰야 할 가장 중요한 요소이자 기법은 그 문제와 직접 혹은 간접적으로 관련되어 있는 수학적 개념에 대한 올바른 그리고 폭넓은 이해라고 하였고, 또한 주어진 문제에 대해 그 문제가 성립하는지 성립하지 않는지를 타진하면서 구체적인 예 또는 반례를 들어 보이는 것이 중요하며, 어떤 수학적 명제나 조건 혹은 사상이 주어졌을 때 그것과 동치 관계에 놓여 있는 다른 형태의 명제나 조건 또는 사상으로 바꾸어 봄으로써 현 시점에서는 보이지 않았던 해결의 실마리가 보일 수 있게 된다고 하였다. 게다가 큰 문제를 몇 개의 작은 문제로 쪼개어 생각하게 되면 처음에 주어진 문제는 크고 복잡하여 해결하기 어려워 보이지만 쪼개어진 작은 각각의 문제들은 학습자들이 이미 해결해 보았거나 다루어 본 경험을 가진 문제들이거나 아니면 원래의 문제보다는 훨씬 쉽게 해결할 수 있는 상황으로 변하게 된다고 하였다.

2.2 문제해결 역량의 변화

1980년대 이후 문제해결 역량에 대한 중요성을 인식하고 그에 대한 관점의 개선도 지속적으로 이루어져 왔다. NCTM(1989, pp. 20-21)에서는 [표 2-1]과 같이 명시하였다.

[표 2-1] 문제해결에 대한 변화

증가측면	감소측면
• 다양한 구조 속의 문장제 • 실생활 문제 활용 • 응용문제 • 패턴과 관계성의 탐구 • 문제해결 전략	• 어떤 연산을 사용할지를 결정하기 위한 단서 사용

학교 수학의 목표는 기본적인 수학적 지식과 기능을 바탕으로 수학적 사고력을 길

러 문제를 창의적으로 해결하는 능력과 태도를 기르는 것으로, 문제해결은 수학을 가르치고 배우는 '방법'이며 동시에 '목적'이다. NCTM(1989)에서는 문제해결이란 학생들이 그들 주변의 세계에서 수학의 유용성과 힘을 경험하는 과정으로서 탐구와 적용의 방법이라 했으며, 문제해결의 방법이나 답의 타당성을 위해 창조적으로 사고하며 의사소통하는 능력은 학생들의 수학에 대한 문제해결력을 발달시키고, 동시에 문제해결 상황은 의사소통 능력을 확장시킬 수 있는 환경을 제공한다고 하였다. 이렇듯, 문제해결 학습과 의사소통 학습은 불가분의 관계에 있다고 볼 수 있다.

2.3 문제해결 역량의 하위요소

2015 개정 교육과정에 앞서 2009 개정 교육과정에서는 과정중심 영역으로 문제해결, 추론, 의사소통 역량을 포함하였는데 본 장에서는 문제해결 역량에 대한 하위능력을 제시하고자 한다. 먼저 NCTM(2000)에서도 문제해결은 추론, 수학적 연결성, 의사소통, 표상과 같은 역량과 함께 그 중요성이 강조되고 있다. 문제해결이란 해결방법이 미리 알려지지 않은 과제에 참여하는 것을 의미하며 학생들은 수와 연산, 대수, 기하, 측정, 자료 분석과 확률과 같은 다섯 가지 수학영역에서 문제를 제기하고 시도해보고 해결하는 경험을 많이 가져야 한다. 또한 자신의 사고에 대해 반성해볼 기회를 가져야 한다며 다음과 같이 성취해야 할 요소를 제시하였다(NCTM, 2000, p. 52).

- 문제해결을 통해 수학적 지식을 만들어낼 수 있다.
- 수학과 다른 교과상황에서 나타나는 문제를 해결할 수 있다.
- 문제를 해결하기 위해 다양하고 적절한 전략을 적용하고 채택할 수 있다.
- 수학 문제해결 과정을 관찰하고 반성할 수 있다.

정상권, 이경화, 유연주, 신보미, 김구연(2012, pp. 82-83)에서는 설문결과를 바탕으로 문제해결 역량에 대한 13개 하위요소를 제안하였는데 이를 근거로 고상숙, 고호경, 박만구, 임현정, 강경은 외(2015, p. 18)에서도 수학교사들을 대상으로 설문지 검사를 실시하였고 그 결과인 하위능력 요소들을 [표 2-2]와 같이 수정·보완하였다. 교사들의 설문결과에는 문제해결에서 "중복되는 요소가 많아 구분하기 어렵다"가 기타의견에 다수 기술되었던 바, 문제해결의 13개의 요소들 중 '실세계 상황과 타 교과관련 상황'이 분리되어 있던 것을 묶어 단순화하여서 [표 2-2]와 같이 10가지의 요소로 요약하였다.

[표 2-2] 문제해결 역량의 하위요소

수학적 과정	수학적 과정의 평가 요소	약어
문제 해결	상황에서 수학적 문제를 구성하는 능력	문1
	문제를 수학적 기호, 그림을 사용하여 다시 표현하는 능력	문2
	문제해결에 필요한 조건의 확인 또는 보완 능력	문3
	문제해결에 적절한 형태로 표현을 변환하는 능력	문4
	문제해결에서 사용되는 개념들 간의 연결성을 인식하고 활용하는 능력	문5
	문제해결을 위한 다양한 전략 또는 방법을 찾는 능력	문6
	문제해결에서 적절한 전략을 활용하여 문제를 해결하는 능력	문7
	상황에서 주어진 문제를 해결하는 능력	문8
	문제해결 과정과 결과의 타당성을 수학적인 방법으로 점검하는 능력	문9
	문제해결 전략 또는 결과를 새로운 문제에 적용하는 능력	문10

이 10가지 구성은 교실현장에서 교사가 학생의 문제해결 역량의 요소별로 분류하여 평가하고자 할 때 가능한 한 단순성에 우위를 둔 접근이지만 실세계 상황과 타 교과관련 상황은 융합적 사고가 강조되고 있는 오늘날 수학적 모델링으로서 의미 있게 다루어질 필요가 있다. 최근 PISA 2012에서 수학 소양의 정의에서의 핵심은 수학에의 능동적인 참여에 있으며, 현상을 기술하고 설명하며 예측하기 위해 수학적으로 추론하고, 수학적 개념, 절차, 도구를 사용하는 것을 포함한다. 여기에서 형식화하기, 이용하기, 해석하기 활동이 포함되는데 이는 학생들이 능동적인 문제해결자로서 참여할 때의 세 가지 과정을 나타낸다. 이 정의 속에는 역사적으로 PISA 수학 평가틀의 주춧돌이 되어온 수학적 모델링(mathematical modelling)의 개념이 통합되어 있음을 알 수 있다. 맥락 속의 문제를 해결하기 위해 수학과 수학적 도구를 이용하는 과정은 문제해결의 과정을 따르게 된다(고상숙 외, 2015b).

다시 말해, 〈그림 2-9〉에서처럼 수학적 모델링 과정은 실세계와 수학적 세계로 구분되며 수학적 세계는 모델을 형식화하는 수학화 과정을 통해 수학적 문제해결의 과정으로 진입하게 된다. 또한 수학수업에서 다루어졌던 수학을 이용하는 많은 경험에 의해 성공적인 수학적 결과를 도출하게 되고 이를 다시 맥락으로 환원하게 되는 것이다. 특히 PISA 2012에서는 이 맥락을 개인적, 사회적, 과학적, 직업적으로 분류하여 문제를 구성하였음을 알 수 있다(한국교육과정평가원, 2011). 또한 최근에 이루어진 PISA 2015[2]에서는 문제해결 평가가 컴퓨터 기반 평가로 전면 실시되었음은 주목할 만하다.

2) PISA 2015는 수학이 주 교과가 아니었기 때문에 PISA 2012의 반복이다.

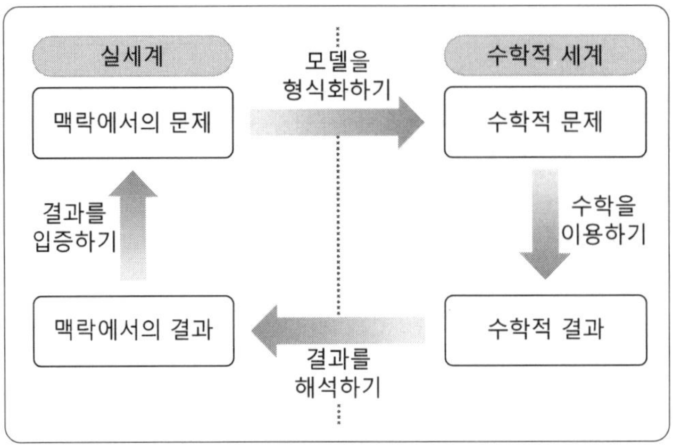

〈그림 2-9〉 수학적 모델링 과정

2.4 문제해결과 창의성

Guilford(1959a)는 인간의 지적능력을 수렴적 사고와 확산적 사고로 분류하고 후자인 확산적 사고를 주어진 정보를 새로운 방법으로 생각해봄으로써 고유하고도 예기치 않은 결론을 이끌어내는 창의적인 능력이라 하였다. Guilford(1959b)는 확산적 사고의 하위요소로서 독창성, 유창성, 융통성, 정교성, 분석력, 종합력, 재구성력, 복합성, 평가 등 9가지 요소를 제안하였다. 오늘날 독창성, 유창성, 융통성, 정교성을 창의적 문제해결력의 판단기준에서 중심적 기능으로 다룬다(고상숙, 2003).

역동적 소프트웨어가 수학 학습 환경에 제공되면서 수학적 문제해결 및 탐구력을 위한 활동이 강화되었다. Orton(1992)은 두 가지 탐구유형을 분류하였는데, 하나는 미리 세워진 수학적 결과로 귀결할 수 있게 하는 폐쇄형 탐구(closed exploration)이고 다른 하나는 결과가 미리 알려지거나 전혀 선명하지 않고 순수하게 탐구 그 자체라고 할 수 있는 개방형 탐구(open exploration)라 하였다. 고상숙(2003)에서는 수학적 탐구력과 문제해결력의 유사성을 언급하며 탐구력 신장을 위한 연구도구로서 Stevenson (1995)이 제안한 귀납적 단계, 연역적 단계, 창의적 단계로 활동지를 구성하여 학생들의 학습과정을 관찰하였다. 전반적으로 학생들은 귀납적 단계와 연역적 단계활동에서 많은 진전을 이루었으나 창의적 단계에서는 그렇지 못하였다. 창의적 단계에서 학생들이 스스로 문제를 구성하도록 요구되었는데 앞서 경험한 귀납적 단계와 연역적 단계에서 경험한 문제에서 심화된 문제 정도를 구성하여 독창성을 발휘한 문제제기로는 보기 어려웠다.

여기서 창의성은 귀납적 사고과정에서 자주 경험하는 시행착오적 시도를 통해 일반화를 끌어내는 경험으로부터 새로운 시도, 즉 Brown과 Walter(1983)의 "what if not"을 시도하는 전략에 대한 경험이 유의미하게 활용될 것으로 보인다. 반면에 연역적 사고는 수렴적 사고로서 수학적 성질의 엄밀한 증명만을 요구한다. 창의적인 새로운 아이디어(문제)의 창출은 선행적으로 경험하였던 다양한 사례들을 변형시키고 재조직함으로써 새로운 문제제기로 나아갈 수 있다고 가정할 때 Stevenson(1995)의 여섯 단계로 제안한 귀납적 사고과정을 살펴볼 필요가 있다. 특히 데이터를 만드는 과정인 첫 단계가 생소할 수 있겠으나 다음 두 가지 방법을 시도해볼 수 있다. 첫째, 문제가 제시한 대로 모든 데이터를 만든 다음 규칙성을 찾는 방법이고, 둘째, 데이터를 만들어가면서 일반화를 예상(conjecture)하고 그 예상을 확인(check)하면서 데이터를 만들어가는 방법이다. 이러한 과정은 시행착오적인 방법의 연장이므로 기술공학적 도구가 제공되었을 때 용이하게 수행될 수 있는 사고과정이라 할 수 있다. 이러한 과정 중에 "아하" 하는 통찰이 일어나는 순간 문제해결이 가능하고 나아가 그간 해왔던 것과는 다른 시도를 해봄으로써 창의적 문제해결자가 될 수 있다.

[표 2-3] 귀납적 사고과정

- 데이터를 만든다.
- 데이터를 조직한다.
- 패턴을 찾는다.
- 패턴에 따라 더 많은 데이터를 만든다.
- 패턴에 맞는 식을 세운다.
- 질문에 답하고 패턴을 잘 정리한다.

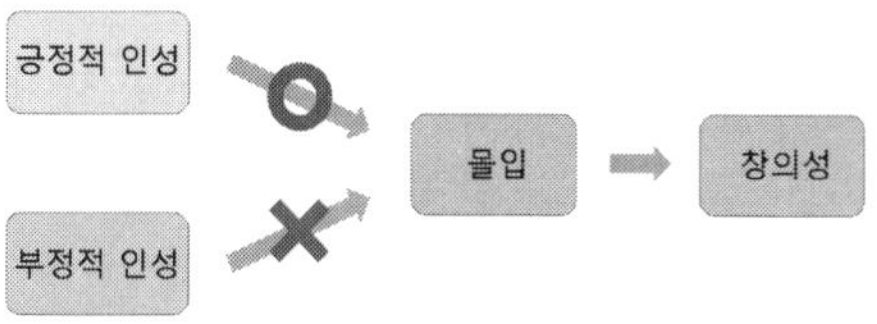

〈그림 2-10〉 창의성의 발현(최인수, 2017)

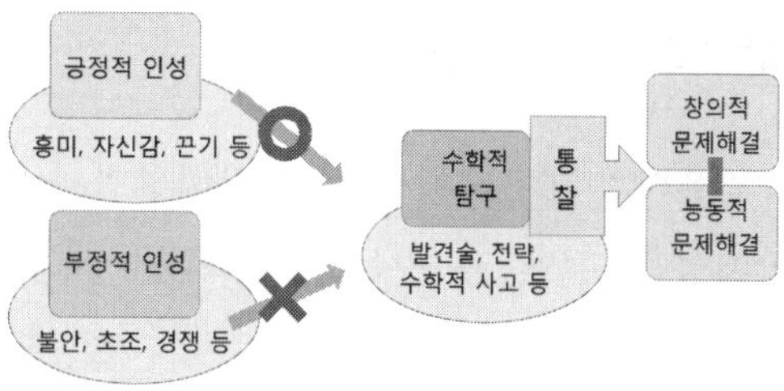

〈그림 2-11〉 창의적 문제해결 발현

〈그림 2-10〉은 심리학에서 제4차 산업시대에 요구되는 인성과 창의성의 관계를 묘사한 것이라면, 〈그림 2-11〉은 저자가 〈그림 2-10〉을 바탕으로 수학교육에서 창의적 문제해결을 발현할 수 있는 과정을 시각화한 것이다. 이 그림들에서 알 수 있듯이 긍정적인 인성으로부터 창의성은 발현된다. 창의성이 중요시되는 요즘 각 교과교육에서도 인성교육의 중요성이 강조되는 이유이기도 하다.

다시 말해 심리학에서 보는 몰입은 행복감을 느끼는 경지로서 긍정적인 인성에서 출발한다(최인수, 2017). 몰입은 긍정적인 인성을 바탕으로 자유로운(열린) 상태에서 목표를 향해 집중하는 과정이며 성취감이 동반된다(고상숙, 2008)고 할 때, 이를 수학 교과에서는 수학을 사용하여 주어진 문제를 해결하려는 탐구과정에서 문제해결의 통찰이 발현되고 이것으로 인해 창의적 문제해결자가 되는 과정으로 묘사하였다. 이때 과거 문제해결에 대한 수학교육자들의 주장처럼 혜성처럼 떠오르는 번뜩이는 아이디어, 이 통찰로 인해 문제해결의 즐거움과 성취감을 느끼게 되며 이는 또 다른 문제해결을 시도할 수 있는 계기로 이어진다고 할 수 있다. 따라서 교사가 이런 탐구과정을 학생들로 하여금 자주 경험할 수 있게 돕기 위해서는, 학생들이 능동적으로 수학성질을 발견할 수 있는 안내된 발견학습을 기반으로 하는 수학수업을 제공해야 할 것이다.

[표 2-4] 문제해결 역량의 하위요소와 창의적 또는 능동적 문제해결의 관련성

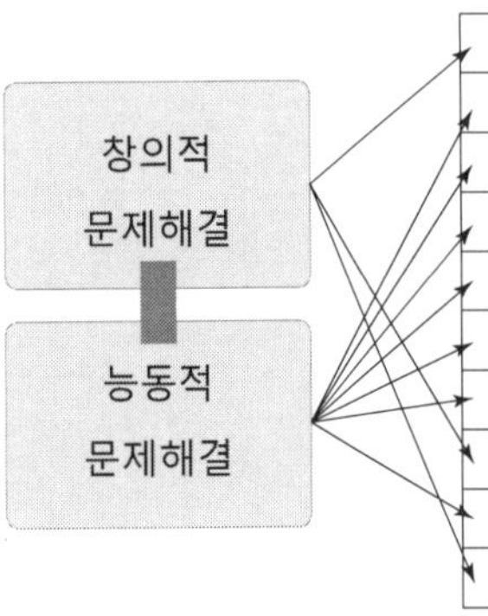

문1	(실)상황에서 수학적 문제를 구성하는 능력
문2	문제를 수학적 기호, 그림을 사용하여 다시 표현하는 능력
문3	문제해결에 필요한 조건의 확인 또는 보완 능력
문4	문제해결에 적절한 형태로 표현을 변환하는 능력
문5	문제해결에서 사용되는 개념들 간의 연결성을 인식하고 활용하는 능력
문6	문제해결을 위한 다양한 전략 또는 방법을 찾는 능력
문7	문제해결에서 적절한 전략을 활용하며 문제를 해결하는 능력
문8	(실)상황에서 주어진 문제를 해결하는 능력
문9	문제해결 과정과 결과의 타당성을 수학적인 방법으로 점검하는 능력
문10	문제해결 전략 또는 결과를 새로운 문제에 적용하는 능력

2.5 문제해결과 컴퓨터

컴퓨터가 활용되는 시대를 맞이하면서 인간의 정보 처리체계와 컴퓨터 환경 사이의 관계성을 파악하는 것은 자연스럽게 떠오르는 연구과제였을 것이다. 인간 사고에 대한 컴퓨터 시뮬레이션을 오랫동안 관찰해온 Newell과 Simon(1972)는 인간의 정보 처리체계를 규명하기 시작하였다. Simon(1978)은 앞서 연구된 내용을 더욱 세분화하여 정보 처리체계(문제해결자), 과제환경, 그리고 문제공간이라는 세 요소로 구성된 인간의 정보 처리체계(Information Processing System: IPS) 이론을 제시하였다. 여기서 과제환경이란 문제를 구성하고 있는 사실, 규칙, 개념, 원리, 그리고 그들 간의 관계성들의 구조이며, 문제공간은 과제환경에 대한 문제해결자의 정신적 표상이다.

이 관점에서 문제해결 효과는 자신의 문제공간에서 부딪히는 과제환경을 얼마나 성공적으로 잘 표현하느냐에 달려 있다. Simon(1978)에 따르면, 문제공간은 문제해결자

의 초기상태, 목표상태, 중간 문제상태, 그리고 과제환경의 구조를 구성하는 연산자들에 대한 내적 표상이다. 각 상태는 문제공간에서 하나의 노드를 나타낸다. 문제해결 과정은 가능한 일련의 연산자 중에서 하나의 연산자를 선택하는 것과, 특별한 노드에서부터 새로운 노드에 도달하기 위해 그 연산자를 적용하는 것을 포함한다. 문제를 해결한다는 것은 목표상태에 능률적으로 도달하기 위해, 문제공간을 통해 적절한 경로를 찾아가는 과정이라고 볼 수 있다. Kahney(1986)은 Newell과 Simon의 이론에서 말하는 적절한 연산자[3]와 노드의 선택을 '발견술 찾기 과정'(heuristic search processes)이라고 규명하였다. 경험 있는 문제해결자는 문제에 부딪혔을 때 자신의 지식을 최대한 활용하고 실마리 찾는 시간을 절약하기 위해, 문제의 다양한 측면에 대한 정신적 활동에 집중하는 아이디어, 즉 발견술적 접근을 사용하게 된다. 따라서, Polya(1973)는 계획 세우기, 수단-목적 분석, 거꾸로 풀기, 이전에 풀었던 관련된 문제나 경험 사용하기, 특정한 문제에 의한 세부과제 테크닉 사용하기 등과 같은 여러 가지 발견술의 사용을 제안하였다.

학교현장에서 문제해결을 바라보는 우선시되는 관점은 문제해결 능력을 강화시키고 흥미를 유발시키는 환경을 만드는 데 관련된 것이다. 문제해결과 컴퓨터의 환경이 그간 사용했던 입력-출력의 단순한 계산기 수준을 벗어나 학습자로 하여금 문제해결에 집중할 수 있는 환경으로 변화되기 시작한 것은 로고의 출현으로부터 시작되었다고 볼 수 있다. 이에 관한 문헌연구에서 보고된 많은 연구가 정성적 연구이며 따라서 대부분 실험대상자들의 수가 작다. 그러나 연구결과는 그에 관한 정량연구들의 결과들을 보완하거나 입증하고 있어 문제해결에 관한 연구결과들이 더욱 풍성해졌다고 하겠다.

Papert(1980)와 그의 동료들은 로고(Logo)라고 불리는 컴퓨터 언어를 개발하였다. 이 언어는 문제해결을 포함해서 의미 있는 수학적 아이디어를 학습하기 위한 환경을 구축하는 데 사용되었다. 컴퓨터 스크린상에 거북이라는 그래프 명령어들의 총체적인 메뉴 안에 삼각형, 사각형, 그리고 다른 도형들을 사용자가 프로그램한 대로 그려낼 수 있다. 특히 Papert(1980)는 로고를 활용한 문제해결에 대해 매우 열정적이었는데 바로 이 로고가 사고과정을 가르칠 수 있어서 전통적 교실수업의 필요성을 약화시킬 것이라고 다음과 같이 주장하기도 하였다.

---

3) 연산자(operator)를 뇌 과학에서는 뇌가 통합적으로 일하는 해석기(interpreter)의 역할을 하는 것이라 볼 수 있다. 뇌는 과거의 선행경험을 토대로 종합적으로 풀어내는 기능(스토리를 만들어내는)이 있는데 수학에서는 주제와 대상 간에 어떤 연산자로 의미 있게 풀어낼까를 결정하게 될 때 수학개념의 특정 노드로부터 나온다고 본다.

> 나는 교실을 인공적이며 비능률적인 학습 환경이라고 본다. 컴퓨터의 출현으로 인해 현재 교실이 조직적으로 구성된 것도 아니고 … 고통과 비용을 들여, 그러면서도 제한된 성공만이 보장되는 학교가 가르치려고 하는 지식을 뛰어넘은 교실 밖의 지식을 포함한 환경으로 우리가 바꾸어갈 것이라 믿는다. 이는 우리가 알고 있는 오늘날의 학교는 미래에 존재하지 않을 것을 의미하기도 한다(pp. 31-32).

위 Papert의 인용문을 보면 그는 컴퓨터를 활용한 학습 환경에 대한 신뢰와 가능성을 매우 크게 느꼈던 것으로 보인다. 과거 이러한 그의 믿음은 현재 제4차 산업혁명을 겪고 있는 시점에서 미래에는 교사나 의사와 같은 직업들이 사라질 것이라고 예측하는 현상과 비슷하다고 하겠다. 미래에는 핵가족화가 심화되다 못해 일인가구의 급증으로 더욱이 전문성을 지닌 상담가의 역할이 필요할 것이고 따라서 학생 수가 줄어들기는 하겠지만 전문성을 갖춘 교사나 의사의 역할이 더 필요할 것도 예측되는 바이기 때문이다.

Dennis와 Kansky(1984) 역시 Papert의 로고가 학생들에게 수학적 사고를 가르치는데 필요한 경험을 줄 수 있다고 언급했지만 무조건적으로 Papert의 주장에 동조하지는 않았다. 그들은 컴퓨터가 학생들에게 문제해결 환경을 다룰 수 있도록 도와주고 문제해결 능력을 키우는 데 유용한 도구가 될 수 있다고 동의했다. 그들은 실제적으로 컴퓨터가 문제해결 능력을 향상시키기 위해 첫째, 시간을 더욱 효율적으로 사용하게 해주고, 둘째, 다량의 정보에 쉽게 접근할 수 있도록 도와주는 역할을 한다는 두 가지 실제적인 장점을 언급하였다. 그들은 또한 학생들이 어떤 복잡한 문제를 탐구하거나 풀려고 할 때 도움이 될 수 있는 문제해결 소프트웨어 프로그램이 학생들의 문제해결 능력을 향상시키는 데 도움이 될 것이라고 말했다. 그들은 그런 프로그램이 손 계산기처럼 즉각적인 답을 주는 수단으로 사용되는 것보다는 복잡한 문제를 해결하는 데 도움이 될 것임을 분명히 언급했다. 그들이 주장한 것은 컴퓨터 프로그램이 문제해결 환경에서 목적으로서가 아닌 수단으로서 충분한 역할을 한다는 점을 강조한 것이다.

Mayes(1992)는 중학생 147명을 대상으로 수학문제해결에 대한 Krulik과 Rudnick이 1987년 개발한 5단계(읽고, 탐구하고, 전략을 세우고, 문제를 풀고, 검토하고 수정하는 5단계)를 토대로 한 안내된 발견학습(guided discovery) 활동에서 도구로서 컴퓨터를 활용하는 것이 중학생들의 수학문제해결 능력을 향상시키는지 알아보기 위해 연구를 시행하였다. 이 연구 결과는 문제해결수업에 대한 환경을 선택할 때 수학과목과 그 교과목의 성취도가 고려되어야 한다는 것을 시사했다. 성취도가 낮은 학생들은 컴퓨터를 사용하지 않은 환경에서 더 좋은 성적을 냈다. 성취도가 낮은 학생들은 초기 수학지식이 낮아서 오히려 수학문제해결과 컴퓨터를 다루는 것을 연결시킴으로써 더 당황했을 수도 있다. 연구자는 이러한 그룹에서의 학생들은 그들의 주의력 부족과 서투른 듣기능력 때문에 직접 컴퓨터를 사용해 보는 것이 필요할 것으로 추정했다. 중간 정도의 수학지식을 가진 학생 그룹은 컴퓨터를 도구로 사용할 때, 수학문제해결 전략에 대한 분명한 수업으로부터 훨씬 더 도움이 받았다. 반면, 수학지식이 탁월한 학생들 경우는 컴퓨터 사용 유무에 상관없이 수학문제해결 능력이 뛰어났다. 이러한 결과는 우수한 집단의 학생들이 항상 스스로 문제해결에 대한 동기부여가 되어 있는 학생들이기 때문에 당연한 귀결이었다. 다만 이 상위그룹에 속한 학생들이 컴퓨터 프로그램을 도구로 사용한다면 문제해결을 더욱 지속적으로 추구하는 동기부여를 줄 수도 있을 것으로 보았다.

Choi(1996)는 역동적 기하소프트웨어를 사용한 환경에서 van Hiele 기하학습모델을 기반으로 한 이등변삼각형, 직각삼각형, 정삼각형의 기하탐구학습이 문제해결력의 향상을 이끄는 의미 있고 미래 지향적 지도방법임을 제시하였다. Koh(1997)는 van Hiele의 다섯 단계의 기하교수법에서 네 번째 단계인 자유로운 탐구단계가 문제해결과정과 매우 유사함을 언급하였다. 그에 따르면, 앞서 학습한 교수법의 정보-안내된 탐구-명료화 과정의 경험을 바탕으로 자유로운 탐구단계에서 열린(확장된) 문제를 만나거나 만들게 되고, 이 과정은 컴퓨터 환경이 사용자 중심의 역동적 환경으로 개선되어감에 따라 더욱 활성화된다고 하며 다음과 같이 설명하였다.

이해 단계에서는 컴퓨터의 다양한 기능들은 문제의 문장이 무엇을 의미하는지 학생이 이해하도록 돕는다. 예를 들면 컴퓨터의 그래픽을 사용함으로써 문제의 문장이 의미하는 것을 그려내거나 문제해결에 핵심적인 실마리가 될 수 있을 뿐만 아니라 문제가 구체적으로 무엇을 뜻하는지 학생들로 하여금 예측할 수 있게 돕는 다이어그램을 그려내는 것이다. 계획 단계에서는 컴퓨터가 수학적 사실, 개념, 식을 포함하여 다양한 전략을 고려하는 데 학생을 도울 수 있다. 학생들은 컴퓨터 모니터에 그들이 정신적으로 무엇을 이해했는지 또는 그들이 해보고 싶은 것을 시도해볼 수 있다. 실행 단계에서 학생들은 데이터를 산출해보거나 도형을 그려볼 수 있다. 이때 학생들은 자신들이 직접 수행하기 힘든 복잡한 질문들에 대해 컴퓨터의 다양한 기능들을 사용할 수 있다. 예를 들어 엑셀의 함수식에 따른 자동화된 다량의 수들과 그에 따른 그래프의 변화를 관찰하거나 기하 소프트웨어인 GSP의 애니매이션 기능을 통해 도형에서 규칙적인 패턴을 관찰할 수 있다. 그들이 예측했던 것을 확인해보는 과정은 문제의 답을 찾는 데 중요한 역할을 한다. 마지막으로 반성 단계에서 컴퓨터는 훨씬 의미 있는 작업을 하도록 돕는다. 그들이 산출한 결과를 점검해보고 그 결과를 다른 문제들로 활용해 나갈 수 있는지를 일반화하는 기회를 가질 수 있다. 이 반성의 과정에서는 새로운 문제를 해결할 수 있는 능력을 키울 수 있으므로 수학교육에서 컴퓨터를 사용하는 중요한 이유이기도 하다.

오늘날 스마트폰이 활성화된 시대를 사는 우리는 Wi-Fi(wireless fidelity) 환경을 필요로 한다. 즉 무선이지만 충실도는 유선과 거의 다를 바가 없음을 의미한다. 최근 고상숙(2014)은 그래핑 계산기를 사용하는 환경에서 "What if not"을 활용한 문제제기의 수행과정을 연구하여 수학적, 인지적, 교수적 충실도(fidelity)를 조사하였는데 수학적 충실도가 인지적 충실도에 순환적 연결성을 보였고, 교수적 충실도는 인지적 충실도를 더욱 활성화하는 것으로 나타났다. 따라서 교사가 제공하는 교수적 충실도가 학생이 경험하는 수학교실의 모든 것에 영향을 미친다는 것을 알 수 있었다.

3. 수학적 문제해결 역량 문항의 예

3.1 문제해결 역량 평가

강윤수와 김민주(2007)에서는 중학교 현장에서 평가가 갖는 의미를 조사해보고, 사교육이 수학적 사고와 수학지식의 응용력의 향상을 방해할 수 있다고 하였고, 강명원 외(2010)는 앞으로 나아가야 할 평가방향에 대해 문제해결 역량의 강조와 함께 과정 중심 평가를 통한 창의성 역량에 대한 방안도 조사하였다. 특히 강명원 외(2010)는 2000년 이후 시행되어 온 국가수준학업성취도평가를 조사하면서 수학적 창의성에 대한 문항들이 주로 융통성에 관련된 것으로 이루어져서 다른 요소인 유창성, 정교성, 독창성에 대한 문항개발도 함께 이루어져야 한다고 하였다.

최근 영어교과는 대학수학능력평가에서 절대평가제(준거지향평가) 도입을 시행하고 있다. 이것은 세계적인 추세로서 영어교과뿐만 아니라 전 과목이 이를 고려하여야 하며 각 대학은 자율적 평가시스템을 활용하여 신입생을 선발하는 제도로 변화되어야 한다. 유독 유교적 문화배경을 공유하고 있는 한국, 일본, 중국 등의 아시아 3국만이 상대평가제(규준지향평가)를 사용하는 것으로 조사되었다. 학생들 사이의 과도한 경쟁과 사교육에 의존도를 줄이기 위해 학교현장의 평가제도는 꾸준히 개선을 시도하여야 한다.

[표 2-5]는 중학교 교실에서 문제해결 역량을 평가하고자 할 때 다른 주요 역량인 의사소통과 창의성(인성)도 함께 평가할 수 있는 평가 방안이며 이는 고상숙 외

(2015a, pp. 119-152)의 연구보고서의 중학교 내용에서 발췌되었다. 학생들은 기본도형 작도(1차시), 삼각형의 작도(2차시)를 학습하고 난 후 '보물지도 만들기'라는 문제해결 활동을 모둠활동을 통해 [표 2-2]의 평가요소 "문8: (실)생활에서 주어진 문제를 해결하는 능력"에 대해 다음과 같은 평가모델을 통해 평가를 수행할 수 있다.

NCTM(1995)은 수학교육에서 평가 원리와 방향을 제시하였다. 최근 학교수업에서는 문제해결 역량에 대해서만 평가하는 것보다는 의사소통 역량과 인성 역량을 함께 평가하는 것이 바람직할 것이다. 이는 NCTM(1999)의 핸드북 중 문제해결 역량과 의사소통 역량의 하위요소인 쓰기에 대해 함께 평가하는 예에서도 찾아볼 수 있다.

중학교 기하 영역: 작도와 합동

✔ 문항: 프로젝트 형

먼저 소설 '보물섬'의 일부를 동영상으로 시청한 후 모둠별로 만든 보물지도를 서로 교환하여 해결해보도록 하자.

1) 보물지도 설명서를 보고 보물을 찾아보자.
   ☞ 설명서의 내용대로 작도를 해보도록 한다.
2) 보물지도 설명서에 논리적 오류가 없는지 살펴보고 오류가 있다면 수정해보자.
   ☞ 예를 들어 크기가 같은 각을 작도할 수 없거나 삼각형을 작도할 수 있는 조건을 만족시키지 않는 등의 수학적 오류가 있는지 점검한다. 만약 오류가 있다면 오류에 관한 설명을 해주도록 한다. 즉, 삼각형을 작도할 수 있는 조건에서 두 변과 끼인 각이 주어져야 하는데 두 변과 다른 한 각이 주어져서 작도를 할 수가 없다.
3) 보물지도 설명서의 구성이 가장 창의적인 것은 어떤 것인가?
   ☞ • 수학적 아이디어만을 적용하지 않고 추리력을 요구하는 글이나 그림을 넣어서 구성한 경우
   • 평면으로만 구성하지 않고 입체적으로 구성한 경우
   • 섬과 바다를 모래와 색칠을 통해 실감나게 구성한 경우 등

✔ 교과 역량 설명

보물지도 만들기 프로젝트를 통해 우연에 의해 찾는 보물지도 대신 작도의 기본적인 원리를 정확하게 이해하고 적용해보면서 보물지도를 스스로 만들어 보는 성취감을

느낄 수 있도록 돕는 것이다. 작도를 이용하여 자기만의 보물지도 제작 경험을 통해 답안은 다양할 것이다. 따라서 평가기준은 문제해결의 다양성과 독창성, 그리고 의사소통 역량을 [표 2-5]의 제안에 따라 평가할 수 있을 것이다.

[표 2-5] 채점기준표

<table>
<tr><th>평가요소</th><th>4</th><th>3</th><th>2</th><th>1</th></tr>
<tr><td rowspan="2">[문제] 친구의 보물지도 속 보물찾기 (수학적 문제해결: P3)</td><td rowspan="2">친구의 보물지도 설명서의 논리적 오류를 검증하고 설명서에 따라 정확하게 보물을 찾았다.</td><td>친구의 보물지도 설명서의 논리적 오류를 검증하지는 못했지만 설명서에 따라 정확하게 보물을 찾았다.</td><td rowspan="2">친구의 보물지도 설명서의 논리적 오류를 검증하지 못하였지만 설명서에 따라 보물을 찾는 중간과정까지 실행하였다.</td><td rowspan="2">친구의 보물지도 설명서의 논리적 오류를 검증하지 못하고 설명서에 따라 보물을 찾지 못했다.</td></tr>
<tr><td>친구의 보물지도 설명서의 논리적 오류를 검증하였으나 설명서에 따라 정확하게 보물을 찾지 못했다.</td></tr>
<tr><td>자신의 생각을 수학적 언어를 사용해서 표현하기(의사소통)</td><td>수학적 언어를 사용하여 자신의 아이디어를 정확하게 표현할 수 있다.</td><td>수학적 언어를 사용하여 자신의 아이디어를 표현할 수 있다.</td><td>수학적 언어를 사용하여 자신의 아이디어를 표현하는데 어려움이 있다.</td><td>수학적 언어 사용이 적절하지 않다.</td></tr>
<tr><td>독창적인 방법으로 보물지도 구성하기 (창의성)</td><td>다양한 도구와 재료를 사용하여 독창적으로 구성하였다.</td><td>독창적이진 않지만 모둠만의 특성이 드러나도록 하였다.</td><td>핵심적인 요소만을 포함하여 구성하였다.</td><td>내용의 구성이 미흡하였다.</td></tr>
</table>

3.2 컴퓨터 기반 평가

기술의 발달은 교육의 다양한 분야에 영향을 준다고 볼 수 있는데 그중 하나가 컴퓨터 기반 평가 시스템의 도입이다. 임해미 외(2015)에 따르면 초기의 컴퓨터 기반 평가가 지필평가와 동일한 문항을 컴퓨터 기반으로 평가하는 방식으로 이루어졌다면, 최근에는 단순 선다형 문항을 넘어서서 모델링, 동영상, 자료 처리, 자동 제어 시스템 등의 컴퓨터 도구를 포함한 컴퓨터 기반 평가로 변화하고 있다고 하였다. 〈그림 2-12〉에서 제3사분면은 전통적인 지필평가를 나타내는데, 대부분의 학교의 평가가 여기에 해당한다. 이때 제3사분면에서 제4사분면으로 이동하는 것은 지필평가에서 스크린 기반 환경으로 옮겨가는 것을 의미하는데, 평가 전달 방식이 보다 효율적으로 변화되었지만 질적인 면에서 변화는 없다. 반면 제1사분면으로의 이동은 컴퓨터 기반 평가가

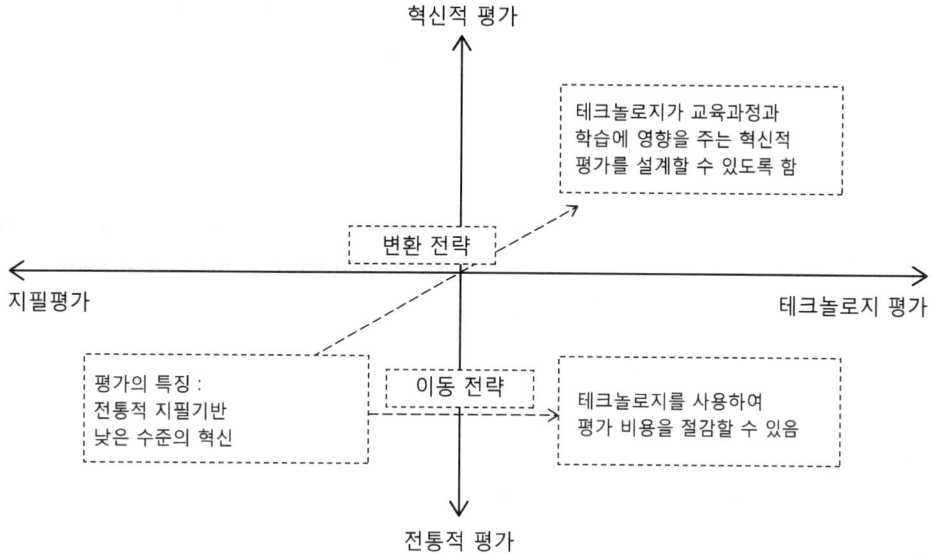

〈그림 2-12〉 지필평가에서 컴퓨터 기반 평가로 변화(Binkley et al., 2012, p. 27; 임해미, 2015에서 재인용)

교육과정 설계와 학습에도 혁신적인 변화를 주는 것을 의미한다(Binkley et al., 2012).

임형준(2017)은 컴퓨터 기반 평가가 학교 현장에 적용되기 어려운 주된 이유 중의 하나인 문제은행 구축의 어려움 측면을 해결하기 위하여 인수분해 단원을 중심으로 문항자동생성에 대한 연구를 하면서 컴퓨터 기반 평가의 장점 4가지를 제안하였다.

첫째, 검사 수행에서 발생하는 다양한 오류를 줄일 수 있다.

둘째, 검사에서 발생하는 부정행위에 대한 좀 더 효과적인 대응이 가능하다.

셋째, 다양한 방식의 시험이 가능해진다.

넷째, 검사 직후에 빠른 피드백을 줄 수 있고, 피험자의 성취 수준과 인지적인 진단 정보를 검사가 끝난 후 빠른 시간 내에 알려줄 수 있다.

컴퓨터 기반 평가의 장점을 바탕으로 국제학업성취도평가(Program for International Student Assessment, PISA)인 PISA 2012와 동일 문항을 사용하는 PISA 2015에서는 이전의 지필평가 방식이 모두 사라지고 전 영역에 걸쳐 컴퓨터 기반 평가방식을 적용하였는데, 학부모 설문을 제외한 나머지 설문조사의 경우에는 USB에 입력하거나 온라인 입력 방식으로 전환되었다(구자옥, 김성숙, 임해미, 박혜영, 한정아, 2015). PISA에는 각국의 성취를 상대적으로 비교할 수 있는 다양한 지표들이 포함되어 있기 때문에, 참여국은 PISA의 결과를 통해 해당 국가의 교육시스템에 따른 교육적 성취를 국제 기준에서 판단할 수 있으며 이를 기초로 자국의 교육을 개선할 수 있다(구자옥 외,

2015). 이처럼 국제적으로 큰 의의를 가지고 있는 PISA 평가에서 컴퓨터 기반의 평가 방식을 전면 도입한 것은 앞으로 우리나라 학생들의 평가방향에 시사한 바가 크다고 할 것이다. 임형준(2017)은 컴퓨터 기반 평가와 동일하게 사용되는 용어인 컴퓨터 기반 검사에 대하여 컴퓨터를 기반으로 하며 모니터, 키보드, 마우스 등을 통해 수행되는 평가라고 정의하였다. PISA 2012의 울타리문항 I 의 문제를 해결하기 위해서는 '안내된 드래깅(guided dragging)'을 통하여 해결해야 한다(고상숙, 김선호, 이서빈, 2017). 다만 학생들에게 일반적인 탐구학습 환경이 아니라 주어진 시간 내에 해결해야 하는 평가환경으로 제공되었기에 이에 따른 제한점이 있을 수 있다. 고상숙, 김선호, 이서빈(2017)에서는 〈그림 2-13〉과 같이 GSP 프로그램으로 PISA 2012의 문제 중 기하영역 울타리 문제를 구현하였다. 즉 교수·학습에서 문제해결을 위해 울타리 상황과 같은 최적화 문제를 제시하고 이를 평가와 통합적으로 수행해나갈 수 있음을 의미한다. 컴퓨터 기반 평가가 시행초기여서 그런지 아직은 참 또는 거짓을 묻는 폐쇄형 유형에 머물러 있다.

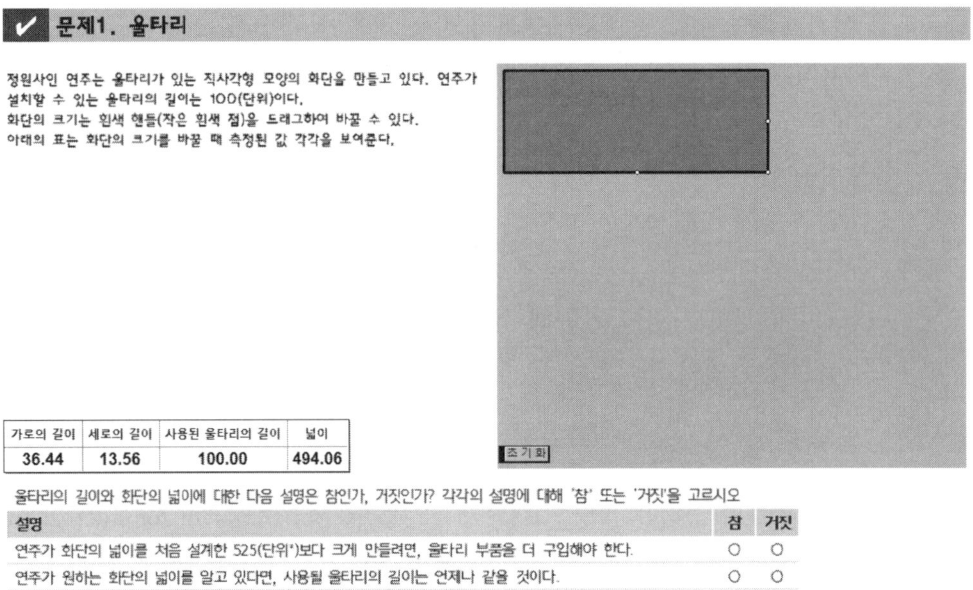

〈그림 2-13〉 GSP프로그램을 통해 구현한 PISA 2012 울타리문항

3.3 개방형 문제로 확장

Pehkonen(1997)은 문제의 출발 상황(주어진 자료, 조건 등)과 목표 상황(구하려는 것)이 모두 닫힌 문제를 폐쇄형 문제, 출발 상황 또는 목표 상황이 열린 문제를 개방

형 문제라고 정의하였는데, 이에 따르면 〈그림 2-13〉의 울타리문항은 모두 폐쇄형 문제라고 볼 수 있다. 하지만 류희찬, 신동선(1999)과 고상숙(2005)에서 언급하였듯이 컴퓨터 기반 환경은 개방형 문제로의 확장이 자유롭다. 임해미 외(2015)에서도 언급되었듯이 모델링, 동영상, 자료 처리, 자동 제어 시스템 등으로 확장이 활성화되리라 예측해볼 수 있다.

개방형 문제는 폐쇄형 문제와 달리 학생들에게 자신의 수준에서 창의적인 산출물을 생산할 수 있는 풍부한 탐구활동을 경험하도록 해 준다는 장점이 있다(Pehkonen, 1997). 고상숙, 노지연(2007)은 개방형 문제가 학생들의 생각과 논리에 따라서 여러 가지 결과가 도출될 수 있으므로 풀이 과정이 가장 중요하고, 풀이 과정에서 나타난 학생들의 표현 방법을 통해 학생들의 문제해결 능력을 판단할 수 있다고 하였다. 또한 폐쇄형 중심의 문항들의 부족한 점을 보완하여 개방형 문제화를 시도하면 학생들의 다양한 수학적 사고를 촉진시킬 수 있다(고상숙, 노지연, 2007). 이에 울타리문항을 〈그림 2-14〉와 같이 개방형 문제로 변형해 볼 수 있다.

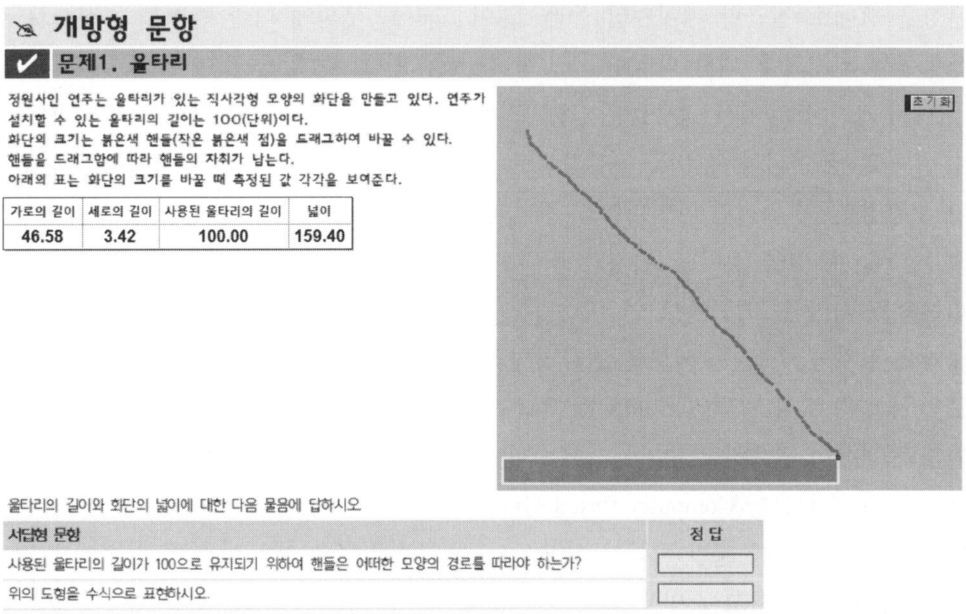

〈그림 2-14〉 개방형 문제로 구현한 PISA 2012 울타리문항

〈그림 2-14〉는 학생들이 참/거짓으로만 답변하는 기존의 폐쇄형 문제를 학생들의 다양한 답변을 확인할 수 있는 개방형 문제로 변형한 것으로 GSP 프로그램의 기능인 '점의 흔적 남기기' 기능을 활용하여 점의 자취를 확인할 수 있도록 고안하였다. 또

한, 기존의 문항에서 핸들이 총 3개가 제시되었지만, 개방형 문항으로 변형된 문제의 의도에 맞게 핸들을 1개로 줄이고 GSP의 점의 흔적 남기기 특성[4]에 따라 핸들을 붉은색으로 변경하였다. 마지막으로 핸들의 위치를 수정하였다. 이때 핸들에 의한 드래깅은 앞선 문항들과는 다르게 숨겨진 자취 드래깅과 드래깅 검증이 피평가자에 의해 활성화되는 특징을 지닌다. 기존 문항에서 가로의 길이를 x, 세로의 길이를 y라 하였을 때, 대수적인 측면으로 세운 방정식과 기하적인 측면에서 실제로 나타난 자취의 방정식이 다르기 때문이다. 예를 들어, 원점을 좌측 상단의 점으로 설정하였을 때, 직선의 방정식은 $x+y-50=0$ 또는 $y=-x+50$라는 결론에 이르게 된다. 이는 대수적으로는 올바른 표현이 되지만, 실제로 나타나는 점의 자취의 방정식은 $y=x-50$이므로 학생들이 혼란을 느낄 수 있다. 이를 해소하기 위하여 핸들의 위치를 기존의 좌측 하단에서 좌측 상단으로 변경하였다. 이와 같은 측면은 원점 또는 좌표축을 어떻게 설정하느냐에 따라 개방형 문항의 특징으로 다양한 답변이 있을 수 있지만, 대수적인 측면과 기하적인 측면이 서로 일치하게 하여 주어진 시간 내에 해결해야 하는 학생들의 문제의 접근성을 단순하게 하고자 시도된 것이다. 위 문제는 PISA 울타리 문항을 토대로 접근한 예이지만 둘레, 넓이 그리고 부피에 대한 관계를 중심으로 실생활에서 최적화를 위한 다양한 개방형 문제를 만들 수 있을 것이다.

(예비)교사 교육에서 교사들은 GSP 프로그램 등 역동적 소프트웨어를 활용하여 교수·학습뿐만 아니라 평가와 통합적으로 문항을 제작하는 과정에서 파생된 의문점이나 보완점 등 창의적인 아이디어를 경험하게 되고 또 다른 문제를 제작해보는 활동으로 나아갈 수 있을 것이다. 이러한 드래깅 활동을 통하여 해결해야 하는 PISA의 울타리문항은 최인선(2013)에서 언급한 기존의 지필검사 방법에서 평가하기 어려운 수학소양을 평가할 수 있는 새로운 검사방법의 구체적인 예시가 될 수 있다. 이렇듯 앞으로의 새로운 평가 방법인 Computer-Based Assessment in Mathematics(CBAM)를 위한 환경의 개선이 필요하고 평가는 교수·학습과 통합적으로 이루어져야 한다. 교사가 컴퓨터 기반 수학문항(Computer-Based Questions in Mathematics: CBQM)을 제작할 수 있는 역량도 중요할 뿐만 아니라 학생들의 사고의 흐름 파악하고 이를 적절하게 평가할 수 있도록 각 사고에 맞는 적절한 지도를 할 수 있는 교사의 역량 역시 중요하다.

---

4) GSP의 '점의 흔적 남기기' 기능은 점의 색깔과 같은 색의 흔적(자취)이 나타나는데, 기존의 흰색으로 하는 경우에는 흔적(자취)이 보이지 않아, 붉은색으로 변경하였다.

4. 나오는 글

1980년대 NCTM(1980, 1989)에서 강조한 이래 문제해결 역량은 수학 교수·학습 과정에서 가장 중요하게 다루어지는 영역이며 국내·외에서 지속적으로 연구가 이루어져 왔다. 우리나라 수학과 교육과정에서도 꾸준히 강조하고 있는 영역으로서 2015 개정 교육과정에서는 수학 교과 역량 중 하나로 문제해결 역량을 설정하여 "해결 방법을 알고 있지 않은 상황에서 수학의 지식과 기능을 활용하여 해결전략을 탐색하고 최적의 해결방안을 선택하여 주어진 문제를 해결하는 능력"(교육부, 2015, p. 5)으로 문제해결 역량을 설명하였다. 앞서 이뤄진 2009 개정 교육과정에서는 문제만들기를 수학과 교수·학습에 포함하여 학생들이 문제를 해결하는 수준을 뛰어넘어 문제를 만들어봄으로써 창의성으로 나아가도록 안내하고 있다. 따라서 본 장에서는 문제해결에 대한 선행연구들을 바탕으로 발달과정을 조사하여 문제해결 역량에 대한 개념 및 그 하위요소들을 제시하고 그 하위요소를 평가할 수 있는 평가문항의 예시를 제안하였다. 그뿐만 아니라 문제해결과 창의성, 그리고 인성과의 관계성도 살펴보았다.

문제해결은 수학교육의 역사와 함께하여 왔다고 해도 과언이 아니다. 특히 인공지능 연구에 따른 기술공학의 발달은 문제해결력의 본질과 역할에 대해 그 의미를 규명하는 계기가 되었다. 형태심리학자들의 문제구조에 대한 관심은 문제를 해결하는 데 핵심인 통찰의 중요성을 발견하고 문제해결과정과 발견술의 관계를 규명하였다. 또한 인간의 정보 처리체계를 관찰하고 조사함으로써 선행경험을 바탕으로 수학적 개념을 중심으로 노드가 형성되고 새로운 문제해결을 위해 이들 간에 비알고리즘적인 문제해결전략 찾기에 몰입하는 과정을 통해 통찰에 이르게 되면 문제해결에 성공적으로 도달하는 것이다.

제4차 산업시대를 살아가는 현대는 창의적인 인간상을 필요로 하고 창의적인 인간형으로 육성은 좋은 인성으로부터 출발한다. 수학교육에서 바람직한 인성은 수학적인 태도 및 성향이 지극히 긍정적이며 문제해결 과정을 즐기는 학생이다. 하지만 최근 수학을 포기하는 학생 수가 증가하고 있다는 보도가 연일 뉴스를 채우고 있어서 교사를 포함한 수학교육자로서 현장에 대한 개선의 필요성은 더욱 더 가중되고 있다고 하겠다.

과거 역사를 통해서도 알 수 있듯이 기술공학의 발전은 인간의 삶의 질을 지배하여 왔다. 이를 적절히 교육에서 활용해보는 것은 긍정적인 측면을 강화해나갈 수 있을 것이다. 문제해결 역량에서는 기기가 복잡한 절차의 계산을 위한 도구뿐 아니라 문제해결을 위한 탐구의 도구로 활용되어야 하는데 기술공학 기반 평가문항이 전통적인 평가문항보다는 단계형 문항구성도 용이해서 조금 더 복잡하고, 난이도 또한 높아질 수 있다. 이럴 경우, 평가 자체가 학생들에게는 또 다른 학습 부담으로 느껴질 수 있다. 따라서 평가를 절대적 평가개념으로 활용해야 하며 이때 피드백을 강화하여 학습 기회로 활용하여야 한다. 이를 위해 수학의 유용성과 심미성을 먼저 경험하게 하고 수학내용과 연결하는 교수학적 전략이 핵심이 될 것이며 이를 실현할 수 있는 수학교사의 전문성이 어느 때보다도 필요하다 할 것이다.

참·고·문·헌

강명원, 김성호, 박지훈, 이선준, 차용우, 고상숙(2010). 2009 개정 교육과정에 따른 수학과 평가가 나아가야 할 방향. 수학교육논문집, 24(2), 301-323.

강윤수, 김민주(2007). 중학교 수학에서 평가가 갖는 의미 이해. 한국학교수학회논문집, 10(4), 505-518.

고상숙(2003). 수학적 탐구력 신장을 위한 테크놀로지 활용의 효과. 수학교육, 42,(5), 647-672.

고상숙(2005). 수학을 하려면 엑셀을 밟아라! 서울: 경문사.

고상숙, 노지연(2007). 중학교 기하 단원의 개방형 문제에서 학생의 문제해결과정의 사고 특성에 관한 연구. 한국학교수학회논문집, 10(3), 303-322.

고상숙(2008). 수학교육에서 몰입(flow)에 대한 가능성의 탐색. 수학교육논문집, 22(1), 1-11.

고상숙(2014). 그래핑 계산기를 활용한 이차곡선에서 예비교사들의 수학적, 인지적, 교수적 충실도에 관한 연구. 한국학교수학회논문집, 17(1,) 45-71.

고상숙, 고호경, 박만구, 임현정, 강경은, 김혜영, 김정완, 김정현, 한세호, 정홍명(2015a). 학생 성장을 위한 평가시스템 개선 및 평가모델 개발 연구. 연구보고서. 서울: 한국과학창의재단.

고상숙, 고호경, 박만구, 한혜숙, 홍에윤(2015b). 수학교육평가론. 서울: 경문사.

고상숙, 김선호, 이서빈(2017). 컴퓨터 기반수학평가(CBAM)의 문항 제작 가능성 탐색: 동적기하소프트웨어 환경에서 PISA 2012 울타리 문항을 중심으로. 한국학교수학회논문집, 20(3), 325-344.

교육과학기술부(2011). 수학과 교육과정. 교육부 고시 2011-361호 별책 8.

교육부(2015). 초·중등학교 교육과정 총론. 교육부 고시 제2015-74호 별책 8.

구자옥, 김성숙, 임해미, 박혜영, 한정아(2015). OECD 국제 학업성취도 평가 연구: PISA 2015 본검사 시행보고서. 연구보고 RRE, 2015-6-2. 서울: 한국교육과정평가원.

김경옥, 류성림(2009). 상황제시형 수학 문제 만들기(WQA) 활동이 문제해결력 및 수학적 태도에 미치는 영향. 학교수학, 11(4), 665-683.

류희찬, 신동선(1999). 수학교육과 컴퓨터. 서울: 경문사.

염상섭(2009). 수학문제해결의 기법에 관한 고찰. 수학교육논문집, 23(4), 1015-1022.

임해미, 고상숙, 고호경, 구나영, 김남희, 김리나 외(2015). 수학교육에서 공학적 도구. 대한수학교육학회 2015년 연보. 서울: 경문사.

임형준(2017). 자동생성문항의 설계 및 문항반응모형 연구. 서울대학교 대학원 석사학위 논문.

정상권, 이경화, 유연주, 신보미, 김구연(2012). 2011년 과정중심의 수학교과 평가방안 연구. 서울: 한국과학창의재단.

최인선(2013). 수학에서 컴퓨터 기반 학업성취도 평가 도입 방안 탐색. 한국수학교육학회 학술

발표논문집, 209-219.
최인수(2017). 심리학, 인간을 말하다: 창의성을 위한 긍정심리. https: //www.youtube.com/watch?v=QIfzwqryPpA
한국교육과정평가원(2011). PISA 2012 예비검사 시행보고서. 서울; 한국교육과정평가원.
Binkley, M., Erstad, O., Herman, J., Raizen, S., Ripley, M., Miller-Ricci, M., & Rumble, M.(2012). Defining twenty-first century skills. In Assessment and Teaching of 21st Century Skills (pp. 17-66). Springer Netherlands.
Brown, S. I. & Walter, M. I.(1983). The art of problem posing. Philadelphia, PA: Franklin Institute Press.
Choi, S. S.(1996). Students' geometric learning using a computer: Three case studies. Doctoral Dissertation. University of Georgia.
Dennis, J. R., & Kansky, R. F.(1984). Instructional Computing. Glenview, IL: Scott Foreman and Co.
Funke, J.(2010). Complex Problem Solving: A case for complex cognition? Cognitive Processing 11, 133-142.
Greeno, J. G.(1978). Understanding and procedural knowledge in mathematics education. Educational Psychologist, 12(3), 262-283.
Guilford, J. P.(1959a). Personality. New York: McGraw Hill.
Guilford, J. P.(1959b). Three Faces of Intelligence. American Psychologist, 14, 469-479.
Kahney, H.(1986). Problem Solving: A Cognitive Approach. Philadelphia: Open University Press.
Kilpatrick, J.(1987). Problem formulating: Where do good problems come from? In A. H. Schoeneld(Ed.), Cognitive science and mathematics education(pp. 123-147). Hillsdale, NJ: Erlbaum.
Koh(Choi), S. S.(1997). Problem Solving Using Computer: A Case Study. Journal of the Korea Society of Educational Studies in Mathematics, 7(1), 259-277.
Köhler, W.(1925). The Mentality of Apes. New York: Harcourt, Brace & World.
Köhler, W.(1929/1959). Gestalt Psychology. New York: Liveright.
Larkin, J. H.(1977). Problem solving in physics. Working paper, University of California, Berkeley, Group in Science and Mathematics Education and development of Physics.
Mayes, R. L.(1995). The application of computer algebra system as a tool in college algebra. School Science and Mathematics, 95(2), 61-68.
National Council of Teachers of Mathematics.(1980). An Agenda for Action: Recommendation for School Mathematics of the 1980s. Reston, VA: National Council of Teachers of Mathematics.

______(1989). *Curriculum and Evaluation Standards for School Mathematics*. Reston, VA: National Council of Teachers of Mathematics.

______(1995). *Assessment Standards for School Mathematics*. Reston, VA: National Council of Teachers of Mathematics.

______(1999). *Mathematics Assessment: A Practical Handbook for Grades 9-12*. Reston, VA: National Council of Teachers of Mathematics.

______(2000). *Principles and standards for school mathematics*. Reston, VA: National Council of Teachers of Mathematics.

Newell, A. & Simon, H.(1972). Human Problem Solving. Englewood, Cliffs, NJ: Prentice-Hall.

Orton, A.(1992). Learning and Mathematics' Issues, Theory, and Classroom Practice. London: Cassell.

Papert, S.(1980). Mindstorms: Children, Computers, and Powerful Ideas. New York: Basic Books.

Pehkonen, E.(1997). Use of Open-Ended Problems in Mathematics Classroom. Research Report 176. University of Helsinki, Dept. of Teacher Education, PO Box 38 (Ratakatu 6A), Helsinki 00014, Finland.

Polya, G.(1957/1973). How to solve it. Princeton, NJ: Princeton University Press.

Resnick, L. B. & Ford, W. W.(1981). The Psychology of Mathematics for Instruction. Hillsdale, NJ: Lawrence Erlbaum Associates, Inc.

Schoenfeld, A. H.(1985). Mathematical problem solving. New York: Academic Press, INC.

Simon, H.(1978). Information processing theory of human problem solving. In W. Estes(Ed.), Handbook of Learning and Cognitive Processes: Human Information Processing(pp. 271-295). Hillsdale, NJ: Erlbaum.

Stevenson, F. W.(1995). Exploratory Problems in Mathematics. Reston, VA: National Council of Teachers of Mathematics.

Thorndike, E. L.(1924). The Thorndike Arithmetics (3 vols.). Chicago: Rand Mcnally.

Wertheimer, M.(1945/1959). Productive Thinking. New York: Harper & Row.

Wilson, J.(1991). Mathematical visualization in problem solving faciliated by computers. Papers Presented at the Joint U. S.- Japan Seminar. Honollulu: East-West Center, University of Hawaii.

제3장 수학적 추론 역량

한인기(경상대학교), 홍주연(경상대학교 강사)

1. 들어가는 글

수학적 추론은 수학교육학 연구와 수학교육 실제에서 꾸준히 강조되어 왔다. 2015 개정 수학과 교육과정(교육부, 2015, p. 4)에서는 수학교육의 목표로 '수학의 개념, 원리, 법칙을 이해하고 기능을 습득하며 수학적으로 추론하고 의사소통하는 능력을 길러, 생활 주변과 사회 및 자연 현상을 수학적으로 이해하고 문제를 합리적이고 창의적으로 해결하며 …'와 같이 기술하고 있다. 수학교육을 통해 학생들이 수학적 개념, 원리, 법칙, 능력을 (재)구성하는 경험을 가진다는 것을 감안하면, 여러 가지 방법으로 수학적 추측을 형성하고, 그 결과에 대한 수학적 근거를 찾거나 정당화를 시도하는 추론 활동은 수학교육의 전반에 걸쳐 강조되어야 하는 중요한 역량이 될 것이다.

본 장에서는 추론 역량이 무엇인지 살펴보고, 우리나라의 수학과 교육과정과 NCTM에서 주장하는 수학적 추론의 개념, 구성 요소들을 분석할 것이다. 특히 수학적 추론 과정에서 중요한 역할을 하는 유추를 통한 추측의 방법을 중등학교 수준의 수학 교과 내용을 중심으로 그 본질과 사례를 상세하게 기술할 것이다.

3절에서는 중학교의 수와 연산 영역, 기하 영역, 고등학교의 해석 영역, 확률과 통계 영역에서 추론 역량을 계발할 수 있는 문제를 제시하였고, 각 문제들에 대해 추론 역량과 관련된 특징을 기술하고, 교수·학습의 관점에서 각 문제의 교수학적인 특징을 논의할 것이다.

2. 수학적 추론 역량

2.1 수학적 추론

국어사전(남영신, 2003, p. 2150)에서 추론(推論)은 '① 추리, ② 논거를 제시하거나 사리를 좇아서 헤아려 가며 어떤 일이나 문제에 대하여 논하는 일 또는 그 논의론'으로 규정하고 있다. 이로부터 추론은 첫째, 추리와 비슷한 개념이고, 둘째, 근거를 제시하면서 어떤 문제에 대하여 논하는 것으로 이해할 수 있다. 이때 '추리'라는 개념이 추론과 과연 비슷한 개념인가에 대해 의아해 할 수도 있지만, 국어사전(남영신, 2003, p. 2150)에 추리는 '① 미루어 헤아림, ② 몇 가지 전제에서 결론을 이끌어 냄'으로 규정되어 있으며, 이때 추리의 두 번째 의미가 추론과 동일시된다.

한편 추론과 함께 논의될 수 있는 개념이 추측(推測)이다. 국어사전(남영신, 2003, p. 2153)에서 추측은 '미루어 헤아림'으로 추리의 첫 번째 의미와 같게 규정된다. 여기서 '미루어'는 넘겨짚는다는 의미로 해석될 수 있기 때문에, 여기서는 타당한 근거보다는 자신의 앎의 범위 밖에 있는 무언가를 생각한다는 의미가 더 강하다. 이때 무엇을 통해 넘겨짚는가에 대해 이야기를 한다면, 이제 추측의 구체적인 방법에 대해 논의하게 되는 것이다. 일반적으로 수학교육학에서는 '귀납적으로 추측한다' 또는 '유추를 통해 추측한다' 등과 같은 표현을 자주 사용하게 된다.

결국 추론한 후에 추측한다는 것보다는 추측하고 추론한다는 것이 논리적으로 더 타당할 것이다. 즉 무언가를 미루어(넘겨짚어) 생각하고, 그 후에 생각한 것에 대해 근거를 가지고 이런 저런 측면에서 논의하게 되기 때문이다.

수학교육학 연구에서도 살펴본 것과 유사하게 추론의 개념이 이해된다. 조완영(2014, p. 25)은 '문제해결 과정에서 아이디어를 찾는 과정이나 해결을 한 후 과정과 결과의 타당성을 설명하는 것'이 추론이라 하였고, 이명화, 김선희(2017, p. 155)는 추론을 '체계적인 틀을 가지고 수학적 사실을 추측하거나 근거를 찾거나 결론을 도출하는 사고'라고 하였다. 결국 수학적 근거를 가지고 어떤 결론을 도출하거나 추측하고 그에 대한 수학적 근거를 찾거나 수학적 결과의 타당성을 설명하는 것 등이 수학적 추론에 포함된다는 것을 알 수 있다.

이제, 수학과 교육과정에 드러난 추론 개념에 대해 살펴보자. 수학과 교육과정의 교수·학습 방법에서 추론이 독립적인 항목으로 기술된 것은 2007 개정 수학과 교육과정부터이다. 2007 개정 수학과 교육과정(교육인적자원부, 2007, p. 42)에 기술된 수학적 추론의 내용을 살펴보자.

> 수학적 사고와 추론 능력을 발전시키기 위하여 교수·학습에서 다음 사항에 유의한다.
> (1) 귀납, 유추 등을 통해 학생 스스로 수학적 사실을 추측하게 하고, 이를 정당화하거나 증명해 보게 할 수 있다.
> (2) 수학적 사실이나 명제를 분석하고, 수학적 관계를 조직하고 종합하며, 학생 자신의 사고 과정을 반성하게 한다.

여기서는 추측의 구체적인 방법으로 귀납, 유추를 예시하였고, 추측하고 이를 정당화하는 것이 추론 개념에 포함되며, 수학적 지식을 분석하고 수학적 관계를 조직하며 자신의 사고를 반성하는 것이 추론 개념과 관련된다는 것을 알 수 있다. 수학에서 귀납이나 유추가 추측(넘겨짚는)의 일반적이며 주요한 방법이라는 것은 잘 알려진 사실이며, 추론은 추측의 영역을 지나 추측을 통해 얻어진 생각을 정당화하는 것까지를 포함한다는 것을 명확히 보여주고 있다. 그리고 추론의 과정에 분석, 조직, 종합, 반성이 관련된다는 것을 알 수 있다.

한편, 2009 개정 수학과 교육과정에서는 수학적 과정이 강조되었는데, 수학적 과정은 수학적 문제해결, 수학적 추론, 수학적 의사소통으로 구성되었다. 2009 개정 수학과 교육과정에 기술된 수학적 추론의 내용은 다음과 같다(교육과학기술부, 2011, p. 35).

> 수학적 추론 능력을 신장시키기 위하여 교수·학습에서 다음 사항에 유의한다.
> (1) 귀납, 유추 등을 통해 학생 스스로 수학적 사실을 추측하고, 이를 정당화할 수 있게 한다.
> (2) 수학적 사실이나 명제를 분석하고, 수학적 관계를 조직하고 종합하며, 학생 자신의 사고 과정을 반성하게 한다.
> (3) 수학적 추론을 통해 합리적으로 사고하는 능력을 키우고, 일상생활에서 자신의 의견을 정당화할 때 적절한 근거에 기초하여 논지를 전개할 수 있게 한다.

2009 개정 수학과 교육과정에서 기술된 추론 능력은 2007 개정 수학과 교육과정과 비교했을 때에 큰 차이점은 발견할 수 없다. 단지 위의 (3)에서 수학적 추론이 합리적인 사고능력, 정당화와 관련된다는 것이 추가적으로 기술되어 있음을 알 수 있다.

2015 개정 수학과 교육과정에서는 수학 교과 역량이 강조되었다. 수학 교과 역량은 2009 개정 수학과 교육과정의 수학적 과정을 확장하여, 문제해결 능력, 추론 능력, 창의·융합 능력, 의사소통 능력, 정보 처리 능력, 태도 및 실천 능력의 6가지 능력으로

구성된다. 2015 개정 수학과 교육과정에서 추론 능력은 다음과 같이 기술되어 있다 (교육부, 2015, pp. 38-39).

> 추론 능력을 함양하기 위한 교수·학습에서는 다음 사항을 강조한다.
> ① 관찰과 탐구 상황에서 귀납, 유추 등의 개연적 추론을 사용하여 학생 스스로 수학적 사실을 추측하고 적절한 근거에 기초하여 이를 정당화할 수 있게 한다.
> ② 수학의 개념, 원리, 법칙을 도출하는 과정과 수학적 절차를 논리적으로 수행하게 한다.
> ③ 추론 과정이 옳은지 비판적으로 평가하고 반성하도록 한다.

이것을 2007 개정 수학과 교육과정과 2009 개정 수학과 교육과정의 추론 능력과 비교해 보자. 2007 개정 수학과 교육과정과 2009 개정 수학과 교육과정의 ②에 기술된 내용을 2015 개정 수학과 교육과정에서는 ②와 ③으로 나누어 기술함으로써 그 의미가 더 명확하게 표현될 수 있었다. 특히 2015 개정 수학과 교육과정에서 ③의 추론 과정에 대한 평가와 반성이 독립되어 기술되면서, 추론에서 ③의 중요성이 더 부

[표 3-1] NCTM(1992, 2007)에서 추론

	NCTM(1992)	NCTM(2007)
5(6)~8학년	• 연역 및 귀납추론을 인식하고 적용할 수 있어야 한다.	• 추론과 증명을 수학의 가장 근본적인 측면으로서 인식할 수 있다.
	• 공간추론 및 비례, 그래프를 통한 추론에 특별한 관심을 가지면서 추론 과정을 이해하고 적용할 수 있어야 한다.	• 수학적 추측을 만들고 조사할 수 있다.
	• 수학적 가설을 세우고 주장을 펴고 이들을 평가할 수 있어야 한다.	• 수학적 논쟁과 증명 능력을 개발하고 평가할 수 있다.
	• 자신의 사고를 타당화할 수 있어야 한다.	• 추론과 증명 방법을 선택하고 사용할 수 있다.
	• 수학의 일부로서 추론의 폭넓은 사용과 힘을 음미할 수 있어야 한다.	
9~12학년	• 가설을 세우고 검증할 수 있어야 한다.	• 추론과 증명을 수학의 중요한 측면으로 인식할 수 있다.
	• 반례를 형성할 수 있어야 한다.	• 수학적 추측을 하고 추측을 조사할 수 있다.
	• 논리적 주장을 따를 수 있어야 한다.	• 수학적 논증과 증명을 개발하고 평가할 수 있다.
	• 논증의 타당성을 판단할 수 있어야 한다.	• 다양한 유형의 추론과 증명방법을 선택해서 사용할 수 있다.
	• 간략하고 타당한 주장을 펼 수 있어야 한다.	

각될 수 있었다.

한편 NCTM(1992, 2007)에 제시된 추론의 개념이나 구성요소도 우리나라 교육과정과 유사한 맥락으로 기술되어 있다. [표 3-1]에 NCTM에서 주장하는 추론에 대한 내용을 정리하였다.

우리나라의 수학과 교육과정에 기술된 것과 NCTM이 제시한 내용을 비교하면, 첫째 NCTM(1992)에서는 5~8학년과 9~12학년에서 강조되어야 할 추론 요소들을 구분하여 기술하고 있으며, NCTM(2007)에서는 우리의 수학과 교육과정처럼 전체 학년에 관련되는 추론의 일반적인 관점을 제시하고 있다. NCTM(1992)에 기술된 5~8학년과 9~12학년의 내용을 비교하면, 9~12학년에서 반례의 형성에 대한 내용이 추가되어 있음을 알 수 있다. 한편 NCTM과 우리의 2015 개정 수학과 교육과정을 비교하면, NCTM에서는 추론의 의미와 중요성을 이해하는 것이 강조되었고, 우리의 2015 개정 수학과 교육과정에서는 추론 과정을 평가하고 반성하는 것이 추가되어 있음을 알 수 있다. 추론의 의미와 중요성을 이해하는 것, 추론 과정을 평가하고 반성하는 것이 추론에서 중요하기 때문에, 이러한 차이점은 앞으로 수학과 교육과정에서 추론에 대해 논의하는 과정에서 보완되면 바람직할 것으로 생각된다.

둘째, NCTM에서 제시하는 추론의 요소들이 우리의 2015 개정 수학과 교육과정에 기술된 것보다 구체적이라는 것이다. 수학과 교육과정에 구체적인 내용을 많이 나열하는 것이 어렵기 때문에, 차이는 자연스러울 수 있다. 그러나 이러한 비교를 통해, 수학적 추론을 구성하는 요소들이 더 구체적인 수준에서 나열될 수 있다는 것을 인식하는 것은 학생들의 추론 능력을 신장시키는 측면에서는 의미 있을 것이다. 2015 개정 수학과 교육과정에 제시된 추론 능력과 NCTM(1992, 2007)에 제시된 내용을 비교하면, [표 3-2]와 같이 정리될 수 있다.

결국 수학적 추론은 귀납, 유추 등의 방법으로 수학적 추측이나 가설을 만들고, 수학적 근거와 방법으로 추측이나 가설을 검증하는 논리적인 절차를 수행하는 것이다. 또한 이 전체 과정을 평가하고 반성하며, 수학적 추론의 의미와 가치를 이해하는 것으로 규정할 수 있을 것이다.

[표 3-2] 2015 개정 수학과 교육과정과 NCTM(1992, 2007)의 비교

<table>
<tr><th>2015 개정 수학과 교육과정</th><th>NCTM(1992, 2007)</th></tr>
<tr><td rowspan="4">• 관찰과 탐구 상황에서 귀납, 유추 등의 개연적 추론을 사용하여 학생 스스로 수학적 사실을 추측하고 적절한 근거에 기초하여 이를 정당화할 수 있게 한다.</td><td>• 자신의 사고를 타당화할 수 있다.</td></tr>
<tr><td>• 수학적 추측을 만들고 조사할 수 있다.</td></tr>
<tr><td>• 가설을 세우고, 검증할 수 있다.</td></tr>
<tr><td>• 반례를 형성할 수 있다.</td></tr>
<tr><td rowspan="5">• 수학의 개념, 원리, 법칙을 도출하는 과정과 수학적 절차를 논리적으로 수행하게 한다.</td><td>• 공간추론 및 비례, 그래프를 통한 추론에 특별한 관심을 가지면서 추론 과정을 이해하고 적용할 수 있다.</td></tr>
<tr><td>• 다양한 유형의 추론과 증명 방법을 선택하고 사용할 수 있다.</td></tr>
<tr><td>• 논리적 주장을 따를 수 있다.</td></tr>
<tr><td>• 간략하고 타당한 주장을 펼 수 있다.</td></tr>
<tr><td>• 연역 및 귀납추론을 인식하고 적용할 수 있다.</td></tr>
<tr><td rowspan="5">• 추론 과정이 옳은지 비판적으로 평가하고 반성하도록 한다.</td><td>• 추론과 증명을 수학의 가장 근본적인 측면으로서 인식할 수 있다.</td></tr>
<tr><td>• 수학의 일부로서 추론의 폭넓은 사용과 힘을 음미할 수 있다.</td></tr>
<tr><td>• 수학적 가설을 세우고 주장을 펴고 이들을 평가할 수 있다.</td></tr>
<tr><td>• 수학적 논쟁과 증명 능력을 개발하고 평가할 수 있다.</td></tr>
<tr><td>• 논증의 타당성을 판단할 수 있다.</td></tr>
</table>

2.2 유추를 통한 추측의 형성

2015 개정 수학과 교육과정에서는 학생들이 탐구 상황에서 귀납, 유추 등의 개연적 추론을 사용하여 수학적 추측을 형성하도록 요구하고 있다. 실제로, 귀납이나 유추는 수학뿐만 아니라 모든 학문분야에서 추측을 형성하는 가장 강력한 방법 중의 하나이다. Polya(2005)는 귀납과 유추를 수학 문제해결을 위한 중요한 발견술로 생각했다. 여기서는 유추를 이용한 수학적 추측의 형성에 대해서 자세히 살펴보자.

유추는 두 대상 간의 유사성에 근거한 추측이라고 할 수 있다. 유추를 하려면 우선 두 대상 A, B가 필요하다. 대상 A, B가 어떤 유사성도 가지지 않는다면, 유추에 의한 추측을 이야기할 수가 없다.

대상 A가 속성 A_1, A_2, …, A_n, ω를 가지며, 대상 B가 A_1과 유사한 속성 B_1, A_2와 유사한 속성 B_2, …, A_n과 유사한 속성 B_n을 가진다면, 이러한 유사성에 근거하

여 대상 B가 속성 ω를 가진다는 추측을 얻을 수 있다. 이러한 추측을 유추라고 부른다. 이때 속성 A_1과 B_1, A_2와 B_2, ⋯, A_n과 B_n은 유사할 수도 있고 똑같을 수도 있다. 이 유사한 속성들과 속성 ω의 관계가 유추를 통해 얻어진 추측의 타당성에 많은 영향을 끼치게 된다. 만약 ω와 관련이 적은 속성들 A_1, A_2, ⋯, A_n와 B_1, B_2, ⋯, B_n의 유사성에 근거하여 유추하였다면, 타당성있는 추측 ω를 얻을 가능성이 적어진다.

에르든예프, 한인기(2005)는 유추되는 속성 ω에 따라 유추를 개념유추와 방법유추로 구분하였다. 개념유추에서는 대상 A의 개념 속성 ω가 대상 B에서 추측되어 대상 B의 속성으로 ω가 추측되며, 이때 ω는 대상 A와 B의 성질이 된다. 한편, 방법유추에서는 유추되는 속성 ω가 문제해결 방법 또는 증명 방법인 경우이다.

유익승, 한인기, 신현용(2006)은 개념유추를 통해 삼각형의 세 꼭짓점에서 그은 높이 h_a, h_b, h_c의 속성 ω를 방접원의 세 반지름 r_a, r_b, r_c로 개념유추 하여 방접원의 반지름 r_a, r_b, r_c의 성질들을 추측하는 과정을 상세히 제시하였고, 유추를 통해 추측된 성질에 대한 수학적인 증명도 제시하였다.

그리고 유익승, 신현용, 한인기(2008)는 이차방정식, 삼차방정식, 사차방정식에 대해 탐구하면서, ω로 이차방정식의 근의 공식을 유도하는 논리적인 과정(증명 방법)을 잡고, 방법유추를 통해 ω에 의해 삼차방정식, 사차방정식의 근의 공식을 유도할 수 있다는 추측을 제기하고, 실제로 이 추측의 타당성을 증명하였다.

이제 중등학교 수학교과 내용을 중심으로 개념유추와 방법유추에 의한 추측의 형성을 살펴보자. 우선 개념유추의 예를 중학교 2학년에서 배우는 도형의 닮음에서 살펴보자.

'닮은 평면도형의 넓이의 비는 닮음비의 제곱과 같다'는 것을 배운 후에, 닮은 입체도형의 부피의 비에 대해 배우게 된다. 이제 대상 A로 닮은 평면도형을 잡고, 대상 B로 닮은 입체도형을 잡자. 대상 A(닮은 평면도형)는 A_1, A_2, ⋯, A_n으로 다음의 속성을 쉽게 생각할 수 있다.

- 평면도형은 넓이를 가진다.
- 닮은 평면도형은 모양이 같다.
- 닮은 평면도형은 대응하는 변들의 비가 같다.
- 닮은 평면도형은 닮음비를 가진다.
- 닮은 평면도형은 대응하는 각들이 같다.

그리고 대상 A의 속성 ω로 '닮은 평면도형의 넓이의 비는 닮음비의 제곱과 같다'

를 생각할 수 있다. 이 속성을 대상 B로 유추하면, 이것이 개념유추에 해당한다. 이제 A_1, A_2, …, A_n와 유사한 대상 B의 속성 B_1, B_2, …, B_n을 생각하자.

- 입체도형은 부피를 가진다.
- 닮은 입체도형은 모양이 같다.
- 닮은 입체도형은 대응하는 모서리의 비가 같다.
- 닮은 입체도형은 닮음비를 가진다.

입체도형에서의 각에 대해서는 중학교에서 배우지 않으므로, 각에 대해서는 그 유사성을 인식하기 어렵다. 모양과 대응하는 변(모서리)이 같다는 유사성에 근거하여, 아마 대상 B(닮은 입체도형)는 속성 ω를 가질 것이라고 추측할 수 있다(개념유추). 이때 ω로 '닮은 입체도형의 부피의 비는 닮음비의 제곱과 같다'고 추측할 수 있을 것이다. 비록 타당하지 않은 추측이지만, 이러한 추측을 형성한 것 자체는 수학 탐구에서 의미가 있는 진척이라고 할 수 있다.

이제 더 섬세한 유추를 하는 경우를 살펴보자. 위에서 유추되는 속성 ω로 '닮은 평면도형의 넓이의 비는 닮음비의 제곱과 같다' 대신에 '닮은 평면도형의 넓이의 비는 닮음비를 이용하여 표현된다'를 생각하자. 개념유추를 통해 '닮은 입체도형의 부피의 비는 닮음비를 이용하여 표현된다'는 추측을 얻을 수 있다. 이것은 논리적인 증명 과정을 통해 그 타당성이 확인될 수 있는 올바른 추측이 된다.

결국, 같은 상황에서 같은 대상에 대해 유추를 수행했지만, 타당성이 입증될 수 있는 추측이 얻어질 수도 있고, 그렇지 않은 추측이 얻어질 수도 있다. 그러므로 유추에서는 추측의 결과가 타당한지 그렇지 않은지를 교수·학습 과정에서 지나치게 강조할 필요는 없다. 유추는 추측을 얻는 중요한 방법이라는 것을 생각하면, 추측을 얻는다는 것 자체가 교육적으로 의미가 있고, 이 추측을 통해 수학 탐구의 출발점을 가지게 되었다는 것이 의미 있을 것이다. 앞에서 얻은 타당하지 않은 추측 '닮은 입체도형의 부피의 비는 닮음비의 제곱과 같다'도 후속적인 탐구 과정을 거쳐 올바른 명제로 수정될 수 있을 것이다.

이제 방법유추의 예를 살펴보자. 방법유추는 문제해결 과정에서 '유사한 문제를 풀어본 경험이 있는가?'라는 질문에 대한 대답을 탐색하는 것에 관련될 수 있다. 고등학교의 기하와 벡터에 나오는 점과 직선 사이의 거리 문제를 하나 살펴보자.

문제 1. 세 점 $A(1,\ 2,\ 3)$, $B(0,\ -1,\ 1)$, $P(1,\ 1,\ 1)$이 주어졌다. 점 P로부터 직선 AB까지 거리를 구하시오.

문제 1에 대해 몇 가지 풀이 방법을 생각할 수 있는데, 여기서는 점 P에서 직선 AB에 수선의 발 Q를 내려 $|\overrightarrow{PQ}|$를 구한다고 하자(그림 3-1).

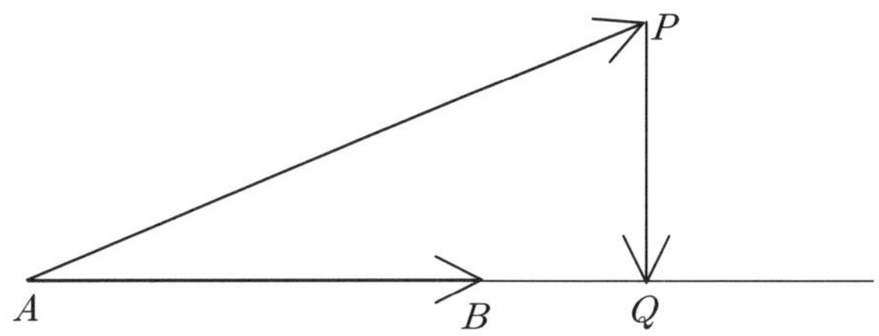

〈그림 3–1〉

우선 $\overrightarrow{AB}=\vec{a}$, $\overrightarrow{AP}=\vec{b}$, $\overrightarrow{PQ}=\vec{p}$라 두자. 그러면 $\vec{a}=(-1,\ -3,\ -2)$, $\vec{b}=(0,\ -1,\ -2)$이다. 이제 삼각형 APQ에서 $\overrightarrow{PQ}$를 생각하면, $\vec{p}=\overrightarrow{AQ}-\overrightarrow{AP}=k\vec{a}-\vec{b}$가 된다. 그러므로 $\vec{p}=k(-1,\ -3,\ -2)-(0,\ -1,\ -2)=(-k,\ -3k+1,\ -2k+2)$가 된다.

한편 $\vec{p}$는 $\vec{a}$와 직교하므로, $(-k,\ -3k+1,\ -2k+2)\cdot(-1,\ -3,\ -2)=0$이므로, $k+9k-3+4k-4=0$이 되며, $k=\frac{1}{2}$이고, $\vec{p}=\left(-\frac{1}{2,}\ -\frac{1}{2,}\ 1\right)$이 된다. 이로부터 구하는 거리 $|\vec{p}|=\sqrt{\frac{3}{2}}$가 얻어진다.

방법유추를 위해, 이 문제의 풀이 방법을 단계별로 다음과 같이 기술할 수 있다.

1단계. 점 P에서 직선 AB에 수선의 발 Q를 내려, $\overrightarrow{PQ}$를 표시하기.

2단계. $\overrightarrow{PQ}$를 주어진 벡터 $\overrightarrow{AP}$, $\overrightarrow{AQ}=k\overrightarrow{AB}$로 이용하여 $\overrightarrow{PQ}=\overrightarrow{AQ}-\overrightarrow{AP}$로 나타내기.

3단계. $\overrightarrow{PQ}$와 $\overrightarrow{AB}$가 수직이므로, $\overrightarrow{PQ}\cdot\overrightarrow{AB}=0$를 이용하여 k값 구하기.

4단계. $\overrightarrow{PQ}$를 구하여 $|\overrightarrow{PQ}|$ 계산하기.

이제 다음 문제를 해결한다고 하자.

문제 2. 세 점 $A(1,\ 1,\ 0)$, $B(-1,\ 0,\ 1)$, $C(1,\ 1,\ 1)$은 평면 α에 속한다. 평면 α밖의 한 점 $P(1,\ -1,\ 1)$로부터 평면 α까지 거리를 구하시오.

문제 1은 점 P에서 직선 AB까지 거리를 구하는 문제였는데, 문제 2는 점 P에서 평면 α까지 거리를 구하는 문제이다. 두 문제가 모두 점 P에서 일정한 직선 또는 평면까지 거리를 구하는 문제로 유사성이 있다. 물론, 두 문제를 상이한 별개의 방법으로 각각 해결할 수도 있지만, 여기서는 문제 1의 풀이 방법을 방법유추하여 문제 2를 해결하는 방법을 추측해 보자.

문제 1에서 살펴본 1단계와 같이, 점 P에서 평면 α에 수선의 발 Q를 내리고, $\overrightarrow{PQ}$를 표시하자. 이제 2단계에서 했듯이, $\overrightarrow{PQ}$를 $\overrightarrow{AP}$와 $\overrightarrow{AQ}$로 나타내자. 이때 문제 1에서는 $\overrightarrow{AQ}=k\overrightarrow{AB}$로 나타낼 수 있었지만, 여기서는 $\overrightarrow{AQ}=k\overrightarrow{AB}+l\overrightarrow{AC}$로 표현된다. 3단계에서는 $\overrightarrow{PQ}$와 $\overrightarrow{AB}$, $\overrightarrow{AC}$가 수직이므로, $\overrightarrow{PQ}\cdot\overrightarrow{AB}=0$, $\overrightarrow{PQ}\cdot\overrightarrow{AC}=0$을 이용하여 k, l을 구하면 된다. 이제 4단계에서 $\overrightarrow{PQ}$를 구하여 $|\overrightarrow{PQ}|$를 계산하면 된다.

이때 문제 1에서는 직선이 주어졌고, 문제 2에서는 평면이 주어졌기 때문에 문제해결의 2단계와 3단계에서 약간의 변형은 있었지만, 문제해결 과정 자체에는 거의 유사함을 알 수 있다.

살펴본 바와 같이, 방법유추에서는 문제들의 유사성에 근거하여, 그 풀이 방법을 유추하여 목표로 하는 문제의 해결 방법을 추측하게 된다. 방법유추의 결과가 성공적인 문제해결을 항상 보장하지는 못하지만, 그럴듯하고 유력한 문제해결 방법을 추측하는 중요한 도구가 될 수 있다.

3. 수학적 추론 역량 문항의 예

3.1 중학교 추론 역량 문항

중학교 수준에서 추론 역량의 계발에 관련된 문항을 수와 연산 영역, 기하영역에서 하나씩 살펴보자. 여기서 제시하는 문제는 추론 역량을 계발하는 데 도움을 줄 수 있는 예시가 될 수 있을 것이다. 참고로, 문제 3은 1995년 Lomonosov 수학경시대회에 출제되었던 문제이다.

수와 연산 영역

✔ **문항**

A, B 두 사람이 A-B-A-B-⋯의 순서대로 0, 1, 2, ⋯, 9까지의 숫자를 하나씩 써서 k자리 자연수를 만든다고 하자. 예를 들어 A가 처음에 2를 쓰고 B가 3, A가 0, B가 4를 쓰면 4자리 자연수 2304가 얻어진다. 이때, 얻어진 수가 11로 나누어떨어

지면 맨 끝에 숫자를 쓴 사람이 이기는 것이고, 그렇지 않으면 맨 끝에 숫자를 쓴 사람이 진다고 하자. 다음의 각 경우에 누가 항상 이길 수 있는가?

(1) k가 짝수인 경우 (2) k가 1보다 큰 홀수인 경우

✔ **문항 해설 및 답안**

(1) k가 짝수인 경우는 얻어진 자연수가 2자리, 4자리, 6자리, 8자리, ⋯ 등과 같은 경우이므로, A-B-A-B-⋯-A-B와 같은 순서로 숫자를 하나씩 쓰게 된다. 이 경우에 B가 맨 마지막에 숫자를 적게 되며, 이 게임에서 이기려면 B는 얻어진 수가 11의 배수가 되도록 해야 한다. 즉 B는 11의 배수의 특징을 찾아내서 얻어진 수가 11의 배수가 되도록 마지막의 숫자를 적어야 한다.

이제 11의 배수의 특징을 추측하자. 쉽게 생각할 수 있는 11의 배수는 11, 22, 33, 44, ⋯, 99으로 십의 자리와 일의 자리에 같은 숫자가 사용된 자연수이다. 한편 4자리 자연수인 1000을 넘는 11의 배수를 살펴보자. 1000을 넘는 자연수 중에서 가장 작은 11의 배수는 1001이며, 그 다음에는 1012, 1023, 1034, 1045, ⋯ 등이 있다. 이 수들의 규칙성을 쉽게 보기 어렵다.

4자리 이상의 자연수들 중에서 11의 배수인 수들의 규칙성을 찾기 위해, 2자리 자연수들의 특징을 다시 한 번 살펴보자. 같은 숫자들이 반복되고 있다. 그렇다면 같은 숫자들로 만들어진 자연수 1001은 11의 배수인데, 1100은 11의 배수가 되는가? 그렇다. 이제 2002, 2200이 11의 배수라는 것을 확인할 것이다. 이들은 11의 배수이다. 이제 3003, 3300, 4004, 4400, ⋯, 9009, 9900이 11의 배수라는 것을 확인할 수 있다.

이제 6자리 자연수에 대해 살펴보자. 6자리 자연수들 중에서 가장 작은 11의 배수는 100001이며, 110000도 11의 배수임을 확인할 수 있다. 이제 110000에 네 자리 자연수에서 얻은 결과를 이용하면 112002, 112200 등도 11의 배수임을 알 수 있다. 즉 11의 배수를 만들려면 같은 숫자들을 2번씩 사용하면 된다.

이제 k가 짝수인 경우에는 B가 항상 이길 수 있다는 것을 쉽게 알 수 있다. 즉 A가 어떤 숫자를 적으면, B는 A가 적은 수를 반복해서 적으면 된다. 예를 들어, A가 5를 적는다면 B는 5를 적고, A가 8을 적으면 B는 8을 적으면 된다. 그러면 5588이 얻어져 11의 배수가 된다.

(2) k가 1보다 큰 홀수인 경우를 생각하자. 즉 3자리, 5자리, 7자리, 9자리, ⋯ 등과 같은 자연수인 경우이다. 이 경우에는 A-B-A-B-⋯-A-B-A와 같은 순서로 숫자를 적게 된다. 이 경우에는 A가 마지막에 숫자를 적게 되는데, 이때 얻어진 수가 11의 배수가

되게 할 수 있는지를 생각해야 한다. 앞에서 A-B-A-B-···-A-B인 경우는 항상 11의 배수가 되도록 B가 숫자를 적을 수 있다는 것을 보였다. 이제 마지막에 A가 숫자를 하나 더 쓰게 된다. 어떤 11의 배수 a에 숫자 b를 하나 더 덧붙여 적으면 $10a+b$가 얻어진다. 이때 $10a$는 11의 배수이지만 b는 11의 배수가 아니기 때문에 얻어진 수 $10a+b$는 11의 배수가 되지 못한다.

결국 A-B-A-B-···-A-B-A와 같이 숫자를 하나씩 적는 게임에서 B가 앞에서와 같이 11의 배수가 되도록 숫자를 적어가면, A가 마지막에 어떤 숫자를 적더라도 11의 배수가 아닌 k자리 수를 얻게 된다. 그러므로 이 경우에는 A가 지게 되며, B가 항상 이길 수 있다.

✔ 교과 역량 설명

이 문제의 해결에서는 귀납적인 탐구를 통해 11의 배수가 되는 수들의 특징을 추측하고, 이 추측에 근거하여 11의 배수를 만들 수 있는 일반적인 규칙을 논리적으로 찾아내야 한다. 11, 22, 33, 44, ···, 99와 같은 11의 배수인 2자리 자연수의 특징인 '2자리 11의 배수인 수들은 십의 자리와 일의 자리의 숫자가 같다'라는 추측을 관찰을 통해 얻을 수 있어야 한다. 그리고 이 규칙성을 3자리 자연수, 4자리 자연수, ··· 등으로 유추하면서 추측을 확인하게 된다.

3자리 자연수이면서 같은 숫자 3개로 만들어진 수인 111, 222, 333, ···, 999는 11의 배수가 아니다. 한편 같은 숫자가 2개인 101, 202, 303, 404, ···, 909는 11의 배수가 아니지만, 121은 11의 배수가 된다. 그리고 110, 220, 330, 440, ···, 990은 11의 배수이다. 결국 3자리 자연수에서는 같은 숫자들이 2개가 사용되었다는 사실만으로는 11의 배수가 되는지를 판정하는 준거가 되지 못한다는 것을 반례를 통해 확인할 수 있다.

이제 4자리 자연수인 경우를 살펴보자. 4자리 자연수 중에서 2개의 같은 숫자로 만들어진 수에 대해 앞에서 만든 한 추측을 확인하자. 1001, 1100, 2002, 2200, 3003, 3300, 4004, 4400, ···, 9009, 9900은 2개의 같은 숫자로 만들어진 4자리 자연수로 11의 배수라는 것을 확인할 수 있다. 이 문제의 해결을 위해서는 이와 같이 귀납적으로 2개의 같은 숫자로 만들어진 수가 11의 배수가 된다는 것을 확인해도 충분하다.

이러한 추측을 좀 더 일반화시켜 $\bar{a}\bar{a}\bar{b}\bar{b}$(이때 $\bar{k}$는 k에 $\bar{k}$가 있는 자리의 자릿값을 곱한 것이다. 그래서 $\bar{a}\bar{a}\bar{b}\bar{b}$에서 맨 앞의 $\bar{a}$는 $a\times1000$을 의미하며, 두 번째의 $\bar{a}$는 $a\times100$을 의미한다), $\bar{a}\bar{b}\bar{a}\bar{b}$와 같은 형태의 4자리 자연수는 11의 배수가 되는가? 라는 추측을 할 수 있으며, 이에 대한 정당화를 시도하는 것도 중등학교 수학에서 의미 있는 추론 활동이 될 것이다. 실제로 $\bar{a}\bar{a}\bar{b}\bar{b}=1000a+100a+10b+b=1100a+11b$이

므로, $\overline{a}\overline{a}\overline{b}\overline{b}$는 11의 배수가 되며, 유사한 방법으로 $\overline{a}\overline{b}\overline{a}\overline{b}$도 11의 배수가 된다는 것을 확인할 수 있다.

이제 6자리 자연수에 대해 살펴보자. 100001, 110000, 200002, 220000, ⋯ 등은 11의 배수라는 것을 확인할 수 있지만, 101001과 같은 수는 1이 3개 0이 3개가 사용되었지만 11의 배수는 아니다. 앞에서 4자리 자연수에 대해서는 같은 숫자를 2번씩 사용하여 얻어진 수가 11의 배수라는 것을 확인했는데, 6자리 자연수에서는 이것이 성립하지 않는 반례가 발견된 것이다. 그렇다면 6자리 자연수에서 11의 배수를 만들 수 있는 방법은 무엇인가?

2자리 자연수와 4자리 자연수의 사례들을 분석하여 6자리 자연수에서 11의 배수를 만들 수 있는 방법을 추측해야 한다. 2자리 자연수와 4자리 자연수에서 공통적으로 11의 배수가 만들어지는 것은 같은 숫자가 연속적으로 반복하여 나타나는 경우라는 것을 발견할 수 있다. 수학적 규칙성을 탐구하는 과정에서 핵심을 포함하는 공통성을 확인하는 것이 중요하다는 것은 이미 많은 학자들에 의해 강조되었다. 여기서는 '같은 숫자가 연속적으로 반복하여 2번 나타나는 수가 11의 배수'라는 것이 그러한 핵심을 포함하는 공통성이라고 할 수 있다.

결국 110011, 112233, ⋯ 등과 같은 수들이 11의 배수라는 것은 사례들을 귀납적으로 관찰하여 그 규칙성을 추측하게 되는 것이다. 이것은 다음과 같이 연역적으로 정당화할 수도 있다.

$$\begin{aligned}\overline{a}\overline{a}\overline{b}\overline{b}\overline{c}\overline{c} &= 100000a + 10000a + 1000b + 100b + 10c + c \\ &= 110000a + 1100b + 11c\end{aligned}$$

이때 110000, 1100, 11이 11의 배수이므로, $\overline{a}\overline{a}\overline{b}\overline{b}\overline{c}\overline{c}$가 11의 배수가 된다는 것을 확인할 수 있다.

기하 영역

✔ 문항

직사각형 $ABCD$의 꼭짓점 C를 꼭짓점 A와 포개지도록, 직사각형 $ABCD$를 접어 오각형을 얻었다. 이 오각형의 넓이는 직사각형 $ABCD$ 넓이의 $\frac{1}{2}$보다 크고 $\frac{3}{4}$보다 작다는 것을 증명하시오.

✔ 문항 해설 및 답안

직사각형 $ABCD$를 문제의 조건에 따라 접어서 오각형 $ABEFD$를 만들자(그림 2). 오각형 $ABEFD$의 넓이는 직사각형 $ABCD$의 넓이에서 포개어지는 부분인 삼각형 AEF의 넓이를 빼면 된다. 결국, 오각형 $ABEFD$의 넓이가 직사각형 $ABCD$ 넓이의 $\frac{1}{2}$보다 크고 $\frac{3}{4}$보다 작다는 것을 증명하기 위해, 삼각형 AEF의 넓이가 직사각형 $ABCD$ 넓이의 $\frac{1}{2}$보다 작고, $\frac{1}{4}$보다 크다는 것을 보이면 된다.

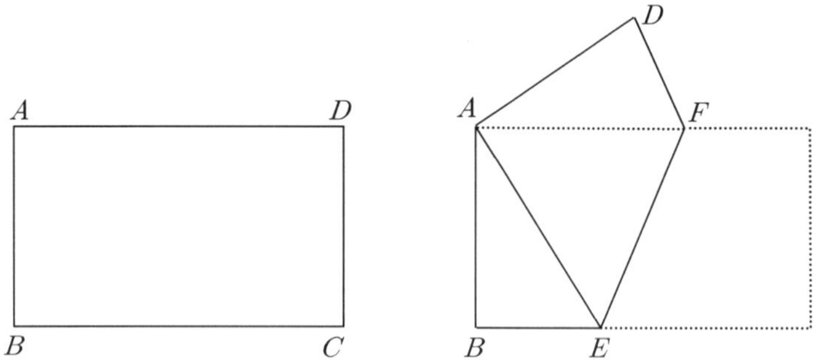

〈그림 3-2〉

우선 삼각형 AEF의 넓이가 직사각형 $ABCD$ 넓이의 $\frac{1}{2}$보다 작다는 것을 보이자. 삼각형 AEF의 변 AF가 직사각형 $ABCD$의 변 AD에 속하며(즉 $\overline{AF} < \overline{AD}$) 삼각형 AEF의 높이가 직사각형 $ABCD$의 변 AB와 같기 때문에, 삼각형 AEF의 넓이는 직사각형 $ABCD$ 넓이의 $\frac{1}{2}$보다 작게 된다.

이제 삼각형 AEF의 넓이가 직사각형 $ABCD$ 넓이의 $\frac{1}{4}$보다 크다는 것을 보이자. 이를 위해, 〈그림 3-2〉의 접은 모양을 펼치고 접힌 흔적을 선으로 표시하면 〈그림 3-3〉이 얻어진다. 이때 접혀서 겹쳐지는 선분들을 생각하면, $\overline{AF} = \overline{CF}$, $\overline{EC} = \overline{EA}$이다. 그리고 접혀져 생기는 같은 각들을 살펴보면 $\angle CFE = \angle EFA$, $\angle FEC = \angle FEA$가 된다.

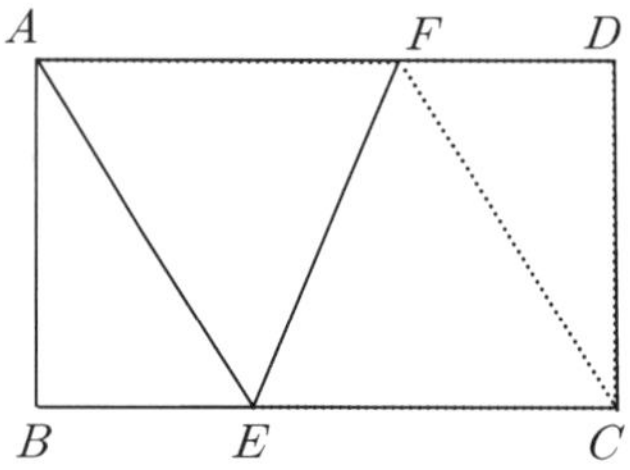

〈그림 3-3〉

이때 각 AFE와 각 FEC가 평행한 직선들의 엇각으로 같다는 것을 생각하면, $\angle CFE = \angle EFA = \angle FEC = \angle FEA$가 된다. 이로부터 삼각형 CEF는 이등변삼각형이 되며, 선분 CF와 CE는 같다. 결국 사각형 $AECF$는 변들이 모두 같으므로 마름모가 된다.

이제 〈그림 3-4〉에서와 같이, 마름모의 대각선 AC를 그으면, 삼각형 AOE, EOC, COF, FOA의 넓이가 모두 같게 된다.

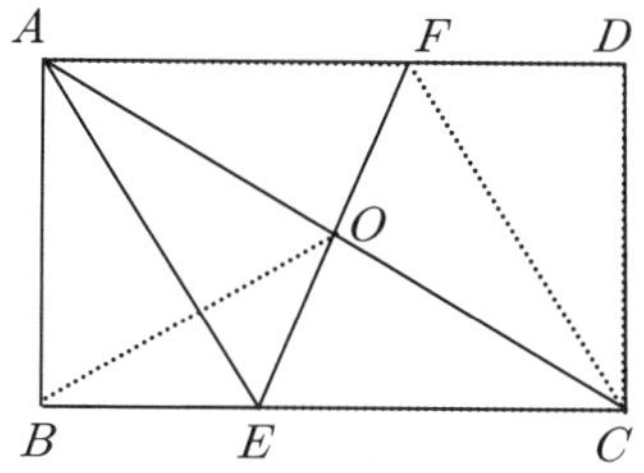

〈그림 3–4〉

이제 직사각형 $ABCD$ 넓이의 $\frac{1}{4}$인 삼각형 OBC의 넓이와 삼각형 AEF 또는 삼각형 EFC의 넓이를 비교하면 된다. 편의상 삼각형 OBC의 넓이와 삼각형 EFC의 넓이를 비교하자. 삼각형 EFC의 넓이는 삼각형 OEC 넓이의 두 배와 같다. 즉 삼각형 OBC의 넓이와 삼각형 OEC 넓이의 두 배를 비교하자. 삼각형 OBC에 삼각형 OEC이 포함되므로, 결국 삼각형 OBE와 삼각형 OEC의 넓이를 비교하면 된다. 이때 $\overline{BE} < \overline{CE}$이므로, 삼각형 OEC의 넓이는 삼각형 OBE의 넓이보다 더 크다. 이로부터 삼각형 AEF의 넓이가 직사각형 $ABCD$ 넓이의 $\frac{1}{4}$보다 크다는 것이 증명된다.

✔ 교과 역량 해설

이 문제의 해결을 몇 단계로 나누어 볼 수 있다. 첫째, 직사각형을 포개어 오각형을 만들고 문제를 재해석하기, 둘째 〈그림 3-2〉에서 삼각형 AEF의 넓이가 직사각형 $ABCD$ 넓이의 $\frac{1}{2}$보다 작다는 것을 증명하기, 셋째 〈그림 3-2〉에서 삼각형 AEF의 넓이가 직사각형 $ABCD$ 넓이의 $\frac{1}{4}$보다 크다는 것을 증명하기이다.

'직사각형을 포개어 오각형을 만들고 문제를 재해석하기'에서 학생들은 실제로 직사각형을 접거나 사고실험을 통해 오각형을 만들거나 상상할 수 있어야 한다. 이때 문제에 제시된 직사각형이 정사각형이면 꼭짓점 C를 꼭짓점 A와 포개지도록 접게 되면 직각삼각형이 얻어지게 되므로, 주어진 직사각형 $ABCD$는 변 AB와 CD의 길이가 달라야 한다는 수학적 사실을 추측하고 확인할 수 있어야 한다. 그리고 직사각형 $ABCD$에서 변 AB와 CD의 길이가 다르기 때문에, 〈그림 3-2〉에서 점 E는 변 BC의 중점이 될 수가 없다. 왜 그런가? 점 E가 선분 BC의 중점이면, 꼭짓점 C는 꼭짓점 B와 포개지게 되며, 꼭짓점 A와는 포개질 수 없기 때문이다. 이와 같이, 직사각형 $ABCD$에서 오각형 $ABEFD$를 구성하는 과정에서 '주어진 직사각형이 정사각형은 되지 못한다', '점 E가 변 BC의 중점이 될 수 없다'는 것을 실험을 통해 또는 사고실험을 통해 추측하고, 이에 대한 정당화를 통해 수학적 사실을 밝혀냈다.

그리고 오각형 작도를 통해, 오각형 $ABEFD$의 넓이는 세 삼각형 ABE, AEF, AFD의 넓이의 합이라는 것을 확인할 수 있으며, 삼각형 AEF가 오각형 $ABEFD$에 두 번 포함된다는 것을 확인할 수 있다. 이러한 중복성에 대한 관찰로부터 '오각형 $ABEFD$의 넓이가 직사각형 $ABCD$ 넓이의 $\frac{1}{2}$보다 크고 $\frac{3}{4}$보다 작다는 것을 증명하기 위해, 삼각형 AEF의 넓이가 직사각형 $ABCD$ 넓이의 $\frac{1}{2}$보다 작고, $\frac{1}{4}$보다 크다는 것을 보이면 된다'는 분석적 탐구활동으로 나아갈 수 있게 된다. 이러한 분석적 탐구활동은 살펴본 바와 같이, 추론역량을 구성하는 중요한 요소이다.

이제 '삼각형 AEF의 넓이가 직사각형 $ABCD$ 넓이의 $\frac{1}{2}$보다 작다는 것을 증명하기'에서는 삼각형 AEF의 높이와 직사각형 $ABCD$의 세로의 길이가 같다는 정보를 찾아낼 수 있어야 한다. 그림이나 문장에 숨겨진 정보를 찾아내는 능력은 추론 역량을 구성하는 요소이다. 실제로 삼각형 AEF의 높이와 직사각형 $ABCD$의 세로의 길이가 같다는 것에 주목할 수만 있다면, $\overline{AE} < \overline{AD}$이므로 삼각형 AEF의 넓이가 직사각형 $ABCD$ 넓이의 $\frac{1}{2}$보다 작다는 것을 쉽게 증명할 수 있다.

'삼각형 AEF의 넓이가 직사각형 $ABCD$ 넓이의 $\frac{1}{4}$보다 크다는 것'의 증명 과정을 살펴보자. 여기서는 증명을 위한 탐색의 방향을 추측하는 것이 어렵다. 이때 종이접기나 포개기에 관련된 문제해결 경험이 탐색의 방향을 추측하는 데 도움이 될 수 있다. 즉 종이접기나 포개기를 했을 때에 다시 펴서 종이접기나 포개기를 통해 새롭게 생성된 정보를 확인하는 것이다. 그러면 〈그림 3-3〉을 얻을 수 있으며, 이때 같은 각들, 같은 선분들을 표시하게 되면 문제해결의 중요한 단서를 얻을 수 있다.

이러한 직접적인 조작적 탐구를 통해 삼각형 CEF가 이등변삼각형이며, 사각형 $AECF$가 마름모가 된다는 사실을 추측하고 확인할 수 있다. 이제 분석적으로 도형들의 넓이에 주목하면, 직사각형 $ABCD$ 넓이의 $\frac{1}{4}$인 삼각형 OBC의 넓이와 삼각형 EFC의 넓이를 비교하여 문제를 해결할 수 있을 것이라는 추측을 얻을 수 있고, 논리적인 추론 과정을 통해 삼각형 EFC의 넓이가 삼각형 OBC의 넓이보다 크다는 것을 확인할 수 있다. 이제 얻어진 추론 과정이 타당한지를 평가하고 반성하면 문제해결

과정이 완성된다.

3.2 고등학교 추론 역량 문제

고등학교 수준에서 추론 역량의 계발을 위한 문제의 예시로 해석 영역과 확률과 통계 영역에서 수학교과서, 전국연합학력평가, 대학수학능력시험에 출제되었던 문제들을 분석하였다.

해석 영역

✔ 문항

> **문제 1.** 좌표평면에서 2 이상의 자연수 n에 대하여 두 곡선 $y=3^x-n$, $y=\log_3(x+n)$으로 둘러싸인 영역의 내부 또는 그 경계에 포함되고 x좌표와 y좌표가 모두 자연수인 점의 개수가 4가 되도록 하는 자연수 n의 개수를 구하시오.

(2017년 4월 전국연합학력평가)

✔ 문항 해설 및 답안

곡선 $f_1(x)=3^x-n$, $f_2(x)=\log_3(x+n)$으로 둘러싸인 영역을 표시해야 하므로, 우선 이 곡선들의 그래프를 그려보자. 이 과정에서 $f_1(x)=3^x-n$, $f_2(x)=\log_3(x+n)$의 그래프가 $y=x$에 대칭이 될 수 있을 것이라는 추측을 할 수 있고, 실제로 $f_1(x)=3^x-n$과 $f_2(x)=\log_3(x+n)$이 역함수 관계가 됨을 확인할 수 있다(그림 3-5).

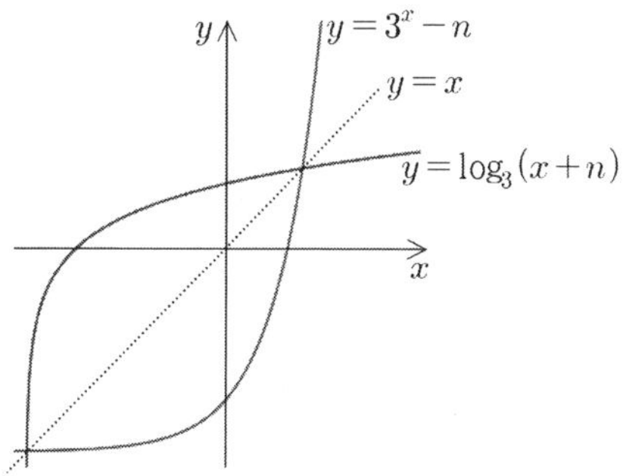

〈그림 3-5〉

이제 두 함수 $f_1(x)=3^x-n$, $f_2(x)=\log_3(x+n)$으로 둘러싸인 영역에서 좌표가 자연수인 점으로 먼저 (1, 1)을 생각할 수 있다. 그리고 가능한 점들로 (2, 1), (2, 2), (2, 1)을 차례로 추측할 수 있다. 만약 $f_1(x)=3^x-n$이 점 (2, 1)의 왼쪽을 지난다면, 즉 점 (2, 1)을 지나지 않는다면, 점 (3, 2)를 지나야만 문제의 조건을 만족시킬 수 있다. 그런데 $f_1(x)=3^x-n$이 점 (3, 2)를 지나면 $f_1(x)=3^x-n$은 점 (3, 3)도 지나게 되므로, 이것도 문제의 조건을 만족시키지 못한다(영역의 내부 또는 경계선에 있는 점의 개수가 4개 보다 많아짐). 결국 영역의 내부 또는 경계선에 있는 점의 좌표는 (1, 1), (2, 1), (2, 2), (2, 1)이라는 것을 확인할 수 있다.

이제 $f_1(x)=3^x-n$의 그래프는 점 (3, 2)와 (3, 3)의 왼쪽을 지나야 한다는 것을 문제 상황으로부터 분석할 수 있다. 그런데 그래프가 점 (3, 2)의 왼쪽을 지난다는 것이 그래프가 점 (3, 3)의 왼쪽을 지난다는 것을 보장하지는 못한다. 즉 점 (3, 2)의 왼쪽과 (3, 3)의 오른쪽을 지날 수 있기 때문이다. 그렇다면, 그래프가 점 (3, 2)와 (3, 3)의 왼쪽을 모두 지나는 것을 보장하려면, 그래프가 점 (3,3)의 왼쪽을 지난다는 조건이 있어야 한다.

이제 앞에서의 추측을 요약하면, $f_1(x)=3^x-n$의 그래프는 점 (2, 1)을 지나거나 이 점의 오른쪽을 지나야 하며, 점 (3, 3)의 왼쪽을 지나야 한다. 이것을 수식을 나타내면, $f_1(2)\le 1$, $f_1(3)>3$이 된다. $f_1(2)=3^2-n$이므로 $3^2-n\le 1$, $8\le n$이 되며, $f_1(3)=3^3-n$이므로 $3^3-n>3$, $n<24$가 된다. 결국 $8\le n<24$가 되며, 구하는 n의 개수는 16개이다.

✔ 교과 역량 설명

문제 1의 해결과정에서는 첫째, $f_1(x)=3^x-n$, $f_2(x)=\log_3(x+n)$이 역함수 관계라는 것, 둘째 영역의 내부 또는 경계선에 있는 점의 좌표가 (1, 1), (2, 1), (2, 2), (2, 1)라는 것, 셋째 $f_1(x)=3^x-n$의 그래프는 점 (2, 1)을 지나거나 또는 이 점의 오른쪽을 지나며, 점 (3, 3)의 왼쪽을 지나야 한다는 것 등을 추측하고 정당화를 통해 확인해야 하며, 이로부터 $f_1(2)\le 1$, $f_1(3)>3$이라는 사실을 분석해 낼 수 있어야 한다.

$f_1(x)=3^x-n$, $f_2(x)=\log_3(x+n)$이 역함수 관계라는 것은 과거의 문제해결 경험으로부터 쉽게 유추할 수도 있고, 실제로 $f_1(x)=3^x-n$, $f_2(x)=\log_3(x+n)$에 적당한 자연수 n값을 대입하여 그래프를 그려봄으로써 관찰을 통해 추측할 수도 있다. 이러한 추측을 수행한 후에 $y=3^x-n$의 역함수인 $x=3^y-n$를 변형시켜 확인하게 된

다. $x=3^y-n$에서 $3^y=x+n$이며 $y=\log_3(x+n)$이 된다.

한편 영역의 내부 또는 경계선에 있어야 하는 점의 좌표가 (1, 1), (2, 1), (2, 2), (2, 1)라는 것을 추측하는 것은 좌표평면에 이 점들과 $f_1(x)=3^x-n$의 그래프를 그려놓고 생각하면 어렵지 않을 수도 있지만, 일부의 학생들에게는 어려움을 줄 수 있다. 특히 $f_1(x)=3^x-n$, $f_2(x)=\log_3(x+n)$이 역함수 관계로 $y=x$에 대해 대칭인 그래프가 그려진다는 것을 염두에 두고 추측해야 한다.

$f_1(x)=3^x-n$의 그래프가 점 (2, 1)을 지나거나 또는 이 점의 오른쪽을 지나며, 점 (3, 3)의 왼쪽을 지나야 한다는 것의 추측에서는 점 (2, 1)의 경우는 간단하지만, 점 (3, 3)의 경우는 그렇지 않다. 점 (3, 3)에 대해서는 단순한 추측만으로는 얻어지지 않으며, 추측과 확인의 과정을 수행한 후에 올바른 추측과 결론을 얻을 수 있다. 즉 $f_1(x)=3^x-n$의 그래프가 점 (3, 2)의 왼쪽을 지나는 경우에 이 그래프와 점 (3, 3)의 관계에 대해 가능한 경우를 확인해야 하며, $f_1(x)=3^x-n$가 점 (3, 3)의 왼쪽을 지나는 경우에 이 그래프와 점 (3, 2)의 관계를 확인해야만 한다. 이와 같이 진행되는 순차적인 추측-확인-추측-확인-…의 과정은 학생들에게 어려움을 유발시키지만, 추론 역량의 중요성을 확인하는 기회도 될 수 있다.

이제 추론과정에서 분석된 수학적 사실들을 $f_1(2)\le 1$, $f_1(3)>3$로 나타내고, 부등식을 만들면 문제를 해결할 수 있다.

문제 1의 추론 과정에 대한 반성에서는 수행된 추론 과정의 타당성을 평가하고, 추론 과정을 전반적으로 되돌아보며 정리하는 것이 포함된다. 이러한 반성활동은 다른 문제의 해결을 위한 성공적인 탐색에 중요한 역할을 할 것이다. 예를 들어, 문제해결 과정에서 $y=3^x-n$와 $y=\log_3(x+n)$이 역함수 관계라는 것을 추측하고 확인했던 것을 의도적으로 반성하며 정리했다고 가정하자. 이제 다음과 같은 문제를 해결한다고 하자.

문제 2. 좌표평면에서 자연수 n에 대하여 영역 $\{(x,y)\mid 2^x-n\le y\le\log_2(x+n)\}$에 속하는 점 중 다음 조건을 만족시키는 점의 개수를 a_n이라 하자.

(가) x좌표와 y좌표는 서로 같다.

(나) x좌표와 y좌표는 모두 정수이다.

예를 들어, $a_1=2, a_2=4$이다. $\sum_{n=1}^{30}a_n$의 값을 구하시오.

(2013학년도 대학수학능력시험)

문제 2를 해결하려면 영역 $\{(x,y) \mid 2^x - n \le y \le \log_2(x+n)\}$을 이해하고 그래프로 나타내야 한다. 문제 1의 추론활동의 경험은 $y=2^x-n$과 $y=\log_2(x+n)$이 역함수의 관계라는 것을 말해주고, 이것은 문제해결의 성공적인 탐색활동에 긍정적인 영향을 미치게 된다.

확률과 통계 영역

✔ 문항

문제 3. 방정식 $x+y+z=5$에서 음이 아닌 정수해의 개수를 구하시오.

(김원경 외, 2014, p. 35)

✔ 문항 해설 및 답안

방정식의 음이 아닌 정수해를 $(x,\ y,\ z)$라 하자. 이때 $(1,\ 3,\ 1) \longleftrightarrow xyyyz$, $(0,\ 3,\ 2) \longleftrightarrow yyyzz$, $(0,\ 0,\ 5) \longleftrightarrow zzzzz$, …와 같은 일대일 대응을 생각하면, 음이 아닌 정수해의 개수는 3개의 문자 x, y, z 중에서 중복을 허락하여 5개의 문자를 택하는 조합의 수와 같다. 따라서 ${}_3\mathrm{H}_5 = {}_7\mathrm{C}_5 = 21$이다.

✔ 수학적 추론 역량 함양을 위한 문항의 방법 유추

이 문제의 풀이 과정도 추론역량과 관련하여 다양하게 논의할 수 있지만, 여기서는 풀이 방법의 유추(방법유추)를 통해 다른 문제를 해결하는 것에 초점을 맞추어 살펴보자. 이 문제를 다음과 같이 변형시킬 수 있다.

문제 4. 방정식 $x+y+z=5$에서 양의 정수해의 개수를 구하시오.

문제 3과 문제 4의 유사점은 주어진 방정식 $x+y+z=5$의 해의 개수를 구하는 것이기 때문에, 이러한 유사점에 근거하여 방법유추의 결과로부터 '아마 문제 2도 문제 1과 비슷하게 풀 수 있을 것이다'라는 추측을 할 수 있다.

이제 두 문제의 차이점을 살펴보면, 문제 3에서는 음이 아닌 정수해의 개수를 구하는 것이고, 문제 4에서는 양의 정수해를 구하는 것이다. 이미 문제 3과 4의 유사점으로부터 유추를 통해 문제해결의 방향은 추측할 수 있으며, 이제는 문제 3과 문제 4의 차이점이 문제 4의 해결에서 어떤 형태로 반영될 수 있을지를 생각하면 된다.

우선은 문제 3의 음이 아닌 정수해의 개수를 구한 후에, 여기에 포함된 해들 중에서 0을 포함하는 해의 개수를 빼면, 문제 4의 답을 구할 수 있을 것이다. 문제 3에서 0을 포함하는 음이 아닌 정수해는 $(0, 0, 5)$, $(0, 1, 4)$, $(0, 2, 3)$, $(0, 3, 2)$, $(0, 4, 1)$, $(0, 5, 0)$, $(1, 0, 4)$, $(1, 4, 0)$, $(2, 0, 3)$, $(2, 3, 0)$, $(3, 0, 2)$, $(3, 2, 0)$, $(4, 0, 1)$, $(4, 1, 0)$, $(5, 0, 0)$의 15개이므로, 문제 2의 구하는 답은 $21-15=6$이 된다.

다른 방법으로는 문제 4에서는 양의 정수해를 구하는 것이고, 문제 3에서는 음이 아닌 정수해를 구했다. 그러므로 문제 4를 변형시켜, 양의 정수해가 아닌 음이 아닌 정수해를 구하는 문제로 만들 수 있을지 추측을 제기할 수 있다. 이것은 어려운 문제가 된다. 고등학교에서는 $x-1=a$, $y-1=b$, $z-1=c$로 치환하면 $x=a+1$, $y=b+1$, $z=c+1$이 되며, 이때 a, b, c는 음이 아닌 정수가 된다고 지도한다. 이제 이것을 방정식 $x+y+z=5$에 대입하면 $a+b+c=2$로 되며, 문제 4는 다음과 같이 변형된다.

문제 5. 방정식 $a+b+c=2$에서 음이 아닌 정수해의 개수를 구하시오.

이제 문제 3과 거의 유사한 문제가 되며, 문제 3과 똑같은 방법으로 풀면 ${}_3H_2={}_4C_2=6$이 된다. 즉 문제 3과 똑같은 방법으로 문제 4의 답인 6이 얻어진다.

문제 4에 대한 두 가지 해법을 살펴보았다. 이 방법들 모두 문제 3과의 유사성에 근거한 방법유추를 통한 해법이라 할 수 있다. 이제 문제 3이 더 복잡한 형태로 변형된 문제를 하나 살펴보자.

문제 6. 다음 조건을 만족시키는 자연수 x, y, z, w의 순서쌍 (x, y, z, w)의 개수를 구하시오.

(가) $x+y+z+w=18$

(나) x, y, z, w 중에서 2개는 3으로 나눈 나머지가 1이고, 2개는 3으로 나눈 나머지가 2이다.

(2016년 4월 전국연합학력평가)

풀이. 조건 (나)를 살펴보자. 가령 x, y, z, w 중에서 x, y가 3으로 나눈 나머지가 1이고, z, w는 3으로 나눈 나머지가 2라 하자. 그러면 $x=3a+1$, $y=3b+1$, $z=3c+2$, $w=3d+2$라 하자(이때 a, b, c, d는 음이 아닌 정수이다). 이것을

$x+y+z+w=18$에 대입하면, $3a+3b+3c+3d=12$, $a+b+c+d=4$가 된다. 결국 방정식 $a+b+c+d=4$를 만족시키는 양의 정수해의 개수를 구하면 된다. 이것은 ${}_4H_4={}_7C_4=35$개다.

이제 x, y, z, w 중에서 3으로 나눈 나머지가 1이 되는 것이 x, y가 아닌 경우를 생각하자(이때 3으로 나눈 나머지가 1인 경우만 결정되면, 3으로 나눈 나머지가 2인 경우는 자동적으로 결정된다). 3으로 나눈 나머지가 1이 되는 것이 ① x, z인 경우, ② x, w인 경우, ③ y, z인 경우, ④ y, w인 경우, ⑤ z, w인 경우가 가능하다.

각 경우에 대해서 앞에서와 같이 35개의 해가 가능하므로, 구하는 답은 $35\times6=210$이 된다.

문제 6에서 조건 (가)만 주어지면 이것은 문제 4와 거의 같은 문제가 되어, 문제 4의 풀이 방법을 유추하여 문제를 해결할 수 있다. 이 문제의 특징은 조건 (나)가 추가되어 제시되었다는 것이다.

먼저 x, y, z, w 중에서 3으로 나눈 나머지가 1인 두 개를 결정하고, 나머지 두 개를 3으로 나눈 나머지가 2라고 하여 적당히 치환하면, 이 문제는 문제 3 또는 문제 4와 같은 문제가 되며, 이제 방법유추를 통해 풀이 방법을 추측할 수 있다.

결국 이 문제는 문제 3 또는 문제 4의 풀이 방법을 유추하여 풀이 방법을 얻게 된다. 그런데 이 문제에서의 어려움은 문제해결 초기의 탐색 방향이 문제 3 또는 문제 4의 유추를 통해서 얻어지지 않는다는 것이다. 가능한 경우를 나열하고, 주어진 문제를 이미 알고 있는 문제의 형태로 변형시켜, 알고 있는 풀이 방법을 유추를 통해 이 문제에 적용하여 해결할 수 있다.

4. 나오는 글

수학교육을 통해 학생들이 잘 정리된 지식을 수용하는 것 이상의 무언가를 경험해야 한다면, 수학 교수·학습 과정에서 수학적으로 추측하며 추측에 대한 정당화를 시도하는 수학적 추론이 수학교육학의 연구와 수학교실의 실제에서 지속적으로 강조될 필요가 있다. 수학적 추론은 수학 문제해결의 전 과정에 관련되며, 특히 추론 능력은 2015 개정 수학과 교육과정에서 강조하는 문제해결 능력, 창의·융합 능력, 의사소통 능력, 정보 처리 능력, 태도 및 실천 능력과 밀접하게 관련되며, 이들 능력의 기초가 된다고 할 수 있을 것이다.

학생들은 실생활 또는 수학적 문제 상황에서 다양한 방법으로 문제해결을 위한 추측을 만들 수 있어야 하며, 자신의 추측에 대한 수학적 근거를 찾거나 정당화를 시도할 수 있어야 한다. 이러한 추론 능력은 역사 속에서 축적된 수학적 지식과 능력을 획득하는 한 방법도 될 수 있지만, 더 중요한 것은 불확실성과 불확정성으로 묘사될 수 있는 미지의 상황에서 적극적으로 자신의 길을 개척하며 앞으로 나갈 수 있는 바탕이 될 것이라는 사실이다.

참 · 고 · 문 · 헌

교육과학기술부(2011). 수학과 교육과정. 교육과학기술부 고시 제2011-361호.

교육부(2015). 수학과 교육과정. 교육부 고시 제2015-74호.

교육인적자원부(2007). 수학과 교육과정. 교육인적자원부 고시 제2007-79호.

김원경 외(2014). 확률과 통계. 서울: 비상교육.

남영신(2003). 국어대사전. 서울: 성안당.

에르든예프, 한인기(2005). 유추를 통한 수학탐구. 서울: 승산.

유익승, 신현용, 한인기(2008). 방법유추를 통한 3차와 4차 방정식의 근의 공식 유도, 수학교육 논문집 22(4), 505-514.

유익승, 한인기, 신현용(2006). 삼각형의 높이와 방접원의 개념유추에 대한 연구, 수학교육논문집 20(1), 9-18.

이명화, 김선희(2017). 개방형 문제와 선택형 문제 해결에 나타난 학생의 추론 비교, 학교수학 19(1), 153-170.

조완영(2014). 추론과 수학수업. 황혜정, 김진호, 고호경, 서보억 편집, 수학학습 지도 원리와 적용 (pp. 21-52). 서울: 경문사.

NCTM(1992). 수학교육과정과 평가의 새로운 방향(구광조, 오병승, 류희찬 공역). 서울: 경문사. (원본은 1989년에 출판됨).

NCTM(2007). 학교수학을 위한 원리와 규준(류희찬 외 공역). 서울: 경문사. (원본은 2000년에 출판됨.)

Polya, G.(2005). 어떻게 문제를 풀 것인가?(우정호 역). 서울: 교우사. (원본은 1971년에 출판됨.)

제4장 수학적 융합 역량

주홍연(용동중학교), 한혜숙(단국대학교)

1. 들어가는 글

최근 '융합(convergence)'은 국내·외 많은 학자들 사이에서 제4차 산업혁명 시대를 맞아 첨단 기술을 이끌어갈 가장 중요한 가치로 강조되고 있다. 이런 시대적 요구에 맞춰 교육 분야에서도 '융합형 인재'의 육성이 중점적인 교육 목표로서 자리 잡고 있으며, 2015 개정 교육과정에서도 이를 분명히 명시하고 있다(교육부, 2015a). 따라서 각 교과의 교육과정에서는 융합형 인재 양성을 위하여 융합교육을 제안하고 있으며, 학교 현장에서도 다양한 형태로 융합교육이 실시되고 있고, 많은 연구자들 또한 융합교육과 관련해서 다양한 연구를 수행하고 있다. 그러나 다양한 연구 분야와 학교 현장에서 사용되고 있는 '융합'의 개념은 아직까지도 일관성 있게 정의되어 있지는 않아 보인다. 실제로 융합은 통합, 통섭, 복합, 연결 등의 연관어로 표현되어 여러 교육학 연구에서 사용되고 있는 실정이다(김향원, 남용현, 2013).

수학 교육 분야의 경우, 2015 개정 교육과정에서 제안하는 교육의 목표를 추구하고자 수학 교과 역량으로 창의·융합 역량을 제안하며, 융합 역량이 주목받고 있는데, 그 이유는 학생들의 전문성과 창의성을 높일 수 있다는 것에 있다(홍성욱 외, 2012). 즉, 융합 역량은 어떤 문제를 심도 있게 이해하고 이를 해결하기 위한 창의적인 아이디어를 산출하는 데 도움을 준다고 볼 수 있다. 따라서 2015 개정 수학과 교육과정에서는 수학 교과에서의 융합 역량을 창의성과 밀접하게 관련지어 설명하고 있으며, '창의·융합'을 다음과 같이 기술하였다.

> 창의·융합은 수학의 지식과 기능을 토대로 새롭고 의미 있는 아이디어를 다양하고 풍부하게 산출하고 정교화하며, 여러 수학적 지식, 기능, 경험을 연결하거나 타 교과나 실생활의 지식, 기능, 경험을 수학과 연결·융합하여 새로운 지식, 기능, 경험을 생성하고 문제를 해결하는 능력이다. (교육부, 2015b, p. 4)

교육과정에서 제시하고 있는 창의·융합에 대한 설명 중 융합 부분만을 분리해서 살펴보면, 수학 교과에서의 융합 역량은 (1) 수학적 지식, 기능, 경험을 포괄하는 수학 자체의 연결 및 (2) 타 교과나 실생활 등의 수학 외적 요소와의 연결처럼 두 가지 측면에서 살펴볼 수 있다. 이는 NCTM(1989, 2000)의 규준에서 언급하고 있는 수학적 연결성(mathematical connections)의 의미와 유사한 개념이라고 볼 수 있다.

NCTM(1989, 2000)은 수학적 연결성과 관련하여 [표 4-1]과 같은 강조점을 제시하고 있는데, 이러한 수학적 연결성은 내적 상황과 외적 상황으로 구분되며 여러 연구자들이 이를 수학 내적 연결성과 수학 외적 연결성으로 명명하고 있다(김유경, 2013; 문철우, 김영옥, 2010; 양성현, 이환철, 2012).

[표 4-1] NCTM에서 제시된 수학적 연결성에 관한 강조점

NCTM(1989)	• 수학 내 주제들을 연결하기 • 수학을 적용하기 • 다른 교과 또는 교실 밖의 세상과 수학을 연결하기
NCTM(2000)	• 수학적 아이디어 사이의 연결성을 인식하고 활용하기 • 수학적 아이디어가 어떻게 서로 연결되고 통합된 전체를 산출하기 위해 다른 아이디어를 기반으로 어떻게 구성되는지를 이해하기 • 수학 외적 맥락에서 수학을 인식하고 적용하기

따라서 본 장에서는 수학적 융합 역량을 연결성의 하위 요소인 수학 내적 연결성 및 수학 외적 연결성과 유사하게 수학 자체의 연결·융합을 의미하는 내적 융합 역량과 수학 외적 요소와의 연결·융합을 의미하는 외적 융합 역량으로 구분지어 정의하고자 하였다. 즉, 수학 내적 융합 역량은 여러 수학적 개념, 원리, 법칙, 기능, 경험 등을 관련지어 적용[1]하는 능력을 말하고, 수학 외적 융합 역량은 타 교과나 실생활의 지식, 기능, 경험을 수학적 개념, 원리, 법칙, 기능, 경험 등과 연결·융합하여 적용할 수 있는 능력을 의미한다고 할 수 있다. 여기에서 수학 내적 융합 역량은 수학과 교육과정에서의 계통성이나 개념적 지식과 절차적 지식의 연결에 관한 이론적 배경과 밀접한 관련이 있으며, 수학 외적 융합 역량은 수학과 현실 세계의 연결에 초점을 둔 Freudenthal의 현실주의 수학교육(Realistic Mathematics Education, RME)이나 수학과 타 교과 간의 연결에 초점을 둔 STEAM 교육(또는 통합교육; integrated education) 등과 그 맥락을 같이한다고 볼 수 있다(장혜원, 2016).

본 장의 2절에서는 수학적 융합 역량의 의미를 창의성, 수학적 연결성과의 관계성

1) 적용은 개념을 이해하거나 문제를 해결하고, 창의성 발현하는 것을 의미한다.

을 근거로 하여 더 구체적으로 살펴볼 것이다. 또한 3절에서는 선행연구의 종합적 분석을 통해 수학적 융합 역량의 하위 요소를 추출하고, 각 하위 요소의 의미, 특징, 대표적 사례들을 구체적으로 제시하겠다. 마지막 4절에서는 중·고등학교 학생들의 수학적 융합 역량의 함양을 목표로 하는 수업에서 활용 가능한 평가 문항의 예시를 제공하고자 한다.

2. 수학적 융합 역량

2.1 창의성을 통한 융합 역량의 의미

2015 개정 교육과정에서는 융합 역량을 창의 역량과 통합하여 교과 역량 중 하나로 '창의·융합' 역량으로 제시하고 있는데, 이를 통해 두 역량은 서로 밀접한 관련성을 가지고 있다는 것을 짐작해 볼 수 있다. 실제로 몇몇 연구자들은 융합적 사고가 창의적 사고와 상호 밀접한 관련성을 가지면서 발현되는 것으로 주장하였다. 예를 들면, 황선욱 외(2011)는 학습자가 수학적 추론 또는 통찰을 활용하여 기존의 지식과 경험을 유의미한 방법으로 분석, 연결, 통합하는 융합의 과정에서 창의성이 발현된다고 주장하였고, 이광우 외(2014)도 융합적 사고는 창의적 사고 능력을 활용하여 새로운 것을 산출하기 위해 서로 다른 분야의 지식과 기술들을 융합하는 사고 능력이라고 설명하고 있다. 그러나 본 장에서는 창의·융합 역량을 동시에 다루기보다 이를 둘로 구분하여 융합 역량만을 중점적으로 다루고자 한다. 이는 수학적 창의성 역량만으로도 연구 분야가 방대하며, 융합 역량의 단일 주제만으로도 다양한 이론적 분석과정을 수행하기에 충분하기 때문이다.

2.2 수학적 연결성을 통한 융합 역량의 의미

수학적 융합 역량의 개념을 정의하기 위해서는 '융합'의 의미를 심도 있게 살펴볼 필요가 있다. 최근 교육이외의 다른 여러 분야에서도 '융합(convergence)'은 통합(integration), 통섭(consilience), 복합(consolidation) 등의 유사한 관련 단어들과 함께 혼용되어 자주 사용되고 있다. 김향원과 남용현(2013)은 융합의 개념이 통일되고 정착되어 정의되지 않았으나 "(1) 서로 떨어져 달리 기능해 왔던 두 개의 존재가 효용적인 차원에서 (2) 인간이 필요로 하는 효과를 창출하기 위해 미래지향적으로 (3) 협업을 추구하여 결과적으로 하나로 수렴되는 현상"(p. 247)이라고 잠정적으로 정의하였다. 즉, 이를 요약하면 융합은 어떤 효과를 창출하기 위하여 두 개 이상의 무엇을 서로 합치거나 하나로 수렴한다는 의미를 포함한다고 볼 수 있다. 따라서 이런 융합의 의미를 교육학에 적용한다면, 융합은 효과적인 학습을 위해(또는 이해를 높이거나 문제를 해결하기 위해) 하나의 영역 내에서 서로 다른 하위 영역에 해당되는 개념들을 관련짓는 것, 또는 학생들이 새롭고 의미 있는 다양한 아이디어의 산출을 위해 두 개 이상의 타 영역의 내용을 관련짓는 것이라고 정의할 수 있다.

수학 교과에서 '융합'의 의미는 NCTM(1989) 및 NCTM(2000)의 과정 규준에서 강조한 '연결(Connection)'의 의미와 밀접한 관련성을 갖고 있다(박선화, 2015). 이광우 외(2014)는 융합적 사고의 하위 요소를 연결성의 의미를 근거로 하는 수학 내·외적 연결로 설명하였고, 장혜원(2016)은 수학적 융합 역량의 의미가 수학 자체의 연결(내적 연결) 또는 수학과 타 교과의 연결 및 실생활과의 연결(외적 연결)과 직결될 수 있다고 주장하며, 수학적 융합 역량을 연결성을 토대로 설명하였다. 이는 2015 개정 교육과정에서 제시하고 있는 교과 역량으로서의 '융합'의 정의를 NCTM의 수학적 연결성에 관한 정의와 비교해보더라도 명시적으로 확인할 수 있는데, [표 4-2]는 수학적 융합 역량의 정의와 수학적 연결성의 정의를 비교, 분석한 것이다.

[표 4-2] 수학적 융합 역량과 수학적 연결성에 관한 비교

교과 역량 융합 (교육부, 2015b, p. 4)		수학적 연결성 (NCTM, 1989)
"여러 수학적 지식, 기능, 경험을 연결하거나"	내적연결성 ↔	• 개념적 지식과 절차적 지식의 연결 • 다양한 개념 또는 절차들의 표상과의 연결 • 수학 내의 서로 다른 주제들 사이의 관계성 인식 • 통합된 전체로서 수학을 이해하기 • 문제를 탐구하고 그래프, 수, 물리, 대수, 언어적 수학 모델 또는 표상들을 활용하여 결과를 기술하기 • 수학적 아이디어를 활용하여 다른 수학적 아이디어의 이해를 심화하기 • 동일 개념에 대한 동치 표상 인지하기 • 하나의 절차의 표상을 다른 동치 표상의 절차와 연관시키기 • 수학적 주제들 사이의 연결성을 활용하고 중요성 인식하기
"타 교과나 실생활의 지식, 기능, 경험을 수학과 연결·융합하여"	외적연결성 ↔	• 다른 교육과정 내에서의 수학의 활용 • 일상생활에서의 수학의 활용 • 타학문 분야에서 발생되는 문제를 해결하기 위한 수학적 사고와 모델의 적용 • 다른 문화와 사회에서의 수학의 중요성 인식하기 • 수학과 다른 학문 사이의 연결성을 활용하고 중요성 인식하기

따라서 수학적 융합 역량의 정의를 보다 명확히 하기 위해서는 우선적으로 수학적 연결성의 의미를 더 구체화할 필요가 있다. 이에 유현주(2016)는 수학적 연결성의 정의를 "수학의 내용을 효과적인 수학의 학습을 위해 그 영역 내의, 다른 영역과의 내용과 연결하여 다루고, 수학이 가지는 가치나 유용성을 알게 하기 위해 수학 외적인 것과 관련지어 다루는 것을 의미한다."(p. 42)고 하였다. 또한 NCTM(2000)은 '의미를 만드는 과정(sense-making)'으로서 수학 학습의 관점을 반영하기 위해 수학적 연결성을 "학습한 내용이 학생들에게 의미를 만드는 과정이 되도록 하기 위해서, 즉 이해시키기 위하여 수학의 내용을 지도할 때 그들이 이미 가지고 있는 실생활에서의 비형식적인 아이디어나 기존의 수학적 지식과 관련을 짓는 모든 활동"(p. 43)이라고 재정의하기도 하였다. 권성룡(2016)은 Hiebert와 Carpenter(1992)가 수학적 연결성을 거미줄과 같은 네트워크 구조의 일부라고 제시한 것을 언급하며 수학적 연결성을 수학적 아이디어 사이의 결합이나 아이디어를 연결하는 다리로 표현할 수 있다고 설명하였다.

'융합'과 '연결'의 사전적 의미를 비교해 볼 때, '연결'은 '사물과 사물 또는 현상과 현상이 서로 이어지거나 관계를 맺음'[2)]이라고 정의된다. 즉, '연결'이 '관련지음, 관계 맺음'이라면 '융합'은 관계 맺음에서 더 나아가 '하나로 합해지거나 수렴'되는 의미가 더해진다고 볼 수 있다. 이를 수학 교과와 연계하여 해석해 보면, 수학적 연결성은 수학 내의 지식, 기능, 경험 사이의 관계성을 이해하거나, 수학과 실생활, 타 학문과의 관련성을 이해하는 것으로 그 의미를 제한하고 있는 반면, 수학적 융합 역량은 수학 내·외적 연결성을 바탕으로 이해된 하나의 통합·수렴된(수학+수학, 수학+실생활, 수학+타교과) 개념, 원리, 법칙, 기능, 경험을 통해 문제를 해결하거나 창의적 아이디어를 산출하는 목적을 포괄하는 능력이라고 할 수 있다. 그러므로 수학적 연결성의 의미 분석을 바탕으로 수학적 융합 역량을 다음과 같이 정의할 수 있다.

> 수학적 융합 역량은 수학 내적, 외적 문제를 이해하기 위하여 다양한 수학적 지식, 기능, 경험을 융합하거나, 실생활을 포함한 다양한 분야의 지식, 기능, 경험을 수학과 융합하여 새로운 아이디어를 산출하고, 문제를 해결하는 능력을 의미한다.

---

2) 국립국어원 표준국어대사전에서 인용

3. 연결성 유형에 근거한 수학적 융합 역량의 하위 요소

무엇과 무엇이 연결·융합되는가에 대한 논의는 NCTM(1989, 2000)의 수학적 연결성에 관한 규준에서 시작할 수 있다. 특히, NCTM은 수학적 연결성을 수학적 소재와 상호작용하는 영역에 따라 내적 연결성(internal connection)과 외적 연결성(external connection) 유형으로 구분하고 있다. NCTM(1989, 2000)의 내용을 비교·종합해보면 내적 연결성의 경우에는 지식(개념적 지식, 절차적 지식)과 표현(형식)에 따라 그 유형을 2가지로 세분화하였고, 외적 연결성의 경우에도 실생활 맥락과 타 교과(또는 타 학문) 유형으로 2가지로 세분화하여 제시하였다. 그러나 유현주(2016)는 지식의 유형에 대해서 좀 더 구체적으로 '개념과 개념 사이의 연결', '개념과 절차 사이의 연결', '절차와 절차 사이의 연결'로 세분화할 필요가 있음을 제안하였다.

수학적 연결성의 유형에 대한 선행연구 결과들을 보다 구체적으로 살펴보면, 김유경과 방정숙(2012)은 초등학교 수학 수업에서 나타난 수학적 연결성 유형의 분석을 통해 '개념-개념', '개념-절차', '절차-절차', '표현-표현', '개념-실생활', '개념-다른 영역'의 6가지 유형의 연결성을 발견하였는데, '개념-개념', '개념-절차', '절차-절차', '표현-표현' 유형은 내적 연결성의 유형으로 볼 수 있고, '개념-실생활', '개념-다른 영역'은 외적 연결성의 유형으로 볼 수 있다. 또한 국내외 수학 주제 중심 관련 프로젝트를 소개했던 김은혜와 박만구(2016)의 연구에서도 수학적 연결성의 유형은 개념, 표현, 교과, 맥락으로 구분하여 제시되었는데, 이는 김유경과 방정숙(2012)의 연구 결과와 유사하다고 볼 수 있다. 특히 그들은 표현 및 맥락 유형을 보다 세분화하여 제시하였는데, 표현 유형의 경우는 '수학적 기호 사이의 관계와 동치 표현 인식', '수학 대상(개념)을 표나 그림 등의 표상과 연결', '수학 대상(개념)을 일상 언어를 사용하여 비유 및 은유', '수학 대상(개념)을 도형이나 수학적 기호나 식과 연결'의 4가지 유형으로 제시하였고, 맥락 유형도 '수학사와 연계하거나 의미 있는 수학사를 인용하여 연계', '수학 대상의 실생활의 활용 분야를 추출(교육과정 외 포함)하여 연계', '테크놀로지를 활용한 연계', '수학 대상(개념)의 실생활 상황과의 연계'의 4가지 유형으로 세분화하여 제시하였다. 교과 유형은 '수학 외(과학, 사회, 미술, 음악 등) 교육과정과의 공통 주제 추출'로 설명하였다.

[표 4-3]은 수학적 연결성에 대한 선행연구 결과를 바탕으로 수학적 융합 역량의 유형을 나타낸 것이다. 수학 내적 융합 역량 중 표현 및 형식 유형의 경우 Businskas (2008)가 제시했던 표상의 유형에 따라 제시하였다.

[표 4-3] 수학적 융합 역량의 범주화

<table>
<tr><th colspan="2"></th><th>김유경과 방정숙 (2012)</th><th colspan="2">김은혜와 박만구(2016)</th><th colspan="3">수학적 융합 역량</th></tr>
<tr><td rowspan="12">유형</td><td rowspan="7">수학 내적 연결성</td><td>개념-개념</td><td rowspan="3">개념</td><td>개념 사이의 관련성 인식</td><td rowspan="7">수학 내적 융합 역량</td><td rowspan="3">지식</td><td>개념적 지식과 개념적 지식 간의 융합</td></tr>
<tr><td>개념-절차</td><td>개념과 절차의 관련성 인식</td><td>개념적 지식과 절차적 지식 간의 융합</td></tr>
<tr><td>절차-절차</td><td>절차 사이의 관련성 인식</td><td>절차적 지식과 절차적 지식 간의 융합</td></tr>
<tr><td rowspan="4">표현-표현</td><td rowspan="4">표현</td><td>수학적 기호 사이의 관계와 동치 표현 인식</td><td rowspan="4">표현 및 형식</td><td rowspan="2">대안 표상에 의한 융합</td></tr>
<tr><td>수학 대상(개념)을 표나 그림 등의 표상과 연결</td></tr>
<tr><td>수학 대상(개념)을 일상 언어를 사용하여 비유 및 은유</td><td rowspan="2">동치 표상에 의한 융합</td></tr>
<tr><td>수학 대상(개념)을 도형이나 수학적 기호나 식과 연결</td></tr>
<tr><td rowspan="5">수학 외적 연결성</td><td rowspan="4">개념-실생활</td><td rowspan="4">맥락</td><td>수학사와 연계하거나 의미 있는 수학사를 인용하여 연계</td><td rowspan="5">수학 외적 융합 역량</td><td rowspan="4">맥락</td><td>수학사와의 연결 또는 수학사 인용을 통한 융합</td></tr>
<tr><td>수학 대상의 실생활의 활용 분야 추출(교육과정 외 포함)하여 연계</td><td rowspan="2">실생활 활용 분야(개인적, 사회적, 직업적, 과학적)의 추출을 통한 융합</td></tr>
<tr><td>테크놀로지를 활용한 연계</td></tr>
<tr><td>수학 대상(개념)의 실생활 상활과의 연계</td><td>실생활 활용 분야로의 적용을 통한 융합</td></tr>
<tr><td>개념-다른 영역</td><td>교과</td><td>수학 외(과학, 사회, 미술, 음악 등) 교육과정과의 공통 주제 추출</td><td>타 교과</td><td>타 교과 간의 융합</td></tr>
</table>

3.1 지식의 융합

개념(이해), 절차(기능)는 수학 학습에서 중요한 두 가지 축이 되어 왔다. Hiebert와 Lefevre(1986)는 수학에서 개념적 지식과 절차적 지식을 정의하고 학생들이 수학을 어떻게 학습하고, 또 교사들은 수학을 어떻게 가르쳐야 하는지를 이들 지식과의 관계를 통해 설명하고자 하였다. 이런 두 지식에 대한 논의는 Piaget(1978)의 개념적 이해와 성공적 수행의 구별, 또는 Scheffler(1965)의 "…에 대해 아는 것(knowing that)"의 명제적 활용과 "…하는 방법을 아는 것(knowing how to)"의 절차적 활용의 구별처럼 이전에도 여러 학자들 사이의 상당한 논쟁거리로 간주되어 왔다. 개념적 지식은 거미줄처럼 연결된 정보 조각들의 네트워크로 정보들의 관계성을 인지하고, 구성하는 것으로부터 형성되는데, 이런 연결 과정은 이미 기억된 정보 사이에서 또는 이미 존재하고 있는 지식과 새로 학습한 지식 사이에서 일어난다(Hiebert & Lefevre, 1986). 즉, 개념적 지식이란 어떤 영역에서 핵심 개념 또는 원칙들 간의 관계성을 이해하는 것을 의미한다. 반면에 절차적 지식이란 수학에서의 형식적인 언어, 기호 표상 체계로 구성된 지식(형식)과 수학 과제를 해결하기 위한 알고리즘, 공식으로 구성된 지식(절차)으로 구분하여 정의할 수 있다(Hiebert & Lefevre, 1986).

이런 개념적 지식과 절차적 지식은 이분법적으로 따로 구분되어 학습하거나 가르쳐지기보다는 상호 영향을 주면서 서로 연결될 수 있는 지식으로서 학생들에게 교수·학습되는 것이 가장 바람직하다고 할 수 있다(Rittle-Johnson & Schneider, 2015).

한 양의 수가 유리수일 필요충분조건은 그 수의 십진법의 소수 표현이 순환소수로 나타낼 수 있는 것이다.

-중략-

유리수 $\frac{p}{q}$(p, q는 서로소인 자연수)가 있다고 하자.
p를 q로 나누면 십진법의 소수 표현을 얻을 수 있다. 이때 나눗셈 과정의 각 단계마다 0에서 $q-1$ 사이의 정수로 된 나머지가 나온다. 따라서 많아야 q번의 나눗셈 단계 안에 어떤 나머지는 다시 두 번째로 나타나게 되고, 그곳에서부터 뒤에 있는 자리 수들은 주기적으로 되풀이되기 시작하고 이 소수표현을 순환소수라 한다. 이때 어떤 단계에서 나머지가 0이 나오면 그 소수표현은 유한소수가 된다.

-중략-

〈그림 4-1〉 개념적 지식과 개념적 지식 간의 융합의 예(우정호 외, 2013b, p. 100)

예를 들어, 〈그림 4-1〉과 같이 유리수의 개념과 순환소수의 개념을 토대로 그 둘 사이의 관계성을 이해하는 과정은 개념적 지식과 개념적 지식 간의 연결이 되고, 이런 통합된 지식을 활용하여 유리수가 분수 또는 순환 소수로 표현된다는 사실이나 유한소수 또는 순환소수로 표현되지 않는 무리수의 존재 가능성 등을 이해했다면 개념적 지식과 개념적 지식 간이 융합의 예로 볼 수 있다. 이는 중학교 2학년 수와 연산 영역에서 학생들이 학습해야 하는 중요한 내용 요소가 된다.

〈그림 4-2〉는 중학교 1학년 수와 연산 영역에서 다루어야 하는 소인수분해에 대한 내용이다. 이때 소인수분해에 관한 개념과 자연수를 소인수분해하는 방법(절차)을 관련지어 이해하는 것은 학생들에게 중요한 성취기준이 된다. 이를 통해 소인수분해에 관한 다양한 문제를 해결하는 것은 개념적 지식과 절차적 지식의 융합의 예

그리스의 수학자 유클리드(Euclid: ? B.C. 325~?B.C. 265)는 그의 저서 《원론(Elements)》 제9권에서 현재 산술의 기본 정리라 일컫는 명제, '1보다 큰 자연수는 소수이거나 또는 (소수들을 나열하는 순서를 무시하면) 소수들의 곱으로 유일하게 표현될 수 있다.'는 것을 증명했다. 이 정리는 소수가 기본적인 구성 요소이며 이것으로부터 모든 자연수가 구성된다는 사실을 알려준다. 즉 어떤 수의 소인수분해를 알면 그 수에 대한 많은 정보를 얻을 수 있다.

60을 소인수분해할 때, 크기가 작은 소인수부터 생각하지 않고, 다음과 같이 여러 가지 순서로 할 수도 있다.

|방법 1| $60=3\times 20$

$=3\times 2\times 10$

$=3\times 2\times 2\times 5$

$=2^2\times 3\times 5$

|방법 2|

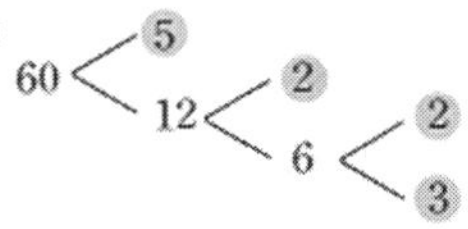

|방법 3|

5) 60

3) 12

2) 4

2

〈그림 4-2〉 개념적 지식과 절차적 지식 간의 융합의 예(우정호 외, 2013b, p. 108)

가 될 수 있다.

> **일차방정식의 풀이**
>
> 1. 괄호가 있으면 괄호를 풀고 정리한다.
> 2. 계수에 분수나 소수가 있으면 양변에 알맞은 수를 곱하여 분수나 소수를 정수로 고친다.
> 3. 미지수 x를 포함한 항은 좌변으로, 상수항은 우변으로 이항한다.
> 4. 양변을 정리하여 $ax=b\,(a\neq 0)$ 꼴로 고친다.
> 5. 양변을 x의 계수로 나눈다.

> **일차부등식의 풀이**
>
> 1. 계수에 소수나 분수가 있으면, 양변에 적당한 수를 곱하여 계수를 정수로 바꾼다.
> 2. 괄호가 있으면 괄호를 풀고 정리한다.
> 3. 미지수 x를 포함한 항은 좌변으로, 상수항은 우변으로 이항한다.
> 4. 양변을 정리하여 다음 중 어느 하나의 꼴로 바꾼다.
> $ax>b,\ ax<b,\ ax\geq b,\ ax\leq b\,(a\neq 0)$
> 5. 양변을 x의 계수 a로 나눈다. 이때 a가 음수이면 부등호의 방향이 바뀐다.

〈그림 4-3〉 절차적 지식과 절차적 지식 간의 융합의 예(우정호 외, 2013c, p. 117)

절차적 지식과 절차적 지식 간의 융합의 경우에는 〈그림 4-3〉과 같이 중학교 1학년 때 학습했던 일차방정식의 풀이 방법을 중학교 2학년 때 배우게 되는 일차부등식의 풀이 방법과 연관시켜 하나의 통합적 지식을 구성하고 이를 토대로 다양한 일차 부등식의 문제해결에 쉽게 적용하는 것을 예로 들 수 있다. 즉, 학생들은 일차방정식의 풀이에 관한 절차적 지식을 일차부등식의 풀이에 관한 절차적 지식을 이해하기 위한 근거로 활용할 수 있으며, 등식과 부등식 성질의 이해를 기초로 하여 두 가지 풀이 방법에 관한 공통점과 차이점을 비교해 보고, 두 절차적 지식을 서로 연결하여 이해한 하나의 절차적 지식을 토대로 일차방정식과 일차부등식의 문제를 쉽게 해결할 수 있다.

3.2 표현 및 형식의 융합

Businskas(2008)의 수학적 연결성의 유형 분류 중에서 대안 표상과 동치 표상은 표현 및 형식 유형에 속한다고 볼 수 있다. 특히, 대안 표상과 동치 표상을 구분할 필요가 있는데, 대안 표상은 동일한 하나의 개념을 상징(대수), 그래프(기하), 그림(다이어그램), 교구(물리적 대상), 구술, 기술 등의 다른 표현 형식을 빌려 서로 다르게 나타낸 경우를 말하고, 동치 표상은 동일한 하나의 개념을 같은 표현 형식을 통해 서로 다르게 나타내는 것을 의미한다.

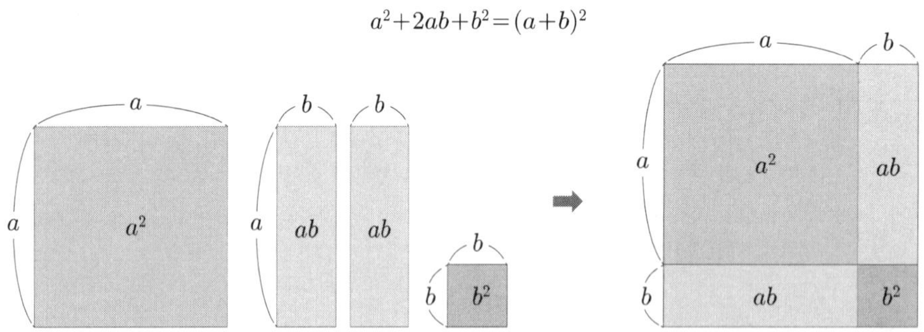

〈그림 4-4〉 대안 표상에 의한 융합의 예(우정호 외, 2013d, p. 64)

예를 들어, 표현 및 형식 유형의 대안 표상에 의한 융합은 중학교 수학 교과의 내용 중에서 $a^2+2ab+b^2$의 인수분해를 〈그림 4-4〉와 같이 $(a+b)^2$의 대수적 표현이 아닌 대수막대(조작물/교구)나 그림(또는 기하)을 통해 나타낼 수 있다는 것을 알고, 이를 활용하여 곱셈 공식과 인수분해 공식을 이해하는 경우라고 할 수 있다.

유리수는 분수 $\frac{a}{b}$(a, b는 정수, $b \neq 0$)로 나타낼 수 있는 수이다.

예를 들어, $\frac{5}{11} = 15 \div 11 = 1.363636\cdots$

〈그림 4-5〉 동치 표상에 의한 융합의 예(우정호 외, 2013a, p. 13)

반면에, 표현 및 형식 유형의 동치 표상에 의한 융합의 경우에는 중학교 수학 교과의 내용에서 유리수를 〈그림 4-5〉처럼 소수, 수식, 분수 등으로 나타내는 것을 통해 유리수가 분수 또는 순환소수로 표현될 수 있음을 이해하는 것을 예로 들 수 있다.

3.3 맥락과의 융합

Freudenthal이 제안한 RME에서 맥락은 매우 중요한 요소이며 학습자 주변의 일상생활에서 수학적 내용을 포함하는 현상을 찾아내고 그 현상이 역사적으로 어떻게 수학적인 과정을 거쳐 발달되어 왔는지를 분석하여 교수·학습을 설계하는 것이 매우 중요하다. RME 이론에서는 수학화[3]가 중요하게 여겨지는데 여러 학자들은 수학화가 수학적 모델링 과정에 포함된다고 지적하였다(Blum & Ferri, 2009; Gallraith & Stillman, 2006). 이는 수학적 모델링을 '실세계 현상을 수학적으로 이해하여 표현하고 적절한 모델을 구성하여 문제를 해결하며 다시 실세계 현상에 대해 재해석함으로써 실세계와 수학적 모델에 대해 이해와 반성을 꾀하는 과정'으로 간주할 때, 현실 맥락의 문제 상황을 조직화하는 수학화가 수학적 모델링 과정의 한 부분으로 포함될 수 있음을 의미한다(박진형, 이경화, 2013; Blum & Ferri, 2009). 실세계 맥락에서의 수학화 및 수학적 모델링 과정은 경제협력개발기구(Organization for Economic Co-operation and Development; 이하 OECD)에서 주관하는 국제 학업성취도 평가(Programme for International Student Assessment; 이하 PISA)와 맞물려서도 지속적으로 강조되는 상황이다. 특히 PISA에서는 학교 수학 수업을 통해 학생들이 수학 개념에 대한 이해뿐 아니라 실제 맥락에서의 수학 활용 능력이 발달되어야 함을 강조하고자 수학적 모델링 과정을 평가 틀에 반영하고 있다(송미영, 임해미, 최혁준, 박혜영, 손수경, 2013; OECD, 2013).

이처럼 RME 이론, 수학적 모델링, PISA의 평가 틀 등은 실생활 맥락에서의 수학적 연결성과 관련지어 생각해 볼 수 있다. 이는 NCTM(1989)에서 연결성을 모델링 연결성(modeling connections)과 수학적 연결성(mathematical connections)으로 구분하여 제시했던 것과 무관하지 않다. 특히 모델링 연결성은 실생활(또는 다른 학문)에서 제기되는 문제 상황과 수학적 표상을 연결·융합하는 것을 의미하기 때문에 이는 수학적 모델링과 직접적으로 연관된다고 볼 수 있다.

결국 수학적 모델링 과정을 설명하고 이를 평가·측정하고자 하는 PISA의 평가틀은

---

3) Freudenthal(2006)은 수학을 인간의 정신적 활동을 간주하고, 수학적 사고 활동의 가장 본질적인 특성을 '수학화'라고 표현하였다. 수학화는 '현상을 수학적 수단에 의해서 재조직하는 것'을 의미하는데 여기서의 현상은 현실이거나 또는 수학 자체가 될 수 있다.

수학 외적 연결성의 연결 과정을 구체적으로 제시하는 것으로 볼 수 있으며, 더 나아가서는 PISA의 평가 문항이 실생활 맥락과 수학의 통합된 지식을 바탕으로 문제를 해결해 나가는 수학 외적 융합 역량의 평가 방안으로서 가능성이 있음을 고려해 볼 수 있다.

유별아와 이종희(2016)는 수학 외적 연결성의 분석틀로 '맥락' 연결과 '타 교과' 연결로 구분하였고, 특히 맥락의 경우에는 '실생활 맥락', '수학사 맥락', '공학도구의 활용 맥락'의 3가지 유형으로 세분화하였다.

따라서 본 장의 수학적 융합 능력의 '맥락' 유형은 앞서 살펴본 RME 이론, PISA 연구를 포함한 선행연구 결과를 토대로 '수학사 또는 수학사 인용을 통한 융합', '실생활 활용 분야(개인적, 사회적, 직업적)의 추출을 통한 융합'과 '실생활 활용 분야로의 적용을 통한 융합'으로 세분화하였다. 특히 '실생활 활용 분야(개인적, 사회적, 직업적)의 추출을 통한 융합'은 현실적 맥락과 수학을 연결하는 데 있어서 PISA 평가 틀[4)]의 형식화하기와 이용하기(맥락에서의 문제 → 수학적 문제 → 수학적 결과)와 관련이 있으며, 반대로 '실생활 활용 분야로의 적용을 통한 융합'은 PISA 평가 틀의 수학적 해석하기와 평가하기(수학적 결과 → 맥락에서의 결과 → 맥락에서의 문제)와 관련된다. 그러나 유별아와 이종희(2016)가 제안한 '공학도구의 활용 맥락'의 경우, 공

〈그림 4-6〉 수학사 또는 수학사 인용을 통한 융합의 예(우정호 외, 2013a, p. 128)

---

4) PISA의 수학적 모델링 과정: 실세계 맥락의 문제 상황(맥락에서의 문제)을 해결하기 위해서는 수학적 사고와 행동을 통해 수학적으로 다룰 수 있는 수학 문제(수학적 문제)로 형식화되고(형식화하기) 수학적 개념, 절차, 사실, 도구를 이용하고 수학적 추론, 조작, 변환, 계산을 통해(이용하기) 수학적 결과를 이끌어 내게 된다. 그리고 수학적 결과를 원래 문제에 적용(맥락에서의 결과)하기 위해 해석을 하고(해석하기), 수학적인 해가 실세계 맥락에서 논리적으로 적절한지를 평가하는 과정(평가하기)을 거치게 된다.

학도구의 활용 여부가 융합 유형을 구분하는 기준이기보다는 연결·융합을 위한 활용 도구의 성격이 강하기 때문에 맥락 유형의 하위 요소에서 제외하였다.

맥락 유형의 하위 요소에 대한 구체적인 예를 살펴보면, '수학사 또는 수학사 인용을 통한 융합'의 예로 〈그림 4-6〉과 같이 중학교 1학년 함수 영역의 순서쌍과 좌표 단원에서 자주 활용되는 역사적 일화를 들 수 있다. 즉 좌표를 처음 도입했던 데카르트의 일화를 통해 학생들은 순서쌍과 좌표의 개념을 이해하고, 이렇게 구성된 수학적 지식을 근거로 문제해결의 아이디어를 얻게 된다.

피자전문점에서는 두께는 같고 크기만 다른 두 가지 종류의 피자를 판매한다. 이 중 작은 피자는 지름이 30cm, 가격이 30zeds이고, 큰 피자는 지름이 40cm, 가격이 40zeds이다. 두 피자 중 어느 피자의 가성비(가격대 성능비)가 더 높을까?
(zed: PISA 예시문의 가상 국가인 Zedland의 가상 화폐 단위임.)

〈풀이과정〉

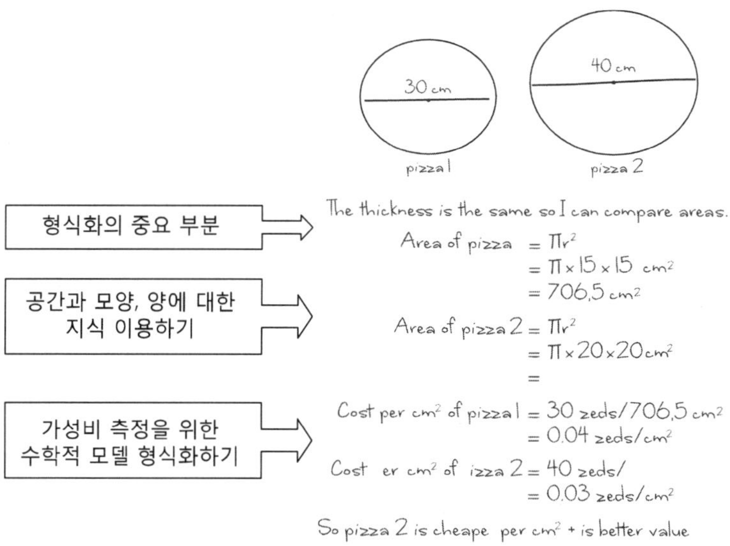

〈그림 4-7〉 실생활 활용 분야의 추출을 통한 융합의 예(OECD, 2013, p. 50)

또한, '실생활 활용 분야(개인적, 사회적, 직업적, 과학적)의 추출을 통한 융합'의 예는 〈그림 4-7〉과 같이 PISA 2012에 소개된 '피자' 문항을 예로 들 수 있다. 이 문항은 15세 학생들의 대다수가 친숙하게 여기는 '피자'라는 소재를 활용하여 구매자로서 가성비를 이해할 수 있는지를 묻고 있는 개인적 맥락의 문항이다. 특히 이 문항은 문제해결을 위한 주요 단계로서 가성비의 개념에 대한 수학적 모델의 형식화하기 과정을 필요로 한다. 학생들은 두 피자의 두께가 균일하고 같기 때문에 부피 대신 피자의 넓이(원의 넓이)를 분석해야 함을 파악해야 하고, 피자의 양과 금액 사이의 관계성으로 가성비의 개념을 '단위 넓이에 대한 가격'으로 모델화하는 과정을 거쳐야 한다. 따라서 '피자' 문항은 개인적 맥락의 실생활 상황에서 단위 넓이에 대한 가격이라는 수학적 대상을 추출하는 연결 과정을 기반으로 문제를 해결하도록 하는 문항이다.

3.4 타 교과 간의 융합

학교 교육에서 '융합'이라는 용어는 2011년 이후 교육부에서 추진하고 있는 융합인재교육(STEAM) 정책을 통해서 널리 알려지게 되었는데, STEAM 교육의 중요한 목적은 학생들이 수업을 통해 과학기술공학에 대한 흥미, 동기유발, 자아효능감을 극대화하면서 창의적 설계와 감성적 체험을 통해 다양한 실생활 분야의 창의적이고 종합적인 문제를 해결할 수 있는 융합적 소양(창의, 소통, 융합, 배려)을 갖추도록 하는 데 있다. 이런 융합적 소양을 갖춘 인재 양성을 위해서는 여러 학문(또는 교과) 간의 통합·연결·융합이 중요하며, 이는 2015 개정 교육과정에서 제시한 통합교육과정과도 밀접한 관련이 있다.

특히, 2015 개정 수학과 교육과정에서 강조하는 학생들의 '창의·융합' 역량의 발달 방법을 논의하기 위해서는 먼저 수학과 타 교과의 학습 내용을 어떻게 연결·융합할 것인가를 고민할 필요가 있다(김수철, 2016). STEAM 교육이 과학(Science), 기술(Technology), 공학(Engineering), 예술(Art), 수학(Mathematics)의 내용 영역을 구성 요소로 한 통합 교육이라는 점에서 타 교과의 융합의 방법적 측면에 시사하는 부분이 많다고 할 것이다(박모라, 문종은, 주미경, 2015). 따라서 수학적 융합 역량의 '타 교과 간의 융합' 유형에서는 수학 교과를 중심으로 한 다른 교과군의 교육과정의 내용 영역(학습 요소)과의 연결 및 융합을 근거로 분류 기준을 삼고자 하였다.

예를 들어, 중학교 1학년 과학교과에서 탄성력은 힘의 종류로서 힘과 운동 단원의 주요한 학습 내용이다. 이때, 용수철의 늘어날 길이와 탄성력의 크기 사이의 관계는

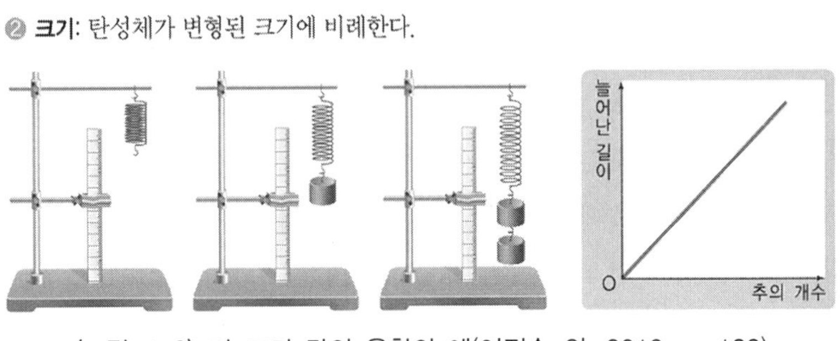

〈그림 4-8〉 타 교과 간의 융합의 예(이진승 외, 2013, p. 122)

중학교 1학년 수학의 함수 단원에서 다양한 상황을 그래프로 나타내고, 주어진 그래프를 해석하며, 정비례 관계를 이해하고, 그 관계를 표, 식, 그래프로 나타내는 학습 내용과 밀접하게 관련되어 있다(김수철, 2016). 따라서 수학과 과학 내용 요소들을 융합하여 지도함으로써 학생들은 하나의 통합된 지식을 구성할 수 있고, 힘과 운동에 관한 문제를 해결하기 위해 여러 종류의 힘의 개념뿐 아니라 함수와 그래프에 관련된 수학적 지식, 기능, 경험 등을 활용할 수 있다.

4. 수학적 융합 역량 문항의 예

4.1 중학교 수학적 융합 역량

수학 2(함수 영역), 과학 1(힘과 운동 영역)

✔ **문항**

A학생과 B학생은 같은 학교를 다니고 있는 친구이다. A학생의 집에서 학교까지의 거리는 1800m 떨어져 있고, B학생의 집은 A학생의 집에서 300m 떨어져 있다. A가 등교하는 길에 B의 집을 지나기 때문에 항상 둘 다 등교하는 중간에 서로 만나 함께 학교에 들어가곤 한다. A와 B가 같은 시각에 동시에 각자의 집에서 학교로 출발했을 때, 다음 물음에 답하시오.

시간에 따라 위치가 변하는 현상을 운동이라고 하고, 이때 그 시간 동안 움직인 거리를 이동 거리라고 한다. 시간-이동 거리 그래프를 통해 운동을 분석할 수 있다.

다음 그래프는 A학생의 이동거리를 시간에 따라 나타낸 것이다.

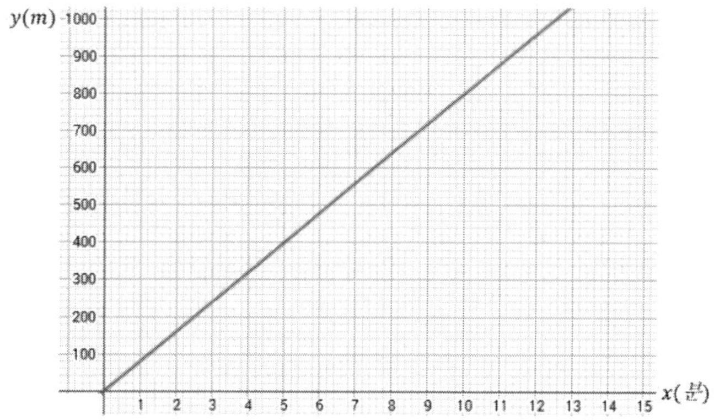

(1) 시간-이동 거리 그래프의 기울기를 보면 물체의 빠르기를 알 수 있다. 다음과 같은 수학 교과서에 나온 일차함수의 기울기의 개념을 통해 A학생의 빠르기를 구하시오.

> 일차함수 $y=ax+b$에서 x의 값의 증가량에 대한 y의 값의 증가량의 비율은 항상 일정하며, 그 비율은 x의 계수 a와 같다. 이 증가량의 비율 a를 일차함수 $y=ax+b$의 그래프의 기울기라고 한다.
>
> $$(\text{기울기})=\frac{(y\text{의 값의 증가량})}{(x\text{의 값의 증가량})}=a$$

(우정호 외, 2013c, p. 152)

(2) 물체의 빠르기는 일정 시간 동안 물체가 이동한 거리를 이용하여 구할 수 있다. 물체의 빠르기를 수치로 나타낸 값을 속력이라 하고, 단위로는 m/분, km/시 등을 사용한다. 다음과 같은 과학 교과서에서 제시된 속력의 개념과 일차함수의 기울기의 개념을 비교하시오.

$$(\text{속력})=\frac{(\text{이동 거리})}{(\text{걸린 시간})}$$

(이진승 외, 2013, pp. 127-128)

(3) B학생이 자신의 집에서 50m/분의 속력으로 학교로 출발했을 때, B학생이 A학생과 만나는 지점까지 이동한 거리를 시간에 따른 그래프로 나타내시오.

(4) A학생과 B학생의 그래프는 일차함수의 그래프이다. 두 학생의 그래프에 대한 일차 함수식을 각각 구하시오.

(5) 다음을 이용하여 A, B학생이 동시에 학교로 출발하였을 때 몇 분 후에 만나는지 구하고, 그 과정을 서술하시오.

(연립방정식)	(일차함수의 그래프)

(6) (5)에서 구한 연립방정식의 해와 일차함수 그래프의 교점의 좌표를 비교하시오.

(7) A, B학생이 만나서 함께 등교한 거리를 구하고, 그 과정을 서술하시오.

✔ 문항 해설 및 답안

(1) A학생의 그래프를 통해 $(0,0)$, $(5,400)$을 지나므로, 기울기는 $\frac{400-0}{5-0}=\frac{400}{5}=80$ 따라서, 80m/분이다.

(2) 시간-이동거리 그래프에서 기울기에 대한 수학 교과서의 개념은 과학 교과서에 제시된 속력의 개념과 일치한다.

(3) B학생의 집은 A학생의 집에서 학교방향으로 300m 떨어져 있기 때문에 그래프는 $(0,300)$에서 시작하여 기울기가 50인 그래프를 그린다.

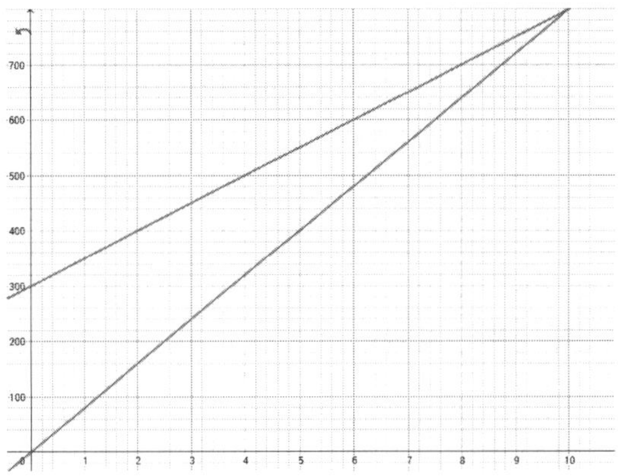

(4) A학생: $y=80x$, B학생: $y=50x+300$

(5)

(연립방정식)	(일차함수의 그래프)
$\begin{cases} y=80x \\ y=50x+300 \end{cases}$ 이므로 대입법을 통해 $80x=50x+300$ $30x=300$ $\therefore x=10$ 그러므로, 10분 후에 만난다.	(3)의 그래프를 통해 교점이 $(10,800)$이므로 만나는 시간은 10분 후에 A학생의 집에서 학교방향으로 800m 떨어진 지점에서 만난다.

(6) 일치한다.

(7) A학생의 집에서 학교까지 1800m 떨어져 있고, 만난지점까지의 거리가 800m이므로 $1800-800=1000$ 따라서 함께 등교한 거리는 1000m이다.

✔ 교과 역량 설명

위의 문항은 중학교 1학년 과학의 "[9과19-01] 등속 운동하는 물체의 시간-거리, 시간-속력의 관계를 표현하고 설명할 수 있다."(교육부, 2015c, p. 206)와 중학교 2학년 수학의 "[9수03-05] 일차함수의 의미를 이해하고, 그 그래프를 그릴 수 있다.", "[9수03-08] 두 일차함수의 그래프와 연립일차방정식의 관계를 이해한다."(교육부, 2015b,

p. 32)라는 성취기준을 접목한 문항이다. 특히, 문제 상황이 학생들의 개인적인 일상생활에서 시작하여 수학적 모델링과정을 거쳐 문제가 해결되기 때문에 수학적 융합 역량의 '맥락과의 융합' 유형 중 '실생활 활용 분야의 추출을 통한 융합'-(3), (4), (5)과 '실생활 활용 분야로의 적용을 통한 융합'-(5), (7)과 관련이 있다. 또한, 수학과 과학 교과의 학습 내용을 연결·융합하여 문제를 해결해야 하므로 '타 교과 간의 융합' 유형이라고 할 수 있다. 그리고 수학 내의 융합의 관점에서 보면, 일차함수의 개념적 지식과 기울기의 개념적 지식의 융합을 통해 학생들이 기울기를 구하고, 일차함수식을 세울 수 있기 때문에 '지식의 융합' 중 '개념적 지식과 개념적 지식 간의 융합'과 관련되어 있다. '표현 및 형식의 융합'의 관점에서는 운동의 과정의 동일 개념을 시간-이동거리 그래프(일차함수의 그래프), 대수식(일차함수식, 연립방정식) 등의 다른 표현을 통해 나타내고 있기 때문에 '대안 표상에 의한 융합'을 포함한 문제라고 볼 수 있다.

4.2 고등학교 수학적 융합 역량

확률과 통계 - 경우의 수+국어2 - 토론

✔ 문항

최근 들어, 학교폭력이 사회문제로 대두되고 있다. A고등학교에서도 학교 폭력 문제를 해결하기 위해 다양한 방법을 고민하고 있는 상황이다. 학생대표들은 한 교실에 모여 (가)와 (나)의 기사를 읽고, 이 문제를 해결하기 위한 합리적인 대책을 세우기로 하였다.

(가) 연합 뉴스, 2008년 12월 17일 자

○○ 교육청은 학교 내에서 발생하는 폭력을 예방하고자 128개의 학교 밖 취약 지구와 사각지대에 시시 티브이를 확대 설치하기로 했다고 밝혔다.

○○ 교육청은 2005년부터 19개 중 · 고등학교의 쓰레기 처리장이나 구석진 곳 등 취약 지역에 시시 티브이를 설치해 운영한 결과, 학교 내 폭력과 도난 사건 등이 감소한 것으로 분석했다. ○○ 교육청 관계자는 시시 티브이 확대 설치는 교내에서 발생하는 학교 폭력을 사전에 예방해 안전한 교육 환경을 조성하는 데 도움이 될 것이라고 말했다.

나 서울 신문, 2009년 11월 26일 자

교육 현장인 일선 학교에까지 시시 티브이가 급속하게 늘어나면서 인권 침해 논란이 일고 있다. 이 모 교사는 "우범 지대가 아닌 일반 생활 공간에 시시 티브이를 설치하는 것은 학생이나 선생님의 인권을 침해할 소지가 있기 때문에 신중하게 다뤄야 한다."라면서 "시시 티브이가 학교 내에서 발생하는 모든 문제를 해결할 수 있는 것은 아니다."라고 말했다. 학생 김 모 군도 "우리 모습을 감시하고 있는 시시 티브이를 볼 때마다 기분이 나쁘다."라고 말했다.

(신동흔 외, 2014, p. 193)

다음은 국어 교과서에서 나오는 토론 및 토의의 개념과, 수학 교과서에 나오는 순열의 수와 원순열의 수를 구하는 방법을 제시한 것이다. 다음 물음에 답하시오.

(토론)
토론은 어떤 문제에 대해 뚜렷한 의견 대립을 가지는 사람들이 근거를 들어 자기주장의 정당함과 합리성을 내세우고, 상대방의 주장이나 근거가 옳지 않음을 명백하게 밝히는 화법의 한 형태이다.
(토의)
일반적으로 토의는 어떤 문제를 해결하기 위해 다양한 해결 방안을 모색하는 과정이다.

(순열의 수)

서로 다른 n개에서 r개를 택하는 순열의 수는

$${}_n\mathrm{P}_r=\underbrace{n(n-1)(n-2)\times\cdots\times(n-r+1)}_{r\text{개}}\quad (\text{단, } 0<r\le n)$$

(원순열의 수) 서로 다른 n개를 원형을 배열하는 원순열의 수는 $(n-1)!$이다.

(우정호 외, 2013c, p. 27, 34)

(1) 학생대표 6명이 다음과 같은 탁자에 둘러앉을 때, 자리배치에 대한 경우의 수를 각각 구하시오. 또한, 토의를 통해 문제를 해결하고자 한다면 어떤 탁자에 앉는 것이 가장 좋은지 이유를 들어 서술하시오.

(원형 탁자)	(직사각형 탁자)
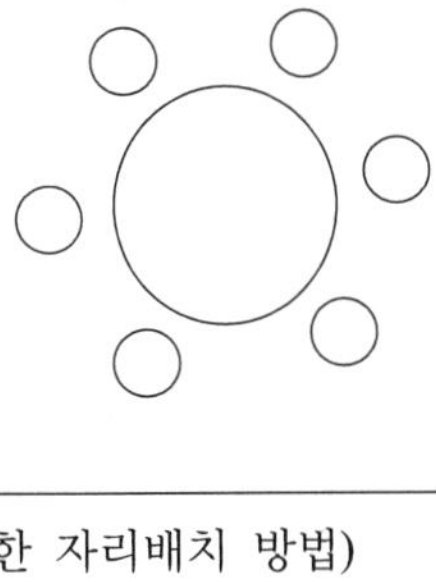	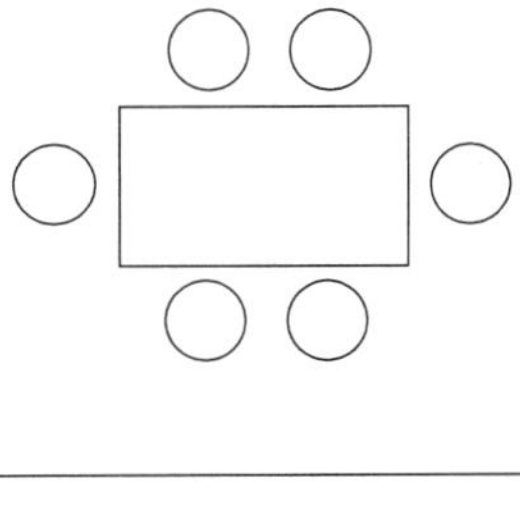

(토의를 위한 자리배치 방법)

(2) 학생대표 4명이 위의 문제를 토론을 통해 해결하고자 한다. 다음과 같은 탁자에서 사회자의 진행에 따라 토론을 시작할 때, 자리배치에 대한 경우의 수를 구하고, 자리배치를 어떠한 형태로 만드는 것이 가장 효과적인지 이유를 들어 서술하시오(단, 찬성과 반대의 인원 수는 동일하다).

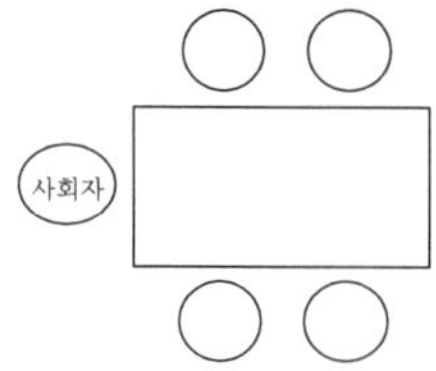

✔ 문항해설 및 답안

(1) 원형 탁자는 원순열의 수를 구하는 방법을 활용하여 $(6-1)!=5!=120$(가지)이고, 직사각형 탁자는 순열의 수를 구하는 방법을 활용하면, ${}_6P_6=6!$ 에서 (A, B, C, D, E, F)와 (D, E, F, A, B, C)가 같은 경우이므로 $\frac{6!}{2}=360$(가지)이다.

토의는 참가하는 사람들이 다양한 의견을 제시하고 해결방안을 찾는 것이 목적이기 때문에 원형 탁자를 사용하는 것이 바람직하다.

(2) 4명의 참가자들은 2명은 찬성, 2명은 반대 의견을 가질 것이다. 따라서 다음과 같은 자리배치가 가능하다.

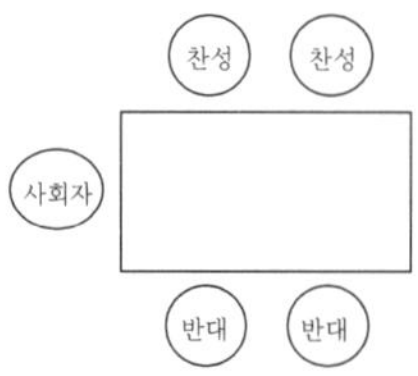

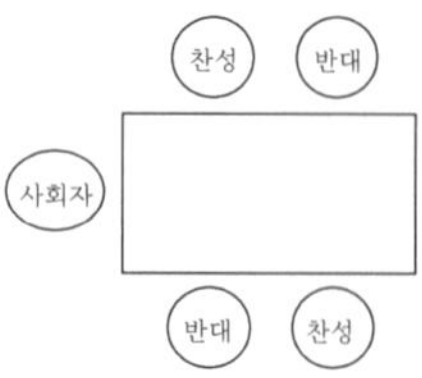

토론은 찬성과 반대를 나눠 사회자의 진행에 따라 상대팀의 주장과 근거를 명백히 밝히는 화법의 형태이다. 첫 번째 경우의 수는 $2!\times2!\times2!=8$이고, 두 번째 경우의 수는 $2!\times2!\times2!=8$이다. 따라서 $8+8=16$ (가지)가 된다. 동일한 의견을 가진 팀별 논의를 통해 반대 의견을 반박하기에 효과적인 형태로는 첫 번째 자리배치가 바람직하고, 찬성과 반대의 측면에서의 팀이 나뉠 뿐 세부적인 근거에 대해서 다양한 의견을 제시하여 논의를 하고자 할 때는 두 번째 자리배치가 효과적일 것이다(자리배치에 대한 주장과 근거를 논리적으로만 제시했으면 정답으로 인정함).

✔ **교과 역량 설명**

위의 문항은 고등학교 확률과 통계의 "[12확통01-01] 원순열, 중복순열, 같은 것이 있는 순열을 이해하고, 그 순열의 수를 구할 수 있다."(교육부, 2015b, p. 96)와 고등학교 1학년 국어의 "[10국01-03] 논제에 따라 쟁점별로 논증을 구성하여 토론에 참여한다."(교육부, 2015d, p. 57)라는 성취기준을 접목한 문항이다. 특히, 문제 상황이 학생들의 일상생활에서 시작하여 수학적 모델링과정을 거쳐 문제가 해결되기 때문에 수학적 융합 역량의 '맥락과의 융합' 유형 중 '실생활 활용 분야의 추출을 통한 융합'-(1), (2)과 '실생활 활용 분야로의 적용을 통한 융합'-(1), (2)과 관련이 있다. 또한, 수학과 국어의 학습 내용을 연결·융합하여 문제를 해결해야 하므로 '타 교과 간의 융합'이라 할 수 있다. 그리고 수학 내의 융합의 관점에서 보면, 이 문항에서는 '순열의 수'와 '원순열의 수'라는 절차적 지식 간의 융합을 통해 문제해결이 이루어지기 때문에 '지식의 융합' 유형 중 '절차적 지식과 절차적 지식 간의 융합'과 관련이 있다.

5. 나오는 글

융합 역량은 사고력을 높이고, 창의성을 발현하는 중요한 능력으로 여겨지고 있다. 이에 융합 역량은 국·내외 교육과정에서뿐만 아니라 첨단 과학 기술의 발전에 따른 사회적 추세에서도 더욱 강조되고 있다. 따라서 수학교육에서도 창의적 인재 육성의 교육 목표를 달성하기 위해서는 수학적 융합 역량의 함양에 보다 관심을 기울일 필요가 있다.

본 장에서는 수학적 융합 역량의 의미 분석에서 시작하여 교육과정 분석, 융합 역량의 하위 유형의 범주화, 평가 문항의 예시 등에 대해서 자세히 살펴보았다. 그러나 현재까지도 수학교육계에서는 수학적 융합 역량의 개념에 대한 정의조차도 의견이 모아지지 않은 상태이므로, 학교 현장에서 수학적 융합 역량을 보다 강조하기 위해서는 이에 대한 풍부한 논의가 선행되어야 할 것이고, 이를 바탕으로 학생들의 수학적 융합 역량 신장을 위한 교수·학습 방안 및 평가 방안이 마련되어야 할 것이다. 따라서 본 장에 담긴 내용들이 수학적 융합 역량의 논의 및 연구를 위한 좋은 밑거름으로 활용되길 기대해 본다.

▌참 • 고 • 문 • 헌

교육부(2015a). 초·중등학교 교육과정 총론. 교육부 고시 제2015-80호 [별책 3].

______(2015b). 수학과 교육과정. 교육부 고시 제2015-74호 [별책 8].

______(2015c). 중학교 교육과정. 교육부 고시 제2015-80호 [별책 3].

______(2015d). 국어과 교육과정. 교육부 고시 제2015-74호 [별책 5].

권석룡(2016). 수학적 연결성을 위한 초등학교 수학 과제 개발. 장혜원, 류성림, 김남희, 이동환, 강완, 권성룡 외(공). 대한수학교육학회 2016 연보(Yearbook)-학교수학과 수학적 연결성(pp. 84-115). 서울: 경문사.

김남희(2016). 중학교 수학에서의 수학적 연결성. 장혜원, 류성림, 김남희, 이동환, 강완, 권성룡 외(공). 대한수학교육학회 2016 연보(Yearbook)-학교수학과 수학적 연결성(pp. 209-222). 서울: 경문사.

김수철(2016). 중학교 수학과 타 교과의 연결성. 장혜원, 류성림, 김남희, 이동환, 강완, 권성룡 외(공). 대한수학교육학회 2016 연보(Yearbook)-학교수학과 수학적 연결성(pp. 239-261). 서울: 경문사.

김유경(2013). 초등학교 수학 수업에서 수학적 연결성 구현을 위한 지도방안 탐색. 한국교원대학교 대학원 박사학위 논문.

김유경, 방정숙(2012). 초등학교 수학 수업에 나타난 수학적 연결의 대상과 방법 분석. 수학교육, 51(4), 455-469.

김은혜, 박만구(2016). 국내외 수학 주제 중심 관련 프로젝트 사례 분석. 장혜원, 류성림, 김남희, 이동환, 강완, 권성룡 외(공). 대한수학교육학회 2016 연보(Yearbook)-학교수학과 수학적 연결성(pp. 32-53). 서울: 경문사.

김향원, 남용현(2013). '융합'개념의 이해와 디자인 환경에서의 의미. 한국디자인포럼, 39, 241-250.

남승인(2002). 연산능력을 기르기 위한 대안적 알고리즘 지도 방안 -사칙연산을 중심으로-. 한국수학교육학회지 시리즈 E 〈수학교육논문집〉, 13, 19-38.

문철우, 김영옥(2010). 공업계 고등학교 수학 교과와 전문 교과와의 수학적 연결성 분석: 전자계산기과 중심. East Asian mathematical journal, 26(2), 233-249.

박모라, 문종은, 주미경(2015). 수학 중심 융복합 수업에 대한 효과 분석: 학생 소집단 활동 참여구조를 기반으로. 학교수학, 17(2), 335-376.

박선화(2015). 수학 교과 핵심역량과 수학과의 성격 및 목표 시안. 2015 개정 수학과 교육과정 시간 개발 정책 연구 공개토론회.

박순경, 김사훈, 김진숙, 백경선, 변희현, 안종욱 외(2014). 국가 교육과정 총론 개선을 위한 기초 연구. 한국교육과정평가원 연구보고 CRC 2014-1.

박진형, 이경화(2013). 수학적 모델링 과정에서 수학화의 기호학적 분석. 수학교육학연구, 23(2), 95-116.

송미영, 임해미, 최혁준, 박혜영, 손수경(2013). OECD 국제 학업성취도 평가 연구: PISA 2012 결과보고서. 한국교육과정평가원 연구보고 RRE 2013-6-1.

신동흔, 박수자, 나희덕, 나은진, 전경원, 신유식 외(2014). 고등학교 국어2 교사용 지도서. 서울: 두산동아.

양성현, 이환철(2012). 수학 내적 연결성에 관한 형식적 측면 연구. 한국학교수학회논문집, 15(3), 395-410.

우정호, 박교식, 이종희, 박경미, 김남희, 임재훈 외(2013a). 중학교 수학1. 서울: 두산동아.

______(2013b). 중학교 수학1 교사용 지도서. 서울: 두산동아.

______(2013c). 중학교 수학2. 서울: 두산동아.

______(2013d). 중학교 수학3. 서울: 두산동아.

______(2014). 고등학교 확률과 통계. 서울: 두산동아.

유별아, 이종희(2016). 수학적 연결성의 연결소재와 수학적 능력 관점에서 중학교 수학 교과서 분석. 장혜원, 류성림, 김남희, 이동환, 강완, 권성룡 외(공). 대한수학교육학회 2016 연보(Yearbook)-학교수학과 수학적 연결성(pp. 311-330). 서울: 경문사.

유현주(2016). 수학교육과 연결성. 초등교육연구, 27(2), 41-54.

이광우, 정영근, 서영진, 정창우, 최정순, 박문환 외(2014). 교과 교육과정 개발 방향 설정 연구. 교육부

이진승, 김상협, 김호련, 김호성, 박권태, 박명숙 외(2013). 중학교 과학1. 서울: 두산동아.

장혜원(2016). 수학교육과 수학적 연결성. 장혜원, 류성림, 김남희, 이동환, 강완, 권성룡 외(공). 대한수학교육학회 2016 연보(Yearbook)-학교수학과 수학적 연결성(pp. 3-12). 서울: 경문사.

황선욱, 황혜정, 이상구, 백석윤, 박경미, 박선화 외(2011). 창의 중심의 미래형 수학과 교과내용 개선 및 교육과정 개정 시안 연구. 한국과학창의재단.

홍성욱, 박상욱, 박형욱, 변학문, 임종태, 장대익 외(2012). 융합이란 무엇인가. 서울: 사이언스북스.

Blum, W., & Borromeo Ferri, R.(2009). Mathematical modelling: can it be taught and learnt?. Journal of Mathematical Modelling and Application, 1(1), 45-58.

Businskas, A. M.(2008). Conversations about connections: How secondary mathematics teachers conceptualize and contend with mathematical connections. (Unpublished doctoral dissertation). Simon Fraser University, Burnaby, BC, Canada.

Coxford, A. F.(1995). The case of connections. In P. A. House & A. F. Coxford(Eds.), Connecting Mathematics across the Curriculum. NCTM 1995 yearbook.

Feudenthal, H.(2006). Revisiting mathematics education: China lectures(Vol. 9). Springer

Science & Business Media.

Galbraith, P., & Stillman, G.,(2006). A framework for identifying student blockages during transitions in the modelling process. Zentralblatt fur Didaktik der Mathematik, 38(2), 143-162.

Hiebert, J. & Lefevre, P.(1986). Conceptual and procedural knowledge in mathematics: an introductory analysis. In J. Hiebert(Ed.), Conceptual and procedural knowledge: The case of mathematics(pp. 1-28). Hillsdale: Lawrence Erlbaum Associates.

Hiebert, J., & Carpenter, T.(1992). Learning and teaching with understanding. In D. Grouws (Ed.), Handbook of research on mathematics teaching and learning (pp. 65-97). New York: Macmillan.

Howson, A. G., kahane, J. P., Lauginie, P., & de Turckheim, E.(1988). Mathematics as a service subject. Cambridge university press.

National Council of Teachers of Mathematics(NCTM, 1989). Curriculum and evaluation standards for school mathematics. Reston, VA: Author.

______(NCTM, 2000). *Principles and standards for school mathematics*. Reston, VA: Author.

OECD(2013). PISA 2012 Assessment and Analytical Framework: Mathematics, reading, science, problem solving and financial literacy. OECD Publishing.

Piaget, J.(1978). Success and understanding. Routledge.

Rittle-Johnson, B., & Schneider, M.(2015). Developing conceptual and procedural knowledge of mathematics. In R. C. Kadosh & A. Dowker(Eds.), The Oxford Handbook of Numerical Cognition. Oxford University Press.

Scheffler, I.(1965). Conditions of knowledge: an introduction to epistemology and education. Chicago: Scott, Foresman, and Company.

제5장 수학적 의사소통 역량

오택근(한국교육과정평가원)

1. 들어가는 글

수학적 의사소통은 수학적 개념을 학습하기 위한 수단으로서 학습의 과정에서 중요하게 강조되어 왔을 뿐 아니라 최근에는 수학적 의사소통 자체를 학습의 목적으로 간주하는 관점이 확산되고 있다(김상화, 방정숙, 2010). 우리나라 수학과 교육과정에서는 제7차 교육과정(교육부, 1997, 1999)에서부터 '수학의 용어와 기호를 정확하게 사용하고 표현하는 기능'을 강조하면서 학생들이 수학 학습을 통해 발달해야 하는 하나의 기능으로서 수학적 의사소통을 다루기 시작하였다. 이 시기의 교육과정에서는 수학적 의사소통을 명시적으로 언급하지 않고 수학적 용어와 기호를 정확하게 사용하고 표현하는 기능적 측면에서 다루었다(이은주, 이대현, 2011). 제7차 교육과정 이후 2007 개정 수학과 교육과정(교육과학기술부, 2008)에서는 '수학적 표현의 의미를 이해하고 정확하게 사용하는 능력', '수학적 사고 과정과 결과를 합리적으로 의사소통하는 능력'을 수학 학습의 목표로 설정하였다. 즉, '의사소통'이라는 단어를 교육과정에서 학습의 목표로 명시적으로 언급함으로써 이전 교육과정보다 더욱 수학적 의사소통을 강조하였다. 이후 2009 개정 수학과 교육과정(교육과학기술부, 2011) 및 2015 개정 수학과 교육과정(교육부, 2015a)에서는 수학적 의사소통을 수학 학습을 통해 추구해야 할 핵심 역량 중 하나로 설정하는 등 수학교육에 있어서 수학적 의사소통은 지속적으로 강조되고 있으며 그 중요성이 이전보다 더욱 커지고 있는 상황이다.

수학 교수·학습에서 수학적 의사소통을 강조하는 것은 우리나라뿐만 아니라 세계적인 추세이다. 예를 들어 미국의 경우에는 NCTM에서 수학교육과 관련된 규준을 지속적으로 정리하여 제시하고 있는데, '학교 수학을 위한 교육과정과 평가 규준'(NCTM, 1989), '학교 수학을 위한 원리와 규준'(NCTM, 2000), '오늘날의 수학 교수법'(NCTM, 2007) 등의 문서에서는 수학학습을 통하여 학습자가 배워야 할 핵심적인 규준으로 수학적 의사소통 능력이 제시되고 있으며, 의사소통을 수학 자체가 갖고 있는 고유한 특성으로 간주하고, 수학교사 역시 수학적 의사소통 능력을 발달시킬 수 있는 교수법을 갖추도록 노력해야 한다고 주장하고 있다. 또한 캐나다, 싱가포르, 대만, 홍콩 등지에서 수학적 의사소통을 교육과정에서 핵심역량으로 선정하며 수학학습의 필수적인 과정으로 강조하고 있다(김선희, 박경미, 이환철, 2015). 이와 같이 수학적 의사소통에 대한 관심은 전 세계적으로 확산되고 있으며 수학 학습의 수단일 뿐만 아니라 그 자체로 학생들이 성취해야 할 수학적 능력의 하나로서 중요하게 부각되고 있다.

본 장에서는 최근 수학교육연구에서 보고되는 수학적 의사소통에 관한 연구 결과를 살펴보고, 2015 개정 교육과정에서 제시된 핵심 역량 중 수학적 의사소통 역량의 의미와 그 하위 요소들을 분석한다. 또한 수학적 의사소통 역량을 발달시키기 위한 방안에 대한 연구 결과 및 수학적 의사소통 역량을 평가하는 방안에 대한 연구 결과를 정리하고, 하위 역량에 대한 예시 문항을 제시한다.

2. 수학적 의사소통 역량

2.1 수학적 의사소통에 관한 선행 연구 고찰

우리나라 수학교육 연구에서 수학적 의사소통은 1990년대와 2000년대에 공표된 〈NCTM Standards〉의 영향을 받아 개정된 제7차 교육과정시기부터이다. 즉 그 전까지는 학교수학에서 수학적 개념, 지식, 기능의 획득과 숙달을 교육과정에서 중심으로 다루어 온 것에 비해 이 시기부터 수학적 문제해결력, 수학적 추론 능력, 수학적 의사소통 능력의 신장이 수학교육의 중요한 목적이자 교수학습을 위한 원리로서 대두되었으며, 이후의 개정 교육과정에서 지속적이며 점진적으로 확대되고 있다.

유현주(2000)는 〈수학적 의사소통과 수학의 교수·학습〉이라는 논문을 통해 수학적 의사소통을 교육과정에 반영하기 시작하던 시기에 수학적 의사소통의 의미와 중요성을 이론적으로 탐색하여 정리하였으며, 수학적 의사소통을 신장하기 위해 교수·학습에서 활용할 수 있는 구체적인 학습 자료의 예시를 제시하여 효과적인 지도 방법에 대해 고찰한 바 있다. 유현주(2000)는 수학 수업이 궁극적으로 의도해야 하는 것은 "학생 스스로의 힘으로 배운 바 지식, 기능 등을 활용할 수 있는 능력(유현주, 2000, p. 54)"을 향상시키는 것이어야 하며, 이러한 의도를 추구하기 위해서는 학생이 "자기 스스로 의문을 품고 스스로 해답을 찾는 개인의 정신 내에서 이루어지는 내적인 의사소통(유현주, 2000, p. 54)"이 활발하게 이루어질 수 있는 수업을 실현하는 것이 중요하다고 보았다. 특히 Vygotsky의 주장처럼 '개인 간 상호작용'이 '개인 내 정신기능'에 절대적인 영향을 미치기 때문에 학생이 다른 사람과의 상호작용을 통해 의사소통을 연습하고, 이를 자신의 정신 내에서 내면화함으로써 진정한 학습이 이루어질 수 있다고 본 것이다. 유현주(2000)는 수학 수업에서 교사와 학생 간의 의사소통, 그리고 학생과 학생 사이의 의사소통을 통해 다음과 같은 효과를 기대할 수 있다고 보았다(유현주, 2000, pp. 56-65).

- 다른 사람들과 의사소통하기 위해 학생 스스로의 수학적 사고를 체계화하고 명백하게 할 수 있는 기회가 마련된다.
- 의사소통을 통해 수학적 아이디어를 친구, 교사, 그리고 다른 사람들에게 일관적이고 명백하게 표현하는 것을 배울 수 있다.
- 다른 사람들의 사고방식과 전략을 고려함으로써 자신의 수학적 지식이 명확해지고 확장된다.

위의 세 가지 효과는 개인의 수학적 아이디어를 조직화하기, 수학적 언어를 이용하여 자신의 아이디어를 표현하기, 타인의 아이디어를 이해하고 평가하기 등의 요소로 범주화할 수 있다. 이러한 범주화는 수학적 의사소통과 관련하여 학생들이 달성해야 할 교육과정 규준으로 NCTM(2000)에서 제시하고 있는 하위 목표와 밀접하게 대응된다. 박혜숙과 나귀수(2010)는 수와 연산, 문자와 식, 함수, 확률과 통계, 기하로 이루어진 중·고등학교의 교육과정 내용영역에 위 내용 이외에 '수학적 과정'이라는 하위 영역의 신설을 제안하면서, 수학적 문제해결, 수학적 추론, 수학적 의사소통을 수학적 과정의 하위 요소로 제시하였다. 특히 이들은 NCTM(2000)에서 제시하고 있는 과정 규준에서 수학적 의사소통과 관련된 성취기준을 다음과 같이 정리하여 제시한 바 있다(박혜숙, 나귀수, 2010, p. 508).

- 의사소통을 통하여 학생 자신의 수학적 사고를 조직하고 확고히 할 수 있다.
- 학생 자신의 수학적 사고를 학급 친구, 교사, 다른 사람들에게 일관적이고 명확하게 의사소통할 수 있다.
- 다른 사람의 수학적 사고와 전략을 분석하고 평가할 수 있다.
- 수학적 아이디어를 정확하게 표현하기 위하여 수학의 언어들을 사용할 수 있다.

이와 같은 NCTM(2000)의 규준을 토대로 박혜숙과 나귀수(2010)는 우리나라의 초·중·고등학교에서 다룰 수 있는 수학적 과정 중에 수학적 의사소통과 관련된 성취기준을 다음과 같이 제시하였다(박혜숙, 나귀수, 2010).

- 수학 용어, 기호, 표, 그래프 등의 수학적 언어를 사용하여 학생 자신의 수학적 아이디어를 정확하게 표현할 수 있다.
- 학생 자신의 수학적 사고 과정을 학급 친구나 교사에게 논리적이고 명확하게 의사소통할 수 있다.
- 다른 사람의 수학적 아이디어와 사고 과정을 이해하고 평가할 수 있다.

위에서 제시한 첫 번째 성취기준은 수학적 용어, 기호, 표, 그래프 등의 언어를 적절하게 사용하면서 자신의 생각을 표현하는 것이다. 두 번째 성취기준은 첫 번째 성취기준과 분리될 수 없지만 말이나 글을 통하여 자신의 아이디어를 다른 사람에게 설명하고 설득하는 표현 과정을 가리킨다. 그리고 세 번째 성취기준은 다른 사람의 설명이나 발표를 듣고 이해하며, 다양한 의견들 중에서 수학적으로 적절한 것이 무엇인지 의사 결정하는 과정을 포함하는 것으로 볼 수 있다.

2.2 수학적 의사소통의 유형

앞 절에서 살펴본 바와 같이 수학적 의사소통 역량은 크게 수학적 언어를 사용하여 학생 자신의 수학적 아이디어를 표현하는 과정, 그리고 다른 사람의 표현을 보고 듣거나 읽음으로써 수학적 아이디어를 이해하는 과정과 관련되어 있다. 한편 수학 수업의 환경에 초점을 맞추어 의사소통의 목적, 경로, 방향, 전달 대상, 반성의 정도, 전달 방식 등에 의해 다음과 같이 다양한 수학적 의사소통 유형을 제시하는 연구도 있다(박윤정, 권혁진, 2008, p. 29).

- 목적에 의한 분류: 교수·학습을 위한 의사소통, 인간관계를 위한 의사소통
- 경로에 의한 분류: 공식적인 의사소통, 비공식적인 의사소통
- 방향성에 의한 분류: 수직적 의사소통(상하관계), 수평적 의사소통(동료관계, 자신과의 의사소통)
- 전달 대상에 의한 분류: 대내적 의사소통, 대외적 의사소통
- 반성의 정도에 의한 분류: 일방향 의사소통, 기여적 의사소통, 반성적 의사소통, 교육적 의사소통
- 전달 방식에 의한 분류: 문어적 의사소통, 구어적 의사소통, 신체 활동적 의사소통

위와 같은 분류 외에도 수학이 의사소통의 대상인지 아니면 의사소통을 위한 도구인지에 따라 수학적 의사소통을 두 가지로 나누어 생각할 수도 있다. 즉, '수학에 대하여' 의사소통하는 것과 '수학을 통하여' 의사소통하는 것이다. 전자는 수학 대상, 즉 특정한 수학적 개념, 법칙, 정리, 정의 등이 의사소통의 대상이자 목표이다. 이러한 관점에서는 다양한 비수학적 또는 수학적 언어들을 사용하여 해당 수학적 대상을 표현하고 이해하는 과정에 관심이 있다. 후자의 경우는 대화에 참여하는 사람들이 가진 어떤 생각을 전달하는 과정에서 수학적 언어가 사용되는 것이다. 즉, 어떤 경제현상이나 사회현상 또는 예술 작품 등에 대한 의견이나 아이디어를 전달하는 과정에서 수학적인 용어 및 기호, 정리 등이 적절한 수단으로 사용됨으로써 효과적이고 적절한 의사소통을 돕는다는 것이다. 전자의 경우에는 학문적 수학이 초점이 된다면, 후자의 경우에는 소양으로서의 수학이 초점이라고 할 수 있을 것이다.

의사소통 방식에 따른 수학적 의사소통의 유형과 관련하여 김상화와 방정숙(2010)은 담화, 표현, 조작, 복합 등의 4가지 유형으로 수학적 의사소통의 유형을 구분하기도 하였다. 담화란 구어적인 의사소통이 중심이 된 것으로 말하기, 듣기 등의 행위와 관련이 있으며, 표현이란 문자에 의한 의사소통이 중심이 된 것으로 쓰기와 읽기 등의 행위와 관련이 있다. 한편 조작이란 말과 글이 아닌 표정, 몸짓, 신체 활동, 구체물의 조작 활동 등과 같이 비언어적인 의사소통이 중심이 된 것을 말한다. 그리고 복합이란 말, 글, 비언어적인 활동 등의 여러 가지 유형들이 동시에 나타나는 의사소통을 말한다. 이러한 분류는 박윤정과 권혁진(2008)이 제시한 전달 방식에 따른 분류와 유사하다. 한편, 이지영과 김민경(2016)은 수학적 의사소통의 유형을 말하기, 듣기, 읽기, 쓰기의 4가지 유형으로 구분하고, 각각의 유형별로 하위 형태를 제시하기도 하였다. 이러한 분류 역시 의사소통 방식에 따른 분류에 해당한다.

이와 같이 수학적 의사소통은 다양한 관점에서 다양한 목적에 따라 여러 가지 유형으로 분류할 수 있다. 그동안 수학교육 연구에서는 이러한 유형들 중에서 주로 의사소통 방식에 따른 분류에 기반하여 구어적 의사소통을 중심으로 하는 담론, 그리고 문어적 의사소통을 중심으로 하는 글쓰기 등의 의사소통 활동이 학생들의 수학 학습에 미치는 효과에 대해서 살펴보는 연구가 이루어져 왔다.

예를 들어 김상화와 방정숙(2010)은 담화 중심의 구어적 방식의 수학적 의사소통 성취요소를 제시하며 학생들의 의사소통 수준을 파악하고 적절한 목표를 제시하는 것이 수학적 의사소통 능력의 신장을 위해 중요하다고 강조하였다. 이들이 제시한 의사소통 성취요소와 목표는 [표 5-1]과 같다. [표 5-1]에서와 같이 김상화와 방정숙(2010)은 구어적 방식의 수학적 의사소통에 초점을 두고 학생들의 수학적 의사소통 역량의

[표 5-1] 담화 중심의 수학적 의사소통 성취요소와 목표(김상화, 방정숙, 2010, p. 526)

학년	성취요소	목표
1~2 학년	• 다른 사람의 의견을 듣고 이해하기(듣기) • 다른 사람의 의견을 듣고 질문하기(듣고 말하기) • 다른 사람의 질문을 듣고 답하기(듣고 말하기) • 들은 대로 말하기(듣고 말하기) • 질문하고 다른 사람의 답을 듣기(듣기) • 자신의 생각을 설명하기(말하기) • 해당 학년에 적절한 수학적 용어를 선택하여 주어진 수학적 상황에서 사용하기(수학의 언어 사용하기)	다른 사람의 의견을 듣고 이해할 수 있으며, 질문을 하거나 질문에 답할 수 있고, 자신의 생각을 수학적 용어를 사용하여 설명할 수 있다.
3~4 학년	• 다른 사람의 의견을 듣고 옳고 그름을 판단하기 • 다른 사람의 의견을 듣고 자신의 생각을 설명하기 • 다른 사람의 의견을 듣고 보충 설명하기 • 다른 사람의 의견을 듣고 반박하기 • 다른 사람의 해결방법과 다른 해결방법 제시하기 • 해당 학년에 적절한 수학적 개념이나 원리를 연결하여 설명하기	다른 사람의 의견을 듣고 옳고 그름을 판단할 수 있으며, 보충 설명이나 의견에 대한 반박을 할 수 있고, 자신의 생각을 수학적 개념과 원리를 사용하여 설명할 수 있다.
5~6 학년	• 설명을 듣고 정리, 요약하여 말하기 • 다른 사람의 의견을 듣고 비평하기 • 다른 사람의 의견을 재구성하여 설명하기 • 두 가지 이상의 다른 해결방법에 대해서 비교, 분석하기 • 다른 사람의 의견을 듣고 대안을 제시하기 • 자신의 생각을 설명하거나 정당화하기 • 해당 학년에 적절한 수학적 개념이나 원리를 다양한 방법으로 설명하기	다른 사람의 의견을 듣고 비평하거나 정리, 요약하여 다시 말할 수 있으며, 자신의 생각을 수학적 개념이나 원리를 사용하여 다른 사람의 해결방법과 연결하거나 재구성하여 설명하고 정당화할 수 있다.

수준을 그들이 사용하는 의사소통 방식에 따라 다양한 수준으로 제시하였다. 예를 들어 다른 사람이 하는 말을 듣고 이해하면서 상황에 적절한 질문을 하거나, 자신이 들은 내용이 무엇이었는지를 그대로 따라 말하고, 상대방의 질문에 대해 답을 하거나 자신의 생각을 말하는 정도를 1~2학년 단계에서 성취할 수 있는 수준으로 보았으며, 3~4학년의 수준에서는 다른 사람의 의견에 대한 옳고 그름을 판단하고, 보충하여 설명하거나 반박하는 등 의사소통 과정에서 제시된 여러 의견을 분석하고 평가하는 요소를 포함시켰다. 그리고 5~6학년 수준에서는 제시된 의견들을 요약하여 정리하고, 재구성하여 제시하며, 다양한 해결방법을 비교하여 분석하고 보다 나은 대안을 제시하는 등과 같이 논의 중인 수학적 대상에 대하여 보다 발전적인 방향으로 의사소통을 이끌어가는 능력을 성취 수준으로 제시하고 있다. 이들이 제시한 성취 요소는 초등학교에 한정하고 있으나 이러한 의사소통 수준은 중·고등학교에서도 충분이 적용할 수 있는 수준이라고 말할 수 있다.

한편 박윤정과 권혁진(2008)은 수학을 읽고, 쓰고, 말하고, 듣는 4가지 영역 중에서 학교 현장에서 비교적 쉽게 도입할 수 있는 영역으로 쓰기 영역을 제안하였다. 이들이 쓰기 영역에 초점을 둔 것은 우리나라의 학교교육에 익숙한 학생들이 자신의 의견을 다른 사람들이 보는 앞에서 솔직하게 말하려고 하지 않는 사고방식을 아직까지 많이 갖고 있기 때문이며, 고학년이 될수록 의견을 말하라는 교사의 요구에 짜증을 내거나 거부하는 경향이 강하기 때문이라는 이유를 제시하였다. 특히 교과서 위주의 수업을 비판하고 반대하면서도 토론식 수업에서 질문하고 말하는 것을 싫어하는 상황에서 쓰기를 통한 의사소통이 상대적으로 학생들에게 부담을 덜 주면서 자신의 생각을 자연스럽게 표현할 수 있는 기회를 제공한다는 것이다. 이들은 쓰기 활동의 특성상 즉흥적인 대답보다는 자신의 사고과정을 정리하고 조직화하는 활동이 필수적으로 요구되며, 이로 인해 생각하고 반성하는 활동 이후에 쓰기 활동이 진행된다고 보고 구어적인 의사소통보다 깊이 있는 의사소통이 가능하다고 보았다. 또한, 학생들이 적극적인 쓰기 활동에 참여할 수 있도록 자신의 생각을 자유롭게 쓰는 '표현적인 쓰기'와 그 생각을 다른 사람에서 설명하는 '교류적인 쓰기'를 포함한 삼분할 노트 모형을 제시하여 학생들이 쓰기 활동을 통해 의사소통에 참여할 수 있게 하는 방안을 모색하였다.

2.3 수학적 의사소통 역량의 하위 요소

2015 개정 초·중등학교 교육과정 총론(교육부, 2015b)에서는 '미래 사회가 요구하는 창의·융합형 인재 양성'과 '학습 경험의 질 개선을 통한 학습의 구현'을 강조하고 있다. 특히 총론에 제시된 '핵심 역량'에 따른 '교과별 핵심 역량'의 도입 및 강조, 교과 지식에 대한 '일반화된 지식'으로 설명할 수 있는 '핵심 개념'을 압축하고 설명하기, '학습량 적정화'를 통한 '교수 학습 방법 및 평가의 개선' 등을 추구하고 있다(권점례 외, 2016). 특히 2015 개정 수학과 교육과정(교육부, 2015a)에서는 '문제 해결, 추론, 창의·융합, 의사소통, 정보 처리, 태도 및 실천'이라는 6가지 수학 교과의 핵심 역량을 선정하고, 이를 수학과 교육과정의 전 맥락에서 강조하고 있으며, 각각의 역량이 지닌 의미와 그 하위 요소의 의미, 기능 등을 제시한 바 있다. 특히 수학적 의사소통 역량의 의미와 그 하위 요소 및 기능은 [표 5-2]와 같다(박경미, 이환철, 박선화, 강은주, 김선희, 임해미 외, 2015, pp. 41-42).

[표 5-2]에서 보는 것처럼 2015 개정 수학과 교육과정 시안 개발 연구진은 수학적 의사소통의 하위 요소를 크게 '수학적 표현의 이해', '수학적 표현의 개발 및 변환', '자신의 생각 표현', '타인의 생각 이해'라는 4가지로 제시하였다. 이 4가지 하위 요소는 분리되어 있다고 보기 어렵다. 즉 의사소통 과정에서 자연스럽게 서로 연결되며

[표 5-2] 의사소통 능력의 하위 요소와 의미 및 기능(박경미 외, 2015, p. 42)

하위 요소	의미	기능
수학적 표현의 이해	수학적 표현의 의미를 이해하고 정확하게 사용하는 능력	그리기, (수, 시각) 읽기·쓰기, 표현하기, 형식화하기, 서술하기, 작도하기, 이해하기
수학적 표현의 개발 및 변환	자신의 아이디어를 나타내는 표현을 만들고 수학적 표현들끼리 변환하는 능력	(표) 만들기, (그래프) 그리기, 꾸미기, 채우기, 이름짓기, (그림, 식, 표 등으로) 나타내기, 표현하기, 선택하기, 변환하기(바꾸기)
자신의 생각 표현	수학 학습 활동 과정과 결과를 다른 사람에게 표현하는 능력	설명하기, 쓰기, 말하기, 보여주기, 토론하기
타인의 생각 이해	다른 사람의 생각을 이해하고 평가하는 능력	경청하기, 질문하기, 파악하기, 토론하기

그 경계를 분명히 파악하기 어려울 수 있다. 그러나 통상적으로 의사소통을 위해 개인의 수학적 사고를 분명히 하는 조직화 단계, 자신의 아이디어를 드러내어 표현하는 단계, 다른 사람의 아이디어를 이해하는 단계로 구분할 수 있으며, 모든 과정에서 수학적 언어(말, 글, 그림, 기호, 그래프, 표 등)를 적절하게 사용하는 능력이 관련되어 있다. 각각의 하위 요소의 의미를 좀 더 살펴보자.

먼저 첫 번째 하위 요소인 '수학적 표현의 이해'는 네 번째 하위 요소인 '타인의 생각 이해'와 유사하다. 그럼에도 불구하고 이 두 요소를 구분한 것은 아마도 첫 번째 하위 요소의 경우에 동료의 아이디어나 발표에 대한 이해라기보다는 교과서나 교재, 또는 주어진 문제 상황에서 제시된 수학적 표현의 의미를 이해하는 능력을 의미한다고 볼 수 있다. 즉 본격적인 의사소통에 앞서 주어진 교재나 문제 상황에서 학습자 개인의 주관적 지식을 토대로 개별적으로 문제를 인식하고 이해하는 단계를 의미한다.

두 번째 하위 요소인 '수학적 표현의 개발 및 변환'은 첫 번째 하위 요소인 문제의 인식 및 이해를 토대로 자신의 생각을 다른 사람에게 표현하기 위해 주관적으로 이해하거나 해석했던 아이디어를 구체적으로 나타내는 표현 방법을 생성하거나, 문제 상황에서 요구하는 다른 표현 방식으로 변환하는 능력을 의미한다. 즉 자신이 혼자서 이해한 내용을 다른 사람에게 설명하기 전에 스스로 정리하여 표현하는 단계이다.

세 번째 하위 요소인 '자신의 생각 표현'은 두 번째 단계에서의 결과물을 토대로 자신의 아이디어를 다른 사람에게 설명하거나 구체적으로 보여주며 전달하는 능력을 의미한다. 두 번째와 세 번째 단계는 거의 구분하기 어려울 수 있다. 이미 자신의 아이디어를 표현하여 말, 글, 그림, 기호, 그래프, 표 등으로 나타내는 것 자체가 다른 사람에게 자신의 생각을 전달하는 과정이기 때문이다. 그러나 두 번째 단계가 비교적 개인적인 사고 과정에 대한 표현이었다면, 세 번째 단계는 본격적으로 다른 사람에게 아이디어를 드러내어 공표하는 단계로 개인적인 아이디어를 공론화하여 공적인 논의의 장을 열게 되는 단계로 볼 수 있다.

그리고 마지막 '타인의 생각 이해'는 다른 사람의 설명을 듣고 이해하는 능력을 의미한다. 이때 이해는 단순히 다른 사람의 설명을 듣는 것에서 시작하여, 그 설명에 대해 궁금한 내용을 질문하고, 자신의 생각과 비교하면서 보다 적절한 표현과 아이디어를 선택하는 판단과 논의의 과정을 포함한다.

앞서 언급한 바와 같이 수학적 의사소통 역량의 하위 요소는 서로 엄밀하게 분리될 수 없는 것이다. 따라서 이들 하위 요소를 별개로 취급하여 요소별로 역량을 평가하는 것은 무리일 수 있다. 따라서 의사소통 역량을 평가하는 문항의 경우에는 학생들이 수업 중 발표하거나 다른 사람의 발표를 듣는 활동, 질문하기, 질문에 답하기, 교사가 제시한 질문에 답하는 수행 과제 등의 다양한 활동 속에서 여러 하위 요소들을 연결하여 평가하여야 할 것이다.

3. 수학적 의사소통 역량 함양을 위한 방안

앞에서 살펴본 바와 같이 우리나라의 교육과정에서는 2000년대부터 지속적으로 수학적 의사소통을 포함한 수학적 과정을 수학 학습의 중요한 수단이자 목표로 강조해 오고 있다. 김선희 외(2015)는 의사소통에 관한 외국의 교육과정 사례를 토대로 수학적 의사소통의 교수·학습에 대한 개선 방안을 다음과 같이 제시하고 있다(김선희 외, 2015, p. 76).

첫째, 의사소통이 원활히 일어날 수 있는 학습 환경을 조성하는 방안 모색
둘째, 학생들의 의사소통이 활발하게 일어나기 위한 구체적인 활동의 제안
셋째, 일상 언어와 대비되는 수학적 언어의 특징에 대한 고려

첫 번째와 두 번째 방안은 모두 수학적 의사소통이 활발하게 일어날 수 있도록 서로 질문하고, 자기의 생각을 스스럼없이 말할 수 있는 분위기를 조성하는 것과 관련된다. 즉 학생들이 수업에서 자신의 의견을 말할 수 있게 하고, 다른 사람의 의견을 경청하면서 보다 나은 결론에 도달하려고 노력하는 것이 수학 학습을 위해 필요하며, 이러한 학습 환경을 조성하기 위해서는 더 나은 이해를 위해 문제에 대해 각자의 생

각을 말해보는 기회를 제공하기, 어떤 해결 전략이 가장 좋은 것인지를 분명히 이해하기 위해 다른 사람과 토론하기, 중간 중간 자신의 사고를 표현하기 위해 적절한 기호나 조작물 사용하기, 답에 어떻게 도달했는지를 가장 적절한 형식으로 말하고 설명하기 등의 활동을 통해 학생들이 원활한 의사소통을 할 수 있도록 환경을 조성할 필요가 있다는 것이다(김선희 외, 2015).

한편 세 번째 방안은 자유로운 일상적 대화에서 조금은 형식적인 수학적 대화로 발전할 수 있도록 표현의 정확성과 엄밀성을 요구하는 수학의 특성이 반영되어 있다. 이러한 특성은 수학 학습에서 많은 학생들이 어려움을 갖는 근본적인 원인이 되기도 한다. 그러나 수학적 의사소통이 효과적으로 이루어지기 위해서는 보다 간결하고 정확하게 표현하는 것이 필요하며, 이 과정에서 수학 용어, 기호, 표, 그래프 등의 수학적 언어가 유용하게 사용된다는 것을 학생들이 충분히 인식할 수 있도록 주의를 기울일 필요가 있다. 이를 위해서는 처음부터 수학적 언어를 바로 도입하기보다 다양한 아이디어를 나타내고 표현하는 과정에서 보다 효과적인 의사소통을 위해 무엇이 필요한지에 대해 학생들이 직접 고민하고 시행착오를 겪는 과정을 경험한 후, 여러 가지 혼란을 극복하기 위한 방안으로 수학적 언어의 도입이 필요함을 인식하게 하는 것이 필요하다.

이와 같이 수학적 의사소통에 대한 관심이 많아지고 교육과정에서도 핵심역량으로 강조하고 있지만 현실적으로 수학 수업이 이루어지는 교육 현장의 모습은 수학적 의사소통 역량을 함양하기에 많은 어려움을 드러내고 있다(이지영, 김민경, 2016). 이지영과 김민경(2016)은 우리나라 학생들의 국제평가에서의 실태 및 의사소통 능력의 부족 등을 고려하여, 문제를 해결함에 있어 주어진 숫자의 계산에 치중하기보다는 문제에 담긴 상황과 맥락을 고려하여 수학적 의사소통을 통해 다양한 해결 전략을 제시할 수 있는 프로그램의 개발이 필요하다고 지적하였다. 이들은 수학적 의사소통 역량을 신장할 수 있는 방안으로서 모델링을 적용한 수업 모형을 제시하고, 수업 과정에서 학생들의 의사소통 역량을 평가할 수 있는 평가 기준을 제시하였다(이지영, 김민경, 2016, p. 50). 또한, 수학적 의사소통의 유형을 말하기, 듣기, 읽기, 쓰기의 4가지 유형으로 구분하고, 각각의 유형별로 하위 형태를 제시하였다. 말하기는 질문, 설명, 표현, 토의의 4가지 하위 형태로 나타나며, 듣기와 읽기는 이해, 반응의 2가지 하위 형태로, 그리고 쓰기는 표상, 표현, 설명의 3가지 하위 형태로 나타난다고 보았다. 그리고 이들 하위 형태 각각에 대하여 0수준에서 3수준까지 수준을 구분하여 제시하였다. 0수준은 의사소통과 관련된 활동이 일어나지 않은 수준이며, 1수준은 의사소통을 시도하고 있으나 질적으로 매우 낮은 수준이고, 2수준은 수학적 개념이나 지식을 연결하여 의사소통을 시도하지만 완전하지는 못한 수준, 마지막으로 3수준은 수학적 지식이나 개념이 적절히 연결되어 집단에 참여하는 학생 모두가 활발하게 의사소통을 하고 있는 수준을 말한다(이지영, 김민경, 2016, p. 51).

한편 이은주와 이대현(2011)은 학생들이 자신의 수학적 아이디어를 다른 사람이 이해할 수 있도록 말하고, 다른 사람의 수학적 아이디어를 듣고 이해하는 능력을 키워야 한다고 주장하며, 사회적 구성주의를 근간으로 하는 수학적 의사소통 모형을 다음과 같이 제시하였다(이은주, 이대현, 2011, pp. 137-138).

> 1단계(문제제시 및 문제 인식): 교사가 해결해야 할 문제를 제시하고 학생들은 스스로 또는 교사의 안내에 따라 학습할 문제를 파악한다.
>
> 2단계(문제해결방법 모색): 개인의 주관적 인식에 비추어 나름대로의 해결 방법을 탐색한다.
>
> 3단계(주관적 지식의 공표 및 논의): 2단계에서 탐색한 주관적 지식을 발표 형식으로 공표하여 사회적 상호작용이 활발하게 일어나는 단계로서 각자의 주관적 지식을 다른 사람에게 설명하고 상호 질문하면서 서로의 아이디어를 이해한다.
>
> 4단계(주관적 지식의 수정): 3단계의 공적인 비평과 협의의 과정을 거쳐 얻은 결과와 자신의 주관적 지식을 비교하고 분석하고, 주관적 지식을 수정 및 보완한다.
>
> 5단계(객관적 지식 형성): 3단계와 4단계를 거쳐 공적인 비평 및 주관적 지식과의 비교 과정을 통해 수정된 주관적 지식을 객관적 지식으로 개념화하는 단계이다. 즉 공동체의 구성원이 서로 합의할 수 있는 지식을 형성한다.
>
> 6단계(공유된 지식의 전유): 공동체의 구성원이 서로 합의한 지식을 학습자의 새로운 지식으로 내면화하는 단계로 이 과정을 통해 학생들의 수학적 능력이 이전보다 확장되고 발달된다.
>
> 7단계(적용): 유사하거나 새로운 문제 상황을 해결하기 위해 이전 단계에서 내면화된 지식을 사용한다.

위와 같은 의사소통 모형의 수업을 실행하기 위해서는 교사가 전달한 지식을 학생이 수용한다는 전통적인 교실 문화에서 벗어나 수업에서 구성원들과의 토론과 협의, 그리고 합의를 통한 지식의 능동적 구성이 가능하다는 전제가 필요하다. 이은주와 이대현(2011)은 의사소통 중심의 수업 모형을 적용하여 수업을 실행하는 것이 토론과 협의 및 합의에 의한 공동체의 지식 구성이라는 문화를 만들어가는 데 기여할 수 있을 것으로 보았다.

이미영과 오영렬(2007)은 수학적 과제의 유형에 따라 수학적 의사소통이 일어나는 정도가 다를 수 있다고 보았다. 이들은 인지적 요구수준에 따라 수학적 과제의 유형을 암기형, 절차형, 개념원리형, 탐구형으로 구분하고 각 과제의 유형에 따라 학생들의 수학적 의사소통 참여, 수학적 정당화 유형, 수학적 합의 과정이 어떻게 달라지는지를 분석하여 해결방법이 다양하고 인지적인 요구수준이 높은 수학적 과제를 제공하는 것이 학생들의 수학적 의사소통 능력을 향상시킬 수 있다는 연구결과를 제시하였다. 여기서 암기형 과제란 이전에 학습한 사실, 규칙, 공식을 기억해내어 특별한 절차를 사용하지 않고서도 바로 해결할 수 있는 과제를 말하며, 절차형 과제란 알고리즘적인 방식에 의해 해결방법이 분명하게 드러나는 과제를 말한다. 개념원리형 과제란 답에 이르는 과정이 다양하고 개념과 원리를 이해하여야만 적절한 해결 절차를 선택하여 사용할 수 있는 과제를 말한다. 마지막으로 탐구형 과제란 학습한 내용을 종합적으로 이해하고 적용하여 다양한 방법으로 문제해결에 접근할 수 있는 과제이며, 특별한 해결 방법이 고정적으로 제시되지 않는 과제를 말한다. 이미연과 오영열(2007)은 암기형이나 절차형 과제에서는 학생들이 새로운 의견이나 제안을 거의 제시하지 않았으며, 단순한 양자택일형 질문만이 제시되고 있는 것으로 보고하였다. 반면 개념원리형이나 탐구형 과제를 사용하는 상황에서는 다양한 의견과 제안이 제시되면서 높은 참여를 보였으며, 서로의 사고를 촉진할 수 있는 질문이 자주 나타나고 있음을 보고하였다. 이러한 결과를 토대로 수학적 의사소통을 촉진하기 위해서는 단순한 암기와 절차를 묻는 과제보다는 다양한 해결과정이나 아이디어가 요구되는 개념원리형 또는 탐구형 과제를 사용하는 것이 필요하다는 연구 결과를 제시하였다.

한편, 2015 개정 수학과 교육과정의 수학 과목의 '교수·학습 및 평가의 방향' 중 교수·학습 방법에 제시된 의사소통 능력을 함양하기 위한 방법은 다음과 같다(교육부, 2015a, p. 56).

> (마) 의사소통 능력을 함양하기 위한 교수·학습에서는 다음 사항을 강조한다.
>
> ① 수학 용어, 기호, 표, 그래프 등의 수학적 표현을 이해하고 정확하게 사용하며, 수학적 표현을 만들거나 변환하는 활동을 하게 한다.
>
> ② 수학적 아이디어 또는 수학 학습 과정과 결과를 말, 글, 그림, 기호, 표, 그래프 등을 사용하여 다른 사람과 효율적으로 의사소통하게 한다.
>
> ③ 다양한 관점을 존중하면서 다른 사람의 생각을 이해하고 수학적 아이디어를 표현하며 토론하게 한다.

수학적 의사소통 능력을 함양하기 위한 방안으로 위와 같이 2015 개정 수학과 교육과정에 제시된 내용은 앞서 수학적 의사소통과 관련하여 NCTM(2000)과 박혜숙과 나귀수(2010)의 연구에서 제시한 성취기준의 내용과 대동소이하다. 즉 학생들이 수학

학습을 통하여 성취해야 하는 수학적 의사소통 능력을 다시 한 번 언급하며 문장의 말미에 수업에서 학생들이 해당 활동을 할 수 있도록 유도하는 진술로 마무리하고 있다. 이러한 수준의 진술은 교육과정의 개별 내용요소와 관련된 성취기준을 6가지의 핵심 역량과 관련하여 구체적으로 세분화하지 못하고 있기 때문에 나타나는 현상이다. 따라서 보다 구체적인 내용 요소나 또는 보다 넓은 수준의 핵심 개념을 수학적 의사소통 능력과 연결하여 진술하는 방안에 관한 연구가 필요하다.

4. 수학적 의사소통 역량 문항의 예

본 절에서는 수학적 의사소통 역량의 평가와 관련된 선행 연구를 정리하고, 수학적 의사소통 역량의 발달을 돕기 위한 예시 문항을 제시한다. 이러한 예시 문항은 역량의 성숙과 더불어 학교에서의 교수·학습과 평가 활동을 돕는 데 그 목적이 있다. 수학적 의사소통 역량의 평가와 관련된 선행연구로는 〈과정 중심의 수학교과 평가 방안 연구〉(정상권, 이경화, 유연주, 신보미, 김구연, 2012)와 〈수학적 과정 평가를 위한 서술형 문항 및 채점기준 개발 연구〉(도종훈, 박윤범, 박혜숙, 2014) 등을 들 수 있다.

먼저 정상권 외(2012)는 2009 개정 수학과 교육과정에서 제시된 수학적 과정의 하위요소인 문제해결, 추론, 의사소통의 세 가지 역량에 대한 평가 요소를 제시하였는데, 그중 수학적 의사소통 역량과 관련된 평가 요소를 다음과 같이 7가지로 세분화하였다(정상권 외, 2012, p. 44).

- 수학적 표현을 이해하고 사용하는 능력(C1)
- 자신의 문제해결 또는 추론 과정을 논리적으로 설명하는 능력(C2)
- 자신의 문제해결 또는 추론 과정을 반성적으로 점검하여 표현하는 능력(C3)
- 다른 사람의 문제해결 또는 추론 과정에 대한 설명을 해석하거나 평가하여 표현하는 능력(C4)
- 문제해결 또는 추론 과정을 수학적인 언어로 표현하는 능력(C5)
- 문제해결 또는 추론 과정의 표현을 다른 방식으로 변환하는 능력(C6)
- 문제해결 또는 추론 과정의 표현을 확장 또는 일반화하는 능력(C7)

위의 세분화된 평가 요소에 대하여 그 의미를 살펴보자. 우선 C1은 주어진 수학적 표현, 즉 수학 용어, 기호, 그래프, 표 등이 포함된 정보를 이해하고 그 표현들을 적절하게 사용할 수 있는 능력을 의미한다. C2는 개별적으로 문제를 해결하거나 주어진 상황에 대한 추론 과정을 다른 사람에게 논리적으로 설명하는 능력을 의미한다. C3은 자신의 문제해결 과정이나 추론 과정을 점검하면서 부족한 부분을 보완하거나 보다 적절한 표현으로 수정하여 표현할 수 있는 능력을 의미한다. C4는 다른 사람이 제시한 설명을 듣고 그 의미를 해석하거나 그 설명이 수학적으로 적절한지 여부를 평가하는 등과 같이 다른 사람의 아이디어를 이해하는 능력과 관련된다. C5~C7은 수학적인 언어, 표현 등과 관련된 것으로 자신의 사고 과정을 수학적인 언어로 표현하고, 다른 표현방식으로 변환하며, 보다 일반화하고 확장하는 능력을 의미하며, 이 능력은 C1~C4의 요소와 함께 복합적으로 드러난다고 볼 수 있다.

도종훈 외(2014)는 수학적 의사소통 역량을 포함하여 수학적 추론과 문제해결 역량을 명시적인 평가요소로 포함하는 서술형 문항을 '수학적 과정 문항'이라는 용어로 나타내며 수학적 과정 문항 제작을 위한 예시 평가기준과 문항 및 채점기준을 개발하였다. 이 중 수학적 의사소통 평가 기준은 다음과 같다(도종훈 외, 2014, p. 559).

> C-1. 주어진 상황·맥락을 적절한 수학적 용어, 기호, 문자, 식, 그림(도형, 표, 그래프) 등의 수학적 언어로 표현할 수 있다.
>
> C-2. 자신의 사고 과정을 수학적 언어로 논리정연하게 정리하여 기술할 수 있다.

도종훈 외(2014)는 위의 두 가지 평가 기준을 수학적 의사소통 역량의 평가를 위한 하위 기준으로 제시하였는데, 이는 연구자들이 제시한 바와 같이 수학적 과정 중에서 서술형 문항을 통해 측정할 수 있으며, 그 결과를 점수로 계량화할 수 있는 기본적인 기능에 초점을 두고 설정한 평가 기준이다.

한편, 박미혜와 방정숙(2009)은 초등학교 1, 2학년 교실의 수학적 의사소통을 분석하기 위해 Hufferd-Ackles, Fuson & Sherin(2004)가 제시한 수학 담화 학습 공동체의 4가지 요소, 즉 질문하기, 설명하기, 수학적 아이디어의 근원, 학습의 책임성 등을 기준으로 교사와 학생의 의사소통 분석 및 초점의 수준을 제시한 바 있다. 이 연구는 교실에서 일어나는 수학적 의사소통의 수준을 분석하는 연구이지만, 그중에서 일부는 학생들의 수학적 의사소통 역량을 서로 다른 수준에서 구분하는 데에 의미가 있다. 이들 연구에서 제시한 '질문하기', '설명하기', '수학적 아이디어의 근원'이라는 세 요소에 대한 학생들의 의사소통 능력을 수준별로 정리하면 [표 5-3]과 같다.

이상의 논의에서 살펴본 바와 같이 수학적 의사소통 역량의 평가에 대한 연구에서는 주로 학생들이 자신의 사고 과정을 표현하고 다른 사람이 표현한 것을 이해하고 소통하는 과정에서 수학적인 언어를 어떻게 사용하고 있으며, 또한 제시된 수학적 표

[표 5-3] 교사와 학생의 수학적 의사소통 분석 초점 및 수준(박미혜, 방정숙, 2009, p. 170)

요소	분석 초점	수준
질문하기	• 누가 질문하는가? • 질문에 대한 학생의 반응은 어떠한가?	• 0수준: 수업에 집중하게 하는 교사의 질문에 학생의 짧은 답변이 나타남 • 1수준: 학생의 풀이나 대답에 대한 교사의 질문에 대해 학생의 수동적인 대답이 나타남 • 2수준: 다른 학생의 과제를 이해하기 위한 학생들 사이의 질문이 나타남(경청하고 질문하기) • 3수준: 정당화를 요구하는 학생들 사이의 질문이 나타남
설명하기	• 누가 설명하는가? • 설명의 초점은 무엇인가?	• 0수준: 학생의 사고에 대한 설명 없이 교사가 정답만을 설명함 • 1수준: 학생의 사고에 대한 짧은 설명과 교사의 자세한 설명이 나타남 • 2수준: 학생들의 상세한 설명이 나타나며, 정답과 자신의 해결 방법을 방어함 • 3수준: 학생의 완벽한 전략이 나타나고 학생들 사이의 능동적인 경청이 나타남
수학적 아이디어의 근원	• 누가 수학적 아이디어를 제공하는가? • 누구의 아이디어가 수업에 반영되는가?	• 0수준: 학생의 아이디어는 없고 교사의 아이디어로만 수업이 진행됨 • 1수준: 학생의 아이디어가 등장하지만 탐구되지 않고 교사의 아이디어가 주로 탐구됨 • 2수준: 학생의 아이디어를 근원으로 수업이 진행되며, 학생들이 자신의 사고와 전략을 다른 사람과 공유함 • 3수준: 학생의 아이디어와 방법이 수업의 기초로 사용되며, 학생들이 자발적으로 아이디어를 대조하고 비교하는 활동을 통해 오류를 이해하고 수정해 나감

현을 다른 표현 방식으로 변환하거나 일반화하는 능력 등에 초점을 두고 있다. 이러한 논의를 토대로 이 절에서는 수학적 의사소통 역량을 평가하고 그 발달을 돕기 위한 예시 문항으로 선행 연구에서 개발된 중학교와 고등학교의 예시 문항을 변형하여 제시하고, 해당 문항이 어떻게 수학적 의사소통 역량과 관련이 있는지 서술할 것이다.

4.1 중학교 수학적 의사소통 역량 문항

함수 영역

✔ 문항

다음은 민우가 토요일에 자전거를 타고 할머니 집에 가는 동안의 시간 x와 이동거리 y의 관계를 그래프로 나타낸 것이다. 물음에 답하시오.

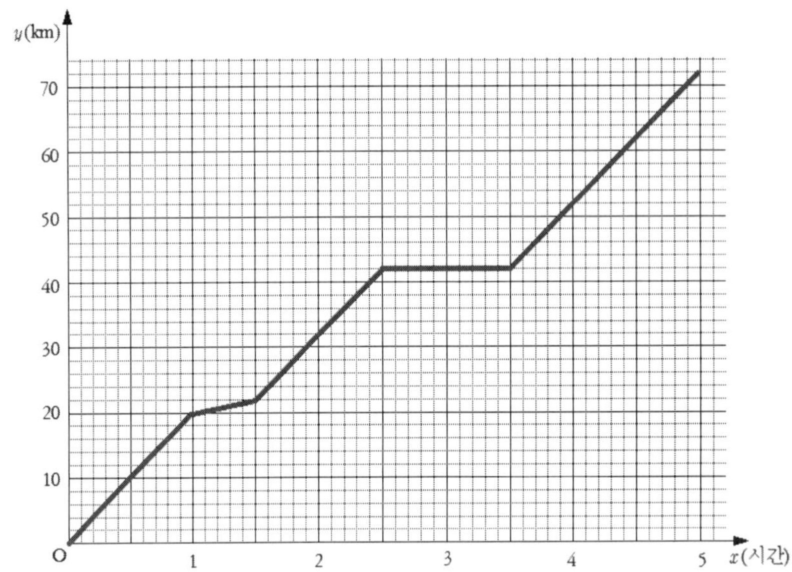

(권점례 외, 2016, pp. 267-272 참조)

(1) 다음 표를 완성하시오.

x(시간)	0.5	1	1.5	2	2.5	3	3.5	4	4.5	5
y(km)										

(2) 다음은 민우가 위와 같이 자전거로 할머니 집에 간 내용을 작성한 일기의 일부이다. 위의 그래프를 보고 시간과 이동거리를 참고하여 일기를 완성하시오.

오늘은 자전거를 타고 5시간 동안 총 72km를 이동하여 할머니 집에 도착하였다.
처음 1시간 동안은 ______________________________

(3) 민우는 할머니 댁에서 하룻밤을 자고 일요일에 자전거를 타고 집으로 돌아 왔다. 집으로 돌아올 때 민우는 처음 1시간 30분 동안 시속 20km의 속력으로 달린 후 멈추어서 30분 동안 쉬면서 음료수를 마셨다. 휴식을 취하고 다시 2시간 동안 시속 20km의 속력으로 달렸다. 마지막엔 지쳐서 자전거를 내려서 1시간 동안 시속 2km의 속력으로 끌고 이동하여 집에 도착하였다.

민우가 할머니 댁에서 집으로 돌아오는 x시간 동안 이동한 거리를 $y$km라 할 때, x와 y의 관계를 그래프로 나타내시오.

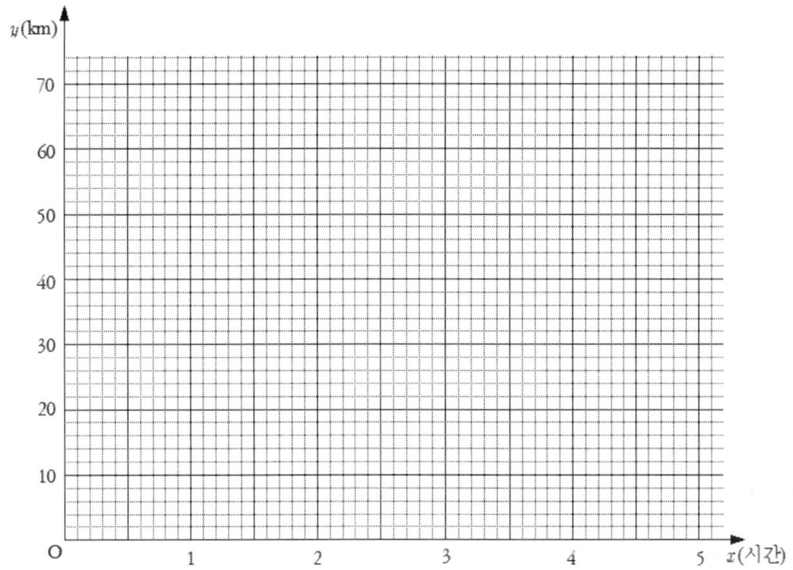

✔ **문항 해설**

이 문항은 2015 개정 수학과 교육과정에서 중학교 1~3학년군의 함수 영역에 제시된 성취기준 “[9수03-02] 다양한 상황을 그래프로 나타내고, 주어진 그래프를 해석할 수 있다.”(교육부, 2015a, p. 32)에 대한 평가 문항이다. 각 하위 문항별로 살펴보고자 하는 내용은 다음과 같다.

(1)번 문항은 수학적 표현 중에 하나인 그래프로 주어진 정보를 표의 형식으로 변환하여 나타낼 수 있는지를 확인하기 위한 문항이다.

(2)번 문항은 그래프나 표로 제시된 정보를 해석하여 표현할 수 있는지를 확인하기 위한 문항이다.

(3)번 문항은 말이나 글로 표현된 상황에 대한 정보를 그래프로 나타낼 수 있는지를 확인하기 위한 문항이다.

이와 같이 본 문항은 실생활에서 나타날 수 있는 자전거로 이동하는 상황에서 시간과 이동 거리 사이의 관계가 그래프로 주어져 있을 때 이를 표로 변환하고 일상 언어로 해석하는 능력과 반대로 일상 언어로 주어진 상황을 이용하여 시간과 이동 거리 사이의 관계를 그래프로 표현하는 능력을 확인할 수 있는 문항이다.

✔ 예시 답안

이 문항의 예시 답안은 다음과 같다.

(1)

x(시간)	0.5	1	1.5	2	2.5	3	3.5	4	4.5	5
y(km)	10	20	22	32	42	42	42	52	62	72

(2)

오늘은 자전거를 타고 5시간 동안 총 72km를 이동하여 할머니 집에 도착하였다. 처음 1시간 동안은 시속 20km의 속력으로 20km를 이동한 후에 자전거를 내려서(혹은 속도를 줄여서) 시속 4km의 속력으로 30분 동안 2km를 이동하였다. 천천히 이동하다 다시 속력을 올려 시속 20km의 속력으로 1시간 동안 20km를 이동한 후 자전거를 멈추고 1시간 동안 휴식을 취하였다. 휴식을 취한 후에는 다시 자전거를 타고 시속 20km의 속력으로 1시간 30분 동안 30km를 달려서 할머니 댁에 도착하였다.

(3) 주어진 상황을 그래프로 나타내면 다음과 같다.

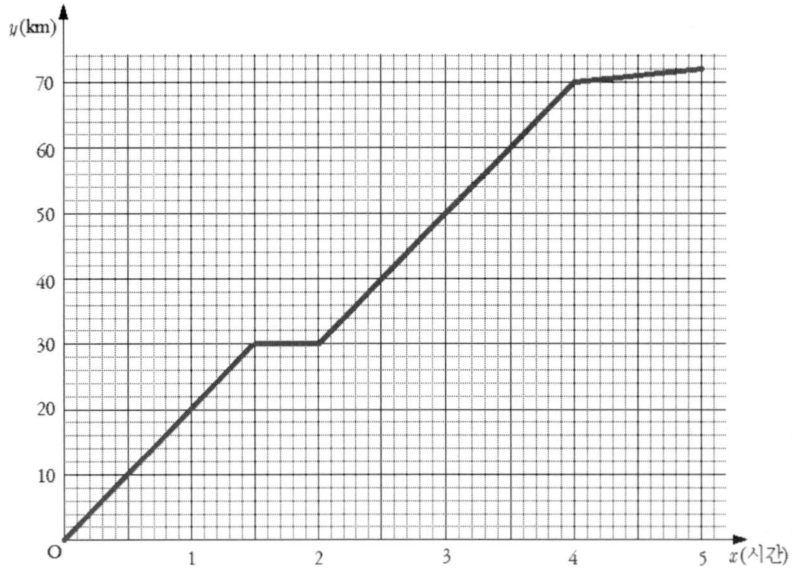

✔ **교과 역량 설명**

이 문항과 관련된 성취기준은 앞서 언급한 바와 같이 중학교 1~3학년군의 함수 영역에 제시된 성취기준 "[9수03-02] 다양한 상황을 그래프로 나타내고, 주어진 그래프를 해석할 수 있다."(교육부, 2015a, p. 32)와 관련된 것이다. 특히 2.3절에서 제시한 박경미 외(2015)의 수학적 의사소통 역량의 하위 요소와 관련하여 본 문항의 하위 문항이 어떻게 관련되어 있는지를 설명하면 다음과 같다.

(1)번 문항은 수학의 독특한 표현 중 하나인 그래프를 사용하여 주어진 정보를 다른 표현 방식인 표로 변환하는 능력과 관련된 것으로 '수학적 표현의 개발 및 변환'과 관련이 있다.

(2)번 문항은 표나 그래프로 주어진 정보를 일상적인 언어로 해석해내는 능력과 관련된 것으로 '수학적 표현의 이해' 및 '자신의 생각 표현' 등과 관련이 있다.

(3)번 문항은 (1)번 및 (2)번 문항과 반대로 일상적인 언어로 주어진 자료를 수학적인 표현인 그래프로 나타내는 능력과 관련된 것으로 '타인의 생각 이해' 및 '수학적 표현의 개발 및 변환' 등과 연결된다.

4.2 고등학교 수학적 의사소통 역량 문항

확률과 통계 영역

✔ 문항

다음 제시문을 읽고 물음에 답하시오.((1)~(3))

오른쪽 그림과 같이 서로 합동인 육각형 모양의 블록 사이에 길이와 폭이 모두 같은 도로망이 주어져 있다. 자전거를 타고 A지점을 출발하여 I지점으로 최단거리로 이동할 때, E지점을 지날 확률을 구하는 문제에 대하여 갑과 을이 다음과 같이 서술하였다.

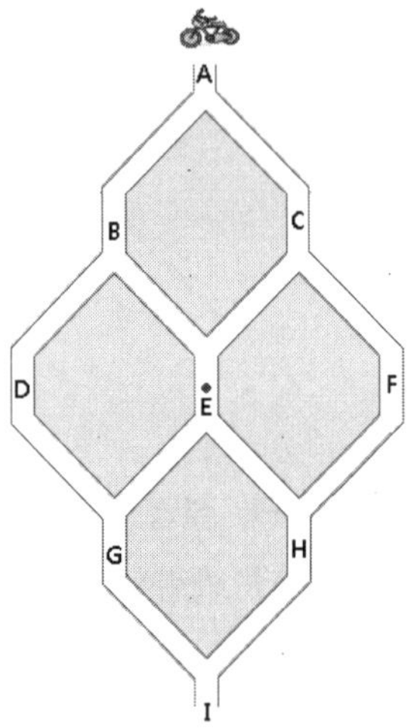

• 갑의 주장:

A지점에서 I지점으로 최단 거리로 이동하는 방법은 6가지이며, 그중 E지점을 지나면서 최단거리로 이동하는 방법은 4가지이므로 구하는 확률은 $\frac{4}{6}=\frac{2}{3}$이다.

• 을의 주장:

A지점에서 I지점으로 최단거리로 이동할 때, 각 갈림길에서 어느 한 길을 택할 확률은 모두 같다고 할 수 있으므로 E를 지나는 경우는 $A \to B \to E$ 또는 $A \to C \to E$로 선택하는 경우이므로 구하는 확률은 $\left(\frac{1}{2}\times\frac{1}{2}\right)+\left(\frac{1}{2}\times\frac{1}{2}\right)=\frac{1}{2}$이다.

(1) 갑의 입장에서 을의 주장을 비판하시오.

(2) 을의 입장에서 갑의 주장을 비판하시오.

(3) 갑과 을의 주장 중에서 누구의 주장이 더 타당한지 자신의 입장을 밝히고, 그 이유를 제시하시오.

(Oh & Lee, 2012, pp. 233-244 참조)

✔ 문항 해설 및 답안

이 문항은 2015 개정 수학과 교육과정에서 고등학교 선택 과목 〈확률과 통계〉의 확률과 통계 영역에 제시된 성취기준 "[12확통02-01] 통계적 확률과 수학적 확률의 의미를 이해한다."(교육부, 2015a: 97)에 대한 평가 문항이다. 각 하위 문항별로 살펴보고자 하는 내용은 다음과 같다.

(1)번 문항은 제시문에 제시된 ‘갑’의 주장을 이해하고, ‘갑’의 입장에 서서 ‘을’이 제시하는 주장을 비판할 수 있는지를 확인하기 위한 문항이다.

(2)번 문항은 제시문에 제시된 ‘을’의 주장을 이해하고, ‘을’의 입장에 서서 ‘갑’이 제시하는 주장을 비판할 수 있는지를 확인하기 위한 문항이다.

(3)번 문항은 ‘갑’과 ‘을’의 두 주장을 모두 검토하고 비판적으로 해석하여 자신의 생각을 정리하고, 둘 중 더 타당하다고 생각하는 주장을 밝히고 그 근거를 제시하는 능력을 평가하는 문항이다.

이와 같이 본 문항은 서로 다른 해석이 가능한 확률 문제 상황에서 서로 다른 입장에서 나름의 근거를 제시하며 펼치는 주장을 읽고, 이를 이해하거나 혹은 비판적으로 평가하고 판단하는 능력을 확인할 수 있는 문항이다.

✔ 예시 답안

이 문항의 예시 답안은 다음과 같다.

(1) ‘갑’의 입장은 거시적인 임의성을 바탕으로 전체 경로의 수에 대한 E를 지나는 경로의 수의 비로 확률의 값을 구한 것으로 확률의 전통적 정의에 입각한 해결방법이다. 따라서 ‘갑’의 관점은 전체 경로 6가지에 모두 같은 가능성을 부여하여 각 경로의 확률이 동일하다는 관점으로 6가지 경로를 근원사건으로 보고 출발 전에 이 경로 중에 하나를 선택한다는 거시적 임의성을 전제로 하고 있다. 이로부터 최단거리로 종점까지 가는 6가지의 각 경로가 선택될 확률은 모두 $\frac{1}{6}$로 동일하다. 따라서 출발 전에 어느 길로 갈지를 미리 선택하여 진행하므로 ‘을’의 주장처럼 매 갈림길마다 새로운 선택이 나타나지 않는다. 결론적으로 ‘갑’의 입장에서는 전체 경로가 6가지이며, 이 6가지가 일어날 가능성이 모두 동일하다는 것이 가정되어 있는 것이다.

(2) ‘을’의 관점은 최단거리로 이동하면서 경로가 나뉘는 순간, 두 갈래 길 중 어느 한 길을 선택할 가능성이 같다는 국소적 임의성을 전제로 하고 있다. 따라서 각 경로가 몇 번의 선택으로 이루어지느냐에 따라서 확률이 달라지며, 두 번의 선택으로 이루어진 경로의 확률은 $\frac{1}{4}$, 세 번의 선택으로 이루어진 경로의 확률은 $\frac{1}{8}$이다. 이와 같이 ‘을’의 입장에서는 최단 거리로 이동하는 6가지 경로가 모두 동일하다는 ‘갑’의 전제에 동의하지 않는다.

(3) 위의 두 입장 중에서 하나를 선택하여 자신의 의견을 정당화하기 위한 근거를 조금 더 구체화하여 제시하면 정답으로 인정한다. 예를 들어 ‘갑’의 입장에서는 왜 출발 전에 6가지 경로에 대해 동일한 가능성을 부여하는 것이 정당한지에 대한 근거를 제시하기 위해 ‘미리 지도를 보고 어느 길로 갈지를 결정하고 출발한다.’와 같은 근거

를 제시할 수 있다. 반면 '을'의 입장에서는 '미리 경로를 선택한다고 하더라도 이동하는 도중에 마음이 바뀌어 다른 판단을 할 수 있으므로 매 순간 선택하는 것이 정당하다'는 근거가 제기될 수 있다. 한편 '6개의 경로 중에 어느 경로로 많이 이동하는지를 통계적으로 조사하여 확률을 정한다.'와 같이 새로운 아이디어를 제공하며 다른 논의로 발전시킬 수도 있다. 이와 같이 새로운 논의를 제기하는 경우에는 별도의 가점을 부여할 수도 있다.

✔ 교과 역량 설명

이 문항과 관련된 성취기준은 앞서 언급한 바와 같이 〈확률과 통계〉의 확률과 통계 영역에 제시된 성취기준 "[12확통02-01] 통계적 확률과 수학적 확률의 의미를 이해한다."(교육부, 2015a, p. 97)와 관련된 것이다. 특히 2.3절에서 제시한 박경미 외(2015)의 수학적 의사소통 역량의 하위 요소와 관련하여 본 문항의 하위 문항이 어떻게 관련되어 있는지를 설명하면 다음과 같다.

(1)번과 (2)번 문항은 주어진 제시문을 읽고 자신의 생각과 다를지라도 주어진 입장에서 논거를 찾아 정당화해보는 경험을 통해 상대방이 왜 그러한 주장을 하는지에 대해 이해해 보려는 의사소통 능력과 관련된 것이다. 따라서 이 문항은 '타인의 생각 이해', '수학적 표현의 이해' 등의 하위 요소와 관련이 있다.

(3)번 문항은 서로 다른 관점에서 제기되고 있는 주장들을 비교하고 검토하여 자신의 생각을 정리하고 둘 중 더 정당한 주장이 무엇인지를 판단하는 능력 및 자신이 선택한 입장을 정당화하기 위해 수학적인 논거를 제시하는 능력과 관련된 것으로 '수학적 표현의 개발 및 변환', '자신의 생각 표현' 등의 하위 요소와 관련이 있다.

5. 나오는 글

이상에서 살펴본 바와 같이 우리나라 교육과정을 비롯하여 세계적으로 수학적 의사소통 역량은 더욱 강조되고 있다. 특히 인공지능의 발달과 제4차 산업혁명 등의 거대한 담론이 회자되면서 앞으로 지식을 암기하고 주어진 문제를 반복적으로 풀이하는 연습 활동 위주의 수학 학습 방법에 대한 반성과 새로운 시대에 적응할 수 있는 역량을 강조하는 방향으로 수학 교수 학습 지도가 이루어져야 한다는 주장과 함께 수학적 의사소통 능력은 앞으로 더욱 중요하게 부각될 것으로 보인다. 그러나 아직 우리의 학교 교육에서 수학적 의사소통 역량을 발달시키고 이를 평가하기 위한 시스템은 충분히 갖추어지지 못한 실정이다. 여전히 상대적인 순위를 강조하는 입시 위주의 교육 문화가 수학적 의사소통 역량을 비롯한 다양한 역량 중심의 교수·학습의 실천을 가로막고 있는 현실이다. 이로 인해 수학적 의사소통 역량에 대한 평가 역시 학생들을 줄 세우기 위한 평가 방식의 하나로 둔갑하지 않을까 걱정이다. 수학적 의사소통을 비롯하여 다양한 수학적 역량에 대한 평가는 한 순간의 모습으로 판단하기보다는 수학적인 활동을 수행하는 과정 전반에 걸쳐 세밀한 관찰과 심도 있는 대화를 통해서 이루어질 수 있을 것이다. 이번 연보 작업에서와 같이 수학적 역량을 강조하고 이를 평가하기 위해 작은 시도를 시작하는 것은 매우 중요한 과정이라고 할 수 있다. 아직은 미약하지만 보다 다양한 장면에서 다양한 방법으로 수학적 의사소통 역량을 신장하는 방안을 모색하고, 또 이를 적절하게 평가할 수 있는 대안을 모색해 나간다면 수학 교육의 본질적인 목적을 향해 나아갈 수 있으리라 생각하며 글을 마무리한다.

▎참·고·문·헌

교육과학기술부(2008). 초등학교 교육과정 해설(Ⅳ), 서울: 대한교과서 주식회사.

교육과학기술부(2011). 수학과 교육과정. 교육과학기술부 고시 제2011-361호[별책8].

교육부(1997). 초등학교 교육과정 해설(Ⅳ), 서울: 대한교과서.

교육부(1999). 고등학교 교육과정 해설(5) - 수학.

교육부(2015a). 수학과 교육과정. 교육부 고시 제2015-74호 [별책 8].

교육부(2015b). 초·중등학교 교육과정 총론. 교육부 고시 제2015-80호 [별책 1].

권점례, 변희현, 임해미, 장혜원, 김수미, 강태석 외(2016). 2015 개정 교육과정에 따른 초·중학교 수학과 평가기준 개발 연구. 한국교육과정평가원 연구보고 CRC 2016-2-6.

김상화, 방정숙(2010). 담화 중심 수학적 의사소통 수업의 분석. 한국초등수학교육학회지, 14(3), 523-545.

김선희, 박경미, 이환철(2015). 수학과 교육과정에 반영된 핵심역량의 국제적 동향 탐색. 수학교육, 54(1), 65-81.

도종훈, 박윤범, 박혜숙(2014). 수학적 과정 평가를 위한 서술형 문항 및 채점기준 개발 연구. 수학교육논문집, 28(4), 553-571.

박경미, 이환철, 박선화, 강은주, 김선희, 임해미 외(2015). 2015 개정 수학과 교육과정 시안 개발 연구 Ⅱ. 한국과학창의재단 연구보고서 BD15120005.

박미혜, 방정숙(2009). 개정 교육과정의 실험 적용에서 나타나는 수학적 의사소통 분석- 초등 1·2학년 탐구 활동과 이야기 마당을 중심으로. 수학교육학연구, 19(1), 163-183.

박윤정, 권혁진(2008). 수학적 의사소통으로서의 쓰기활동이 고등학교 학생들의 수학 학습에 미치는 효과. 수학교육, 47(1), 27-47.

박혜숙, 나귀수(2010). 수학과 교육과정에서 '수학적 과정'의 신설에 대한 소고. 수학교육논문집, 24(3), 503-523.

유현주(2000). 수학적 의사소통과 수학의 교수-학습. 학교수학, 2(1), 53-72.

이미연, 오영열(2007). 수학적 과제가 수학적 의사소통에 미치는 영향. 수학교육학연구, 17(4), 395-418.

이은주, 이대현(2011). 수학적 의사소통 능력 신장을 위한 교수-학습 모형 개발 및 적용 연구. 초등수학교육, 14(2), 135-145.

이지영, 김민경(2016). 초등학생의 수학적 모델링 적용과정에서 나타나는 의사소통에 관한 연구: 5학년 수와 연산을 중심으로. 수학교육, 56(1), 41-71.

정상권, 이경화, 유연주, 신보미, 김구연(2010). 과정 중심의 수학교과 평가방안 연구. 한국과학창의재단.

Hufferd-Ackles, K., Fuson, K. C., & Sherin, M. G.(2004). Describing levels and components of a math-talk learning community. Journal for research in mathematics education, 35(2), 81-116.

National Council of Teachers of Mathematics(1989). Curriculum and evaluation standards for school mathematics. Reston, VA; Author.

National Council of Teachers of Mathematics(2000). Principles and standards for school mathematics. Reston, VA; Author.

National Council of Teachers of Mathematics(2007). Mathematics teaching today. Reston, VA; Author.

Oh, T. K., & Lee, K. H.(2012). Creativity Development in Probability through Debate. Research in Mathematical Education, 16(4), 233-244.

제6장 수학적 표현 역량

김지연(수성고등학교), 이봉주(경북대학교)

1. 들어가는 글

수학적 표현은 일반적으로 수학적 관계를 기호화하여 묘사하고 수학적 지식을 전달하며 수학적 대상을 조작하는 도구로서 표, 그래프, 언어, 기호 등과 같이 개념의 관계를 나타내는 외적인 관습이다(Cobb, Yackel, & Wood, 1992; Zhang, 1997). Janvier, Bednarz & Belanger(1987)에 따르면, 표현은 수학의 일부로 개념을 구체화한 것이고, 일부 어려움을 감소시키는 데 사용되기도 하며, 수학을 더 흥미롭고 재미있게 만들도록 의도된 것이기도 하다. Lesh, Behr, Post, & Silver(1983)는 수학 역사의 대부분이 수학적 표현 체계의 창조와 순화이고, 수학교육의 대부분이 수학적 표현을 이해하고 그 표현 능력을 발달시키는 것이거나 이와 관련된 문제 해결이라고 하였다. 더 나아가 Bruner(1960)는 지능의 발달을 활동적 표현, 영상적 표현, 기호적 표현의 순서로 이루어지는 표현 수단의 발달과 그 사이의 조정 능력의 발달로 설명하였다.

이와 같이 수학적 표현은 수학의 발전과 수학 학습에서 필수적인 역할을 한다(Cai & Lester, 2005). 특히 다양한 표현 양식은 수학을 이해하고 해석하는 도구가 될 뿐만 아니라 아이디어를 체계화하는 데에도 도움이 된다(Pape & Tchoshanov, 2001; Tripathi, 2008). 수학적으로 생각하고 수학적 아이디어를 공유하기 위해서도 언어, 이미지, 숫자, 기호, 식, 표, 그래프 등과 같은 다양한 형태의 표현이 필요하다(Rahmawati, Purwanto, Subanji, Hidayanto, & Anwar, 2017). 또한 수학적 아이디어를 나타내는 데 있어서 다양한 양식의 표현을 이용하는 것뿐만 아니라 표현 사이의 변환도 매우 중요하다(Bal, 2015). 수학 학습에서 수학적 표현들 사이를 연결하고, 하나의 표현을 다른 표현으로 변환할 수 있는 표현 사용 능력에 관심을 기울일 필요가 있다(Rahmawati, Purwanto, Subanji, Hidayanto, & Anwar, 2017).

미국수학교사협회(NCTM, 2000)는 표현을 학교수학을 위한 원리와 규준의 하나로 제시하여 강조하였다. 수학적 과정 규준 중의 하나로서 표현은 학생이 사고 기능을 개발하고 최적화하는 학습에서 중요한 수학적 지식의 구성 및 추상화 과정이라는 것을 보여준다. 이와 관련하여 수학적 아이디어와 관계를 다이어그램, 그래프, 표, 기호 등의 다양한 양식으로 표현하고 그 사이의 변환을 강조하였다. 이러한 수학적 표현의 중요성은 국제학업성취도평가(PISA)와 TIMSS의 평가 영역에 표현이 포함되어 있다는 것과 최근 인도네시아에서도 학교수학 학습목표를 표현을 명시하였다는 데에서도 잘 드러난다(Rahmawati, Purwanto, Subanji, Hidayanto, & Anwar, 2017).

우리나라에서도 수학적 표현은 수학교육의 중요한 목표 중의 하나이다. 2015 개정 교육과정에 따른 수학과 교육과정의 수학과 교육목표에서도 수학적 표현의 중요성은 명백하게 드러난다. 초등학교 교육 목표인 '생활 주변 현상을 수학적으로 관찰하고 표현하는 경험을 통하여 수학의 기초적인 개념, 원리, 법칙을 이해하고 수학의 기능을 습득한다(교육부, 2015, p. 4).'는 수학적 표현이 수학 학습의 기초임을 의미한다. 마찬가지로 중·고등학교의 교육 목표도 '사회 및 자연 현상을 수학적으로 관찰, 분석, 조직, 표현하는 경험을 통하여(교육부, 2015)'라고 제시함으로써 해당 과목에서 다루는 개념, 원리, 법칙과 그들 사이의 관계를 이해하고 수학의 기능을 습득하는 것으로 규정함으로써 수학적 표현이 모든 수학 과목의 학습에 기본임을 보여준다.

그러나 수학적 표현을 이해하고 사용하는 능력의 중요성에도 불구하고 우리나라 2015 개정 교육과정에 따른 수학과 교육과정에서 강조하는 수학 교과 역량에는 명시적으로 포함되어 있지 않다. 수학적 표현은 6가지 수학 교과 역량인 문제 해결 역량, 추론 역량, 창의·융합 역량, 의사소통 역량, 정보 처리 역량, 태도 및 실천 역량과 직접적으로 연결되어 있고, 6가지 수학 교과 역량 함양을 위해서는 수학적 표현 능력이 필수적으로 수반되어야 한다.

이에 여기에서는 수학적 표현 역량의 개념에 대하여 문헌을 토대로 고찰함으로써 학교교육에서 수학적 표현 역량을 강조하고, 수학적 표현 역량을 함양하기 위한 교수·학습 방안을 탐색해 보고자 한다. 또한 수학적 표현 역량의 향상과 더불어 학교에서의 교수·학습과 평가를 돕기 위한 예시 문항을 추출하여 제시해 보고자 한다.

2. 수학적 표현 역량

NCTM(2000)에서 제안한 학교수학을 위한 표현 규준의 하위 요소와 그 의미를 정리해 보면 [표 6-1]과 같고, 이에 대하여 좀 더 자세하게 살펴보면 다음과 같다. 먼저, '수학적 아이디어의 조직·기록·의사소통을 위한 표현과 활용' 요소는 학생이 문제를

[표 6-1] NCTM의 학교수학을 위한 표현 규준의 하위 요소와 의미

하위 요소	의미
수학적 아이디어의 조직·기록·의사소통을 위한 표현과 활용	문제를 해결하고 수학적 아이디어를 탐구하는 과정을 조직하고 기록하며 다른 사람과 의사소통하기 위해 수학적 표현을 활용하는 능력
문제 해결을 위한 수학적 표현의 선정·적용·변환	문제를 해결하는 과정에서 효과적인 수학적 표현 양식을 선택하여 적용하고 또 다른 수학적 표현으로 변환하는 능력
물리적·사회적·수학적 현상의 모델링과 해석을 위한 표현 활용	다양한 상황에 대한 현상을 명확하게 이해하고 설명하기 위하여 그 구성 요소와 관계를 수학적 모델로 구축하고, 현상과 모델을 해석하는 데 수학적 표현을 활용하는 능력

해결하고 수학적 아이디어를 탐구하는 과정을 조직하고 기록하며 다른 사람과 의사소통하기 위하여 수학적 표현을 활용하는 능력을 의미한다. 학생은 수학적 아이디어를 형식적으로 표현하는 것이 수학 학습에서 중요한 부분임을 인식해야 한다. 이를 위하여 수학적 아이디어를 학생 자신에게 의미 있는 방법으로 표현해 보도록 하고, 자신의 학습을 향상시키고 다른 사람과의 의사소통을 위해 객관적인 표현에 대한 학습의 필요성을 인식하는 기회를 제공하는 것도 요구된다. 즉, 수학적 아이디어를 학생 자신의 방법으로 표현하고 수정하며 활용하는 기회뿐만 아니라 다른 사람과 의사소통하기 위하여 수학적 표현 양식에 대한 학습의 중요성을 이해하는 기회를 가질 필요가 있다. 이러한 과정을 통해 학생은 수학적 표현이 효과적인 도구임을 알게 될 것이다. 더불어 교사는 학생의 표현을 통해 수학에 대한 이해와 사고방식을 확인하고, 학생의 개인적인 표현을 객관적인 표현으로 발전시켜 나갈 수 있도록 이끌어 주는 것이 필요하다.

다음으로, '문제 해결을 위한 수학적 표현의 선정·적용·변환' 요소는 문제를 해결하는 과정에서 효과적인 수학적 표현 양식을 선택하여 적용하고 또 다른 수학적 표현으로 변환하는 능력을 의미한다. 수학교육에서 다양한 수학적 표현의 활용이 강조되어야 한다. 하나의 수학적 개념이나 문제를 여러 가지 형태로 표현할 수도 있고, 상황이 다른 다양한 문제를 유사한 문제로 표현할 수도 있기 때문이고, 반대로 여러 가지 표현이 복잡한 개념이나 관계의 다양한 양상을 보여주기도 하기 때문이다. 학생이 수학적 표현을 선택하여 적용하고 또 다른 표현으로 변환해 보는 활동은 표현에 대한 학생의 지식을 확장시켜 보다 복잡한 문제와 상황을 모델링할 수 있도록 하는 데 유용할 것이다. 또한 이러한 활동은 문제를 해결하기 위해 더 많은 통찰을 얻을 수 있는 효과적인 수학적 표현을 선택하기 위해 학생 스스로 생각해 보는 기회를 제공할 것이다. 이에 교사는 이러한 활동을 유도하는 적절한 교수·학습 환경을 제공하여 수학적

표현에 대한 학생의 지식을 확장시킴으로써, 학생이 문제 상황에 따라 상대적인 여러 가지 표현 방법의 강점과 약점을 이해하고 효과적인 수학적 표현 양식을 선택하여 적용하는지에 대해 반성해 보는 기회를 가질 수 있도록 하는 것이 필요하다.

마지막으로, '물리적·사회적·수학적 현상의 모델링과 해석을 위한 표현 활용' 요소는 다양한 상황에서 접하는 현상을 명확하게 이해하고 설명하기 위하여 그 구성 요소와 관계를 수학적 모델로 구축하고, 현상과 모델을 해석하는 데 수학적 표현을 활용하는 능력을 의미한다. 수학적 모델이라는 용어는 복잡한 현상의 구성 요소와 관계를 수학적으로 표현하는 것으로서 표현과 거의 동일하게 다루어지기도 한다. 수학적 모델은 문제를 해결하거나 현상을 명확하게 드러내고 해석하는 데 활용되고, 수학적 표현은 수학적 모델을 구축하는 과정에서 필수적인 도구이다. 이러한 다양한 현상을 모델링하기 위하여 수학적 표현 양식을 활용하는 학생의 능력은 학년이 올라갈수록 향상되어야 한다. 초등학교 과정에서는 주로 학생 주위의 실생활에서 양적 패턴을 탐색하기 위하여 수학적 모델을 활용하고, 중학교 과정에서는 주로 실세계와 수학적 상황에서 나타나는 문제를 해결하기 위하여 변수의 사용을 학습하고, 관계를 분석하기 위하여 식, 표, 그래프 등의 표현을 활용한다. 이후 고등학교 과정에서는 좀 더 복잡하고 다양한 상황에서 구성 요소를 확인하고 그 관계를 수학적으로 표현하여 문제를 해결한다. 이에 교사는 학년이 올라갈수록 학생의 수학적 표현 능력을 향상시키기 위하여 학생 수준에 적절하면서 다양한 실제 상황과 흥미로운 상황을 제공하고, 그 상황을 분석하기 위하여 다양한 수학적 표현, 즉 수학적 모델을 활용할 수 있는 기회를 제공하는 것이 필요하다.

NCTM의 표현 규준의 하위 요소와 의미를 근거로 할 때, 수학적 표현 역량은 아이디어를 조직하고 의사소통하기 위해 수학적 표현을 활용하고, 문제 해결 과정에서 효과적인 수학적 표현을 선정하여 적용하고 변환하며, 다양한 현상을 설명하고 해석하는 데 수학적 표현을 활용하는 능력으로 정의할 수 있다. 이에 수학적 표현 역량의 핵심은 여러 가지 상황과 맥락에서 수학적 표현을 활용하는 능력이라 할 수 있다.

수학적 표현 역량의 개념은 동일한 의미지만 연구자에 따라 다른 용어로 정의되기도 한다. Huinker(2015)는 수학적 표현 역량을 수학적 아이디어를 이해하고 의사소통하며 문제를 해결하기 위해 표현을 의미 있게 활용하는 능력으로 정의한다. Dolin(2007)은 표현 역량을 복잡한 주제나 문제에 대하여 다양하고 구체적인 묘사나 설명을 생성하고 사용하는 능력으로 정의한다. 문헌에 따라 '표현의 유연성(Greer, 2009)', '표현의 유창성(Nathan, Alibali, Masarik, Stephens, Koedinger, 2010)', '표현적 사고(Pape & Tchoshanov, 2001)'라는 용어를 사용하지만, 용어와 상관없이 모두 다양한 표현으로 능숙하게 학습하는 학생의 능력과 그 능력이 학습 과정에서 어떻게 학생의 성공을 지원하는지에 대한 가치를 강조한다(Huinker, 2015). Collins(2011)는 표현 역량 지도가 수학과 과학 교실의 중심에 놓여야 한다고 제안하면서 표현의 중요성을 높이기 위한 전문성을 요구하였다.

특히 Huinker(2015)는 수학적 표현에 관련된 문헌(Ellsworth & Sindt, 1994; Greeno & Hall, 1997; Lesh, Post, & Behr, 1987; Marshall, Superfine, & Canty, 2010)을 토대로 하여 수학적 표현 역량에 다음 4가지 요소를 포함시켰다. 그리고 이러한 능력을 수학 교실에서 표현을 유의미하게 이용하는 역량의 예로 제안하였다.

(1) 다양한 양식의 표현으로 수학적 아이디어를 전달할 수 있는 능력
(2) 특정한 수학적 표현을 이용하는 데 있어서 그 표현이 언제 그리고 왜 적절하고 가치가 있는지를 아는 것
(3) 표현 양식 체계 안에서 그리고 여러 가지 표현 양식 체계 사이에서 변환할 수 있는 능력
(4) 문제를 해결하는 데 있어서 유연하게 표현을 사용할 수 있는 능력

수학적 표현 역량의 중요한 측면은 하나의 표현에서 다른 표현으로 변환할 수 있는 능력이다(Huinker, 2015). 변환의 두 가지 유형, 즉 서로 다른 표현 양식 체계 사이의 변환(예, 그래프를 식으로 표현하기)과 특정한 표현 체계 안에서의 변환(예, 원그래프를 꺾은선그래프로 표현하여 각각의 장단점 비교하기)을 모두 계발하여야 한다. Huinker(2015)는 다양한 표현 양식 사이의 변환 능력의 중요성을 강조하기 위하여 표현 양식 사이의 변환을 〈그림 6-1〉과 같이 제시하였다. 〈그림 6-1〉에 나타난 다섯 가지 표현과 관련된 학생 활동의 예는 다음과 같다. 시각적 표현 활동은 다이어그램, 그림, 수직선, 그래프 등을 이용하여 수학적 아이디어를 제시하고 수행하는 것이다. 언어적 표현 활동은 언어를 사용하여 수학적 아이디어를 정의, 해석, 토론, 설명하는 것이다. 맥락적 표현 활동은 이산량과 연속량의 측정을 통하여 일상, 실세계, 상상의 상황에 수학적 아이디어를 위치시키는 것이다. 물리적 표현 활동은 수학적 아이디어를 보여주고 연구하며 조작하기 위하여 큐브, 타일, 종이 테이프 등과 같은 구체물을 이용하는 것이다. 기호적 표현은 숫자, 변수, 표 등의 기호를 이용하여 수학적 아이디어를 기록하고 수행하는 것이다.

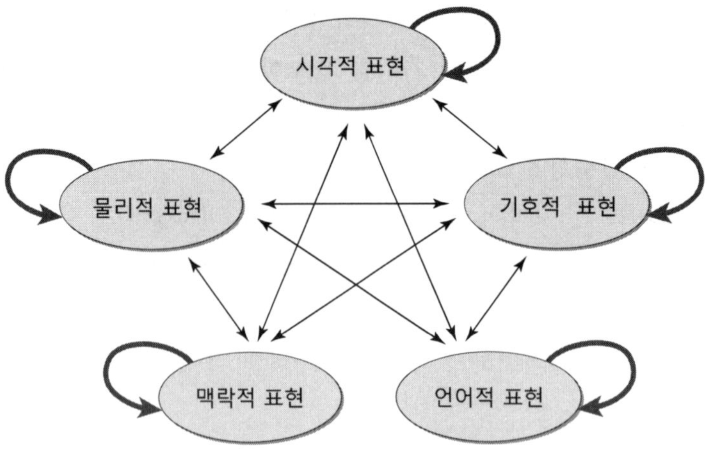

〈그림 6-1〉 표현 양식 사이의 변환(Huinker, 2015, p. 5)

3. 수학적 표현 역량 함양을 위한 교수·학습 방법

학생의 수학적 표현 역량을 함양하기 위한 교수·학습 방법을 몇 가지 문헌을 토대로 탐색해 보고자 한다.

먼저, Marshall, Superfine, & Canty(2010)는 학생의 표현 역량을 향상시킬 수 있는 세 가지 학습 전략을 제안하였다. 첫째, 교사는 학생 간의 대화를 통하여 표현 사이의 연결을 명확하게 할 수 있도록 하여야 한다. 둘째, 교사는 학생에게 표현 사이의 상호 변환을 해 보도록 하는 기회를 제공하여야 한다. 예를 들어, 다이어그램에 일치하는 방정식을 세운 다음, 다시 방정식과 일치하는 다이어그램을 그려 보도록 지도해야 한다. 셋째, 교사는 학생이 문제 해결에 사용할 표현을 선택하고 선택한 표현의 적절성을 정당화하고 생각해 볼 수 있는 기회를 제공해야 한다.

다음으로, NCTM(2014)은 모든 학생의 수학적 성공을 위해 제시한 행동 원리를 제안하였다. NCTM에서 제안한 수학과 교수·학습 상황에서 수학적 표현을 이용하고 연결하기 위한 교사와 학생의 행동(http://www.nctm.org/pta)을 정리하면 [표 6-2]와 같다. 수학 교실에서 이러한 행동을 수시로 실천하도록 노력할 필요가 있다. 예를 들어, 교사는 적절한 수학 과제를 선정하여 제시함으로써, 학생이 수학적 추론을 하고 그 추론을 여러 가지 표현 양식으로 표현하거나 공학적 도구를 사용하여 설명하고 정당화할 수 있는 기회를 제공해야 한다.

마지막으로, 우리나라 2015 개정 교육과정에 따른 수학과 교육과정에서 교과 역량

[표 6-2] 수학적 표현의 활용과 연결을 위한 교사와 학생의 행동(http://www.nctm.org/pta)

교사	학생
• 학생이 문제를 이해하는 과정에서 적절한 표현을 결정할 기회를 제공하는 과제 선정하기	• 수학을 이해하기 위한 여러 가지 양식의 표현 사용하기
• 학생이 사용할 표현에 대해 토론하고 여러 가지 표현을 연결해 보는 충분한 시간 할당하기	• 수학적 이해와 추론을 그림, 표, 그래프 등을 사용하여 표현하고 정당화하기
• 학생이 이용할 수 있는 여러 가지 표현의 양식 소개하기	• 문제 해결 도구로 이용하기 위한 수학적 표현의 양식 결정하기
• 학생이 수학을 그림으로 표현하거나 시각적 도구를 사용하여 자신의 추론을 설명하고 정당화하도록 안내하기	• 문제 상황을 이해하기 위해 그림, 다이어그램 등으로 그려 보기
• 학생이 표현과 상관없이 생각나는 수학적 아이디어의 구조 또는 중요한 특징에 관심을 가지도록 하는 데 초점 맞추기	• 실세계 상황에 수학적 아이디어를 연결해 봄으로써 수학적 아이디어를 맥락화하기
• 문제해결을 위하여 표현을 의미 있게 사용하는 학생의 능력을 이끌어내고 평가하는 방법 설계하기	• 다양한 표현을 이용하는 장점이나 그 적절성에 대하여 생각하기

을 함양하기 위한 교수·학습을 위주로 수학적 표현 역량 함양 방안을 살펴보면 다음과 같다.

첫째, 생활 주변이나 사회 및 자연 현상 등 다양한 맥락에서 파악된 문제를 해결하면서 수학적 개념, 원리, 법칙을 탐구하고 이를 일반화하는 데 수학적 표현을 활용하도록 한다. 이는 교과 역량인 문제 해결 역량을 함양하는 교수·학습에서 강조하는 사항이므로 문제 해결 역량과 동시에 수학적 표현 역량을 함양할 수 있다.

둘째, 관찰과 탐구 상황에서 귀납, 유추 등의 개연적 추론을 사용하여 학생 스스로 추측한 수학적 사실을 표현하고 정당화하는 데 적절하고 효과적인 수학적 표현을 활용하도록 한다. 또한 도출한 수학의 개념, 원리, 법칙을 적절하고 효과적인 수학적 표현으로 나타내어 보고 이러한 과정을 토론하면서 정교화하는 기회를 제공하는 것이 필요하다.

셋째, 수학적 과제를 통하여 산출한 새롭고 의미 있는 아이디어를 다양한 수학적 표현으로 나타내어 보는 기회를 제공할 필요가 있다. 하나의 문제를 여러 가지 방법으로 해결하는 과정에서 다양한 표현으로 변환해 봄으로써 서로 다른 표현 양식의 장단점을 토론해 보고 더 효율적인 표현 양식을 찾아볼 기회를 제공하는 것도 필요하다.

넷째, 의사소통 역량을 함양하기 위한 교수·학습에서 강조하는 세 가지 사항은 모두 수학적 표현 역량 함양과 매우 밀접하게 관련되어 있다. '① 수학 용어, 기호, 표,

그래프 등의 수학적 표현을 이해하고 정확하게 사용하며, 수학적 표현을 만들거나 변환하는 활동을 하게 한다. ② 수학적 아이디어 또는 수학 학습 과정과 결과를 말, 글, 그림, 기호, 표, 그래프 등을 사용하여 다른 사람과 효율적으로 의사소통할 수 있게 한다. ③ 다양한 관점을 존중하면서 다른 사람의 생각을 이해하고 수학적 아이디어를 표현하며 토론하게 한다(교육부, 2015, p. 56).'의 세 가지 방안은 모두 수학적 표현 역량과 동시에 의사소통 역량을 함양하는 방안이다.

다섯째, 실생활 및 수학적 문제 상황에서 적절한 자료를 탐색하여 수집하고 목적에 맞게 정리, 분석, 평가하는 과정에서 적절하고 효율적인 수학적 표현으로 정리, 분석, 평가하도록 지도할 필요가 있다. 이는 교과 역량인 정보 처리 역량을 함양하는 교수·학습에서 강조하는 사항이므로 정보 처리 역량과 동시에 수학적 표현 역량을 함양할 수 있는 기회가 될 것이다.

여섯째, 앞에서 제시한 바와 같이 수학과 교육과정에서 강조하는 교과 역량을 함양하는 교수·학습 상황에서 수학적 표현 역량을 동시에 고려하고 함양함으로써 수학의 역할과 가치를 인식할 수 있도록 할 필요가 있다. 또한 이러한 교수·학습 상황에서 다양한 수학적 표현을 사용함과 동시에 그 표현이 언제 그리고 왜 적절한지를 고려하게 하면서 수학적 표현의 역할과 그 가치를 인식하게 함으로써 태도 및 실천 역량을 동시에 함양할 기회를 제공할 필요가 있다.

4. 수학적 표현 역량 문항의 예

본 절에서는 수학적 표현 역량 성숙을 돕기 위한 예시 문항을 제시한다. 이러한 예시 문항은 역량의 성숙과 더불어 학교에서의 교수·학습과 평가 활동을 돕는 데 그 목적이 있다.

4.1 중학교 수학적 표현 역량 문항

수와 연산 영역

✔ 문항

다음 그림은 3월 어느 날 우리나라 여러 지역의 최저기온을 나타낸 것이다.

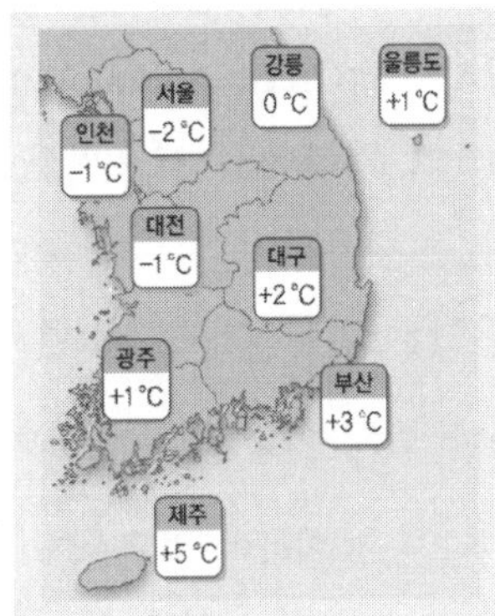

(1) 

는 부산의 기온이 영상 3℃임을 의미한다면 

는 무엇을 의미하는지 말하시오.

(2) 최저기온이 0℃보다 낮은 지역을 모두 말하시오.

(김원경 외, 2017a, p. 30)

✔ 문항 해설 및 답안

(1) 서울의 기온이 영하 2℃임을 의미한다.

(2) 인천, 서울, 대전

✔ 교과 역량 설명

이 문항은 정수의 의미를 알고 정수로 표현된 양의 크기를 비교할 수 있는지 알아보기 위한 것이다. 정수는 중학교 1학년에서 처음 배우는 수이다. 자연수로 한정된 수의 체계를 확장하는 단계이므로 학생이 정수 개념에 대해 올바르게 이해하고 이를 수학적 기호로 정확하게 표현할 수 있으며 형식적인 정수 개념을 일상생활에서의 비형식적인 지식과 적절하게 관련지을 수 있도록 도와주어야 한다. 이 과제와 같은 활동을 통해서 학생은 학생 주변의 상황들을 적절한 수로 표현하고 이들 사이의 크기를 비교할 수 있는 경험을 하게 된다. 상황을 수로 표현하고, 수로 표현된 것을 일상 상황에 대응시키는 이러한 활동은 수학적 표현 역량을 키워주고 나아가 수의 연산과 수 체계의 확장에 도움을 줄 것이다.

문자와 식 영역

✔ 문항

고대 그리스의 수학자 디오판토스의 삶에 대해서는 알려진 것이 별로 없지만, 5~6세기 무렵에 쓰여진 “그리스 명시선집(Greek Anthology)”에는 다음과 같은 디오판토스의 나이에 대한 기록이 있다. 이 기록에서 디오판토스가 사망한 나이를 구하여라.

> 보라! 신의 축복으로 태어난 그는 일생의 $\frac{1}{6}$을 소년으로 보냈다. 그리고 일생의 $\frac{1}{12}$이 지난 뒤에 얼굴에 수염이 자라기 시작했다. 다시 일생의 $\frac{1}{7}$이 지나서 결혼하여 결혼한지 5년 만에 귀한 아들을 얻었도다. 아! 그러나 그의 가엾은 아들은 아버지의 일생의 반밖에 살지 못했다. 아들을 먼저 보내고 깊은 슬픔에 빠진 그는 4년 뒤 일생을 마쳤노라.

(1) 구하려고 하는 것은 무엇인가?
(2) 디오판토스의 일생을 수직선 위에 나타내어 보시오.
(3) 문제의 뜻에 맞게 방정식을 세우고 그 해를 구하시오.
(4) 구한 결과가 문제의 뜻에 맞는지 확인하시오.
(5) 자신의 일생을 계획하여 위의 문제와 같은 방정식 문제를 만들고, 그 문제를 친구와 바꾸어 푸시오.

(김원경 외, 2017a, p. 103)

✔ 문항 해설 및 답안

(1) 구하고자 하는 것은 디오판토스가 사망한 나이이다.

(2)

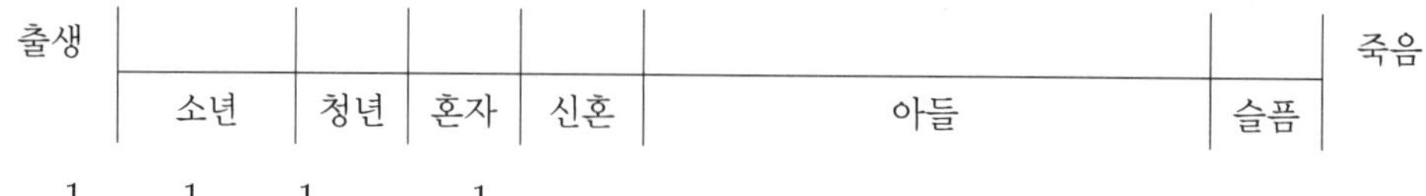

(3) $\frac{1}{6}x+\frac{1}{12}x+\frac{1}{7}x+5+\frac{1}{2}x+4=x$

$x = 84$

(4) 디오판토스가 사망한 나이는 84세이다.

✔ 교과 역량 설명

이 문항은 현상에 대한 수학적 모델링을 할 수 있는지, 대수 기호를 이용하여 수학적 상황과 구조를 표현하고 분석할 수 있는지를 알아보기 위한 것이다. 이 문항은 사람의 일생이라는 문제 상황을 이해하기 위해 문제를 수직선, 수학적 언어, 방정식을 이용하여 표현하는 기회를 제공한다. 또한 실세계 상황에 수학적 아이디어를 연결해 봄으로써 수학적 아이디어를 맥락화하는 기회를 제공한다. 그리고 자신의 상황을 방정식으로 나타내도록 모델링하고 이를 다른 사람에게 표현해 보는 활동을 통하여 의사소통할 수 있는 기회를 제공한다. 이러한 활동을 통해 학생들은 수학적 아이디어 또는 수학 학습 과정과 결과를 말, 글, 그림, 방정식 등을 사용하여 표현하게 되고, 수학적 표현을 통해 다른 사람과 효율적으로 의사소통할 수 있게 되는 수학적 표현 역량을 키우게 된다.

확률과 통계 영역

✔ 문항

다음 표는 민지와 진우가 각각 10회에 걸쳐 받은 영어 쪽지 시험 점수를 조사하여 나타낸 것이다.

(단위: 점)

회	1	2	3	4	5	6	7	8	9	10
민지	9	7	6	6	9	5	7	6	7	8
진우	6	7	7	6	8	7	7	7	7	8

(1) 민지와 진우의 점수의 평균을 각각 구하여라.

(2) 민지와 진우의 점수를 각각 그래프로 나타내고, 그 분포 상태를 비교하여라.

(김원경 외, 2017b, p. 140)

✔ 문항 해설 및 답안

(1) 민지와 진우 모두 평균이 7점이다.

(2) 민지의 점수 분포는 평균 7점을 중심으로 좌우로 넓게 분포되어 있지만, 진우의 점수 분포는 평균 7점에 가까이 몰려 있다.

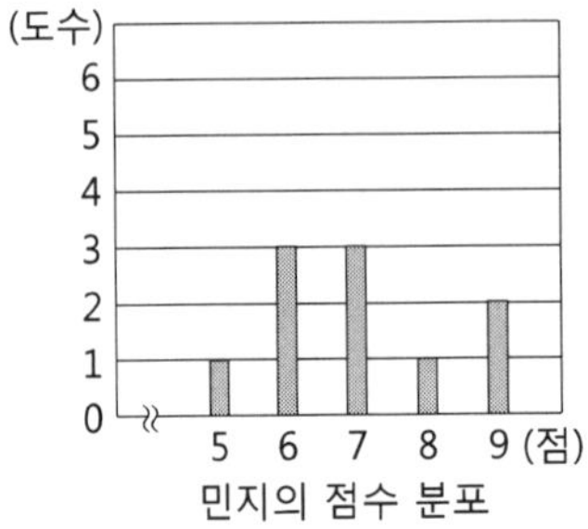

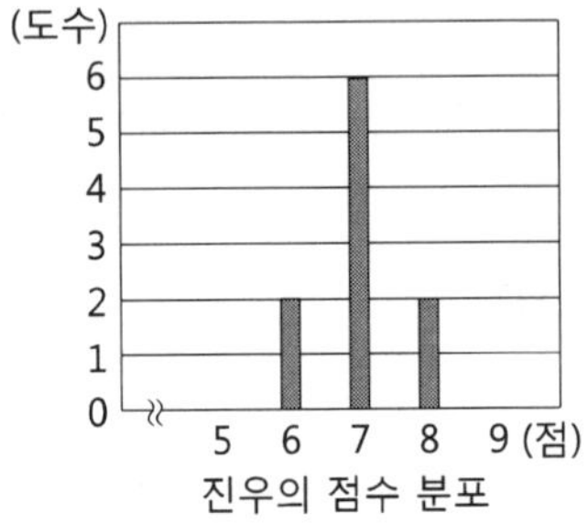

✔ 교과 역량 설명

이 문항은 점수의 평균을 구하고, 그 분포를 알아보기 위해 그래프로 나타내고 이 자료를 해석할 수 있는지 알아보는 것이다. 10회에 걸친 점수를 대표하기 위한 수로 어떠한 수가 적절한지 알아보고, 점수를 막대그래프로 나타내어 대푯값은 같지만 그 분포는 다름을 이해할 수 있도록 하는 문항이다. 통계를 배움으로써 학생은 생활 속 상황에서 문제를 제기하고, 그 문제에 답하기 위해 자료를 수집하고 조직하며 표현할 수 있어야 한다. 이를 위해 중학교 단계의 학생은 주어진 자료를 표, 그래프, 히스토그램, 산점도 등과 같은 다양한 자료 표현 방법을 사용하여 나타낼 수 있어야 하고, 평균과 사분위 범위와 같은 자료의 중심 경향과 분포도를 구하고 해석할 수 있어야 한다. 이 활동을 통해 학생은 생활 주변의 여러 자료를 효과적으로 나타내기 위해 어떠한 수학적인 표현 방법이 좋은지 비교하게 됨으로써 수학적 표현 역량을 기를 수 있을 것이다. 또한 각자 나타낸 자료를 해석하여 설명하는 과정을 통해 타인과 서로 수학적인 표현을 사용하여 의사소통함으로써 수학적 표현 역량을 기를 수 있을 것이다.

기하 영역

✔ 문항

다음은 부피가 같은 원기둥 모양의 과자 용기이다.

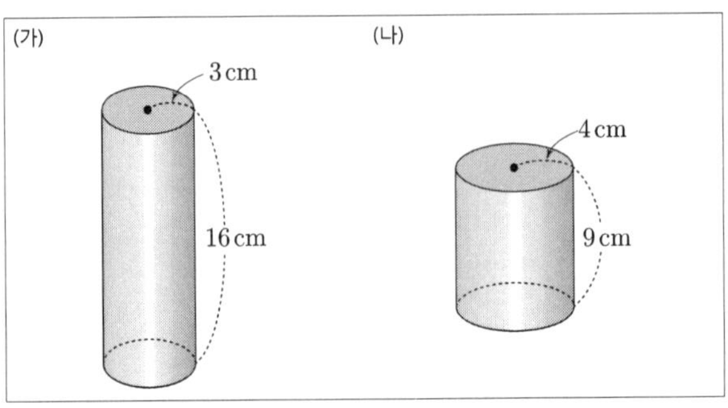

(1) 각 용기의 겉넓이를 구하시오.

(2) 같은 재료를 사용하여 용기를 만들 때, 어느 용기가 보다 경제적인지 판단하시오.

(3) 위의 용기와 부피가 같은 다른 모양의 입체도형을 나타내고 겉넓이를 구하시오.

(4) 모둠별로 자신이 구성한 입체도형의 겉넓이를 친구들에게 설명하고, 모둠 내에서 가장 경제적인 용기의 모양은 어떤 것인지 토론하여 그 결과를 정리하시오.

(권점례 외, 2016)

✔ 문항 해설 및 답안

(1) (가) $\frac{1}{3}\times 6\times 6\times 4 = 48(\mathrm{cm}^3)$

(나) $\frac{1}{3}\times 36\pi\times 8 = 96\pi(\mathrm{cm}^3)$

(2) (가), (나)의 부피는 같지만, 겉넓이는 (가)보다 (나)가 더 작다. 따라서 (나) 모양의 용기가 재료를 보다 경제적으로 사용하고 있다고 판단할 수 있다.

✔ 교과 역량 설명

이 문항은 입체도형의 겉넓이와 부피를 구하고, 입체도형의 성질을 이해하여 상품의 경제성을 비교해 보는 활동을 통해 수학의 실용성과 가치를 인식하도록 하기 위한 것이다. 이 문항에서는 먼저 입체도형의 겉넓이와 부피를 계산하여 수로 표현하고 이들 사이의 크기 관계를 비교할 수 있는 수학적 표현 역량을 키울 수 있다. 또한 자신의 수학적 아이디어나 풀이 방법을 다른 사람에게 설명하여 표현할 수 있고, 타인의 설명을 듣고 그들의 수학적 생각과 표현을 이해할 수 있는 수학적 표현 역량을 키울 수 있다. 그리고 실생활의 과자 용기라는 물건을 수학적 도형에 대응시키고 수학적 문제로 재표현하고 해결하는 과정을 통해 수학에 대한 실용성과 가치를 인식하는 경험을 할 수 있다.

함수 영역

✔ 문항

다음은 집에서 출발한 우빈이가 자전거로 여행을 하는 동안의 시간 x와 이동거리 y의 관계를 그래프로 나타낸 것이다. 물음에 답하시오.

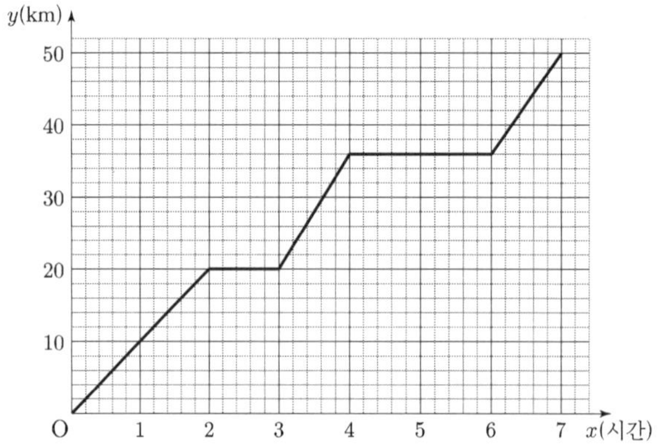

(1) 다음 표를 완성하시오.

x(시간)	1	2	3	4	5	6	7
y(km)							

(2) 다음은 우빈이의 여행 일기의 일부이다. 위의 그래프를 보고 시간, 이동 거리를 반영하여 일기를 완성하시오.

나는 7시간 동안 50km를 이동하였다. 처음 2시간 동안은 ________
____
____
____
____

(3) 도착지에서 다시 집으로 돌아오는 동안 우빈이는 3시간 동안 시속 10km의 속력으로 달리다가 2시간 동안 식사를 즐기며 휴식을 취하고, 다시 2시간 동안 시속 10km의 속력으로 집으로 돌아왔다. x시간 동안 이동한 거리를 $y$km라 할 때, x와 y의 관계를 그래프로 나타내시오.

(권점례 외, 2016)

✔ 문항 해설 및 답안

(1) 표의 빈 칸을 채우면 다음과 같다.

x(시간)	1	2	3	4	5	6	7
y(km)	10	20	20	36	36	36	50

(2) 일기를 완성해 보면 다음과 같다.

나는 7시간 동안 50km를 이동하였다. 처음 2시간 동안은 20km를 이동한 후에 1시간 동안 휴식을 취하고, 다시 1시간 동안 16km를 이동한 후에 2시간 동안 휴식을 취하였다. 그리고 마지막으로 1시간 동안 14km를 이동하였다.

(3) 주어진 상황을 그래프로 나타내면 다음과 같다.

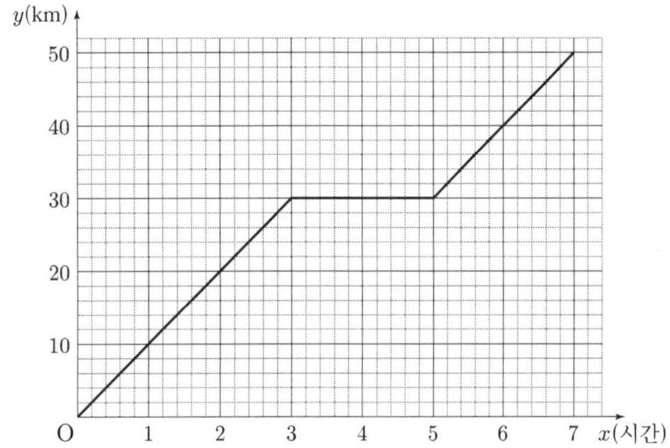

✔ 교과 역량 설명

이 과제는 다양한 상황을 그래프로 나타내고, 주어진 그래프를 해석할 수 있는지를 평가하기 위한 것이다. 교육과정의 중학교 1~3학년 함수 영역에서는 다양한 상황을 일상 언어, 표, 그래프, 식으로 나타내고 이들 사이의 상호변환 활동을 하도록 권고하고 있다. 이 문항은 그래프를 표와 일상 언어로, 일상 언어를 그래프로 나타낼 수 있는지 알아보기 위한 문항이다. 이 문항은 하나의 표현 양식을 또 다른 수학적 표현 양식으로 변환해 보는 활동을 통해 수학적 표현 역량을 향상시키기 위한 것으로, 이러한 활동은 학생에게 하나의 상황을 다양한 수학적 표현 양식을 통해 표현 가능하다는 것을 알게 해 주며 여러 가지 표현 방법의 이해를 통해 효과적인 수학적 표현 양식을 선택해 볼 수 있는 기회를 제공한다. 또한 학생은 생활 속에서 접하는 자전거 여행의 상황을 설명하기 위해 표나 그래프와 같은 수학적 표현을 사용함으로써 시간과 거리의 물리적 요소와 그 관계를 수학적 모델로 구축하고, 현상과 모델을 해석하는 데 수학적 표현을 활용하는 표현 역량을 키우게 된다. 함수에 관한 실생활 문제를 여러 가지 수학적 표현으로 나타내어 보는 이러한 활동은 이후 더 복잡한 관계로 표현되는 실생활 문제 상황을 수학적으로 모델링하고 다양한 수학적 표현 양식을 사용하여 문제를 해결하는 데 도움이 될 뿐 아니라 수학이 가지는 유용성을 이해하는 데에도 도움을 줄 수 있을 것이다.

4.2 고등학교 수학적 표현 역량 문항

대수 영역

✔ 문항

오른쪽 그림은 블록을 쌓아 7층 높이의 탑을 만든 것이다. 1층부터 7층까지 탑을 만드는 데 사용된 블록의 개수의 합을 기호 Σ을 사용하여 나타내어라.

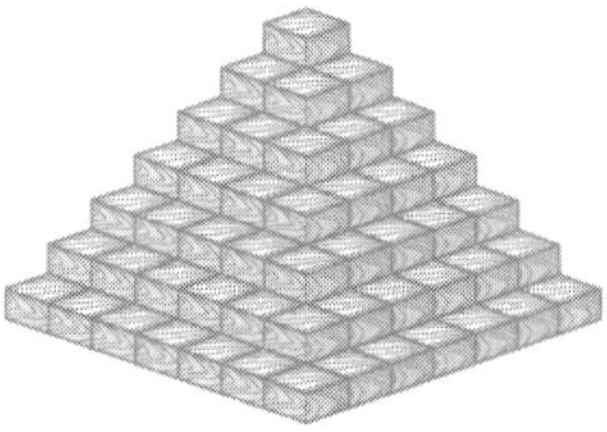

(김원경 외, 2017c, p. 134)

✔ 문항 해설 및 답안

사용된 블록의 개수의 합은

$$1^2+2^2+3^2+\cdots+7^2=\sum_{k=1}^{7}k^2$$

으로 나타낼 수 있다.

✔ 교과 역량 설명

대수 개념은 사물을 크기나 수 등의 속성에 따라 분류하고, 규칙성을 인식하는 것으로부터 시작하고 대수 기호를 이용하여 수학적 상황과 구조를 표현하고 분석하는 것으로 나아간다. 학생은 규칙성을 인식하여 구체물, 모양, 수 등을 정렬하고 다음에 올 것을 예측하게 되고, 이를 일반화하여 대수적 기호를 사용하여 법칙을 찾아내게 된다. 이 문항은 블록이라는 구체물의 개수에서 규칙성을 찾고, 이를 수학 기호를 사용하여 표현할 수 있는지 알아보기 위한 것이다. 이 문항과 같이 주변의 변화를 수학적으로 기술하고, 연산을 하고, 법칙을 찾아내고, 이를 수학적 기호로 표현함으로써 수학적 표현 역량을 키울 수 있다.

해석 영역

✔ 문항

우체국에서는 다른 지역에 사는 사람에게 소포를 부칠 때, 소포의 무게에 따른 발송 요금을 다음 표와 같이 부과한다고 한다. 소포의 무게를 $x$kg, 소포의 발송 요금을 $f(x)$(원)라고 할 때, 물음에 답하시오.

소포의 무게	발송 요금
0 kg 초과 ~ 2 kg 이하	4000원
2 kg 초과 ~ 5 kg 이하	4500원
5 kg 초과 ~ 10 kg 이하	5500원
10 kg 초과 ~ 20 kg 이하	6500원
20 kg 초과 ~ 30 kg 이하	8000원

(1) 구간 $0 < x \leq 30$에서 함수 $y = f(x)$의 그래프를 좌표평면 위에 나타내시오.

(2) $\lim_{x \to 5-} f(x)$, $\lim_{x \to 5+} f(x)$의 값을 구하시오.

(3) 구간 $0 < x < 30$에서 $\lim_{x \to a-} f(x) \neq \lim_{x \to a+} f(x)$인 실수 a의 값을 구하시오.

(이강섭 외, 2017, p. 67)

✔ 문항 해설 및 답안

(1)

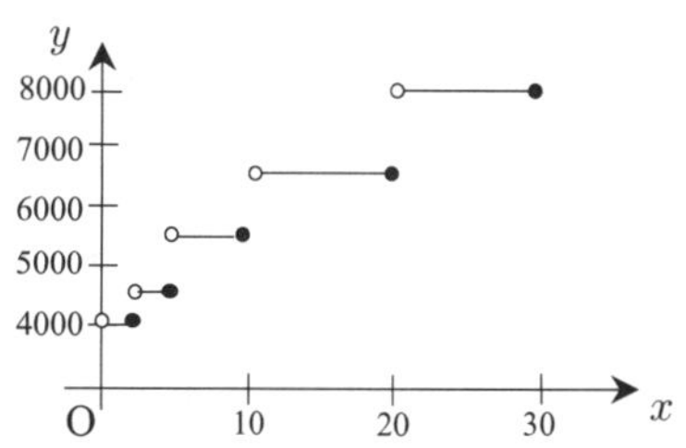

(2) $\lim_{x \to 5-} f(x) = 4500$, $\lim_{x \to 5+} f(x) = 5500$

(3) 2, 5, 10, 20

✔ **교과 역량 설명**

이 문항은 실생활 문제 상황에서 좌극한, 우극한에 관한 수학적 내용을 분석하고 상황에 맞게 해석할 수 있는지, 함수의 좌극한, 우극한에 대한 정보를 파악하고 극한값을 구할 수 있는지 알아보기 위한 것이다. 학생은 'a보다 작은 값을 가지면서 a에 한없이 가까이 갈 때', 'a보다 큰 값을 가지면서 a에 한없이 가까이 갈 때'와 같은 수학적 표현을 이해하고, 이를 기호로 나타냄으로써 수학적 표현 역량을 키울 수 있다. 또한 어떤 상황에 내포된 핵심적인 양적 관계를 파악하고 그 관계의 모델이 될 수 있는 함수를 결정하며 이를 표현함으로써 모델링을 통한 수학적 표현 역량을 키울 수 있다.

기하 영역

✔ **문항**

다음 그림과 같이 배가 북쪽 방향으로 시속 27km의 속력으로 강을 가로질러 건너가려고 한다. 강물의 영향을 받아 실제로 배는 북동쪽 방향으로 시속 45km의 속력으로 진행한다고 할 때, 물음에 답하시오.

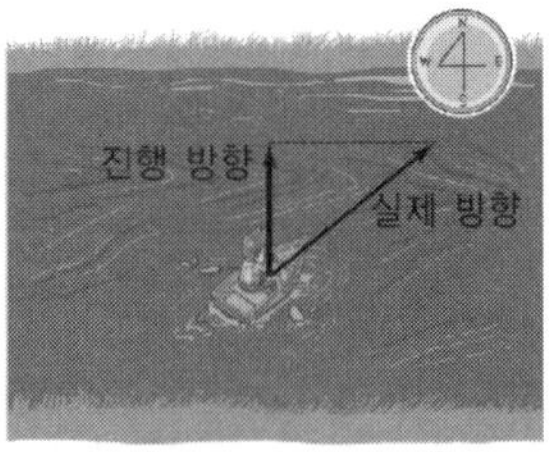

1. 강물의 흐름을 벡터로 나타내시오.
2. 강물이 흐르는 방향과 속력을 구하시오.
3. 좌표평면에 A, B C를 다음과 같이 나타내었다. 물음에 답하시오.

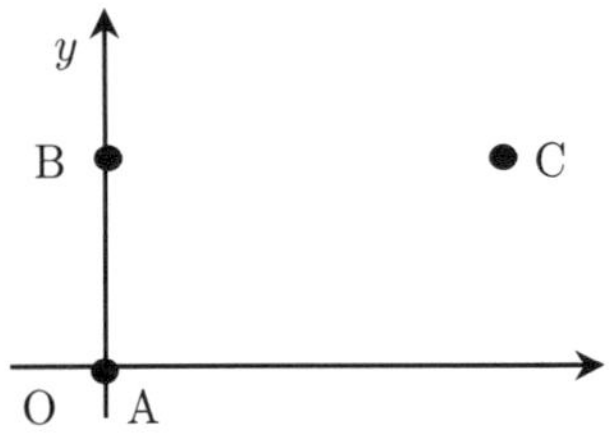

(1) 벡터 $\overrightarrow{AC}$에 대하여 종점 C의 위치를 나타내는 방법을 생각해 보시오.

(2) 벡터 $\overrightarrow{AC}$의 좌표를 $a_1(1,\ 0)+a_2(0,\ 1)$로 나타내고자 할 때, a_1, a_2의 값을 구하는 방법을 이야기해 보시오. 또한 a_1, a_2의 기하학적 의미가 무엇인지 설명해 보시오.

✔ 문항 해설 및 답안

1.

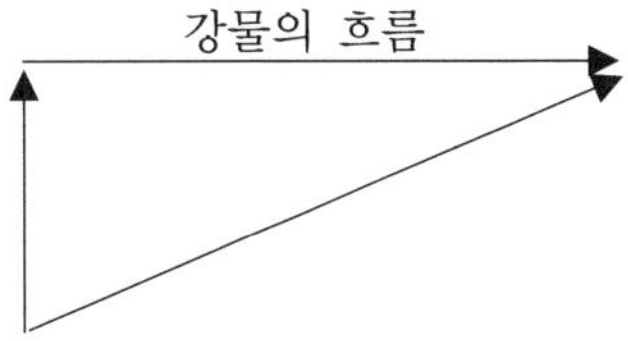

2. 강물은 동쪽으로 이동하며, 그 속력은 $\sqrt{45^2 - 27^2} = 36$(km/h)이다.
3. (1) C에서 x축, y축에 수선의 발을 그어 x좌표, y좌표를 찾는다.
   (2) (1)에서와 같은 방법으로 x좌표, y좌표를 찾는다. a_1, a_2는 화살표로 나타낸 벡터를 각각 x축, y축에 내린 수선의 발에 해당하는 점의 x좌표, y좌표와 같다.

✔ 교과 역량 설명

이 문항은 벡터가 방향과 크기를 모두 나타낼 수 있음을 알고 있는지 알아보고, 평면벡터의 성분이 의미하는 바와 평면벡터의 성분 표시의 좋은 점에 대해 설명할 수 있는지 알아보기 위한 것이다. 위치를 표현하기 위한 다양한 수학적 표현 방법에 대해 알아보고 변환하는 과정을 통해 각각의 수학적 표현에 대한 이해와 선택 능력을 키울 수 있다.

확률과 통계 영역

✔ 문항

어느 떡볶이 가게의 경품 행사에 마련된 상자 속에는 '떡볶이 1인분 무료'라고 적힌 제비 3장, '다음 기회에'라고 적힌 제비 7장이 들어 있다. 다음 대화를 읽고 이 상자에서 임의로 제비 한 장을 뽑을 때, 누가 더 유리한지 설명하시오.

(김원경 외, 2017d, p. 76)

✔ 문항 해설 및 답안

먼저 뽑는 사람이 '떡볶이 1인분 무료' 제비를 뽑을 확률은 $\frac{3}{10}$이고, 나중에 뽑는 사람이 '떡볶이 1인분 무료' 제비를 뽑을 확률은 $\frac{3}{10}\times\frac{2}{9}+\frac{7}{10}\times\frac{3}{9}=\frac{3}{10}$이다. 따라서 누가 먼저 뽑아도 '떡볶이 1인분 무료' 제비를 뽑을 확률은 같다.

✔ 교과 역량 설명

이 문항은 실생활 문제 상황에서 주어진 정보를 이용하여 확률을 구하고, 그 결과를 이용하여 자신의 주장에 대한 근거를 수학적 표현을 사용하여 논리적으로 설명할 수 있는지 알아보기 위한 것이다. 이러한 활동은 자신의 의견을 상대방에게 좀 더 논리적이고 분석적으로 설명할 수 있도록 해주며, 나아가 다양한 사회 현상을 수학적으로 분석하고 추론하여 주어진 상황에 대한 적절한 판단을 할 수 있도록 도와준다. 앞으로의 시대는 방대한 자료 속에서 필요한 자료를 선택하고 그 자료를 분석하여 해석하는 능력이 필요하므로, 이 문항처럼 주변의 다양한 현상을 수학적으로 분석하고 설명해 보는 활동을 통해서 수학적 표현 역량을 키워야 한다.

5. 나오는 글

문헌을 토대로 수학적 표현 역량의 개념을 정의하고, 중·고등학교의 수학 수업에서 수학적 표현 역량을 키우기 위해 활용될 수 있도록 재구성한 예시 문항을 구체적으로 살펴보았다. 이러한 결과를 토대로, 수학적 표현 역량 함양과 관련하여 다음과 같은 제언을 하고자 한다.

첫째, 학생이 자신의 생각을 나타낼 수 있도록 수학적 표현 방법을 만들고 사용할 수 있는 기회를 제공하여야 한다. 교사는 학생들이 다양한 표현 방법을 유연하게 사용할 수 있고 그것들의 강점과 약점을 비교하고 상황에 따라 적절하게 수학적 표현을 사용하는 것을 배우도록 격려하여야 한다. 이를 위해서는 독특하거나 서투른 학생 나름의 표현으로 어떤 내용을 전달하려고 할 때, 끝까지 들어주고 이해하려고 노력함으로써 학생이 표현 능력을 발달시키도록 도와야 한다. 학생들은 새로운 개념을 배우면서 많은 새로운 표현을 함께 배우게 되고 이러한 표현을 유연하게 바꿀 수 있는 역량을 키움으로써 서로 다른 관점에서 수학적 대상을 보고 조작할 수 있는 능력을 기를 수 있다.

둘째, 학생이 학생 주변의 상황들을 모델링하고 이를 수학적 용어나 기호로 표현하고 수학적으로 문제를 해결할 수 있도록 실생활 중심의 교육을 강화해야 한다. 지금은 제4차 산업혁명의 빅데이터 시대를 맞이하여 수많은 자료의 홍수 속에서 필요한 자료를 선별하고 분석하여 모델링할 수 있는 능력이 필요하다. 이를 위해 교사는 학생들이 그 주변의 상황으로부터 문제를 설정하고 계획하고 추측하고 탐구하도록 격려해야 하고, 학생들이 수학적으로 표현한 결과를 일상 언어로 재해석할 수 있도록 도와야 한다.

셋째, 학생 자신의 수학적 아이디어를 다른 사람과 교환하는 기회를 충분히 제공해야 한다. 학생은 자신의 아이디어를 형성하거나 또는 다른 사람을 확신시키기 위해 수학적 표현을 사용함으로써 자신의 수학적 개념을 정리하고 조직할 수 있게 되고, 또한 자신과는 다른 타인의 표현을 이해하려고 노력하는 과정에서 수학적 표현 역량을 기를 수 있게 된다. 그리고 교사는 학생이 기술한 수학적 표현을 보고 학생의 오개념이나 학습 정도를 파악할 수 있게 되며 이는 과정중심평가에서 중요하게 작용할 것이다.

▎참 • 고 • 문 • 헌

교육부(2015). 수학과 교육과정. 서울: 저자.

권점례 외(2016). 2015 개정 교육과정에 따른 초·중학교 수학과 평가기준 개발 연구. 한국교육과정평가원, 연구보고 CRC 2016-2-6.

김원경 외(2017a). 중학교 수학 1. 서울: 비상교육.

김원경 외(2017b). 중학교 수학 3. 서울: 비상교육.

김원경 외(2017c). 수학 Ⅱ. 서울: 비상교육.

김원경 외(2017d). 확률과 통계. 서울: 비상교육.

이강섭 외(2017). 미적분Ⅰ. 서울: 미래엔.

Bal, A. P.(2015). Skills of using and transform multiple representations of the prospective teachers. Journal of Mathematical Behavior, 197(25), 582-588.

Bruner, J. S.(1960). The process of education. New York: Vintage.

Cai, J. & Lester, F. K.(2005). Solution representations and pedagogical representations in Chinese and U. S. classrooms. Journal of Mathematical Behavior, 24, 221-237.

Cobb, P., Yackel, E., & Wood, T.(1992). A constructivist alternative to the representational view of mind in mathematics education. Journal for Research in Mathematics Education, 23(1), 2-33.

Collins, A.(2011). Representational competence: A commentary on the Greeno analysis. In T. Koschmann (Ed.), Theories of learning and research into instructional practice (pp. 105-112). New York: Springer.

Dolin, J.(2007). Science education standards and science assessment in Denmark. In D. Waddington, P. Nentwig, & S. Schanze (Eds.), Making it comparable standards in science education (pp. 71-82). Münster: Waxmann.

Ellsworth, P. C. & Sindt, V. G.(1994). Helping “aha” to happen: The contribution of Irving Sigel. Educational Leadership, 51(5), 40-44.

Goldin, G. A.(2014). Mathematical representations. In S. Lermand (ed.), Encyclopedia of mathematics education (pp. 409-413). New York: Springer.

Greeno, J. G. & Hall, R. P.(1997). Practicing representation. Phi Delta Kappan, 78(5), 361-367.

Greer, B.(2009). Representational flexibility and mathematical expertise. ZDM, 41(5), 697-702.

Huinker, D.(2015). Representational competence: a renewed focus for classroom practice in mathematics. Wisconsin Teacher of Mathematics, 67(2), 4-8.

Janvier, Bednarz, & Belanger(1987). Pedagogical considerations concerning the problem of representation. In Janvier C. (Ed.), Problems of representation in the teaching and learning of mathematics (pp. 109-122). Hillsdale, NJ: Erlbaum.

Lesh, R., Behr, M., Post, T., & Silver, E.(1983). Rational Number Concepts. In R. Lesh & M. Landau (Eds.), Acquistition of Mathematics Concepts and Process (pp. 91-125). New Yor: Academic Press.

Lesh, R., Post, T., & Behr, M.(1987). Representations and translations among representations in mathematics learning and problem solving. In C. Janvier, (Ed.), Problems of representations in the teaching and learning of mathematics (pp. 33-40). Hillsdale, NJ: Lawrence Erlbaum.

Marshall, A. M., Superfine, A. C., & Canty, R. S.(2010). Star students make connections. Teaching Children Mathematics, 17(1), 38-47.

Nathan,M. J., Alibali, M. W., Masarik, K., Stephens, A. C., & Koedinger, K. R.(2010). Enhancing middle school students' representational fluency: A classroom-based study (WCER Working Paper No. 2010-9). Midison, WI: Wisconsin Center for Education Research. Retrieved from http://www.wcer.wisc.edu/publications/workingpapers.

National Council of Teachers of Mathematics(2014). Principles to actions: Ensuring mathematical success for all. Reston, VA: Author.

National Council of Teachers of Mathematics(2000). 학교수학을 위한 원리와 규준 (류희찬, 조완영, 이경화, 나귀수, 김남균, 방정숙 공역). 서울: 경문사. (원본은 2000년에 출판됨.)

Pape, S. J. & Tchoshanov, M. A.(2001). The role of representations in developing mathematical understanding. Theory into Practice, 40(2), 118-225.

Rahmawati, D., Purwanto, Subanji, Hidayanto, E., & Anwar, R. B.(2017). Process of mathematical representation translation from verbal into graphic. IEJME - Mathematics Education, 12(4), 367-381.

Tripathi, P. N.(2008). Developing mathematical understanding through multiple representations. Mathematics Teaching in Middle School, 13(89), 438-445.

Zhang, J.(1997). The nature of external representations in problem solving. Cognitive Science, 21(2), 179-217.

제7장 수학적 모델링 역량

한혜숙(단국대학교), 최희선(EBS)

1. 들어가는 글

매일 우리는 다양한 문제 상황을 만나면서 문제 상황에서 최선의 해결책을 마련하기 위하여 고심을 한다. 당면한 문제를 보다 효과적으로 해결하기 위해서는 문제 상황을 정확히 이해하고, 이를 토대로 적절한 문제해결 계획을 수립한 후 문제를 해결하고, 그 결과를 해석 및 평가할 수 있는 역량이 요구된다. 이러한 문제해결 과정을 수학 교과로 국한하여 본다면, 이는 수학적 문제해결 과정에서 요구되는 역량과 매우 유사하다. 그러나 일생생활에서 우리가 흔히 접하는 문제 상황은 대부분 비수학적 상황인 반면 수학 교과에서는 주로 수학적 문제 상황을 다루고 있어, 이러한 측면에서 다소 차이가 있다고 생각할 수 있다. 하지만 수학교육을 통해서 학생들에게 함양시켜야 하는 역량이 단순히 교실에서 수학 문제를 잘 해결할 수 있는 역량이 아니라, 수학적 지식을 활용하여 다양한 상황에서 접하게 되는 문제를 보다 합리적으로 해결할 수 있는 역량임을 고려해 볼 때, 수학교육에서 수학적 모델링의 역할은 매우 중요하다고 볼 수 있다.

이에 2015 개정 수학과 교육과정에서는 문제해결 역량의 하위 요소로 수학적 모델링을 명시하여 수학과 교수·학습 과정에서 강조하여 다룰 것을 제안하고 있다.

> 수학적 모델링 능력을 신장하기 위해 생활 주변이나 사회 및 자연 현상 등 다양한 맥락에서 파악된 문제를 해결하면서 수학적 개념, 원리, 법칙을 탐구하고 이를 일반화하게 한다(교육부, 2015, p. 38).

수학과 교수·학습 과정에서 수학적 모델링 교육에 대한 강조는 세계적인 추세라고 볼 수 있다. 예를 들면, 미국, 독일, 터키의 수학과 교육과정에서는 모델링을 수학적 문제해결과는 별도로 강조하고 있다. 미국의 경우 2010년에 공표된 Common Core

State Standards for Mathematics(이하 CCSSM)에서 문제해결과는 별도로 '수학으로 모델링하기(Model with mathematics)'를 8가지 수학적 실천 규준(standards for mathematical practices) 중 하나로 설정하였고, 특히, 고등학교급에서는 7개의 내용 규준 중 하나를 모델링으로 설정하였다(CCSSI, 2010). 독일의 경우, 새로운 수학과 교육과정 규준에서 6가지 필수 역량 중 하나로 수학적 모델링을 제시하고 있다(Blum & Ferri, 2009). 수학적 모델링은 여러 가지 측면에서 학생들의 학습에 긍정적인 영향을 줄 수 있다. Blum과 Ferri(2009)에 의하면, 수학적 모델링은 학생들이 살고 있는 세상을 보다 잘 이해할 수 있도록 도울 수 있고, 수학 학습(동기유발, 개념형성, 이해 등)을 보조할 수 있으며, 다양한 수학적 역량과 적절한 태도의 발달 및 수학에 대한 긍정적인 인식을 갖게 하는 데 기여할 수 있다.

본 장에서는 수학적 모델링/수학적 모델링 역량의 개념, 수학적 모델링 역량 함양을 위한 교수·학습 방안, 수학적 모델링 접근법에 따른 문항 예시 등에 대해서 살펴보도록 하겠다.

2. 수학적 모델링 역량

2.1 수학적 모델링의 의미

수학적 모델링의 의미는 연구자의 관점에 따라 다양한 방식으로 설명되고 있는데, 그들이 제시한 모델링의 의미를 분석해 보면 유사점을 찾을 수 있다. 수학적 모델링의 의미는 실세계 문제 상황을 수학적으로 표현하고, 수학적 모델을 활용해서 실세계 상황을 설명하는 과정으로 기술되어 있다(Blum & Niss, 1991). CCSSM 문서에서는 모델링이 실제적인 상황을 이해하고 분석하여, 보다 나은 의사결정을 위하여 적절한 수학 및 통계를 선택하고 활용하는 과정으로 설명하였다(CCSSI, 2010). 즉, 수학적 모델링이란 실세계 현상을 관찰하여 그 현상 속에 내재되어 있는 문제 상황을 명확히 밝히고 문제에 영향을 미치는 중요한 요인들을 찾아 그들의 관계를 수학적으로 해석하여 현상에 적합한 모델을 만들고, 모델에 대한 수학적 분석을 통해 합리적 결과를 얻고, 실제 현상에 맞도록 그 결과를 재해석하여 결론을 도출하는 과정으로 볼 수 있다(Blum, 2002; CCSSI, 2010; Lesh & Doerr, 2003; Mousoulides, Pittalis, Christon, & Sriraman, 2010; NCTM, 1989, 1991; NRC, 1996). 예를 들면 선거결과 예측, 원유가격 동향 파악, 숲의 성장 패턴 등 비수학적인 현상을 수학적으로 모델화하여 그 상황

속에서 중요한 요소들을 인식하고, 요소들 간의 관계를 파악하여 이를 수학적으로 해석하여 결론을 찾는 것이 수학적 모델링에 해당된다고 볼 수 있다(NRC, 1996).

수학적 모델링 과정에 대해서 구체적으로 살펴보면, 여러 연구자들이 수학적 모델링의 과정을 몇 개의 단계로 구성된 순환적인 과정으로 보고 있다(Blomhøj & Jensen, 2003; Blum, 2002; Blum & Niss, 1991; OECD, 2016). Kaiser, Blomhøj와 Sriraman (2006)에 따르면 대부분의 모델링 순환 과정은 5~7개의 하위 과정으로 이루어져 있고, 이러한 하위 과정은 크게 실제(실세계) 영역과 수학(수학적 세계)영역의 2개의 하위 영역으로 구분된다.

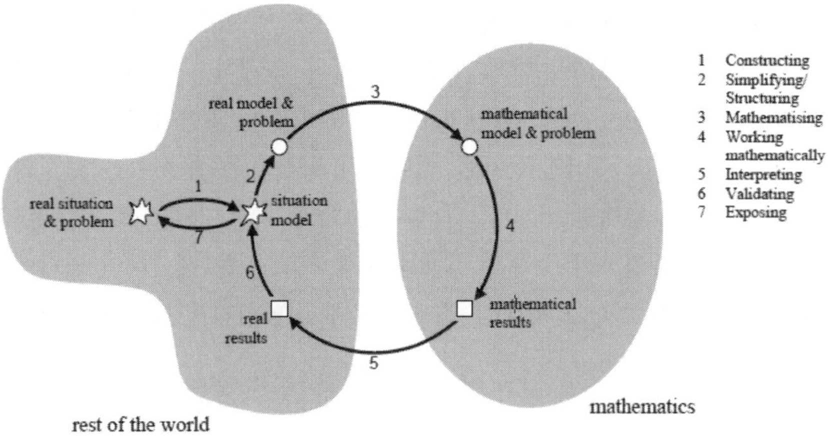

〈그림 7-1〉 수학적 모델링 순환 과정(Blum & Ferri, 2009, p. 46)

CCSSM(CCSSI, 2010)에서는 NCTM(1991)에서 제안한 수학적 모델링 과정을 세분하여 〈그림 7-2〉와 같은 다이어그램으로 나타내었는데, CCSSM에서 제시하는 수학적 모델링 과정은 기본적으로 '문제 상황', '형식화하기', '계산하기', '해석하기', '타당화하기', '보고하기'의 6가지 요소를 포함하는 순환적 과정으로 기술하였다.

각 요소에 대해서 구체적으로 살펴보면 다음과 같다(CCSSI, 2010, pp. 72-73)

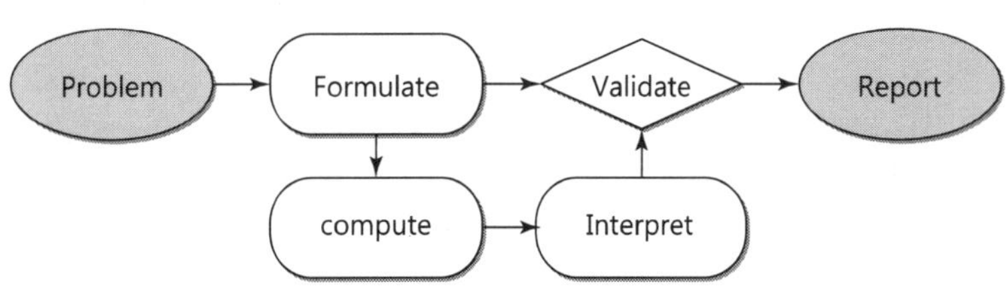

〈그림 7-2〉 CCSSM의 수학적 모델링 과정(CCSSI, 2010, p. 72)

(1) 문제 상황: 학생들은 상황 속에서 변수를 인식하고, 핵심적인 특징을 나타내는 변수 선택하기
(2) 형식화하기: 선택한 변수들 사이의 관계를 설명하기 위해 표, 그래프, 대수, 기하, 통계 등의 표상을 선택하고 창조함으로써 모델을 형식화하기
(3) 계산하기: 결론을 도출하기 위하여 변수들 사이의 관계를 분석하고 연산을 수행하기
(4) 해석하기: 수학적 결과를 원래의 문제 상황에 비추어서 해석하기
(5) 타당화하기: 결과를 원래 상황과 비교해서 결론의 타당성을 검증하고, 필요하다면 모델을 개선하기
(6) 보고하기: 결론을 제시하고, 결론에 내포되어 있는 것을 추론하기

PISA 2015 수학 평가틀에서는 〈그림 7-3〉과 같이 수학적 소양의 모델을 제시하고 있는데(OECD, 2016), 이를 수학적 모델링 과정과 연계하여 해석할 수 있다. 수학적 모델링 과정과 연계하면, 먼저, 개인적, 사회적, 직업적, 과학적 맥락 등의 실세계 맥락의 문제가 제시되고, 주어진 문제를 해결하기 위하여 문제 상황을 형식화하여 수학적 문제로 변환하는 단계를 거친다. 그 후에 수학적 개념, 사실, 절차, 추론 등을 통해서 수학적 문제를 해결하여 수학적 결과를 도출하고, 이를 해석하여 맥락에서의 결과를 도출한 후 그러한 결과가 원래의 문제 상황에 적합한지를 평가하는 과정으로 이루어져 있음을 알 수 있다.

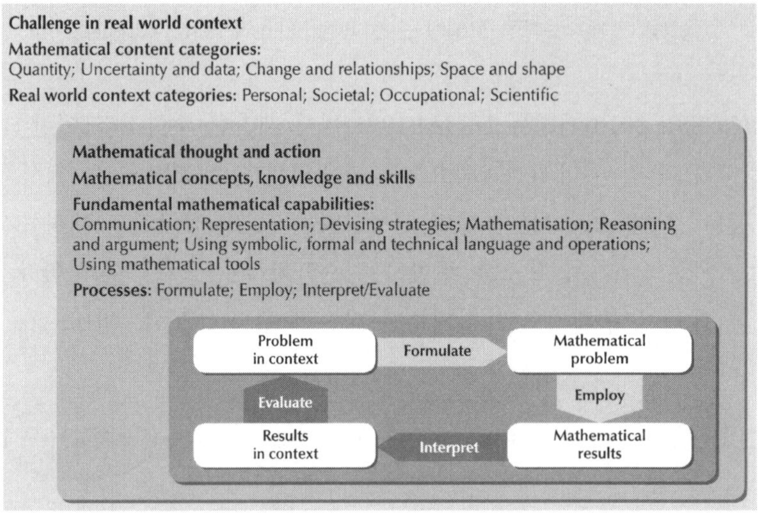

〈그림 7-3〉 수학적 소양의 모델(OECD, 2016, p. 66)

2.2 수학적 모델링 역량의 의미

전 세계적으로 '역량' 함양의 중요성이 강조됨에 따라 수학적 모델링 관련 연구 분야에서도 수학적 모델링 역량의 정의가 무엇인지, 수학적 모델링 능력과 수학적 모델링 역량의 차이가 무엇인지, 수학적 모델링 역량의 하위 역량은 무엇인지 등에 대한 논의가 이루어졌다(Blum, 2002). 수학적 모델링 역량의 개념도 수학적 모델링 개념과 마찬가지로 모델링 과정을 바라보는 연구자의 관점에 따라 다소 다르게 정의되고 있지만, 여러 연구에서 수학적 모델링 역량의 개념을 모델링 과정과 결부하여 설명하고 있는 것을 볼 수 있다. 몇몇 연구자들이 제시한 수학적 모델링 역량의 정의를 살펴보면 다음과 같다.

> 주어진 상황에서 독자적이고 통찰력 있게 수학적 모델링 과정의 모든 단계를 수행할 수 있는 능력(Blomhøj & Jensen, 2003, p. 126)

> 주어진 모델의 범위와 특성을 확인하고, 설정한 가정을 조사함으로써 주어진 모델들을 분석하고 비교하는 능력뿐만 아니라 주어진 실세계 상황에서 관련 있는 문제, 변수, 관계 또는 가정을 인식하는 능력, 이를 수학적으로 변환하고 주어진 상황과 관련하여 수학적 문제의 해를 해석하고 검증하는 능력(Blum, Galbraith, Henn, & Niss, 2007, p. 12)

> 주어진 모델을 비교하거나 분석하는 것뿐만 아니라 다양한 모델링 단계를 적절하게 수행함으로써 모델을 구성할 수 있는 능력(Blum & Ferri, 2009, p. 47)

> 목표지향적인 방법으로 모델링 과정을 적절하게 수행하기 위한 기술과 능력 및 그러한 것들을 수행하려는 태도(Maaß, 2006, p. 117)

Maaß(2006)가 제안한 모델링 역량의 정의는 앞서 살펴본 Blomhøj와 Jensen(2003), Niss 외(2006), Blum과 Ferri(2009)가 제안한 모델링 역량의 정의와는 비교적 다른 측면을 찾아볼 수 있다. Maaß는 수학적 모델링 역량의 개념을 도출하기 위하여 수학적 모델링 역량의 상위 개념이라고도 볼 수 있는 '역량' 및 '수학적 역량'의 개념으로부터 수학적 모델링 역량의 개념을 구체화하였다. 성공적인 모델링 수행을 위해서는 지식뿐 아니라 동기(motivation)도 필수적이라는 Tanner와 Jones(1995)의 주장을 반영하여 Maaß(2006)는 모델링 역량의 개념에 태도적 측면도 포함시켰다.

Maaß(2006)는 모델링 역량에 대한 선행연구 분석 및 실험 연구 결과를 토대로 모델링 역량에 다음과 같은 5가지 역량이 포함될 수 있음을 제안하였다.

(1) 모델링 과정의 단일 단계들을 실행하는 하위역량
- 실제 문제를 이해하고 현실에 기반한 모델을 설정하는 역량
- 실제 모델로부터 수학적 모델을 설정하는 역량
- 이 수학적 모델에서 수학적 문제를 해결하는 역량
- 실제상황에서 수학적 결과를 해석하는 역량
- 해를 검증하는 역량

(2) 메타인지 모델링 역량
(3) 실세계 문제를 구조화하고 해에 대한 방향 감각을 가지고 수행하는 역량
(4) 모델링 과정과 관련하여 논의하고 이러한 논의를 수행하는 역량
(5) 수학이 실세계 문제의 해를 제공하는 가능성으로 보고 이러한 가능성을 긍정적으로 생각하는 역량

3. 수학적 모델링 역량 함양을 위한 교수·학습 방안

3.1 수학적 모델링 수업 접근법

수학적 모델링 역량 함양을 위한 수업을 계획하고, 실행하기 위해서 교사는 어떤 방식으로 모델링 수업을 접근할지, 또 어떤 과제를 활용할지에 대해서 고민할 필요가 있다. Galbraith는 모델링 수업의 목표에 따라 교사가 접근할 수 있는 3가지의 수학적 모델링 수업 방안을 다음과 같이 제안하였다(Arseven, 2015, 재인용).

▸ 수학적 모델링 수업 접근법 1: “General application approach”(일반적인 적용 접근법)

이 접근법은 특정 개념을 학습한 후에 그 개념에 대한 적용 또는 응용에 초점을 두어 모델링 수업에 접근하는 방안이다. 이 접근법의 경우, 일반적으로 교사는 학생들에게 수학적 모델을 가르치고, 학생들은 통제된 조건하에서 교사가 가르친 수학적 모델을 활용하여 문제를 해결하게 된다. 이 접근법은 일반적인 문제해결 접근법과 유사하며, Blum과 Ferri(2009)가 제안한 수학적 모델링 순환 과정을 토대로 보면, 4단계(계산, 방정식 풀기 등)와 5단계(수학적 결과를 실세계 문제 상황에 비추어 해석하기)만을 포함한다고 볼 수 있다.

▸ 수학적 모델링 수업 접근법 2: “Structure modeling approach”(구조화된 모델링 접근법)

이 접근법은 실세계 문제 상황을 사용하며, Blum과 Ferri(2009)가 제안한 수학적 모델

링 과정의 모든 단계(1단계~7단계)를 포함한다. 이러한 접근법에서 교사는 학생들이 3단계(수학화하기 과정)에서 사용하게 될 수학적 모델을 만드는 과정에 상당한 노력을 기울이게 된다.

▸ 수학적 모델링 수업 접근법 3: "Open modeling approach"(개방적인 모델링 접근법)

이 접근법에서 교사는 학생들의 문제해결 과정을 통제할 필요가 없기 때문에 학생들은 교사의 최소한의 도움으로 수학적 모델링 과정의 모든 단계에 따라 주어진 문제를 해결하게 된다. 이러한 접근법은 학교 현장에서는 널리 활용되지는 못한다는 단점을 가지고 있다.

앞서 살펴본 수학적 모델링 수업의 3가지 접근법 중 첫 번째 접근법은 학교 현장에서 널리 사용되는 수학적 문제해결 수업과 매우 유사하다고 볼 수 있다. 이 접근법에서는 수학적 모델링 과정의 핵심적인 부분이라고 볼 수 있는 수학적 모델 생성 과정이 수동적으로 이루어지며, Blum과 Ferri(2009)가 제안한 수학적 모델링 7단계 중 2개의 단계만 포함한다는 단점이 있지만, 학교 현장에서 가장 손쉽게 적용할 수 있다는 장점 또한 있다. 그러나 이 접근법의 경우, 수학적 모델링 수업을 위한 접근법이라기보다는 실세계 응용 문제해결을 위한 수업 접근법에 더 가까워 보인다. 세 번째 접근법의 경우, 가장 이상적인 수학적 모델링 수업을 위한 접근법이지만, 학교 현장에서는 시간적인 제약, 교사의 수업 준비도, 학생의 학습 준비성 등으로 인해 가장 적용하기 어려운 접근법으로 예상된다. '일반적인 적용 접근법' 및 '개방적 모델링 접근법'의 단점을 생각한다면, 현실적으로 '구조화된 모델링 접근법'이 학교 현장에서 수학적 모델링 수업을 위한 가장 합리적인 방법으로 보여진다. 수학적 모델링 교육은 그 자체가 교육의 목표가 될 수도 있지만, 일반적인 수업 상황에서는 교육의 수단으로 활용되는 경우가 더 많을 것이다. 즉, 학교 현장에서 수학적 모델링을 접목한 수업을 진행할 경우, 수학적 모델링 과정은 주로 특정 개념의 학습을 위한 도구 또는 특정 개념을 학습한 후에 학습한 개념에 대한 응용 및 적용의 기회를 제공하기 위한 수단으로 다루어지는 경향이 있다. 이러한 측면을 고려해 봤을 때, '구조화된 모델링 접근법'에서 수학적 모델 구성 과정에서의 교사의 개입은 자연스러운 수업의 일부로도 볼 수 있다.

3.2 수학적 모델링 과제

수학적 모델링 수업에서는 수업의 접근 방식뿐 아니라 학생들이 활용하게 될 문제 상황 또한 수업의 질을 결정하는 중요한 요소가 된다. Galbraith, Stillman, Brown(2010)

은 수학적 모델링 문제 상황은 학생들 주변의 실생활과 연결이 되어 있어야 하고, 주어진 모델링 문제로부터 수학적인 접근이 용이하며, 해결 방법의 접근 및 모델링 결과에 대한 실행이 가능할 뿐더러 수학적인 관점에서는 정확성을, 상황적 맥락의 관점에서는 적절성을 평가할 수 있어야 한다고 제안하였다.

Mousoulides 외(2010)는 Zawojewski, Lesh, English(2003)가 제안한 모델링 문제 개발 원리를 토대로 [표 7-1]과 같이 6가지의 수학적 모델링 과제 개발 원리를 제안하였다.

[표 7-1] Mousoulides 외(2010)의 수학적 모델링 과제 개발의 원리

원리	내용
모델 구성의 원리	활동 결과로서의 모델이 주어진 상황에서 수학적으로 중요한 요소에 대해 명시적인 묘사, 설명, 과정 또는 정당화된 예상을 구성해야 한다.
현실성의 원리	서로 다른 수준의 수학적 능력과 사전 지식을 지닌 학생들이 그 활동을 의미 있게 해석할 수 있어야 한다.
자기 평가의 원리	학생들이 스스로 파악하고 활용하며 그들의 현재 사고 방법을 점검하고 반성할 수 있는 준거를 포함해야 한다. 특히 모델링 활동은 학생들이 그들의 대안적 해결책들의 유용성을 평가하고, 해결책들의 어느 부분이 개선되어야 하는지 판단하는 과정이 언제 완성되는지를 인지하는 데 활용할 수 있는 정보를 포함해야 한다.
모델 기록의 원리	모델링 활동을 완성할 때 학생들에게 그들이 문제 상황에 대해 어떻게 생각하고 있는지를 명료하게 드러내는 일정 형태의 문서화 작업을 하도록 해야 한다.
구조의 공유 및 재활용의 원리	학생들로 하여금 해당 상황을 넘어 다른 사람들에게 공유 가능하고 재활용 가능한 해결책을 생산하도록 한다.
효율적 원형의 원리	모델링 활동이 최대한 간단하면서도 수학적으로 중요할 것을 강조해야 한다. 학생들이 다른 유사한 상황들을 해석하는 데에 유용한 원형이 되는 해결책을 개발하는 것을 목표로 해야 한다.

3.3 수학적 모델링 수행 역량 평가 방안

Galbraith와 Clatworthy(1990)는 [표 7-2]와 같이 수학적 모델링 수행 역량을 평가할 수 있는 분석적 평가 기준표(p. 140)를 제시하였다. 그들은 수학적 모델링 수행 과정에 대한 평가 요소를 크게 4가지(문제 인식, 모델 구성, 수학적 문제 해결, 결과 소통 능력)로 설정하였고, 각 요소에 대한 수준별 평가가 용이하도록 3가지 평가 수준을 제시하였다.

Ludwig과 Xu(2010)는 수학적 모델링 역량을 손쉽게 평가할 수 있는 총체적 평가

[표 7-2] Galbraith와 Clatworthy(1990)가 제시한 평가 기준표(p. 140)

요소	수준 1	수준 2	수준 3
C1. 문제를 명확하게 구체화 할 수 있는 능력	단서가 주어졌을 때만 수행할 수 있음	주어진 정보를 통해 단서를 이끌어 낼 수 있고, 단서를 문제 상황에 알맞은 명확한 표현으로 변환할 수 있음	수준 2를 수행할 수 있으며 이와 더불어 정보가 열려 있거나, 불충분하거나, 반대로 과다할 때, 문제를 명확히 할 수 있음
C2. 적절한 모델을 구성할 수 있는 능력: 변수들을 선택하고 그들 사이의 관계를 발견	단서가 주어졌을 때만 수행할 수 있음	최소한의 도움을 받아 중요한 요인은 결정할 수 있고, (변수들 사이의) 관계를 발견할 수 있음	단서가 없는 상황에서도 독립적으로 중요한 요인을 결정하고, 관계를 발견할 수 있음
C3. 수학적 풀이, 해석, 정당화, 평가/정교화를 포함한 수학적 문제를 해결할 수 있는 능력	단서나 힌트 등을 통해서 상당한 도움이 주어졌을 때, 수학적 문제를 해결할 수 있음	• 약간의 도움 또는 도움 없이 기본적인 문제를 해결할 수 있음 • 일반적으로 모델을 정교화할 수 없음	• 기본적인 문제를 독립적으로 해결할 수 있음 • 모델을 평가하고 정교화 할 수 있음
C4. 쓰기와 말하기의 형태로 결과를 의사소통할 수 있는 능력	다음 사항에 관해 합리적으로 의사소통할 수 있음 • 레이아웃(시각적 자료의 활용 포함) • 발표력 • 간결성 • 구두(약간의 프롬프팅 포함)	보조 도구를 적절하게 활용하여 명확하게 의사소통할 수 있음(프롬프팅 불포함)	혁신과 창의성을 포함한 뛰어난 발표로 명확하게 의사소통을 할 수 있음

기준표를 [표 7-3]과 같이 제안하였다.

앞서 제시한 두 종류의 수학적 모델링 역량 평가 기준표를 비교하면, Galbraith와 Clatworthy(1990)는 수학적 모델링 수행 역량으로 결과에 대한 의사소통 능력 또한 포함시켜 그것을 수학적 모델링 역량의 평가 요소로 설정하였으나, Ludwig과 Xu(2010)가 제안한 수학적 모델링 역량 평가 기준표를 살펴보면, 결과에 대한 보고 또는 발표에 대한 측면은 평가 요소에 포함되지 않는 것을 볼 수 있다. 수학적 모델링 과정에 대한 여러 연구자들의 관점을 살펴보면, 결과에 대한 발표 또는 보고의 단계를 수학적 모델링 과정에 포함시킨 연구자들이 있는 반면 그것을 수학적 모델링 과정에 포함시키지 않은 연구자도 있다. 따라서 수학적 모델링 역량에 대한 평가를 수행할 경우, 수학적 모델링 역량에 대한 정의와 수학적 모델링 과정에 대한 평가자의 관점에 맞추어 평가 기준표를 개발하여 사용할 필요가 있다.

[표 7-3] Ludwig과 Xu(2010)가 제안한 수학적 모델링 역량 평가 기준표(p. 80)

수준	내용
Level 0	학생은 문제 상황을 이해하지 못하고 문제에 대한 구체적인 내용을 작성하거나 스케치하지 못한다.
Level 1	학생은 주어진 실세계 상황을 이해할 수는 있지만, 주어진 상황을 단순화하거나 구체화하지 못하고 수학적인 아이디어와 연결 짓지 못한다.
Level 2	학생은 주어진 실세계 상황을 탐구한 후 구조화와 단순화를 통해 실세계 모델을 찾을 수 있지만, 그것을 수학적인 문제로 변환시키는 방법을 알지 못한다(학생들은 실세계 상황에 대한 일종의 문장제 문제를 만든다).
Level 3	학생은 실세계 모델을 발견할 수 있을 뿐만 아니라 그것을 적절한 수학적 문제로 변환할 수 있지만 그것을 수학적으로 명확하게 해결할 수 없다.
Level 4	학생은 실세계 상황에서 수학적 문제를 발견할 수 있고, 그 문제를 수학적으로 해결할 수 있으며, 수학적 결과를 이끌어 낼 수 있다.
Level 5	학생은 수학적 모델링 과정을 경험할 수 있고, 수학적 문제의 답을 주어진 실세계 상황과 관련하여 정당화할 수 있다.

4. 수학적 모델링 역량 문항의 예

본 절에서는 학생들의 수학적 모델링 역량의 함양을 위한 수학적 모델링 수업 접근법에 따른 모델링 문항의 예시를 살펴보겠다.

4.1 중학교 수학적 모델링 역량 문항

확률과 통계 영역

✔ 문항

A 중학교 1학년 1반 학생 30명은 체험활동으로 하루 동안 서울에 소재한 5궁(경복궁, 경희궁, 덕수궁, 창경궁, 창덕궁)과 4대문(흥인지문, 숙정문, 돈의문, 숭례문) 및 4소문(혜화문, 창의문, 소의문, 광희문)을 탐방하려고 한다. 반 학생들은 5명씩 6개의 조로 나뉘어 조별로 최소한 5궁과 4소문 중 최소 세 장소를 탐방한 후 탐방 결과를 발표해야 한다. 탐방비용은 교통비와 식비를 포함하여 1인당 20,000원으로 제한하고, 조별로 함께 이동한다고 하였을 때 효율적인 탐방일정을 계획해보자.

[일반적인 적용 접근법] 5개의 고궁을 관람하는 순서에 따른 탐방 일정을 계획해 보자.

[구조화된 모델링 접근법] 가장 효율적인 탐방 일정은 주어진 시간 내에 최대한 많은 고궁을 관람하는 것이라고 가정하였을 때, 탐방일정을 어떻게 기획할 수 있을까?

[개방적인 모델링 접근법] 만약 당신이 1학년 1반 학생이라고 할 때 가장 효율적인 탐방 일정을 기획해 보자.

✔ 문항해설 및 답안[1)]

이 문항은 2015 개정 수학과 교육과정에서 중학교 1~3학년군의 확률과 통계 영역에 제시된 "[9수05-04] 경우의 수를 구할 수 있다"(교육부, 2015)라는 성취기준을 접목시킨 수학적 모델링 문항의 예시이다.

1) 이 장의 예시 답안은 개방적 모델링 접근법에 따른 문항의 예시이고, CCSSM에서 제시하는 수학적 모델링 과정(CCSSI, 2010)에 따라 제시하였다.

[문제상황 단계] 주어진 상황은 하루 동안 서울 소재의 5궁과 4대문 및 4소문 중에서 효율적이라고 생각하는 탐방 일정을 계획하는 것이다. 효율적인 탐방 일정을 계획하기 위해서 그 기준을 먼저 정해야 하는데 예를 들면 탐방 장소의 개수, 탐방하는 동안 사용하는 비용 또는 시간 등을 생각할 수 있다. 이 중에서 효율적인 탐방 일정이란 하루 동안에 최대한 많은 고궁을 둘러보는 것이라고 정하자.

[형식화 단계] 하루 동안에 최대한 많은 고궁을 둘러보기 위해서 먼저 5개의 궁을 관람할 수 있는 시간을 조사한 결과는 다음과 같다.

장소		요금	기간	관람시간
경복궁		청소년 무료	1,2,11,12월	09:00~17:00
			3,4,5,9,10월	09:00~18:00
			6,7,8월	09:00~18:30
창덕궁	궁궐전각	2,500원	2,3,4,5,9,10월	09:00~18:00
			6,7,8월	09:00~18:30
			1,11,12월	09:00~17:30
	후원		3,4,5,9,10월	10:00~17:30
			6,7,8월	10:00~18:00
			2,11월	10:00~17:00
			1,12월	10:00~16:30
창경궁		청소년 무료	2,3,4,5,9,10월	09:00~18:00
			6,7,8월	09:00~18:30
			1,11,12월	09:00~17:30
덕수궁		청소년 무료	연중	09:00~21:00
경희궁		무료	연중	10:00~18:00

일반적으로 5개 궁의 관람시간 마감 한 시간 전까지는 입장 가능하고, 보통 관람시간은 1시간~1시간 30분 정도 소요된다. 고궁들 중에서 창덕궁을 제외한 4개의 궁은 관람요금은 무료이고, 창덕궁만 관람 요금(2,500원)이 있다. 관람시간은 덕수궁을 제외한 4개의 궁은 16시 30분부터 18시 30분으로 정해져 있는 반면, 덕수궁만 21시까지 관람할 수 있다. 즉, 덕수궁은 20시까지 입장하면 관람이 가능하다. 또한 고궁을 탐방하는 동안 한 사람이 사용할 수 있는 돈은 최대 20,000원까지이므로 점심식사 비용과 교통비도 고려해야 한다.

[계산 및 해석 단계] 먼저 5궁을 모두 볼 수 있다고 가정하면 탐방 일정에서 고궁의 관람 순서는 총 $5\times4\times3\times2\times1=120$가지의 경우가 있고, 5궁의 위치와 지하철을 이용하여 가는 방법을 조사하면 다음과 같다.

장소	지하철
경복궁	3호선 경복궁역 5번 출구 도보 5분 5호선 광화문역 2번 출구 도보 약 10분
창덕궁	종로3가역(1,3,5호선) 6번 출구에서 도보로 10분 안국역(3호선) 3번 출구에서 도보로 5분
창경궁	4호선 혜화역 4번 출구 300m 직진 후 횡단보도 건너 왼쪽길로 직진 300m
덕수궁	1호선(2번 출구), 2호선(12번 출구) 덕수궁 방면
경희궁	3호선 경북궁역 7번 출구(720m, 도보 10분): 서울지방경창철 방면으로 약 640m 직진후 광화문구세군 빌딩에서 우회전 5호선 광화문역(세종문화회관) 7번 출구 (420m, 도보 6분): 7번 출구로 나와 서대문역 방면으로 420m 직진 5호선 서대문역 4번 출구 (520m, 도보 7분): 4번 출구로 나와 광화문 방면으로 520m 직진

5궁 중에서 창덕궁과 창경궁 및 경복궁은 지리적으로 인접해 있고 덕수궁은 오후 9시까지 관람할 수 있다는 사실을 바탕으로 관람순서를 위해 고궁들을 세 그룹으로 나누면 ‘경복궁, 창덕궁, 경복궁’, ‘경희궁’, ‘덕수궁’으로 분류할 수 있다. 먼저 세 그룹을 관람하는 순서는 $3\times2\times1=6$가지의 경우가 있는데 동선의 최소화로 관람 시간을 확보하기 위해서는 세 그룹 중에서 덕수궁을 마지막으로 관람하고 덕수궁과 지리적으로 가까운 경희궁을 중간에 관람하는 ‘경복궁, 창덕궁, 창경궁-경희궁-덕수궁’ 순

으로 관람하는 일정을 계획하는 것이 합리적이다. 그리고 첫 번째 그룹에서 관람 순서를 정하는 경우의 수는 $3 \times 2 \times 1 = 6$가지인데 마찬가지로 관람시간을 확보하기 위해서는 창덕궁과 창경궁이 지리적으로 서로 이어지기 때문에 창경궁과 창덕궁을 본 후 대중교통으로 이동하여 경복궁을 관람하는 것으로 순서를 정한다면 최종적인 관람 순서는 창경궁-창덕궁-경복궁-경희궁-덕수궁이 될 것이다.

[타당화 단계] 이때 교통비용은 집에서 창경궁까지 가는 데 대중교통 이용, 창덕궁 관람비용, 창덕궁에서 경복궁까지 가는 데 대중교통 이용, 경복궁에서 경희궁까지 가는 데 대중교통 이용, 경희궁에서 덕수궁까지 가는 데 대중교통 이용, 덕수궁에서 집까지 가는 데 대중교통 이용한 비용은 대략 2,500원(관람비용)+1,500원(교통비)×5회 =10,000원이다. 최대 20,000원까지 사용할 수 있으므로 10,000원으로 점심식사 비용을 사용해야 한다. 이때 식사를 점심만 할 것인지 또는 점심, 저녁을 먹을 것인지에 따라 경우를 나눌 수 있는데 점심만 먹는 것으로 결정한다면 다음과 같은 일정을 세울 수 있다.

[보고 단계] 다음과 같은 탐방 일정을 발표한다.
9:00까지 대중교통을 이용하여 창경궁에 도착
9:00~12:00 창경궁과 창덕궁 관람
12:00~13:00 점심식사
13:00~13:30 대중교통을 이용하여 경복궁 도착
13:30~15:00 경복궁 관람
15:30~17:00 경희궁 관람
17:30~19:00 덕수궁 관람
19:00~ 각자 집으로

✔ 교과 역량 설명

본 문항은 실생활에서 접할 수 있는 문화유산을 탐방하는 상황에서 제한된 시간과 비용을 가지고 합리적인 탐방 일정을 계획하는 것으로서, 여러 장소를 선택하는 경우의 수를 생각하고 제한된 조건으로부터 합리적인 기준을 설정하여 효율적인 탐방 일정 계획을 세울 수 있는, 즉 실생활 문제 상황을 수학적으로 나타내고 분석하여 결론을 도출하고 이를 상황에 맞게 해석하는 능력을 기를 수 있는 문항이다.

대수 영역

✔ 문항

1993년 전 세계 천연가스 매장량은 141.8억 m^3로 추정되었다. 그 이후로 매년 평균 2.5억 m^3가 사용되었다. 천연가스가 언제 고갈될지 예측하시오.

[일반적인 적용 접근법] 일차함수를 활용하여 천연가스가 언제 고갈될지 예측해 보자.

[구조화된 모델링 접근법] 매년 전 세계 인구는 증가하고 있다. 이러한 현실을 반영하여 언제 천연가스가 고갈될지를 예측해 보자(모델링 단계에 따라 문제를 해결해 보자).

[개방적인 모델링 접근법] 언제 천연가스가 고갈될지 예측해 보자(모델링 단계에 따라 문제를 해결해 보자).

(Cukrowicz & Zimmermann, 2000, p. 51)

✔ 문항해설 및 예시 답안

이 문항은 2015 개정 수학과 교육과정에서 중학교 1~3학년군의 함수 영역에 제시된 "[9수03-06] 일차함수의 그래프의 성질을 이해하고, 이를 활용하여 문제를 해결할 수 있다."(교육부, 2015)라는 성취기준을 접목한 수학적 모델링 문항의 예시이다.

[문제상황 단계] 주어진 상황은 매장된 천연가스가 매년 평균적으로 일정량이 사용될 때 언제 고갈될지 예측하는 것이다. 천연가스가 소모될 때 그것을 사용하는 인구수가 변화가 되거나, 또는 천연가스를 대체할 수 있는 자원이 생김에 따라 천연가스 수요가 줄어 천연가스 사용량이 줄어들 수도 있는 등 이러한 여러 변수들을 생각하여 천연가스 매장량이 고갈되는 시기를 추정해야 한다.

[형식화 및 계산 단계] 만약 이러한 요인을 생각하지 않는다면 학생들은 1993년에서 x년 후에 남아 있는 천연가스량을 y라 할 때, 매장된 천연가스 141.8억 m^3에서 x년에 따라 2.5억 m^3씩 감소하는 함수 $y = 141.8 - 2.5x$를 생각하면 $x = 56.72$이다.

[해석 단계] 1993년으로부터 56.72년 후인 2049.72년, 즉 약 2050년에는 고갈될 것으로 추정할 수 있다.

[타당화 단계] 그러나 실제로는 매장된 천연가스의 소비에 영향을 주는 여러 가지 요인이 있는데 그중 전 세계의 인구 수 변화를 감안하여 모델링을 할 수 있다. 전 세계 인구의 변화를 생각해야 하므로 1993년의 인구와 그 이후로의 인구의 변화를 조사하면 다음과 같다.

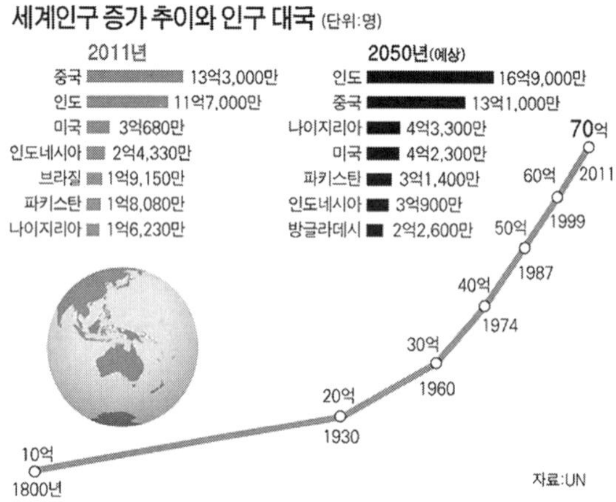

이러한 자료와 함께 Wolfram Alpha(수학연산 검색엔진)를 이용하여 미래의 인구수를 추정해본다면 1993년에는 55.7억 명, 2003년에는 63.6억 명, 2013년에는 71.4억 명, 2023년에는 78.9억 명, 2033년은 85.4억 명, 2043년은 90.7억 명, 2050년은 93.7억 명이다. 1993년으로부터 50년 후인 2043년의 인구가 1993년의 인구보다 35억 명 증가, 57년 후인 2050년의 인구가 1993년의 인구보다 38억 명 증가할 것으로 볼 수 있다.

이때, 1993년에 평균적으로 천연가스를 2.5억 m^3를 사용했다면 1인당 0.045억 m^3를 사용했다고 가정할 수 있다. 또한, 평균적인 천연가스 사용량이 인구 수에 비례한다고 가정하였고 2003년에는 평균적으로 2.86억 m^3, 2013년에는 3.2억 m^3, 2023년은 3.54억 m^3, 2033년은 3.83억 m^3, 2043년은 4.07억 m^3를 사용할 것으로 예상할 수 있다.

천연가스 사용량을 1993년부터 2002년까지 평균적으로 2.5억 m^3, 2003년부터 2012년까지는 2.86억 m^3, 2013년부터 2022년까지는 3.2억 m^3, 2023년부터 2032년부터 3.54억 m^3, 2033년부터 2042년까지 3.83억 m^3를 사용할 것으로 가정한다면 45년 후 2038년에 천연가스를 140.15억 m^3를 사용할 것으로 예상되므로 2039년이 되기 전에는 고갈될 것으로 추정한다.

[보고 단계] 매장된 천연가스가 사용하는 인구수에 비례하여 소비되고 인구가 점점 증가한다고 가정한다면 현재 매장되어 있는 천연가스는 대략 2038년이면 고갈될 것으로 추정할 수 있다.

✔ 교과 역량 설명

본 문항은 우리가 일상생활 속에서 사용하고 있는 천연가스 자원이 언제 고갈될지에 대해서 예측하는 문항으로 학생들에게 수학적 모델링 과정에 따라 문제를 해결하게 함으로써 학생들은 주어진 조건과 더불어 문제 해결에 영향을 줄 수 있는 다양한 변인(인구 수 증가, 대체 에너지 개발, 천연 자원 소비 절약 등)에 대해서 생각해 볼 수 있는 기회를 가질 수 있다. 이 문항에서는 수학적 모델링 과정 중 문제해결 방안에 대한 타당화 과정을 보다 강조하여 다룰 수 있는데, 이를 통해 학생들의 추론 역량의 함양 또한 기대해 볼 수 있다.

4.2 고등학교 수학적 모델링 역량 문항

대수 영역

✔ 문항

통계청 2016 인구주택 총 조사 자료에 의하면 2016년 11월 1일 기준으로 우리나라에 거주하는 총 인구(외국인 포함)는 51,270천 명으로 2015년 51,069천 명에 비해 200천 명(0.4%) 증가하였다. 성별로는 남자 25,697천 명, 여자 25,573천 명으로 2015년에 비해 남자는 0.3%, 여자는 0.4% 증가하였고 내국인은 49,856천 명, 외국인은 1,414천명으로 2015년에 비해 내국인은 0.3%, 외국인은 3.7% 증가하였다.

총조사 인구 규모(2015R, 2016R) (단위: 천 명, %)

구분	2015년^R(A)		2016년^R(B)		증감(B-A)	
		구성비		구성비		증감률
계	51,069	100.0	51,270	100.0	200	0.4
남자	25,609	50.1	25,697	50.1	88	0.3
여자	25,461	49.9	25,573	49.9	112	0.4
내국인	49,706	97.3	49,856	97.2	150	0.3
외국인	1,364	2.7	1,414	2.8	50	3.7

연도별 총 조사 인구 및 연평균증가율(1949T~2016R)

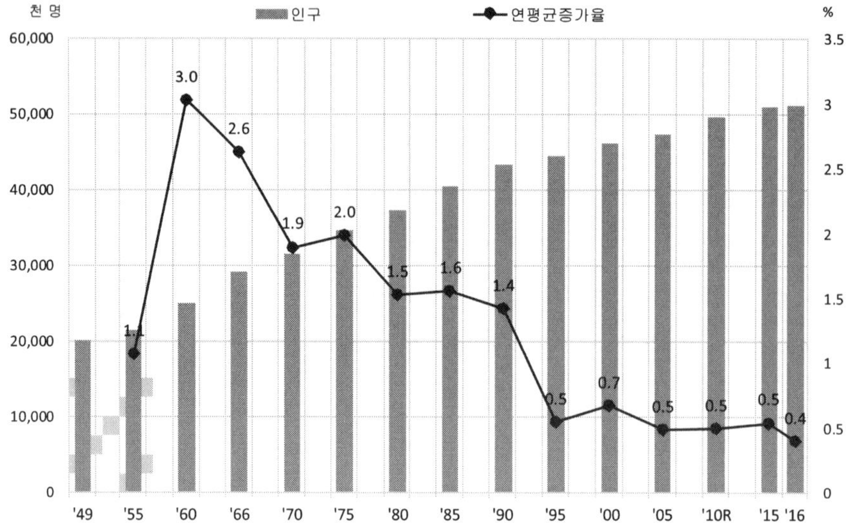

[일반적인 적용 접근법] 매년 우리나라 인구가 일정한 양으로 증가하거나 일정한 비율로 증가한다고 할 때 2020년의 총 조사 인구를 예측해 보자.

[구조화된 모델링 접근법] 매년 우리나라 인구가 증가한다고 할 때 2020년의 총 조사 인구를 예측해 보자.

[개방적인 모델링 접근법] 향후에도 이러한 인구 증가 추세 계속된다고 가정할 때, 인구의 변화를 예측해 보자.

✔ 문항 해설 및 예시 답안

이 문항은 2015 개정 수학과 교육과정에서 고등학교 수학Ⅰ의 대수영역 중 수열영역에 제시된 “[12수학Ⅰ03-02]과 [12수학Ⅰ03-03]의 등차수열, 등비수열의 뜻을 알고, 일반항, 첫째 항부터 제n항까지의 합을 구할 수 있다.” 또는 해석영역 중 지수함수와 로그함수영역에 제시된 “[12수학Ⅰ01-08]의 지수함수와 로그함수를 활용하여 문제를 해결할 수 있다.”(교육부, 2015)라는 성취기준을 접목한 수학적 모델링 문항의 예시이다. 대수영역에서 수열은 규칙적으로 나열된 수로 나타낼 수 있는 현상을 탐구하는데 활용되며 수열의 극한과 급수의 기초 개념이다. 해석영역의 지수함수와 로그함수는 급격히 증감하는 수량이나 현상을 다루는 유용한 도구로서 자연 현상이나 사회 현상을 표현하고 설명하는 데 활용된다.

학생들이 실제 자연 또는 사회 현상의 자료를 가지고 모델링을 할 때에 어려운 부분 중 하나는 실제 데이터를 계산하기가 복잡하다는 사실이다. 그래서 국내외적으로 공학적 도구의 활용의 중요성을 강조하는데, 예를 들면 NCTM(2000)에서는 학교수학을 위한 6가지의 원리 중 하나로 공학 원리를 제안하며, 공학적 도구를 사용한 교수·학습이 학생들의 학습을 촉진한다고 명시하였다. 2015 개정 수학과 교육과정에서 정보 처리 역량의 함양을 위하여 교수·학습에서는 다음과 같이 공학 도구의 활용을 강조한다.

> ③ 계산 능력 배양을 목표로 하지 않는 교수·학습 상황에서의 복잡한 계산 수행, 수학의 개념, 원리, 법칙의 이해, 문제 해결력 향상 등을 위하여 계산기, 컴퓨터, 교육용 소프트웨어 등의 공학적 도구를 이용할 수 있게 한다. (p. 69)

앞서 제시한 인구 예측 문항의 경우, 학생들이 수학적 모델링 과정에서 컴퓨터, 계산기 등의 공학적 도구를 활용할 수 있도록 교사의 안내가 필요하다.

[문제상황 단계] 본 문항은 실생활에서 나타날 수 있는 인구를 추정하는 상황에서 과거의 정보를 이용하여 합리적으로 미래 인구를 추정하는 것이다.

[형식화 단계] 장래 인구 성장이 과거의 추세로 계속 진행될 것이라는 가정하면 학생들은 추정하는 방법으로 등비수열이나 등차수열 등을 이용하여 생각할 수 있다.

한편 인구변화에 영향을 미치는 요인으로 출생, 사망, 이동 등을 생각해 볼 수 있는데 여기서는 과거의 인구수만을 이용하여 추정할 것이므로 먼저 과거의 총 조사 인구를 조사하면 다음과 같다.

대한민국 정부수립 후 연도별 총 조사 인구 (단위: 천명, %)

조사연도	인구	증감	증감률	연평균 증감률
1949년^T	20,189	-	-	-
1955년^T	21,526	1,338	6.6	1.1
1960년^T	24,989	3,463	16.1	3.0
1966년^T	29,193	4,204	16.8	2.6
1970년^T	31,466	2,273	7.8	1.9
1975년^T	34,707	3,241	10.3	2.0
1980년^T	37,436	2,730	7.9	1.5
1985년^T	40,448	3,012	8.0	1.6
1990년^T	43,411	2,962	7.3	1.4
1995년^T	44,609	1,198	2.8	0.5
2000년^T	46,136	1,527	3.4	0.7
2005년^T	47,279	1,143	2.5	0.5
2010년^T	48,580	1,301	2.8	0.5
2010년^R	49,711	-	-	-
2015년^R	51,069	1,359	2.7	0.5
2016년^R	51,270	200	0.4	0.4

* 2010년^R, 2015년^R, 2016년^{R}은 등록센서스 방식으로 산정한 인구임

이 중에서 5년마다의 인구를 기준으로 식을 도출하기 위하여 1949년, 2016년 자료를 제외하고 선택한 정보를 이용하자.

[계산 및 해석 단계] 첫 번째로 연평균 인구증가량이 일정하다고 가정하여 등차수열을 이용하면 $P(t)=P(0)+gt$로 g는 연평균 증가 인구를 의미한다. 여기서는 $P(1955)=p_1=21526, \cdots, P(2015)=p_{13}=51069$이라고 하면, 연평균 증가인구는 $g=\frac{1}{12}\times(51069-21526)$이다. 따라서 2020년의 인구는 $P(2020)=P(1955)+13g=21526+13\times 2367.75=52306.75$으로 추정할 수 있다.

다음으로 매년 인구증가율이 일정하다고 가정하여 등비수열을 이용하면 $P(t)=P(0)(1+r)^t$로 현재시점 t에 해당하는 인구모델링이고 여기서 r은 연평균 증가율을 의미한다. $p_1=21526, \cdots, p_{13}=51069$이고 $r=(\frac{p_{13}}{p_1})^{\frac{1}{12}}-1$이므로 2020년의 인구는 $P(2020)=P(1955)(1+r)^{13}=54881.19$으로 추정할 수 있다.

[타당화 단계] 그러나 총 조사 인구의 그래프를 볼 때 인구는 증가하고 있지만 그

증가 폭은 줄어들고 있는, 즉 인구수의 그래프에 대한 접선의 기울기는 점점 감소하고 있어서 등차수열이나 등비수열로는 인구수를 엄밀하게 추정하기는 적합하지는 않다고 판단할 수 있다. 좀 더 근사적으로 인구를 추정하기 위해서 정보를 탐색하면 현실에 가장 부합하는 인구추정 모델링으로는 주로 로지스틱 함수를 사용함을 알 수 있다. 이것은 인구는 무한년 전에는 0이었다가 시간이 경과함에 따라 점점 증가하여 중간기에는 증가율이 가장 크고 무한년 후에는 포화, 즉 최대인구에 도달한다는 이론에 기초한 방법이다. 또한 이 방법은 인구증가율이 포화인구와 현재인구의 차에 비례한다는 것을 전제로 하고 있다. 기본적인 식은 기준년으로부터의 경과년 수를 x라 하고 기준년으로부터 x년 후의 인구는 y, 포화인구는 K, 관련상수 a, b에 대하여 $y = \dfrac{K}{1+e^{a-bx}}$이다. 그러나 이 로지스틱 함수는 앞서 등차수열이나 등비수열과 같이 계산이 간단하지 않기 때문에 엑셀을 활용하여 계산할 수 있다.

포화인구 $K = 70000$이라고 가정하여 엑셀을 활용하여 구하면 $a = -0.2120$, $b = 0.0288$, $P(2020) = 54054.4$이다.

[보고 단계] 인구의 연평균 증가량이 일정하다고 가정할 때 2020년의 인구는 52306.75천 명으로, 연평균 증가율이 일정하다고 가정할 때는 2020년의 인구는 54881.19천 명으로 추정할 수 있다. 그러나 전체의 인구수는 무한히 증가하지 않을 뿐만 아니라 자료에서 볼 때 인구의 증가폭은 점점 완만해지는 형태를 띠고 있기 때문에 현실에 부합된 로지스틱 모형으로 엑셀을 이용하여 포화인구를 70000천 명으로 가정하여 추정한 결과 2020년의 인구는 54054.4천 명으로 예측할 수 있다.

✔ 교과 역량 설명

본 문항은 실생활에서 조사한 자료를 바탕으로 미래 현상을 예측하는 모델링 문항으로 먼저 조사한 정보에서 수학적인 구조를 찾고 이를 형식화하여 변인들 간의 관계나 규칙 등으로 알 수 있는 수학적 구조로 형식화하여, 이에 대한 수학적 해를 구하기 위해 수학적 개념, 사실, 절차, 추론을 적용하여 수학적 결과를 실생활 맥락에서 해석할 수 있는지, 그 결과가 합리적인지를 판단할 수 있는지를 묻는 문항이다. 이 문항은 대안적인 수학적 모델의 필요성에 대해서 논의할 수 있는 타당화 단계를 보다 강조하여 다룰 수 있으며, 이 과정에서 학생들에게 공학적 도구를 보다 적극적으로 활용할 수 있는 기회를 제공하므로, 이 문항을 통해서 학생들의 수학적 모델링 역량뿐 아니라 추론 및 정보 처리 역량의 함양도 기대해 볼 수 있다.

5. 나오는 글

우리는 수학교육을 통해서 학생들이 수학적 지식이나 기능을 활용하여 수학 문제뿐만 아니라 타 교과 및 실생활의 문제를 합리적이고 창의적으로 해결할 수 있는 역량을 기를 수 있도록 해야 한다. 이를 위해서는 전통적인 수학교육과는 다르게 학생들에게 유의미한 맥락 내에서 복합적인 실생활 문제 상황을 경험할 수 있는 기회를 제공하고, 문제를 해결하는 과정을 통해 자신의 사고를 수학적으로 표현할 수 있도록 하는 수학적 모델링 활동이 강조되어야 한다. 여러 연구에 따르면 수학적 모델링 경험은 학생들이 학교에서 학습하게 되는 수학적 개념 형성 및 이해의 발달에 기여할 수 있으며(Blum & Ferri, 2009), 더 나아가 일반적인 학교 교육과정에서 다루어지지 않는 실생활 속의 수학적 개념과 절차의 개발 또한 촉진할 수 있다. 수학적 모델링 과정에서 학생들은 실제 경험할 수 있는 문제를 해결하기 위해 다양한 모델의 활용을 고려해야 하므로, 일반화 가능한 개념적인 체제를 만들어 갈 뿐만 아니라, 하나 이상의 분야로부터 내·외적으로 연결된 개념과 수학적 과정을 경험할 수 있다(Lesh & Doerr, 2003). 이러한 과정 속에서 학생들은 수학이 이미 완성된 산물이 아니라 인간 활동의 결과로 만들어진 것임을 이해할 수 있게 된다(Doerr & English, 2003; English & Watters, 2004, 2005; NCTM, 2000; Niss, 1989). 한편 교사의 입장에서 보면 수학적 모델링 활동은 학생들에게 기계적이지 않으면서도 중요한 수학적 구조를 발견하도록 하는 문제 상황을 고안하는 것으로부터 시작하여, 상황 맥락의 범위 내에서 다시 활용할 수 있는 모델을 유도해 내고, 또 다른 문제 상황으로 그것들을 확장, 탐구 및 적용하게 하는 일련의 활동들에 관한 교수학적 과정을 개발하도록 유도한다(Doerr & English, 2003). 또한 모델링을 활용한 수업을 할 때 교사는 학생들이 개발해 내는 수학적인 아이디어의 특성을 파악해야 하고, 학생들의 아이디어 개발을 촉진할 수 있는 전략을 생각해내야 하는데, 이는 교사들에게도 자신의 사고를 자극할 수 있는 경험이 된다(English, 2003). 이에 학생들의 수학적 모델링 역량 및 교사의 교수 역량의 함양을 위해서 수학적 모델링 교육은 중등학교 교육에서 보다 중요하게 다루어져야 할 필요가 있다.

❙참・고・문・헌

교육부(2015). 개정교육과정 총론. 교육부 고시 제2015-74호 서울: 교육부.

Arseven, A., Dervişoğlu, F., &Arseven, İ.(2015). Tarih öğretmen adaylarının sorgulama becerileri ile eleştirel düşünme eğilimleri arasındaki ilişki. The Journal of Academic Social Science Studies, 32, 171-185.

Blomhøj, M., & Jensen, T. H.(2003). Developing mathematical modelling competence: Conceptual clarification and educational planning. Teaching mathematics and its applications, 22(3), 123-139.

Blum, W.(2002). ICMI Study 14: Applications and modelling in mathematics education-Discussion document. Educational studies in mathematics, 51(1), 149-171.

Blum, W., & Niss, M.(1991). Applied mathematical problem solving, modelling, applications, and links to other subjects—State, trends and issues in mathematics instruction. Educational studies in mathematics, 22(1), 37-68.

Blum, W., Galbraith, P. L., Henn, H. W., &Niss, M.(2007). Modelling and applications in mathematics education. New York: Springer.

Blum, W., & Ferri, R. B.(2009). Mathematical Modelling: Can It Be Taught and Learnt?. Journal of Mathematical Modelling and Application. 1(1). 45~58.

Common Core State Standards Initiative.(2010). Common Core State Standards for Mathematics (CCSSM). Washington, DC: National Governors Association Center for Best Practices and the Council of Chief State School Officers. from http://www.corestandards.org/wp-content/uploads/Math_Standards.pdf

Cukrowicz, J., & Zimmermann, B.(2000). MatheNetz 5-11. Braunschweig, Germany: Westermann.

Doerr, H. M., & English, L. D.(2003). A modeling perspective on students' mathematical reasoning about data. Journal for research in mathematics education, 34(2), 110-136.

English, L. D.(2003). Reconciling theory, research, and practice: A models and modelling perspective. Educational Studies in Mathematics, 54(2-3), 225-248.

English, L. D., & Watters, J. J.(2004). Mathematical modelling with young children. In Proceedings of the 28th International PME Conference (pp. 335-342).

English, L. D., & Watters, J. J.(2005). Mathematical modelling in the early school years. Mathematics education research journal, 16(3), 58-79.

Galbraith, P.(1989). From applications to modelling. In D. Blane & M. Evans (Eds.), Mathematical modelling for the senior years (pp. 78-86). Parkville: The Mathematical Association of Victoria.

Galbraith, P. L., & Clatworthy, N. J.(1990). Beyond standard models—meeting the challenge of modelling. Educational Studies in Mathematics, 21(2), 137-163.

Galbraith, P. L., Stillman, G., & Brown, J.(2010). Turning ideas into modeling problems. In Modeling students' mathematical modeling competencies (pp. 133-144). Springer US.

Kaiser, G., Blomhøj, M., & Sriraman, B.(2006). Towards a didactical theory for mathematical modelling. ZDM, 38(2), 82-85.

Lesh, R., & Doerr, H. M.(2003). Beyond constructivism-models and modeling perspectives on mathematics problem solving, learning, and teaching. Book Reviews, 35, 6.

Ludwig, M., & Xu, B.(2010). A comparative study of modelling competencies among Chinese and German students. Journal für Mathematik-Didaktik, 31(1), 77-97.

Maaß, K.(2006). What are modelling competencies? ZDM, 38(2), 113-142.

Mousoulides, N., Pittalis, M., Christou, C., & Sriraman, B.(2010). Tracing students' modeling processes in school. In Modeling Students' Mathematical Modeling Competencies (pp. 119-129). Springer US.

National Council of Teachers of Mathematics.(1989). Curriculum and evaluation standards for school mathematics. Reston, VA.: Author.

National Council of Teachers of Mathematics.(1991). Professional standards for teaching mathematics. Reston, VA.: Author.

National Council of Teachers of Mathematics.(2000). Principles and standards for school mathematics. Reston, VA.: Author.

National Research Council.(1996). National science education standards. National Academies Press.

Niss, M.(1989). Aims and scope of applications and modelling in mathematics curricula. In Blum, W. et al. (Eds.), Application and modelling in learning and teaching mathematics (pp. 22-31). Chichester: Ellis Horwood

Organisation for Economic Co-operation and Development. (OECD).(2016). PISA 2015 Assessment and Analytical Framework: Science, Reading, Mathematic and Financial Literacy. OECD publishing.

Tanner, H. & Jones, S.(1995). Developing Metacognitive Skills in mathematical

modelling-a socio-contructivist interpretation. In C. Sloyer, W. Blum, I. Huntley, (Eds.), Advances and perspectives in the teaching of mathematical modelling and applications (pp. 61-70). Yorklyn: Water Street Mathematics

Zawojewski, J. S., Lesh, R. A., & English, L. D.(2003). A models and modeling perspective on the role of small group learning activities. In Beyond constructivism: Models and modeling perspectives on mathematics problem solving, learning, and teaching (pp. 337-358). Lawrence Erlbaum Associates.

제8장 수학적 도구 사용 역량

김동근(청구고등학교), 서보억(충남대학교)

1. 들어가는 글

수학은 인류의 오랜 역사와 함께 공존하며 발전해 왔으며, 인류 문명 발전의 가장 큰 원동력으로 자리매김하였다. 또한 지식의 생산 속도가 가속화 되고, 정보화 되어가는 복잡하고 전문화된 현대 사회에 성공적으로 적응하기 위해 필수적으로 요구되는 기초 지식에 해당하는 교과가 바로 수학이다. 왜냐하면 수학교과는 미래 사회의 구성원이 필수적으로 갖추어야 하는 다양한 역량을 폭넓게 제공해 줄 수 있기 때문이다. 실제로 2015 개정 수학과 교육과정(교육부, 2015)에서는 학생들이 학습해야 할 목표에 해당하는 성취기준과 더불어 미래 사회에 필수적인 능력 중 수학교과 학습을 통해 길러야 하는 교과 역량 6가지를 구체적으로 제시하였다. 2015 개정 수학과 교육과정에서 제시한 교과 역량은 PISA 2012(조지민 외, 2012)에서 소개한 수학적 소양과 일맥상통하는 것으로, 그 내용은 다음과 같다.

> '수학적 소양(mathematical literacy)'이란 다양한 맥락에서 수학을 형식화하고, 이용하고, 해석하는 개인적인 능력이다. 여기에는 현상을 기술하고 설명하며 예측하기 위해 수학적 추론과 수학적 개념, 절차, 사실, 도구를 사용하는 것이 포함된다. 수학 소양은 개인이 실세계에서 수학의 역할을 인식하고, 건설적이고 참여적이며 사려 깊은 시민에게 요구되는 근거 있는 판단과 결정을 할 수 있도록 도와준다.

위 정의에서 익숙하지 않은 것을 한 가지 찾으라고 한다면, '도구를 사용하는 것'이다. 즉, 수학적 소양을 기르는 데 '도구의 사용'이 중요한 한 축을 담당하고 있다는 것이다. 이처럼 수학적 소양에 도구의 사용이 포함된 것은 '수학적 대상, 현상, 과정과 관련된 연산, 표현, 시각화, 수정, 탐구, 실험' 등에 도구가 효과적으로 활용될 수 있기 때문임에 분명하다(조지민 외, 2011). 실제로 NCTM(1989, p. 3)에서는 수학적 과정을 수행하는 데 도구를 활용하여 수학적 소양을 길러주어야 한다고 강조하고 있다.

수학적 소양에서 도구의 사용을 강조한 것은 시대가 변함에 따라 다양한 수학적 체험 교구나 수학적 도구에 폭넓게 노출된 학생들의 학습 습관이나 상태를 고려한 것으로 보인다. 즉, 수학적 교구나 도구의 사용에 대한 보편성의 증대에 대한 시대적 흐름을 반영한 것이라 볼 수 있다. 실제로 PISA 2012 지필검사에서는 계산기와 같은 수학적 도구의 사용이 문제 풀이에 도움이 될 수 있는 문항이 포함되었으며, 특히 컴퓨터 기반 수학 평가(Computer Based Assessment of Mathematics, CBAM)에서는 통계 소프트웨어, 기하 작도, 시각화 도구, 가상 측정 도구 등이 구현되어 전통적인 지필검사에서 평가하기 어려웠던 수학적 소양을 평가할 수 있게 되었다(조지민 외, 2011, p. 14).

PISA 2012의 수학 평가틀을 보면, '기본 수학 능력'이 있는데, 이것은 PISA 문제를 해결하는 데 이용되는 수학적 능력이라고 할 수 있다. 조지민 외(2011, p. 16)는 PISA 2012의 수학 평가틀을 세 가지 차원, 즉 맥락(contexts), 수학적 내용(mathematical context), 수학적 과정(mathematical processes)으로 구분하고 있는데, 이 중에서 수학적 과정은 문제가 발생한 상황을 수학과 연결하고 문제를 해결하기 위해 요구되는 능력과 관련되어 있다. 그런데 이 과정의 하위 요소를 크게 '형식화하기', '이용하기', '해석하기' 3가지로 설정하고 있으며, 이러한 수학적 과정에서 요구되는 기본 수학 능력을 '의사소통', '수학화', '표현', '추론과 논증', '문제해결을 위한 전략 고안', '상징적·형식적·기법적 언어와 조작의 사용', '수학적 도구의 사용' 7가지로 제시하고 있다. 그중 '수학적 도구의 사용'에서 수학적 도구는 컴퍼스와 같은 다양한 활동 도구, 자와 같은 측정 도구, 수학적 개념을 설명해 주는 체험 교구 등 수학 활동에 도움을 줄 수 있는 도구는 모두 해당된다. OECD(2010)에 따르면, 이러한 수학적 도구가 '형식화하기'가 요구되는 맥락화된 문제에서 수학적 관계를 구체화하고 형식화하여 나타내기 위해 사용되어야 함을 강조하고 있다.

또한 학생들이 일상생활, 직업 상황에서 마주하는 문제와 상황들이 증가함에 따라 수학적 지식, 수학적 추론, 수학적 도구에 대한 일정 수준의 이해가 요구되고 있다(OECD, 2010, p. 3). 이에 따라 다양한 공학적 도구나 교구의 활용에 대해 제7차 교육과정(교육원부, 1997)부터 꾸준하게 제기되고 있는데, 2007 개정 수학과 교육과정(교육인적자원부, 2007)에서는 교수·학습의 전 과정에 걸쳐 다양한 교육 기자재를 활용하여 수학학습의 효과를 높일 수 있도록 권고하였고, 2009 개정 수학과 교육과정(교육과학기술부, 2009)에서는 수학 교수·학습 과정에서 교구 및 공학적 도구를 활용한 다양한 기자재의 활용을 제안하였으며, 2015 개정 수학과 교육과정에서는 다양한 도구의 활용을 통해 추상적인 수학의 시각화, 사고력 중심의 교수·학습 활동의 실행, 활동 중심 학습 원리의 구현을 강조하였다(김화경 외, 2016. p. 14).

지금까지의 고찰을 통해 볼 때, 수학적 도구의 사용은 새로운 시대를 살아가는 미래 세대의 구성원에게는 필수적으로 요구되는 기본 소양이라 볼 수 있다. 이론 중심에서 활동중심으로, 문장 중심에서 맥락 중심으로, 논리 중심에서 직관 중심으로 옮겨져 가는 사고 패턴의 새로운 패러다임의 변화에 능동적으로 대응하기 위해 수학적 도구 사용은 매우 중요한 역량임에 틀림이 없어 보인다. 본 장에서는 이러한 수학적 도구 사용 역량에 대해 구체적으로 살펴보고자 한다.

2. 수학적 도구 사용 역량의 개념과 도구의 역할

고대 그리스의 Euclid 시대에는 눈금 없는 자 혹은 컴퍼스와 같은 도구를 사용하여 도형을 그렸고, Archimedes 시대에는 긴 막대를 이용한 지렛대 도구를 사용하여 다양한 수학적 원리에 대해 탐구하였다. Pascal은 덧셈과 뺄셈 기능이 있는 계산기 도구를 사용하였고, Leibniz는 곱셈과 나눗셈을 잘하지 못하는 사람을 위해 사칙연산 계산기를 발명하였다. 이처럼 거의 모든 시대는 그 시대의 사회적 요구에 따라 다양한 도구들이 수학적 탐구나 계산의 편리를 위해 사용되었다.

수업시간에 학생들이 배워야 하는 추상적이고 형식적인 수학적 개념, 원리, 법칙의 이해를 도와주고 학습목표 도달을 촉진하기 위해 교사는 다양한 도구를 사용하기도 한다. 이지헌 외(2005, p. 272)에 따르면 교사와 학습자 간의 학습에 필요한 의사소통을 도와주는 다양한 형태의 매개수단을 교육매체라고 한다. 이런 교육매체에는 상징체계에 따라 실물이나 모형과 같은 시각매체와 컴퓨터 기반으로 한 상호작용매체로 분류할 수 있다(이형행, 2011). 컴퓨터가 보급되면서 나타난 이 매체를 디지털 매체와 상반되게 오래전부터 사용되어 온 실물이나 모형 등을 아날로그 매체라고 할 수 있다. 본 장에서는 수학시간에 학생들에게 사용하는 교육 매체를 수학적 도구라고 명명하고 아날로그 매체를 중심으로 알아보고자 한다.

2.1 도구 사용 역량의 개념

수학을 발생적 방법이나 원리에 따라 학생들이 학습하도록 하려면, 그에 이어지는 일련의 활동이 필요하고, 이러한 활동을 유발시킬 수 있는 구체적 상황이 학생들 앞에 놓여 있어야 한다. 수학의 학습을 위한 능동적 활동을 유발시킬 수 있는 현실의 한 단편이 지금부터 우리가 고찰하게 될 수학적 도구 혹은 교구이다(김응태, 박한식, 우정호,

2007, p. 245).

수학적 도구(교구)에 대해 김응태, 박한식, 우정호(2007, p. 246)는 다음 세 가지 형태로 분류하였다. 첫째, 학생들에게 곱셈구구를 암기시키기 위한 소위 'flash card'나 계산 연습을 위한 학습 프로그램과 같은 기계적 훈련을 위한 도구가 있다. 둘째, 어떤 특정한 수학적 개념이나 원리 등을 이해시키기 위한 모형, 예를 들면 평행사변형의 넓이, 각뿔의 분리, 피타고라스 정리, 투영도 등을 설명하기 위한 모형이나 입체도형 등을 생각해 볼 수 있다. 흔히 수학 자료실에 보관되어 있는 수학적 교구는 대부분 이에 해당될 것이다. 셋째, 수학적 구조, 특히 수 구조를 구체화한 'Cusinare 막대'와 논리 혹은 Boole 대수 지도를 위한 Dienes의 '속성블럭(attribute blocks)' 등이 있다. 여기서 위의 연구자들이 분류한 수학적 도구는 대체로 구체물을 직접 조작하는 도구라고 할 수 있다. 이런 조작도구에 대해 Cathcart(1977)는 '수학적 개념을 병합하고, 여러 가지 감각에 호소하며, 학생이 만질 수 있고 여기저기 옮길 수 있는 구체적 모델'로, Kennedy(1986)는 '몇 가지 감각에 호소하는, 만질 수 있고 여기저기 옮길 수 있으며, 재배열이 가능하고, 아동에 의해 조작될 수 있는 물체'로, Young(1983)은 '물리적 참여를 통해 추상화할 수 있는 수학적 아이디어를 표현하는 물체'로 정의하고 있다(김수미, 2000, p. 462).

NCTM(1989)뿐만 아니라 남승인(2003, pp. 97-98)은 초등학교 수준의 기하학습은 실세계에 존재하는 구체적인 현상이나 대상 및 조작적인 자료를 체험적으로 관찰하고, 분류하고, 조직하고, 탐구하는 비형식적 기하로부터 시작해야 한다고 주장한다. 그래서 그는 학습자들의 여러 다양한 활동 중 기하판(geoboard)에 고무줄로 여러 가지 도형을 구성하거나 칠교판이나 속성 블럭을 이용하는 등 공간 지각력을 신장하는 몇 가지 사례에 대해 소개하고 있다. 장윤영, 고상숙(2009, p. 438)은 교수학적 요소로 사용된 도구로는 초등학교 4학년 알고리즘 계산 문제, 문장제 문제, 도형 문제에서 그림이 사고의 과정뿐만 아니라 결과를 매우 효과적으로 표현하는 수단으로 사용된다고 하였다. 예를 들어, 이등변삼각형이 될 수 있는 자연수의 세 수를 찾을 때 30cm 자를 사용하였지만 결정적으로 〈그림 8-1〉과 같은 그림을 그려 삼각형의 성립 조건을 발견할 수 있다(장윤영, 고상숙, 2009, pp. 434-435).

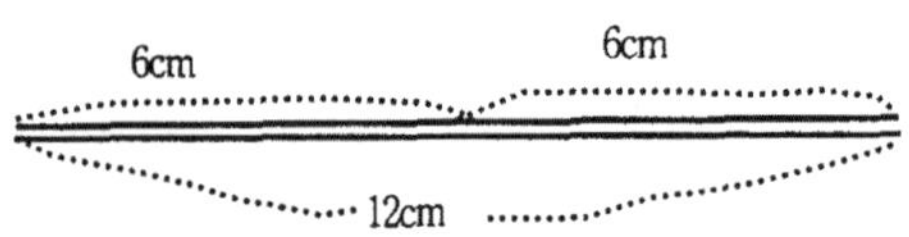

〈그림 8-1〉 자를 활용한 삼각형 성립 조건

다시 말하면, 문제를 해결하기 위해 처음에는 눈금 있는 자를 사용하였지만 나중에는 도구를 변경하여 그림 그리기로 문제를 해결할 수 있다는 것을 보여주고 있다. 이것은 주어진 도구를 사용하다가 이미 습득된 여러 도구들 중 필요에 따라 자신에게 가장 적합한 도구를 선택하거나 변경하여 문제를 해결할 수 있다는 것을 보여준다.

앞에서 살펴본 것과 같이, 수학적 도구 혹은 교구를 사용하여 수업을 하게 되면 대체로 다음과 같은 절차에 의해 진행된다. 첫 번째 단계는 수학적 도구를 처음 접하게 되는 학생들이 교사가 제시한 자료를 확인하고 매뉴얼이나 교사의 안내에 따라 수학적 도구, 교구를 그대로 따라하는, 즉 그대로 구현해 봄으로써 지금까지 의미 없던 연장(tool)을 도구(instrument)로 바꾸어 가는 단계이다. 두 번째 단계는 완전히 수학적 도구나 교구에 대한 기능은 숙달되지는 않았지만, 교사의 안내나 설명 없이 혼자서 다른 문제나 상황에 적용해 봄으로써 주어진 수학적 도구의 장점이나 단점을 스스로 파악하게 되는 단계이다. 세 번째 단계는 교과서에 제시된 내용 이외에 필요에 따라 다른 수학적 내용에도 스스로 적합하다고 판단되는 수학적 도구를 선택할 수 있을 뿐만 아니라 창의적으로 수학적 도구를 제작하여 수학적 개념이나 원리를 터득하고 개별화 학습도 가능한 단계이다. 이러한 각 단계는 도구 사용에 대한 수학적 역량의 하위요소로 구현하기, 적용하기, 도구화하기라고 부를 수 있다. 이를 정리하면 [표 8-1]과 같다.

여기서 도구화하기는 Trouche(2004)가 도구화라는 주제로 연구하기 시작하면서 국내 연구에서도 자주 언급되고 있다(한세호, 정경윤, 2009; 김진환, 조정수, 2010; 고상숙 외, 2013). Trouche(2004)는 도구란 학습 과정에서 다루어지는 연장의 한 부분을 뜻하며, 도구화는 그 연장을 효과적으로 사용하여 어떤 과제를 달성하기 위해 주체(교사나 학생)가 도구를 사용하면서 얻게 되는 정신적 스키마(schemes)나 행동적 스키마가 형성되는 과정이라고 설명하고 있다. Trouche(1997)는 연장과 도구의 차이점을 설명하면서 기술공학과 같은 인공물(artifact)이 수학학습과정에 기여하려면 도구로 발생

[표 8-1] 수학적 도구 사용 능력의 하위 요소와 의미 및 기능

하위 요소	의미
구현하기 혹은 조작하기	도구 자체가 가진 다양한 기능과 용법을 인식할 수 있으며 교사나 제시된 매뉴얼에 따라 그대로 실행하는 것
적용하기	교구의 구조와 기능이 완전히 숙달이 되지 않았지만 제시된 문제를 해결하기 위해 교구를 사용하여 자신이 스스로 직접 적용해 보는 것
도구화하기	완전히 숙달되어 스스로 필요에 따라 다른 교구들을 자유자재로 선택하고 변환해 사용하여 새로운 사실에 대한 탐구나 추측을 이끌어 내는 것

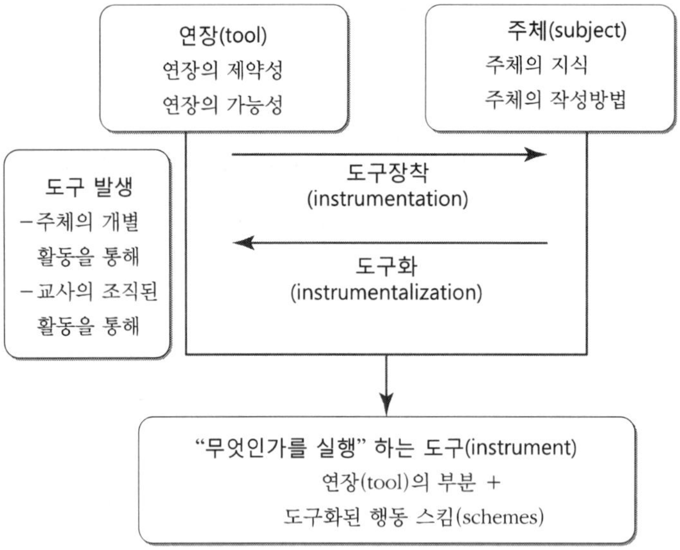

〈그림 8-2〉 도구 발생 과정

되어야 한다고 주장하였다. 즉 도구의 발생은 단순한 연장이나 인공물에 지나지 않던 것이 유용한 도구로 발전되어 가는 학습 과정을 의미한다(Kieran & Drijver, 2006; 한세호, 2009, p. 39, 재인용). 그래서 처음보거나 사용해 본 적이 없어 무의미하게 보였던 인공물, 즉 연장이 교사의 조직된 활동이나 수업시간에 학생들의 개별 활동을 통해 도구로 변화하게 된다. Trouche(2004)는 도구발생 과정을 〈그림 8-2〉와 같이 나타내고 있다.

Trouche(1997)는 도구의 발전에 대한 개인적 그리고 사회적 본질을 언급하였는데, 〈그림 8-2〉에서 도구화(instrumentalization)는 '인간이 만든 가공물들은 처음에는 특정 목적에 대한 도구적 가치가 부여되지 않았다. 즉, 초기에는 도구적 가치가 없는 가공물의 기능을 충분히 잘 파악하여 특정 목적에 맞게 변형(adapt)하여 사용하는 것'을 의미한다. 도구장착(도구기제, instrumentaion, 여기서 기제란 인간 행동에 영향을 미치는 심리 작용)은 '도구로 인해 일어나는 행동(instrumented action)을 통해 주어진 과제를 효율적으로 처리하게 하고, 학습자(사용자)가 특정 개념에 대한 스키마의 발달이 이루어지게 하는 것'을 의미한다. 마지막으로 수학교육에서 도구 발생(생성)은 '수학적 도구에 의해 학습자의 인지구조에 형성된 수학을 이해하는 것, 자신의 목적에 맞게 공학적 도구를 변형/사용할 수 있는 것'을 의미한다.

예를 들어, 다음 문제의 해결 과정에서 수학적 도구의 사용에 대해 생각해 보자.

문제 그림과 같이 꼭지각의 크기가 20°인 이등변삼각형 ABC가 주어져 있다. 변 AC위에 $\overline{AM}=\overline{BC}$가 되도록 점 M을 잡을 때, ∠AMB의 크기를 구하시오.

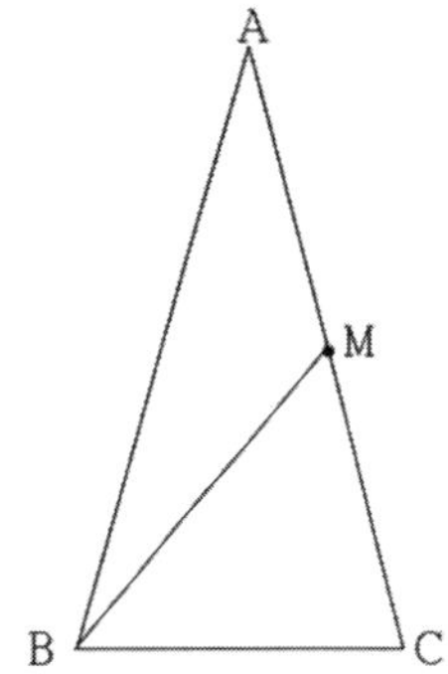

이 문제를 해결하기 위해 공학적 도구를 활용하는 상황을 상상해 보자. 이 문제의 경우, 합동이 되는 삼각형을 정확하게 그릴 수 있으면, 문제 해결의 실마리를 찾을 수 있다. 실제로 〈그림 8-3〉과 같이 삼각형 ABC와 합동인 삼각형 PMA를 그릴 수 있고, 이를 통해 ∠AMB = 150°를 얻는 토대를 형성한다.

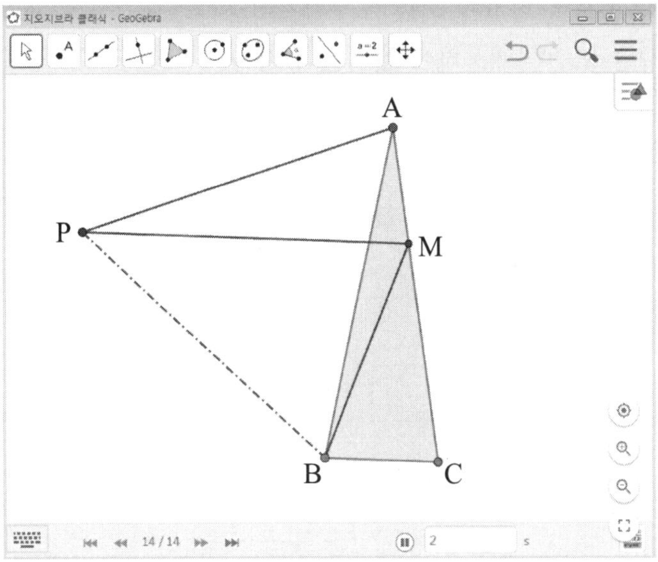

〈그림 8–3〉 도구를 사용한 문제 해결 실마리

이제 좀더 구체적으로 도구화와 도구장착에 대해 살펴보자. Holyes와 Noss(1996)는 도구장착을 연장의 한계라는 경계 안에서 연장이 행위자에게 영향을 미치는, 즉 행위자가 활동을 전개할 수 있도록 해주는 과정으로 정의하였고, Trouche(2005)는 도구화[1)]

1) ‘instrumentalization’을 ‘도구 활용’ 또는 ‘도구화’라는 의미로 사용하고 있다.

를 연장으로 향해 있는 도구발생의 구성물로 간주하였다. 더불어, Hoyles와 Noss(2003)는 도구화나 도구장착의 개념에 대해 학생의 지식이 연장의 사용 방법을 안내하고 어떤 측면에서 그 연장을 새로이 형성해 내는 것을 도구화라 하였고, 연장의 제약성과 가능성이 학생들의 문제해결 전략과 이에 따라 형성되는 개념에 영향을 주는 것을 도구장착이라 하였다.

한세호(2009)는 도구의 활용과 관련하여 몇 가지 단계가 존재할 수 있음을 확인하였다. 대표적으로 연관성이 있는 핵심(key)을 찾아내고 선택하는 단계, 연장을 자신의 손에 맞게 조절하여 개별화(personalization)하는 단계, 종종 기획자가 의도하지 않은 방향으로 진행되어 연장을 변형하는 단계(과제의 조정), 그 외에도 단축키의 생성, 게임 프로그램의 저장, 특정 과제의 자동 실행과 같은 다양한 단계를 제시하였다. 즉, 인공물 자체를 다양화하고 분화시키는 과정을 도구화로 간주하였다(한세호, 2009).

도구화가 이루어지는 과정에 대해 Trouche의 관점을 살펴보자. 수학 수업시간에 도구를 활용하여 수업을 진행하다 보면, 수학적 사고와 수학적 과제 사이에 유기적 관계가 수립되고, 이러한 관계성에 의해 도구가 발생하기도 한다. 실제로 도구가 활동의 주체인 학습자 쪽으로 향하게 되면 도구장착이 되고, 학습의 주체인 학생이 자신의 스키마에 장착된 도구를 활용하여 문제를 해결하게 되면, 즉 주체가 도구 쪽으로 향하게 되면 도구화가 이루어진다(Trouche, 1997). 이러한 도구를 학습의 과정과 연결지어보면, 다음과 같은 과정을 거쳐 진행된다. 일단 무의미하게 보였던 인공물이 수학학습에 의미 있는 도구가 되기 위해서는 첫째, 도구 발생이 있어야 하고, 둘째, 도구가 주체로 향하는 도구 장착이 있어야 하며, 셋째 주체가 도구를 자유자재로 활용하는 도구화가 이루어져야 한다(〈그림 8-4〉 참조).

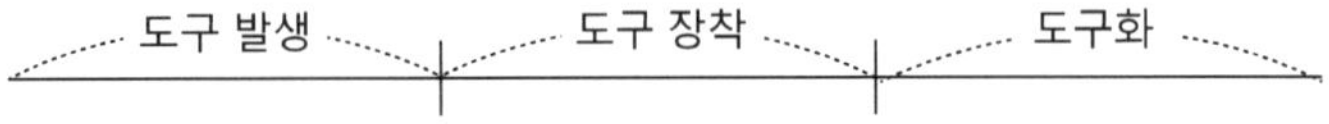

〈그림 8-4〉 도구화의 진행 과정

따라서 수학교육 상황에서 수학적 도구 사용의 역량은 첫 번째 단계에서는 단순한 연장이나 인공물에 지나지 않던 것이 사용 방법의 안내나 교사의 조직된 안내에 따라 도구로 변화하는 것과 관련이 있다. 예를 들어, 삼각형이나 사각형 등 도형의 성질에 대한 내용을 학습할 때 교사가 수학 교구, 각도기, 컴퍼스, 칠교판 등과 같은 도구를 학생들에게 소개해 주고 여러 가지 도구에 존재하는 다양한 기능들을 따라해 보는 것과 관련이 있다. 두 번째 단계에서는 교사의 조직화된 활동에 따라 전 단계에서 익힌 기능들을 바탕으로 스스로 다양한 문제나 상황에 따라 적용하는 것과 관련이 있다.

즉 학생들이 사용하는 도구를 활용하여 여러 가지 성질들을 탐구하거나 귀납적 추측을 수행하는 것과 관련이 있다. 예를 들어, 자와 컴퍼스로 수직이등분선에 대한 작도 기능을 익힌 후, 삼각형의 각 변의 수직이등분선의 작도나 각의 이등분선이나 삼각형의 한 꼭짓점에서 대응하는 변에 중선을 작도하면 한 점에서 만난다는 사실을 확인할 수 있다. 다음으로는 어느 정도 도구가 학습자에게 장착(도구의 제약성 범위 내에서)이 되면, 세 번째 단계인 도구화 단계로 넘어간다. 이 단계에서 도구 사용의 역량은 도구를 다양화하고 분화시켜 해당 과제를 해결할 때 제시된 도구 이외에 이미 습득된 기존의 수학적 도구나 자신의 수학적 지식을 활용하여 다른 과제에도 다양하게 활용할 수 있는 것과 관련이 있다. 예를 들어, 삼각형의 한 꼭짓점에서 대응하는 변에 수선을 작도하게 되면 역시 한 점에서 만난다는 사실을 확인할 수 있고, 테셀레이션을 구현하기 위해 디자인을 그려주는 다양한 도구를 활용하면 학생 스스로 다양한 패턴을 만들 수 있을 뿐만 아니라 독창적 창조가 가능할 것이다.

2.2 도구의 역할

2.2.1 문제해결을 위한 수단으로서의 도구

수학적 도구는 학습자가 직접 활동적으로 다루어봄으로 인해, 수학 문제를 보다 적극적으로 도전하도록 한다. 또한 동일한 수학적 도구를 사용할지라도, 학습자의 능력 수준에 따라 '문제를 해결하는 과정에서 조건을 찾고 그들 간의 관계를 찾아 문제를 해결한 후 반성을 하는 과정'에서 수학적 도구를 서로 다르게 해석하여 사용할 수 있다.

특히, 학습자의 주도적인 활동을 전제로 하는 수학적 도구에 대한 조작은 학습자로 하여금 언제든지 새로운 공간을 구성해 나갈 수 있는 기회를 제공해 줄 수 있다. 이것은 곧, 수학적 도구를 사용하는 학습자가 자신을 둘러싼 공간의 주인이 바로 학습자 바로 '자신'임을 인식하도록 해 준다. 이러한 수학적 도구 활동의 특징은 문제 해결의 주체가 학습자 바로 '자신'이라는 점과 일맥상통한다. 수학적 도구와 문제해결은 학습의 주체가 학습자 자기 자신이라는 자각에서 출발한다는 점에서 수학적 도구는 학습 지원자로서의 문제해결 활동의 수단이 된다.

수학적 도구는 학습자에게 제시된 과제에 좀더 쉽게 접근할 수 있도록 안내해 주고, 도구를 사용한 활동을 통해 혼자서도 문제를 해결할 수 있도록 지원해 줄 수 있다. 따라서 단순한 흥미 위주의 수학적 도구의 조작 활동이 아니라, 학습 지원자로서의 수학적 도구나 교구와 친숙해질 수 있는 시간적 여유가 주어질 때 문제 해결을 위한 수단으로서의 도구의 역할은 극대화될 수 있을 것이다. 수학적 도구의 특성이 파악되고 오랜 시간에 걸쳐 수학적 도구를 조작하는 과정 속에서 어떤 변화가 나타나는지를 관찰하고, 이를 통해 수학적 도구의 도움 없이도 마음속에서 시각화가 가능하도록 수학적 대상을 구조화해야 한다. Fuson(1992)에 따르면, 수학적 도구나 교구는 사고를 돕기 위한 보조물로서 문제와 의사소통할 수 있도록 해 준다. 또한 학습자가 사용하는 수학적 도구나 교구는 그들이 개발하고자 하는 이해력에 영향을 끼친다(Hiebert, 1997).

정부용(2003)에 따르면, 문제해결의 수단으로서의 도구의 사용은 학생들의 능력 수준에 따라 다르게 나타날 수 있다. 학업 능력이 우수한 학생의 경우, 교구의 도움을 받아 답을 찾아가기보다는 자신이 제시한 답을 확인하거나 규칙을 찾아 일반화하는 데 더 많은 반응을 보이는 경향이 있다. 하지만, '문제 이해' 단계에서 도구 조작을 통해 발견한 규칙이나 원리는 '문제 해결' 및 '반성 및 적용' 단계에 적용하였으며, 오히려 이 과정에서는 도구를 사용하여 조작하는 활동을 불편해 하기도 하였다. 또한 각 단계에서 자신이 해결한 문제의 정답을 확인할 필요성을 느낄 때면 선택한 도구를 통해 문제의 원인을 찾아 자신의 오류를 수정해 가는 활동이 발견되었다.

학업 능력이 보통인 학생의 경우, 도구를 사용한 탐색을 통해 새로운 시각의 접근을 시도하기보다는 자신의 답의 정확성을 확인하거나 답을 찾기 위한 수단으로서 도구를 사용하는 경향이 있다. 이 수준의 학생들은 문제에 대한 이해 및 조건의 파악에 잦은 실수를 범하였고, 문제 해결의 모든 단계에서 어려움에 직면하거나 자신이 제시한 답의 궁금증으로 정답을 확인하기 위하여 도구를 활용하는 경향이 있다.

학업 능력이 낮은 학생의 경우, 문제해결 각 단계에 관계없이 답을 구하기 위한 수단으로 도구를 활용하는 경향이 있다. 특히 교구를 활용하여 규칙을 찾아 이를 적용하는 과제에 대해서는 문제의 이해도가 낮아 더 이상 사고를 전개해 나가지는 못하였지만, 흥미를 유발한 특정 과제에 대해서는 적극적으로 대처하기도 하였다(정부용, 2003).

2.2.2 추론을 위한 수단으로서의 도구

수학적 도구는 학생으로 하여금 사고하도록 도와준다. Vygotsky(1962)에 따르면, 학생의 사고는 학생이 사용한 도구의 종류에 의해 영향을 받는다. 물론, 도구가 정신적 과제를 수행하는 데 있어서 어떻게 사고하고 어떤 영향을 끼쳐 과제를 성공적으로 완성하고 있는지의 여부를 항상 인정하는 것은 아닌 것도 사실이다(Hiebert, 1997). 하지만 지금까지 알려진 사실을 기반으로 도구가 추론에 끼치는 영향은 다음 세 가지로 요약할 수 있다.

첫째, 도구는 과거의 경험과 현재의 활동을 연결시킨다. 새로운 문제해결을 위해 학생은 오래된 친숙한 도구를 사용하였을 때, 학생이 이전에 행하였던 것에 추가로 이해의 양을 늘려 나가며 반복하는 과정을 통해 새로운 활동과 관련짓도록 도울 수 있다. 이는 모든 감각을 형성하는 데에 있어서 행해지는 중요한 방식의 한 가지로서 학생들에게 혼란을 초래하는 것보다는 이미 알고 있던 것과 새로이 학습한 것 사이의 관계를 형성하는 데 효과적으로 사용될 수 있음을 보여주는 것이다.

둘째, 정신적 수용 능력을 증대시킨다. 도구 사용의 이익 중의 하나는 우리가 좀더 창조적인 사고를 하는 데 자유로울 수 있다는 점이다. 학습자가 단기기억에서 동시에 많은 양의 정보를 유지하고 처리하려 할 때, 사고활동 과정에서 다양한 어려움에 직면하는데, 이때 기호의 사용은 다양한 도움을 제공하여 왔다. 실제로, Alfred North Whitehead는 "상징 체계의 도움으로 우리는 거의 시각적 측면에 의존하여 기계적으로 생각을 전환할 수 있었다. 다른 측면에서 두뇌는 고차원적인 기능을 수행할 수 있었다. 적합한 기호 체계는 두뇌의 불필요한 작업을 경감시킴으로써 좀더 전력을 다해 문제를 진행해 나갈 수 있도록 자유롭게 해주었다."고 역설하고 있다.

셋째, 우리의 사고를 조형하여 준다. 도구는 우리가 문제에 대해 사고하는 것을 조형하고 문제해결을 개발하는 방식에 영향을 미친다. 이는 도구가 이해력 형성에 영향을 미친다는 것을 의미한다. 물론, 이러한 이해가 다른 방식을 통한 이해보다 반드시 더 낫다는 것은 아니다. 교사는 학생들이 사용한 도구가 찾아낸 이해의 종류와 이해하지 못한 부분에 영향을 주는 것이 도구들의 감각성과 그 진가를 인정할 수 있음을 인식할 필요가 있다. 물론, 또 다른 측면에서는 학습자 입장에서는 도구가 더 어렵게 느껴질 수도 있다는 것은 기억해야 한다. 또한, 학생들이 반성하고 사고하기 위한 도구로 사용되어질 것이라 하여 도구 사용이 모든 것을 보증해 주지는 않는다. 하지만, 교육을 위한 다양한 도구나 교구들은 좀더 문제를 잘 이해할 수 있고 우리가 문제를 사고하는 방식을 조형할 수 있게 해 준다.

Montessori(1976)는 손을 사용하는 활동이 유아나 어린 학생들의 추상적인 사고의 활동을 촉진한다고 주장하였다. 최근에 수학교육에서 뇌과학과 관련한 연구를 수행한 Norton과 Deater-Deckard(2014)는 수학 학습에서 학생들이 자연스럽게 손과 신체를 움직이면서 도구를 활용하는 것은 뇌의 전두엽 세포를 자극하게 함으로써 수학적 사고를 촉진하도록 한다고 주장하였다. 고상숙, 박만구, 이강숙, 채은숙(2013)은 수학적 도구의 사용은 수학적 상황에 대한 서로의 상이한 의견을 매개로 상정하고, 이에 대해 반박·논박하고, 타인의 생각을 수용하고, 자신의 생각을 수정하는 과정을 통하여 추론능력은 향상될 수 있다고 주장하고 있다.

이상의 연구를 통해 볼 때, 수학적 도구는 수학적 사고력 및 추론 능력의 향상에 중요한 영향을 미치고 있음을 알 수 있다. 구체적인 예를 통해 이에 대해 살펴보자. 다음은 두 수의 최대공약수를 구하여 주는 수학 체험 교구[2)]이다.

〈그림 8-5〉 최대공약수를 구하는 '갑최띠' 체험교구

이 교구는 1부터 n까지 적혀 있는 두 막대를 상하로 고정하였고, 최대공약수를 구하기 위해 선택한 두 수가 무엇인지 알 수 있게 하기 위해 두 막대에 띠를 만들어 이동할 수 있도록 제작하였다. 이 교구를 활용하여 최대공약수를 구하는 방법은 다음 절차를 거친다.

[1단계] 최대공약수를 구하고 싶은 두 수를 선택한다. 예를 들어, 여기에서는 30과 42를 선택하였다. 다음 그림에서 윗 막대는 30에 띠가 있고, 가운데 막대는 42에 띠가 있으며, 맨 아래 막대는 두 수 사이의 거리를 측정하고 있다.

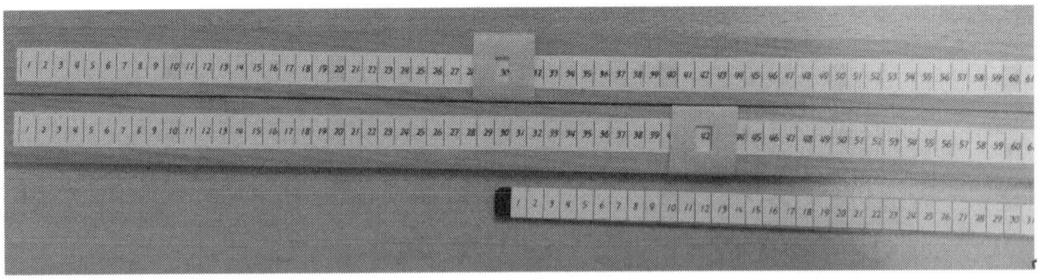

[2단계] 선택한 두 수 사이의 차를 구한다. 예를 들어, 여기에서는 30과 42의 차를 막대를 이용해 구하면 12를 얻을 수 있다.

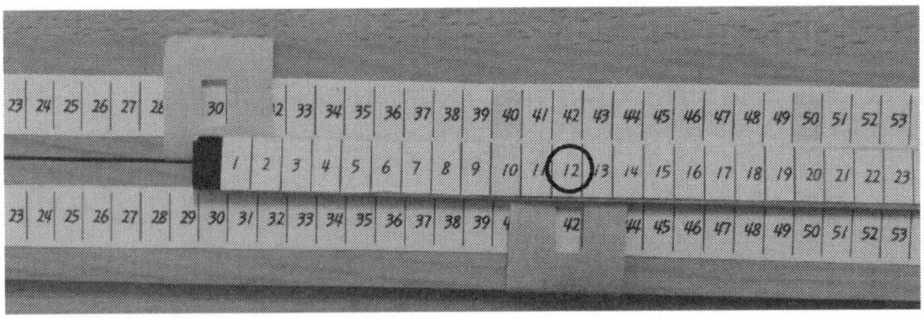

2) 이 교구는 충남대학교 수학교육과 동아리 'Archimedes'에서 개발하여 명명한 교구이다.

[3단계] 선택한 두 수 중에서 큰 수를 [2단계]에서 구한 차에 해당하는 수로 띠를 이동한다. 예를 들어, 여기에서는 큰 수 42에 있던 띠를 12로 이동한다.

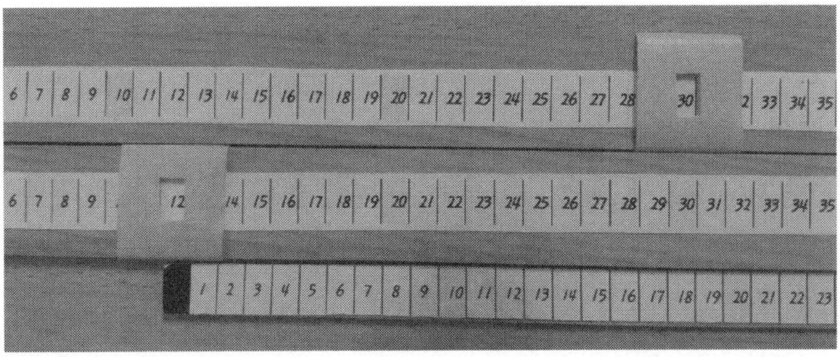

[4단계] 앞의 [2단계], [3단계]를 지속적으로 진행한다. 예를 들어, 여기에서는 18과 12의 차 6을 구하고, 18에 있던 띠를 6으로 이동한다.

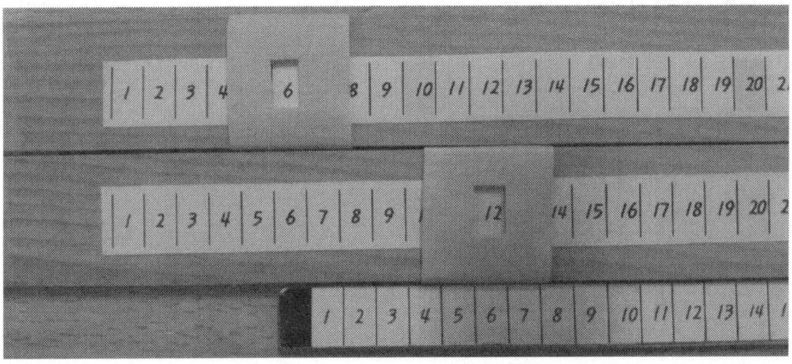

[5단계] 두 막대에 있는 띠의 수가 같아질 때까지 계속 진행을 한다. 예를 들어, 여기에서는 6에 두 띠가 있을 때까지 진행한다.

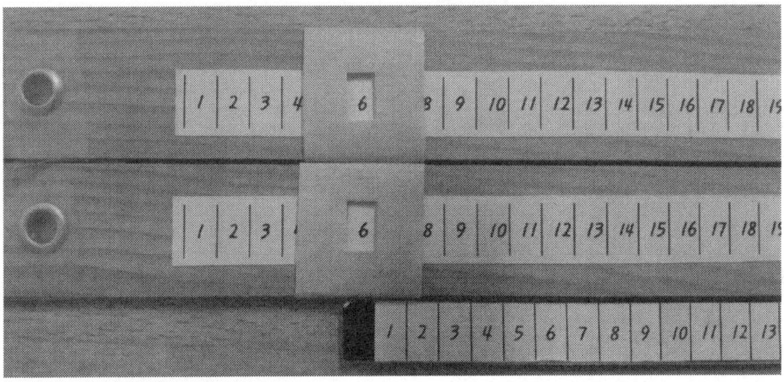

이렇게 진행하여, 두 수가 같아지면 그 수가 처음 선택한 두 수의 최대공약수가 된다. 이러한 활동을 수행한 후, 학생들에게 교사는 다음과 같은 질문을 할 수 있다.

"왜, 이렇게 하면 두 수의 최대공약수가 구해지는 것일까요?"

학생은 교사의 질문에 대한 생각을 하고, 소집단 내에서 토론을 진행하게 된다. 이러한 사고의 과정은 자신의 활동, 곧 수학적 도구나 교구를 사용한 활동에 대한 반성을 유도하게 되는데, 이러한 반성은 수학적 추론을 수반하게 된다. 이처럼, 수학적 도구는 학생들의 추론을 유도하는 중요한 수단으로 사용될 수 있다.

2.2.3 창의·융합을 위한 수단으로서의 도구

수학적 도구는 학생들의 다양한 창의적 사고활동과 깊은 관련이 있는 것으로 나타났다. 대표적인 연구결과를 소개하면 다음과 같다.

첫째, 기하판과 패턴블록 교구를 이용한 수업에 대한 연구에서 이러한 교구를 사용한 학생들의 창의력 향상에 영향을 미치는 것으로 나타났다. 따라서 교사는 실제 수업에 있어서 수학적 교구를 사용함으로써 학생들의 창의력의 향상을 위하여 답을 제공하기보다는 학생들에게 교구 조작의 기회를 충분히 주어야 할 필요가 있다.

둘째, 수학적 교구를 활용한 수업은 창의력의 요소 중 특히 고정적인 관점, 사고방식 자체의 틀을 깨고 변화시켜 다양하고 광범위한 아이디어나 해결책을 산출해 내는 능력인 융통성과 주어진 문제를 세부적으로 검토하거나 문제에 포함된 의미를 명확하게 파악하고 문제에 결여된 부분을 찾아 보완하고 정교하게 다듬는 사고 능력인 정교성에 영향을 미치는 것으로 나타났다.

셋째, 이동과 재배열이 가능한 도구 혹은 교수매체를 사용한 연산 지도에 대한 연구에서 수학적 도구는 연산의 과정을 역동적으로 이해하는 데 도움이 되었고, 수학적 아이디어를 창의적으로 표현하는 데 기여하였다고 주장하고 있다(김수미, 2000, p. 462).

넷째, 교수매체를 활용한 또 다른 수업에서 구체적 조작물인 교구의 사용은 새로운 수학의 내용을 도입하는 단계에서 중요한 역할을 하고, 학생으로 하여금 수학에 대한 창의적이고 풍부한 해석의 기회를 제공할 수 있다고 주장하고 있다(김남희, 2000).

2.2.4 의사소통 및 표현을 위한 수단으로서의 도구

PISA 2012(송미영 외, 2013)에 따르면, 수학적 도구를 의사소통의 중요한 도구이다. 왜냐하면, 도구의 사용은 의사소통을 촉진하기 때문이다. 의사소통의 표현 방식을 추적하면, 학생이 학습하고 있는 내용을 판단할 수 있는데, 좌뇌와 우뇌의 활동을 자극할 수 있도록 언어로 상황을 설명하거나 도구나 교구를 이용하여 질문에 답하고 그것들로 이해한 내용에 대한 설명을 대신함은 학생들에게 자신의 해를 반성하는 계기가 되고 보다 명료한 생각의 구체화를 도울 수 있다. 따라서 교사는 학생들의 의사소통을 향상시키기 위하여 수학적 도구나 교구가 어떻게 사용되어야 하는지를 알고 있어야 한다.

또한 수학적 도구는 표현을 위한 중요한 도구가 될 수 있다. 여기서 표현(representation)은 마음속의 생각을 외부로 나타내어 보이는 행동 또는 나타낸 것 자체를 의미한다. 그러므로 표현이 일어나기 위해서는 먼저 표현하고자 하는 대상이 인지구조 속에 인식되어 있어야 한다(김영국, 2008). 그런데 이러한 표현활동에 대해 학생들은 부족함을 느끼고 있다. 따라서 교사는 다양한 표현의 훈련을 경험할 수 있는 상황이나 자료를 활용해서 학생들이 협동해서 문제를 해결하는 활동을 제공할 필요가 있다.

이러한 표현활동은 다양한 표현방법들이 사용되는 만큼 학습의 시간도 오래 걸릴 뿐 아니라, 교사의 역할도 상당히 중요하다. 교사가 활동의 중심에 서서 학생들에게 다양하고 자유로운 표현활동을 할 수 있게끔 도움을 주어야 하며, 학생들의 표현에 오류가 생기면 즉각 교정을 해주어야 한다. 이러한 표현 활동에 대해 Bruner는 중요한 사실을 제시하고 있다. Bruner는 지식을 표현하는 양식을 바꿈으로써 지식을 조기에 교육하는 것이 가능하다고 보고, 인지발달과 지식 교육에서 언어의 중요성을 강조하였다. 그는 지식의 구조를 세 가지 표현방법으로 나타내는 EIS이론을 발표하였는데, 이것이 활동적 표현, 영상적 표현, 상징적 표현이다. 여기서 활동적 표현은 학습자에게 제시하는 개념·지식 구조를 이해하는 데는 실물 그대로의 제시를 통해서 행동화, 조작화의 신체적 동작으로 표현할 수 있도록 하였는데, 이것은 곧 수학적 도구와 교구를 의미한다.

Bruner의 EIS이론에 대해, Lesh(1983)는 새로운 표현 체계를 제시하였는데, 수학 교과에 국한된 표현을 그림, 구문적 기호, 구어적 기호, 실세계 상황, 조작적 도구 다섯 가지로 세분화하였고, 각 표현 체계 간의 상호작용을 고려하였다. 실제로 Lesh는 Bruner의 활동적 표현을 실세계 상황으로, 영상적 표현을 조작적 도구와 그림으로, 상징적 표현을 구어적 기호 및 구문적 기호로 세분화하여 다섯 가지 표상 유형을 상세히 설명하였다. 〈그림 8-6〉은 Lesh(1983)의 표상 유형을 나타낸 것인데, 여기서 '실세계 상황'은 도움이 되는 실생활 문제로 경험에 바탕을 둔 대본형태이고, '조작물'은 조작적 도구로 퀴즈네어 막대, 산술 블록 등으로 조작 가능한 유형이며, '그림'은 이

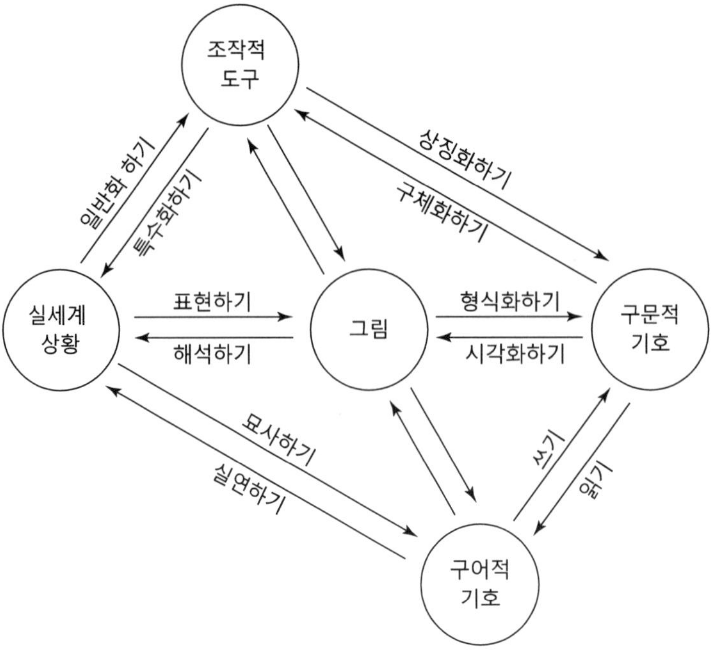

〈그림 8-6〉 표현 체계(Lesh, 1983)

미지로 내면화될 수 있는 다이어그램 유형이며, '언어'는 구어적 기호로 나타낸 유형이며, 마지막으로 '숫자'는 구문적 기호로 기록되고 써 놓은 기호 유형이다.

2.2.5 수학화 및 모델링을 위한 수단으로서의 도구

Freudenthal(1973)은 수학을 인간의 활동으로 보고, 수학적 활동의 핵심은 수학화라 생각하였다. 즉, 수학화란 수학의 내적·외적 상황이나 문제 속에서 수학을 창조해 가는 과정이다. 따라서 현실상황을 수학적 수단에 의해 수학화하는 것을 출발점으로 해서 수학 자체의 수학화로 이어지며 처음에는 국소적으로, 나중에는 전체적으로 진행되는 것이 수학학습의 핵심이 된다. 이러한 수학화가 원활히 진행되기 위해서는 현실 속의 풍부한 맥락(context)이 존재해야 하는데, 이러한 풍부한 맥락 중의 하나로서 수학적 도구나 수학적 교구, 교수매체가 사용될 수 있다.

다음은 최근배(2017)의 '초등영재 학생의 수학화 학습을 위한 교수단원 설계' 연구에서 발췌한 수학적 도구가 수학화 및 수학적 개념 형성에 미친 영향이다.

문제 다음에 주어진 삼각형을 변형하여, '둘레의 길이는 더 짧지만 넓이는 같은' 삼각형을 그리고 이유를 설명하여라.

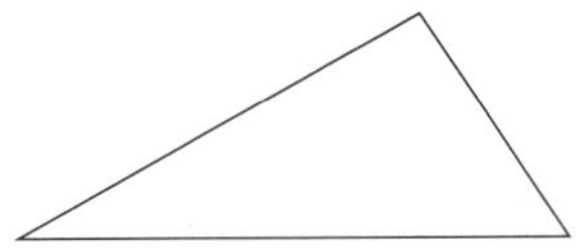

위 문제를 해결하기 위한 다양한 활동이 존재하지만, 일부의 학생들은 수학적 교구를 활용하여 새로운 지식을 조직화하는 경향을 보이고 있다. 이처럼, 수학적 도구나 교구는 수학화를 위한 도구이자, 풍부한 맥락의 부분으로 활용되어 수학적 지식을 생성하고 조직화하는 데 기여할 수 있다(최근배, 2017).

둘째, 2조의 학생 S_1이 피타고라스의 정리를 작용하기 위해서 각 삼각형을 두 개의 직각 삼각형으로 나누는 아이디어(다음 그림 참조)를 이용하여, 다음 그림과 같이 교구를 만들어 활용하는 방법이다.

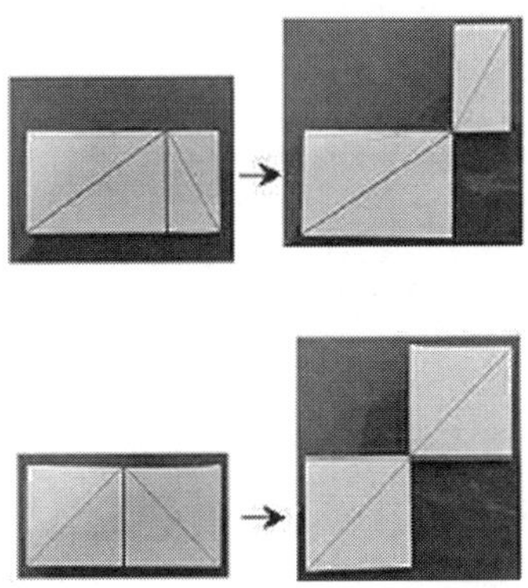

〈그림 8-7〉 교구를 사용한 활동(최근배, 2017)

3. 수학적 도구 사용 역량 함양을 위한 수업 방법

여기서는 수학적 도구 사용 역량 함양을 위한 수업 방법을 두 가지, 즉 공학적 도구를 사용한 방법과 수학 교구(예를 들어 자, 컴퍼스)를 이용한 작도를 사용한 방법으로 나눠 살펴보고자 한다.

첫째, 공학적 도구를 사용한 수업 방법이다. 신양재, 심광보, 이재훈(2001, pp. 304-305)은 GSP를 이용하여 고등학교 기하 관련 문제를 다음과 같은 Polya의 4단계 전략으로 제작하였다. 그들의 연구에서 제시한 내용은 다음과 같은 의미가 있다고 할 수 있다.

> [1단계] 문제 이해의 단계이다. 이 단계에서는 문제 이해에 도움이 되는 그림을 GSP로 자료를 제시하거나 GSP를 이용하는 진행 과정이나 절차를 보여주거나 안내된 절차나 과정에 따라 학생들이 직접 조작해 보고 제시된 문제의 뜻을 파악하게 한다. 이 단계는 도구 자체가 가진 다양한 기능과 용법을 인식할 수 있으며 교사나 제시된 매뉴얼에 따라 그대로 실행해 보는 구현하기에 해당된다고 할 수 있다.
>
> [2단계] 해결 계획의 작성의 단계이다. 이 단계에서는 GSP를 조작하여 문제 해결에 필요한 요소들을 찾아내고 계획을 작성하게 한다. 문제 해결에 필요한 요소들은 부각하고 불필요한 대상들은 보이지 않도록 감추기 기능을 이용하여 계획 수립에 도움이 되게 한다.
>
> [3단계] 계획의 실행의 단계이다. 이 단계에서는 GSP를 통하여 문제 해결에 필요한 대상들을 구체적인 값으로 나타내거나 측량해 보고, 마우스를 움직여 도형의 다양한 변화 등을 확인하도록 한다. 그에 따라 새로운 원리, 법칙을 귀납적인 방법으로 발견하거나 개념을 해석하게 하여 학생들이 문제를 해결하도록 한다.
>
> [2단계]와 [3단계]는 교구의 구조와 기능이 완전히 숙달이 되지 않았지만 제시된 문제를 해결하기 위해 교구를 사용하여 자신이 스스로 직접 적용해 보는 적용하기에 해당된다고 할 수 있다.
>
> [4단계] 반성의 단계이다. 이 단계에서는 구체적인 수치나 변량들의 측량과 조작을 통하여 자신들의 결과와 일치하는지 아니면 오류가 없는지 직접 알아보게 하고 결과를 점검 및 정리하게 한다. 또한, GSP를 통한 다른 요소들에 대한 분석, 다른 문제 해결 방법 찾기, 창의적이고 발전적인 문제 발견하고 그 결과를 점검할 수 있도록 한다. 이 단계는 완전히 숙달되어 스스로 필요에 따라 다른 교구들을 자유자재로 선택하고 변환하여 사용하는 도구화하기에 해당된다고 할 수 있다.

둘째, 자와 컴퍼스를 이용한 작도를 통한 수업 방법이다.

먼저 한 선분 AB에 수직이등분선을 작도하는 방법을 다음과 같은 절차나 진행과정을 보고 따라해 본다. ① 점 A를 중심으로 하여 반지름의 길이를 선분 AB의 반보다는 더 긴 원을 작도한다. ② 점 B를 중심으로 하여 반지름의 길이를 선분 AB의 절반보다는 더 긴 원을 작도한다. 그러면 작도한 두 원은 두 점에서 만나게 된다. 그중 한 점을 P라고 하자. ③ 만나는 두 점을 지나는 직선을 긋는다. 이 직선과 선분 AB와 만나는 점을 M이라고 하자. 그러면 삼각형 PAB는 이등변삼각형이 되어 $\overline{PA}=\overline{PB}$

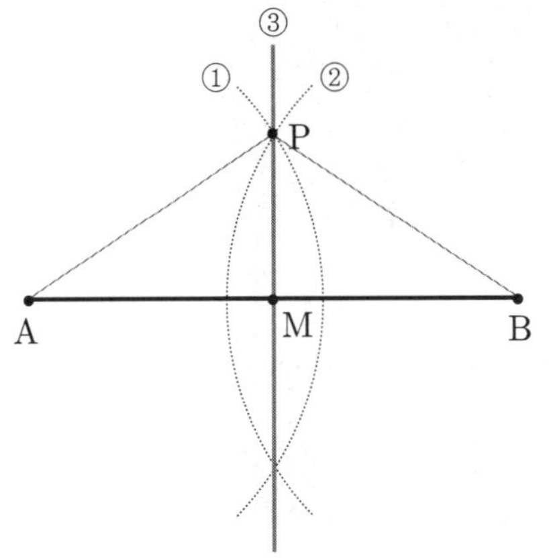

〈그림 8-8〉 수직이등분선 작도

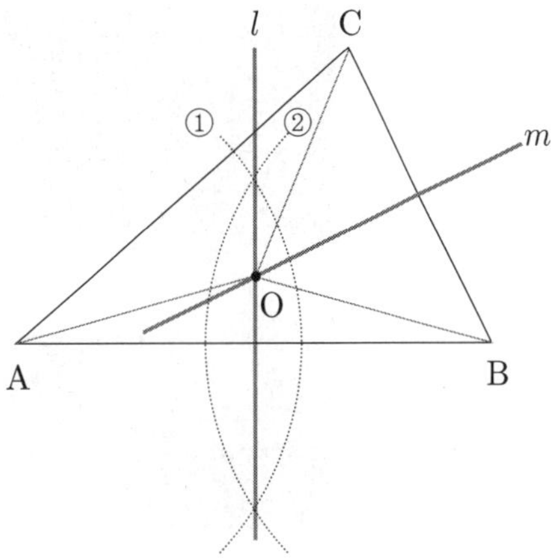

〈그림 8-9〉 삼각형의 외심 작도

가 된다는 것을 알 수 있다. 이 과정의 절차를 나타내면 〈그림 8-8〉과 같다.

이 단계에서는 교사나 제시된 매뉴얼에 따라 따라해 보는 '구현하기'에 해당된다고 할 수 있다.

한 선분 $\overline{AB}$에 수직이등분선을 작도하는 방법을 통해 〈그림 8-9〉와 같이 삼각형 ABC의 외심을 작도해 본다. 먼저 〈그림 8-8〉과 같이 $\overline{AB}$에 수직이등분선 l을 긋는다. 그리고 $\overline{BC}$에 동일한 방법으로 수직이등분선 m을 긋는다. 두 직선 l, m이 만나는 점을 O라 하자. 그러면 $\overline{OA}=\overline{OB}$이고 $\overline{OB}=\overline{OC}$이다. 따라서 $\overline{OA}=\overline{OB}=\overline{OC}$이므로 점 O를 중심으로 하여 세 점 A, B, C를 지나는 외접원을 작도할 수 있다. 그러면 점 O는 외심이 된다.

수학적 도구 사용 역량을 함량하는 목적은 우리 주변에서 볼 수 있는 여러 가지 자연현상이나 사회현상에서 발생하는 문제를 스스로 해결하도록 하는 것이다. 앞에서 습득한 삼각형의 외심 작도를 통해 실제적인 문제 상황에 응용해 하자.

〈그림 8-10〉은 조선 왕릉 중의 하나인 인릉[3]이다. 이 왕릉의 규모를 알기 위해서는 구(sphere)의 반지름을 알아야 한다. 이 반지름의 길이를 구하기 위해서는 삼각형의 외심을 작도하면 된다. 외심을 작도하기 위해서는 왕릉 위의 임의의 세 점 A, B, C를 잡고 선분을 연결하여 삼각형 ABC를 만들자. 그런 후 삼각형의 외심을 작도하면 구의 중심 O를 찾을 수 있다.

이 단계에서는 완전히 숙달되어 스스로 필요에 따라 다른 교구(GSP나 geogebra 등)

---

3) 문화재청 조선인릉 참고(http://royaltombs.cha.go.kr/cha/idx/SubIndex.do?mn=RT)

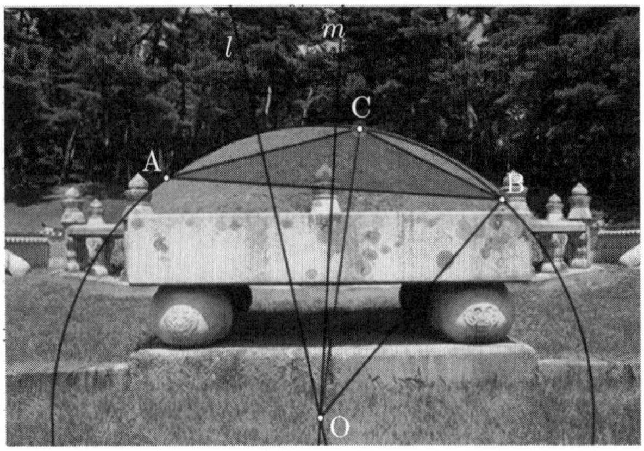

〈그림 8-10〉 조선 왕릉(인릉)

들을 자유자재로 선택하고 변환해 사용하여 새로운 사실에 대한 탐구(인릉의 둘레의 길이 등)나 추측을 이끌어 내는 단계라고 할 수 있다.

수학적 도구 사용의 목적 중의 하나는 우리 주변에서 볼 수 있는 자연현상이나 사회상황에 발생하는 문제를 해결함으로써 창의적인 사고를 하도록 이끄는 것이라고 할 수 있다. 또한 알맞은 도구를 활용하도록 하는 능력이 갖추어져 있어야 탐구하는 자세를 기를 수 있고 어떤 문제에 직면했을 때 적극적으로 대처할 수 있다.

4. 수학적 도구 사용 역량 문항의 예

본 절에서는 수학적 도구 사용 역량 성숙을 돕기 위한 예시 문항을 제시한다. 이러한 예시 문항은 역량의 성숙과 더불어 학교에서의 교수·학습과 평가 활동을 돕는 데 그 목적이 있다.

4.1 중학교 수학적 도구 사용 역량 문항

수와 연산 영역

✔ **문항**

정사각형을 〈그림 8-11〉처럼 같이 7개의 조각으로 나누고, 이 조각들을 이용하여 여러 가지 모양을 만들어 보는 것을 '칠교놀이'라 한다. '칠교'라는 이름은 판이 7개의 조각으로 이루어진 데에서 유래되었으며, 이 판을 '칠교판'이라 한다.

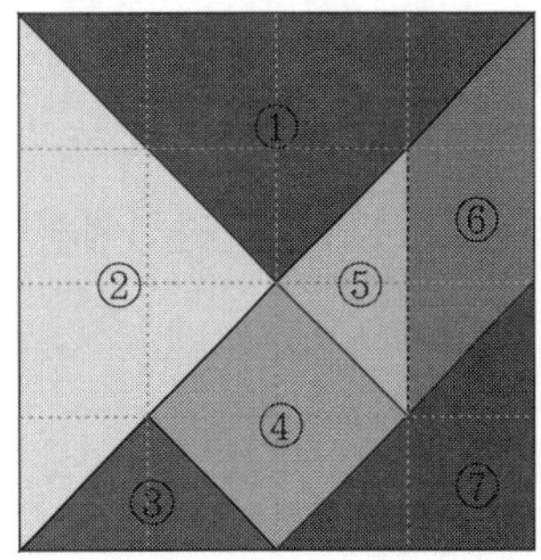

〈그림 8-11〉 칠교판

[문제 1] 다음 그림과 같이 한 변의 길이가 4인 정사각형을 7개의 조작으로 나누어진 칠교판을 활용하여 다음 문제들을 해결하시오.

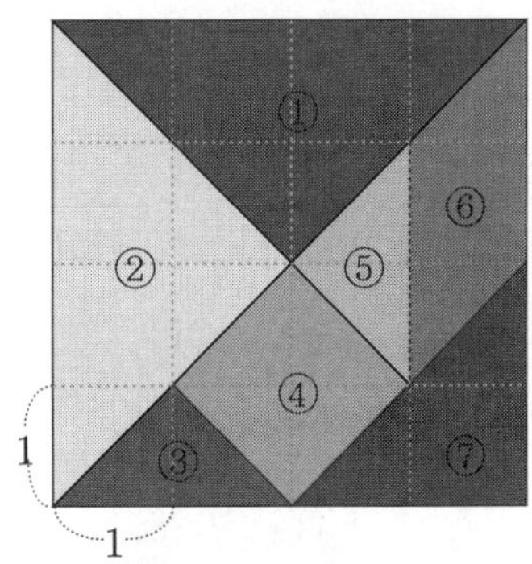

[문제 1-1] 위의 그림에서 ④번 조각의 넓이를 구하고 한 변의 길이를 구하시오.

[문제 1-2] 다음 도형들의 넓이를 각각 구하시오.

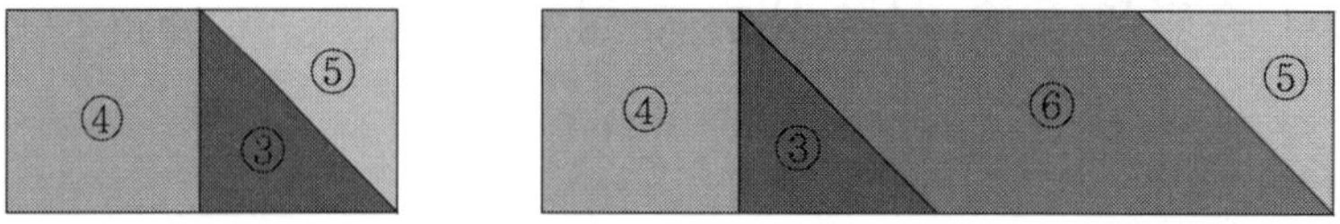

A B

[문제 2] 다음 그림과 같이 'A의 넓이=B의 넓이+C의 넓이'의 관계가 성립하도록 하는 도형을 각자 가지고 있는 칠교조각을 활용하여 모둠별로 1개 이상 만들어 보시오.(단, 자신에게 부족한 조각은 다른 사람의 조각을 이용하여도 무방함.)

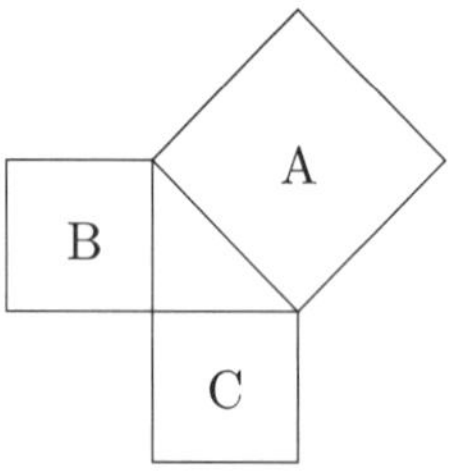

✔ 문항 해설 및 답안

(문제 1-1) ④번 조각의 넓이를 구하기 위해 다음 그림과 같이 나타낼 수 있다. 그러면 (가운데 정사각형의 넓이)=(큰 정사각형의 넓이)$-4\times$(직각이등변삼각형)이므로 ④번 조각의 넓이는 $2\times2-4\times\left(\frac{1}{2}\times1\times1\right)=2$가 된다. 그리고 이 정사각형의 한 변의 길이를 x라 하면 $x^2=2$이므로 $x=\sqrt{2}$가 된다.

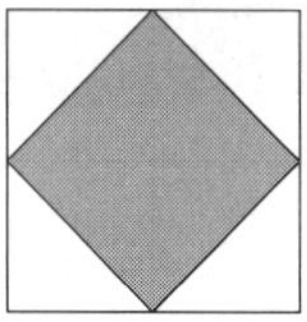

(문제 1-2) ④번 조각의 넓이는 2이고 ③번 조각의 넓이는 $\frac{1}{2}\times\sqrt{2}\times\sqrt{2}=1$이다. 그리고 ⑤번 조각의 넓이는 ③번 조각의 넓이와 같으므로 도형 A의 넓이는 3개의 조각 합 즉 ④+③+⑤$=2+1+1=4$이다.

(문제 2) 주어진 그림과 같이 'A의 넓이=B의 넓이 + C의 넓이'의 관계가 성립하도록 하는 도형을 3가지 정도로 나타낼 수 있다. 각각의 도형을 P, Q, R이라고 하자.

우선 도형 P은 ④번 조각 1개, ③번 조각 3개, ⑤번 조각 2개, ⑦번 조각 1개로 만들 수 있다. 그중 ⑦번 조각의 넓이는 $\frac{1}{2}\times2\times2=2$이다. 따라서 도형 P의 넓이는 $2+3\times1+2\times1+2=9$이다.

A 영역에 해당하는 도형의 넓이는 ③+⑤+⑦이므로 4이다. 그리고 B 영역에 해당하는 도형의 넓이는 2이고 C 영역에 해당하는 도형의 넓이는 2이다.

다음으로 도형 Q의 넓이를 구하여 보자.

도형 Q는 ③번 조각 2개, ⑤번 조각 2개, ⑦번 조각 3개, ①번 조각 1개, ②번 조각 1개로 만들 수 있다. ①번과 ②번 조각의 넓이는 둘다 $\frac{1}{2}\times4\times2=4$이다.

A 영역에 해당하는 도형의 넓이는 ①+②이므로 $4+4=8$이다. 그리고 B 영역에 해당하는 도형의 넓이는 ③+⑤+⑦이므로 $1+1+2=4$이다. C 영역에 해당하는 도형의 넓이는 B 영역에 해당되는 조각과 똑같으므로 넓이는 역시 4이다.

P Q

마지막으로 도형 R의 넓이를 구하여 보자. 도형 R은 ①번 조각 3개, ②번 조각 2개, ③번 조각 2개, ④번 조각 3개, ⑤번 조각 2개, ⑥번 조각 1개, ⑦번 조각 2개로 만들 수 있다. ⑥번 조각의 넓이는 $2\times1=2$이다. 따라서 도형 R의 넓이는 34이다.

A 영역에 해당하는 도형의 넓이는 16이다. 왜냐하면 ④번 조각의 넓이는 평행사변형인 ⑥번 조각의 넓이와 같으므로 ④번 조각 대신에 ⑥번 조각을 넣으면 하나의 칠교판을 만들 수 있다. 다음으로 B 영역에 해당하는 도형의 넓이는 ①+②이므로 $4+4=8$이다. B 영역에 해당하는 조각과 C 영역에 해당하는 조각을 합치면 역시 하나의 칠교판을 만들 수 있으므로 C 영역에 해당하는 넓이는 역시 8이다.

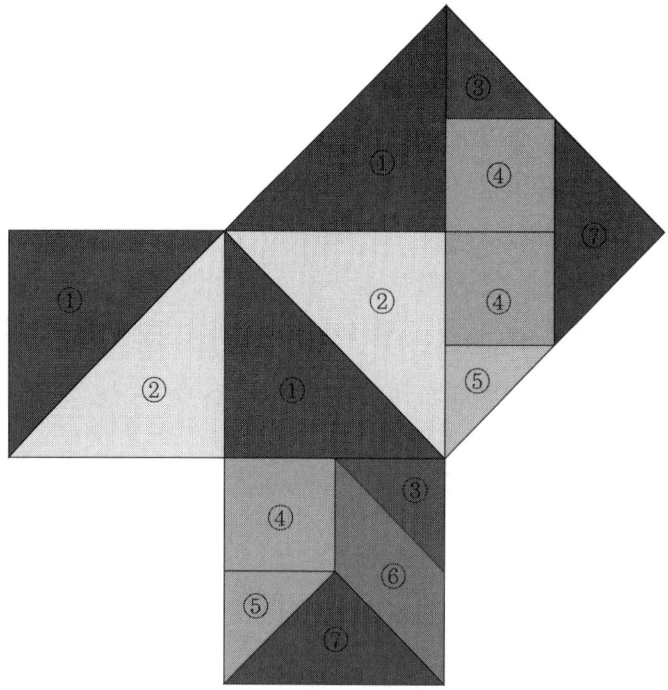

R

✔ 교과 역량 설명

본 과제는 수학교구 중의 하나인 칠교판 조각을 이용하여 수학적 개념이나 창의적인 사고력을 신장시킬 수 있는 문제 상황으로 구성하였다. 평면도형의 기본 도형인 삼각형이나 사각형으로 여러 가지 모양을 디자인 할 수 있을 뿐만 아니라 이를 바탕으로 수학적 개념이나 사실을 직접 찾아보고 탐구할 수 있다는 점에서 학생들에게 많은 흥미나 호기심을 이끌어 낼 수 있다.

본 과제는 중학교 3학년 제곱근 뜻, 제곱근의 연산, 피타고라스 정리와 관련된 문항이다. 학생들은 문제 1-1에서 정사각형의 넓이가 2가 되는 한 변의 길이, 즉 이것을 일반화하여 $x^2=a$가 되는 x를 어떻게 표현하면 좋을지 수학자처럼 고민해 보고 새로운 수의 탄생을 직접 체험할 수 있을 것이다. 그리고 문제 1-2에서는 도형의 넓이를 구하는 과정 속에서 제곱근의 연산, 즉 덧셈과 곱셈 방법에 대해 알게 된다. 또한, 근호를 포함하는 식의 덧셈이나 곱셈은 다항식의 덧셈이나 곱셈과 유사한 방법으로 계산할 수 있고 근호 안의 수가 같은 제곱근은 동류항으로 생각하여 계산할 수 있다. 또한 문제 2에서 모둠별로 만든 도형으로부터 'A의 넓이=B의 넓이+C의 넓이'의 관계를 통해 피타고라스 정리라는 새로운 사실을 찾을 수 있게 된다. 그리고 칠교 조각을 이용하여 모둠별로 여러 가지 도형을 디자인하여 새로운 무리수, 예를 들어

$2-\sqrt{2}$ 와 같은 수를 찾도록 하는 것도 수업의 흥미를 이끌 수 있는 하나의 방법이 될 것이다.

4.2 고등학교 수학적 도구 사용 역량 문항

해석 영역

✔ **문항**

다음 그림은 레오나르도 다빈치의 소묘 작품 '비트루비안 인간(Vitruvian Man)'이다. 작품의 제목은 1세기 로마의 건축가 Marcus Vitruvius Polllio에서 유래하는데, 그는 건축물에 필요한 비례를 인간의 몸에서 찾았다.

Vitruvius는 저서에서 "자연이 낸 인체의 중심은 배꼽이다. 등을 대고 누워서 팔다리를 뻗은 다음 컴퍼스 중심을 배꼽에 맞추고 원을 돌리면 두 팔의 손가락 끝과 두 발의 발가락 끝이 원에 붙는다. (중략) 정사각형으로도 된다. 사람 키를 발바닥에서 정수리까지 잰 길이는 두 팔을 가로로 벌린 너비와 같기 때문이다."라고 하였고, 레오나르도 다빈치는 그 내용을 바탕으로 하여 그림을 완성하였다.

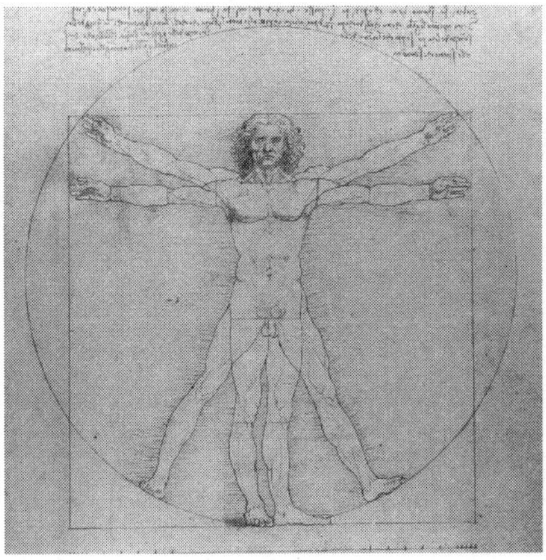

[문제 1] 그림에서 나오는 사람과 원은 다섯 개의 점 A, B, C, D, E에서 만난다.

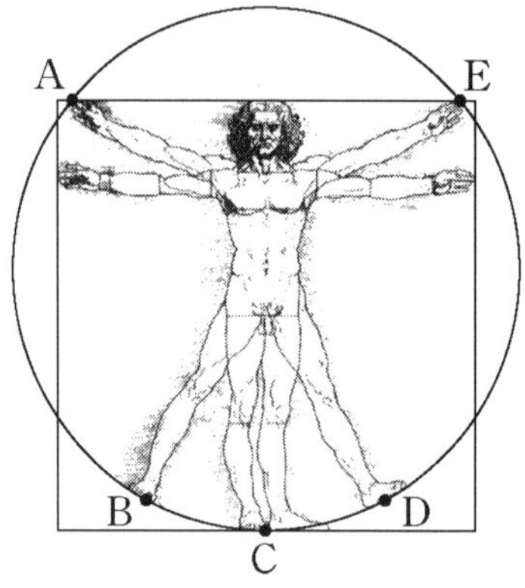

세 점 A, D, E를 연결하여 삼각형 ADE를 만들었더니 $\overline{AE}=9$, $\overline{AD}=12$, $\angle A=50°$가 되었다. 다음 물음에 답하시오.

[문제 1-1] 선분 DE의 길이를 구하시오.(단, 소수 둘째 자리에서 반올림한다.)

[문제 1-2] $\angle D$의 크기, $\angle E$의 크기, 외접원의 반지름의 길이 R의 값을 각각 구하시오. 이때, 계산기나 삼각함수표를 활용하여 가장 근사한 값으로 나타내시오. (단, 각의 크기나 반지름의 길이는 소수 둘째 자리에서 반올림한다.)

[문제 2] 다음 그림[4]처럼 자신의 신체도 비트루비안의 인간과 같은 비율로 표현될 수 있을지 모둠원의 도움을 받아 각자의 몸의 길이를 측정하고 다음 물음에 답하시오.

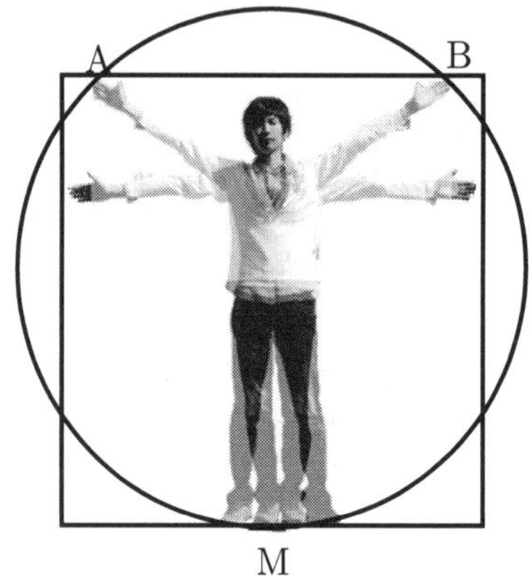

4) http://blog.naver.com/sqqs0810/20115044681

(1) 위의 그림처럼 사람과 원이 접하는 다섯 개의 점 중 임의로 3개의 점을 택하여 삼각형을 만드시오. 줄자를 활용하여 자신의 몸에서 선택한 세 변의 길이에 해당하는 부분의 길이를 측정하시오.(단, 삼각형 ADE가 아닌 다른 삼각형을 선택한다.)

(2) 이 삼각형의 세 각의 크기를 구하시오.(단, 소수 둘째 자리에서 반올림한다.)

(3) 이 삼각형의 외접원의 반지름의 길이를 구하시오.(단, 소수 둘째 자리에서 반올림한다.)

(변희현 외, 2017)

✔ 문항 해설 및 답안

[문제 1]

(1) 코사인 법칙을 적용하면 $\overline{DE}^2 = \overline{AD}^2 + \overline{AE}^2 - 2 \cdot \overline{AD} \cdot \overline{AE} \cdot \cos 50°$이므로 $\overline{DE} = \sqrt{12^2 + 9^2 - 2 \cdot 12 \cdot 9 \cdot \cos 50°} = 9.28213\cdots$이다. 따라서 소수 둘째 자리에서 반올림하면 약 9.3이다.

(2) 사인법칙을 적용하면 $\dfrac{9.3}{\sin 50°} = \dfrac{9.3}{0.7660} = 12.1403\cdots$이다. $\dfrac{9}{\sin D} = \dfrac{12}{\sin E} = 2R = 12.1403$이므로 $\sin D = \dfrac{9}{12.1403} = 0.7413$, $\sin E = \dfrac{12}{12.1403} = 0.9884$이다. 삼각함수표를 활용하여 가장 근사한 값을 찾으면 ∠D의 크기는 약 48°가 되고 ∠E의 크기는 약 81°가 된다. 또한, $2R = 12.1403$이 되므로 외접원의 반지름 R의 값은 약 6.1이 된다.

[문제 2]

(1) 삼각형 ADE가 아닌 삼각형을 선택하고 자신의 신체에서 세 변의 길이를 측정하여 기록한다.

(2) 코사인 법칙을 적용하면 세 변의 길이를 활용하여 코사인 값을 구할 수 있고 계산기나 삼각함수표를 활용하면 세 각의 크기를 모두 찾을 수 있다.

(3) 사인법칙을 적용하여 외접원의 반지름의 길이를 구하면 된다.

✔ 교과 역량 설명

본 과제는 다빈치의 소묘 작품을 바탕으로 자신의 신체를 활용하여 수학적으로 재해석하면서 수학이 일상생활과 밀접한 관계가 있다는 것을 느끼게 할 수 있다. 즉 주어진 상황을 그대로 받아들이지 않고 자와 컴퍼스라는 교구를 사용하여 수학적으로 재창조하는 과정을 경험할 수 있다. 또한 주어진 문제 상황을 이해하고 코사인 법칙이나 사인 법칙과 같은 수학적 지식을 활용하여 값을 구하는 능력을 평가할 수 있다.

본 과제를 통해 삼각형에서 두 변의 길이와 그 사이의 끼인각이 주어지면 남은 한 변의 길이를 구할 수 있다는 것을 알게 된다. 이를 바탕으로 도로 건설 등 토목 공사에서 정확한 거리의 측정, 비행기의 운항이나 배의 항해에 따른 거리, 천구상의 두 별 사이의 거리 등을 구할 수 있다. 이처럼 코사인 법칙은 주로 직접 측량하기 힘든 곳의 길이를 측량하는 데 매우 유용한 법칙이라고 할 수 있다. 그리고 수학이 일상생활에서 많이 이용되고 있으며 다른 교과와도 밀접한 관계가 있다는 것을 알 수 있다. 특히 미술작품과 수학과의 연계를 통해 수학의 가치와 실용성을 인식하여 수학에 대한 긍정적인 태도의 형성뿐만 아니라 수학적 인식의 변화도 기대할 수 있다.

5. 나오는 글

현재 우리는 4차 산업혁명이 대두되고, 사회의 패러다임이 대량생산에서 소량 다품종 대중화 시대로 바뀌어가는 시점에 서 있다. 실제로 일반적으로 이 시대를 살아가고 있는 사람들이면, 스마트 폰을 사용하면 언제 어디서나 자신이 필요한 정보를 검색하고 자료를 수집하여 가공할 수 있다.

이러한 급속한 사회의 변화 속에서 수학시간에 다루는 도구도 점차 변해갈 수밖에 없다. 전통적인 칠판과 텍스트 중심의 수업에서 구체적인 도구나 교구, 컴퓨터 소프트웨어와 같은 공학적 도구들이 중심이 되는 수업으로 변하고 있다. 교과서 역시 이러한 변화에서 예외일 수는 없다. 특히 2015 개정 수학과 교육과정에 따른 교과서는 다양한 수학적 도구나 교구, 공학적 도구를 사용할 수 있도록 배려하고 있다. 이러한 변화는 학생들이 미래 사회에 성공적으로 적응할 밑거름을 제공함은 물론이고, 문제 상황을 스스로 해결하고 헤쳐 나아갈 수 있는 사회인으로서 성장하는 데 도움을 제공할 수 있다. 특히, 수학적 도구나 교구의 사용에 대한 경험은 새로운 사회에 우리에게 다가올 전혀 새로운 도구들을 능동적으로 사용할 수 있는 역량을 키워줄 것으로 기대된다.

이를 위해 본 장에서는 수학적 도구 사용 역량을 신장시키기 위해서 3개의 하위요소에 대해 살펴보았다. 첫째, 구현해보기이다. 이 단계에서는 교사의 안내나 매뉴얼에 제시된 절차에 대로 따라해 보는 단계라고 할 수 있다. 둘째, 적용해보기이다. 이 단계에서는 자신이 익힌 기능들로 다양한 문제에 스스로 적용해 봄으로써 기능을 확인하고 응용력을 키워갈 수 있도록 해 주는 단계라고 할 수 있다. 마지막으로 도구화하기이다. 이 단계에서는 자신에게 필요한, 적절한 도구를 스스로 선택하여 문제를 해결하는 단계라고 할 수 있다. 학생들이 수학적 도구에 대한 이러한 활동들을 단계별로 실행함으로 인해, 교과서에 제시된 내용을 벗어난 내용까지 탐구하게 될 가능성을 열어두게 되었고, 다양한 도구를 사용하여 문제를 해결함으로써 수학에 대한 자신감을 심어줄 수 있을 뿐 아니라, 수학적 추론 능력, 수학적 표현 능력, 수학적 의사소통 능력 등에 긍정적 영향을 미칠 것을 기대한다.

마지막으로 본 장에서 논의한 것 같이 학생들이 수학적 도구 사용에 대한 역량이 향상된다면, 학생들은 수학이 일생생활과 밀접한 관계가 있다는 인식을 가지게 될 것이고, 이러한 인식의 변화를 통해 수학 자체에 대한 인식의 변화도 이루어질 것으로 기대한다.

❙참・고・문・헌

고상숙 외(2015). 대한수학교육학회 연보: 수학교육에서 공학적 도구. 서울: 경문사.

고상숙, 박만구, 이강숙, 채은숙(2013). 추론영역에서 교구를 활용한 평가도구 개발에 관한 연구, 한국수학교육학회 2013 춘계학술대회 프로시딩 pp. 179-188.

교육과학기술부(2009). 2009 개정 수학과 교육과정, 교육과학기술부 고시 제 2009-41호. 서울: 교육과학기술부.

교육과학기술부(2011). 2009 개정 수학과 교육과정, 교육과학기술부 고시 제 2011-361호. 서울: 교육과학기술부.

교육부(1997). 제7차 수학과 교육과정, 교육부 고시 제 1997-15호. 서울: 교육부.

______(2015). 2015 개정 수학과 교육과정, 교육부 고시 제 2015-74호. 서울: 교육부.

교육인적자원부(2007). 2007 개정 수학과 교육과정, 교육인적자원부 고시 제2007-79호. 서울. 교육인적자원부.

김경희, 시기자, 김미영, 옥현진, 임해미, 김선희(2010). OECD 학업성취도 국제비교 연구(PISA 2009) 결과 보고서, 한국교육과정평가원 연구보고 RRE 2010-4-2.

김남희(2000), 교교: 대수타일을 이용한 수학학습, 대한수학교육학회지 〈학교수학〉 제2권 12호, pp. 259-281.

김수미(2000), 수학교육에서의 조작교구에 관한 연구, 대한수학교육학회지 〈학교수학〉 제2권 제2호, pp. 459-474.

김수진 외(2013), 수학·과학 성취도 추이변화 국제비교 연구 : TIMSS 2015 평가 기반 구축. 한국교육과정평가원 연구보고 RRE 2013-7-3.

김응태, 박한식, 우정호(2007). 수학교육학개론. 서울: 서울대학교출판부.

김진환, 조정수(2010). CAS의 도구발생과 수학적 지식의 발견 관점에서 고찰한 일차함수 합성 성질 탐구. 한국수학교육학회지 시리즈 E 〈수학교육 논문집〉, 제24집 제3호, pp. 611-626.

김화경 외(2016). 2015 개정 교육과정 교수·학습자료-중학교. 세종특별자치시: 교육부·대전광역시교육청.

남승인(2003). 수학 퍼즐을 이용한 영재학습 자료의 개발, 한국수학교육학회 시리즈 E 〈수학교육 논문집〉, 제17집, pp. 97-114.

박성택(2006).수학학습 심리와 교수-학습 전략,서울:경문사.

변희현 외(2017). 2015 개정 교육과정에 따른 고등학교 수학과 평가기준 개발 연구, 한국교육과정평가원 연구보고 CRC 2017-5-6.

송미영, 임해미, 최혁준, 박혜영(2013). OECD 국제 학업성취도 평가 연구: PISA 2012 결과 보고서, 한국교육과정평가원 연구보고 RRE 2013-6-1.

신양재, 심광보, 이재훈(2001). GSP를 활용한 열린 기하 수업에 관한 연구, 한국수학교육학회지 시리즈 E 〈수학교육 논문집〉, 제8집, pp. 303-315.

이선구, 이규봉(2001). 적분교육을 위한 비쥬얼베이직 프로그램 설계, 한국수학교육학회지 시리즈 E 〈수학교육 논문집〉, 제12집, pp. 281-301.

이종희, 김부미(2003). 문장제 해결에서 구조-표현을 강조한 학습의 교수학적 효과 분석.학교수학 5(3), pp. 361-384.

이지헌 외(2005). 교육학의 이해. 서울: 학지사.

이형행(2011). 교육학 개론. 서울: 양서원.

임해경, 박은영(2002). 컴퓨터 소프트웨어를 활용한 테셀레이션 교수 학습 자료 개발 및 활용 방안, 한국수학교육학회 시리즈 E 〈수학교육 논문집〉, 제13집, pp. 563-589.

임현정, 고상숙(2016). GeoGebra를 활용한 반힐레 기하교수법에서 도구화에 관한 연구. 한국수학교육학회지 시리즈 E 〈수학교육 논문집〉, 제30집 제4호, pp. 436-452.

장윤영, 고상숙(2009). 다문화권 학생들의 초등수학 학습과정에 관한 사례연구, 한국수학교육학회지 시리즈 A 〈수학교육〉, 제48권 제4호, pp. 419-442.

정부용(2003). 공간 시각화 과정에서의 교구의 역할, 한국교원대학교 대학원 석사학위논문.

조지민 외(2011). 2011년 국제 학업성취도 평가 연구(PISA/TIMSS): PISA 2012 예비검사 시행 보고서. 한국교육과정평가원 연구보고 RRE-2011-4-2.

조지민 외(2012). OECD 국제 학업성취도 평가 연구: PISA 2012 본검사 시행보고서. 한국교육과정평가원 연구보고 RRE 2012-3-1.

조한혁, 최경식, 김민정(2002). 인터넷 상의 조작 도구를 이용한 수학교육 프로그램 개발, 한국수학교육학회 시리즈 E 〈수학교육 논문집〉, 제13집, pp. 549-562.

최근배(2017). 초등영재 학생의 수학화 학습을 위한 교수 단원 설계, 한국수학교육학회지 시리즈 E 〈수학교육논문집〉, 제31권 제2호, pp. 223-239.

한세호(2009). 고등학교 수학학습에서 컴퓨터대수체계(CAS)의 도구발생, 건국대학교 박사학위논문.

한세호, 정경윤(2009). 고등학교 수학 문제해결에서 CAS의 도구발생. 학교수학. 제11권 제3호, 제20권 제2호, pp. 185-202.

황정원(2008). 수학적 표현을 강조한 구체적 조작활동의 중학교 1학년 문자와 식 영역 지도 연구, 이화여자대학교 대학원 석사학위 논문.

Holyles, C. & Noss, R. (1996). Windows on Mathematical Meaning: Learning Culture and computers, Kluwer Academic Publishers.

_______(2003). What can digital technologies take from and bring to research in mathematics education? In: A.J. Bishop, M.A Clements, C. Keitel, J. Kilpatrick & F. Leung(Eds.), Second International Handbook of Mathematics Education(Vol. 1, pp. 323-349). Dordrecht: Kluwer Academic Publishers.

Janvier, B. D., Bedmarz, N. & Belanger, M.(1987). Pedagogical considerations concerning the problem of representation. problem of representation in the teaching and learning of mathematics. Lawrence Erbaum Associates, Publishers. 109-122

Kieran, C. & Dijvers, P. (2006). The co-emergence of machine techniques, paper-and-pencil techniques, and theoretical reflection: A Study of CAS use in secondary school algebra(pp.206-207). New york: Springer.

Lesh, R., Landau, M. &Hamilton, E. (1983). Conceptual models in applied mathematical problem solving research. In R. Lesh &M. Landau (Eds.), Acquisition of Mathematics Concepts &Processes (pp. 263-343). NY: Academic Press.

Montessori, M. M. Jr. (1976). Education for human development: Understanding Montessori. New York: Schocken Books.

Moyer, P. S., Bolyard, J. J., & Spikell, M. A.(2002). What are virtual manipulatives? Teaching Children Mathematics 8(6), 372-377.

Nakahara, T. (1994). Study of the representational system in mathematics education. Hirashima Journal of Mathematics Educational, 2, 59-67

National Council of Teachers of Mathematics.(1989). Curriculum and evaluation standards for school mathematics. 구광조 · 오병승 · 류희찬(역) (1992) 수학교육과정과 평가의 새로운 방향. 서울: 경문사.

National Council of Teachers of Mathematics.(2000). Principles and standards for school mathematics Reston, VA: National Council of Teachers of Mathematics. 류희찬 · 조완영 · 나귀수 · 김남균 · 방정숙(역) (2007). 학교수학을 위한 원리와 규준. 서울: 경문사.

Norton, A. & Deater-Deckard, K. (2014). Mathematics in mind, brain, and education: A neo-Piagetian approach. International Journal of Science and Mathematics Education 12(3), 647-667.

OECD(2010). Draft framework for the assessment of mathematics in PISA 2012.

Trouche, L. (2004). Managing complexity of human/machine interactions in computerized learning environments: Guiding students' command process through instrumental orchestrations. International Journal of Computers for Mathematical Learning, 9(3), 281-307.

제9장 수학적 창의 역량

최중오(성복중학교)

1. 들어가는 글

최근 전 세계적으로 창의·융합형 인재 양성을 위한 학교교육의 혁신이 중요 관심사로 대두되고 있다. 객관적이고 보편적인 지식을 전달 또는 주입하는 지금까지의 학교교육으로는 미래 인재를 육성하기 어렵다는 인식 아래, 빠르게 변화·발전하는 지능정보화사회에 적합한 학교교육으로 변화하기 위해 노력하고 있는 것이다. 우리나라도 2015 개정 교육과정에서 학교교육을 통해 학생들을 창의·융합형 인재로 육성하기 위해 6가지 핵심역량(자기주도학습역량, 지식정보 처리역량, 창의적 사고역량, 심미적 감성역량, 의사소통역량, 공동체역량)을 제시하고 있으며, 각 교과별 특성에 맞는 핵심역량을 별도로 규정하였다.

하지만 현재 우리나라 학교교육의 현주소는 학생들의 핵심역량 함양과는 거리가 멀다. KEDI에서 2013년 4월 1일 기준으로 전국 초등학교 6학년생부터 고등학교 2학년생까지 전체 학생 중 총 3,594,979명(초등학교 6학년생 5,913개교 531,165명, 중학교 1, 2, 3학년 3,173개교 1,804,187명, 고등학교 1, 2학년 2,322개교 1,259,627명)을 대상으로 '인지적 역량', '사회적 역량', '자율적 역량', '건강' 등 4개 영역으로 나누어 핵심역량을 조사한 결과는 현재의 학교교육이 가지고 있는 문제점을 그대로 보여주고 있다(강영혜 외, 2014).

본 장에서는 위의 4개 영역 중에서 2015 개정 교육과정에서 제시하고 있는 핵심역량과 관련 있는 영역(공감, 의사소통, 자기정체성, 자기주도학습, 진로목적의식)에 대한 자료를 선별하여 그 결과를 [표 9-1]과 같이 분석하였다.

[표 9-1]에서 알 수 있듯이 초등학교 6학년부터 고등학교 2학년까지의 학교교육 기간 동안에 사회적 역량(공감, 의사소통)과 자율적 역량(자기정체성, 자기주도학습, 진로목적의식)이 전반적으로 낮아지고 있다. 창의성은 학생들이 뚜렷한 목적의식을 가지고 자발적인 참여를 통해 활발한 상호작용이 이뤄질 때 발현될 가능성이 높다. 하

[표 9-1] 영역별/학년별 학생역량지수 수준(강영혜 외, 2014, pp. 72-89)

학년	공감역량	의사소통역량	자기정체성	자기주도학습	진로목적의식
초6	3.73	3.61	4.03	3.43	3.76
중1	3.81	3.67	3.98	3.40	3.68
중2	3.74	3.65	3.86	3.32	3.56
중3	3.73	3.64	3.81	3.28	3.56
고1	3.75	3.71	3.83	3.27	3.59
고2	3.73	3.69	3.78	3.25	3.56

지만 위의 연구결과에서는 초등학교부터 고등학교까지의 학교교육이 학생들의 자발적인 참여와 협업을 통해 새로운 가치를 창조하는 데 오히려 부정적인 영향을 주고 있음을 보여주고 있어서 이에 대한 개선이 요구된다.

2000년 영재교육진흥법과 2002년 영재교육진흥법시행령이 공포·시행된 이래 지금까지 수학적 창의성에 대한 많은 연구가 진행되어 왔다. 하지만 대부분의 경우에서 수학적 창의성을 수학영재의 교육 또는 선발과 관련지어 연구하였으며, 수학적 창의성에 대한 정의에서는 '새롭고 가치 있는 산출물', 즉 눈에 보이는 결과에 중점을 두고 있다. 하지만 초·중·고등학교에서 이뤄지는 일반적인 수학수업에서 학생들이 새롭고 가치 있는 산출물을 만들어 내는 것이 가능하다고 생각하는 교사는 많지 않으며, 수학적 창의성은 일부의 특수한 영재교육 또는 영재학생만을 대상으로 진행하는 수업에서나 가능하다고 생각하는 경우가 많다. 이와 같은 인식으로 인해 학교 수학수업에서는 수학적 창의성 신장이 아닌 문제해결력 위주로 지식의 전달과 주입 중심의 수업을 진행하게 된다.

일방적으로 제시되는 지식과 문제에 대해 학생들이 수동적으로 지식을 받아들이는 수학수업에서 창의성을 기대하기 어렵다. 학교교육을 통해 수학적 창의성을 신장하기 위해서는 결과물을 기대하기에 앞서 학생들이 자발적으로 수업에 참여할 수 있는 분위기 조성과 표현 또는 발표의 기회를 충분히 제공하는 수업으로의 개선이 우선되어야 한다는 의견을 제시하면서 수학적 창의 역량 및 수학적 창의 역량 함양을 위한 수업 방안에 대해서 살펴보고자 한다.

2. 수학적 창의 역량

2.1 수학적 창의성에 대한 정의

수학적 창의성은 시대변화와 학자들의 관점에 따라 다양하게 정의되고 있다.

[표 9-2]에서 보듯이 수학적 창의성에 대한 정의는 새롭고 가치 있는 산출물을 강조하는 관점과 개념이해를 바탕으로 여러 개념을 융합하는 과정을 강조하는 관점으로 나뉜다. 가치 있는 산출물에 중점을 두는 관점에서는 수학적 창의성 교육이 일부 소수의 수학 영재를 대상으로 한다는 선입관을 갖는 경우가 많다. 실제로, 지금까지 수

[표 9-2] 수학적 창의성에 대한 정의(박만구, 2009, p. 809)

관련 연구	수학적 창의성에 대한 정의
Balka(1974) Ervynck(1991) Kruteskii(1969) Poincaré(1913) 이강섭 외(2003)	여러 정신 작용의 연결, 다양한 해결책의 제시, 정형화된 형태의 사고로부터 탈피, 제한된 사고를 깨는 유연한 사고 과정 요소를 과정(Process)와 산출물(Product)로 봄
Fouche(1993)	동일 문제에 대한 다양한 해결 방안 도출
Getzels & Jackson(1962) 김홍원(1998) 신희영 외(2007) 조석희(2003)	새롭고 유용한 아이디어 도출, 확산적이고 풍부한 사고과정, 문제해결을 통하여 독창적인 산출물을 만들어냄
Guilford(1967)	특정한 수학 문제 상황에 대한 발산적 사고의 산물 창의적이고 개념적인 이해에 강한 다양한 인지 능력
Haylock(1987) Romey(1970)	새로운 방식으로 불가능하다고 생각하는 연결을 만들어 냄
Jensen(1973) 김용대(2004)	새로운 수학문제를 만들어 내는 능력, 독창적 아이디어를 바탕으로 사고의 고착성에서 벗어나 보다 유용한 아이디어가 되도록 하는 지적인 능력과 이를 성취하고자 하는 성향
Mcnulty(1969)	패턴 인식, 해에 대한 통찰력
Torrance(1974)	독창성, 유창성, 융통성을 포함하는 창의적인 작업을 수행하는 모든 정신작용의 종합적인 능력
황우형 외(2006)	새로운 개념을 배우거나 문제를 해결하려고 할 때 기존에 갖고 있는 개념을 연결, 연합하여 새로운 개념을 쉽게 이해하거나 스스로 새로운 개념을 구성하는 능력
황혜정 외(1997)	이미 알고 있는 지식, 개념, 원리, 문제 해결 방법을 새롭게 관련지어 수학 문제를 해결하거나, 또는 자신이 새롭게 지식, 개념, 원리, 문제 해결 방법을 창안하여 수학 문제를 해결하는 능력

학적 창의성은 수학영재교육과 관련짓거나, 수학영재 판별을 위한 도구로 보는 경향이 있었던 것이 사실이다. 하지만 학생들에게 수학수업을 통해 수학적 산출물을 만들어내는 경험을 충분히 제공하고 있지 않은 상황에서 새롭고 가치 있는 수학적 산출물을 요구하는 것은 무리이며 이로 인해 사교육의존도가 상승하였다고 판단된다.

반면에 개념이해를 바탕으로 여러 개념을 융합하는 과정을 강조하는 관점에서는 일반적인 학교 수학 수업에서도 학생 참여형 수업을 통해 수학적 창의성을 기를 수 있다고 본다. 황우형 외(2006)는 수학적 창의성을 학교 수학 창의성, 수학 학문적 창의성, 수학 영재의 창의성으로 구분하고, 학교 수학 창의성은 영재학생뿐만 아니라 일반 학생들을 대상으로 하는 수업에서도 발현시킬 수 있다고 주장하였다(p. 564). 수학교과에 대한 핵심개념 이해를 바탕으로 자기 수준에 맞는 수학적 표현의 경험을 충분히 제공하다 보면 새로운 지식을 구성하고 창조하는 지식의 창조자로 성장할 수 있을 것이다. 따라서 학교는 학생 참여형 수업을 통해 학생들에게 충분한 표현, 발표, 탐구의 경험을 제공하는 방향으로 수학수업 방법을 개선해야 한다.

2.2 수학적 창의 역량에 대한 개념 정의

역량중심교육과정을 지향하는 2015 개정 교육과정에서는 학생중심교육과정과 학생참여형 수업을 통해 수학적 창의성을 기르고자 한다. 하지만 핵심역량을 강조하는 2015 개정 교육과정에서조차 역량 또는 핵심역량에 대한 명확한 정의를 제시하지 않고 있다.

2.2.1 역량의 개념

수학적 창의성이 학자마다 다르게 정의되는 것과 비슷하게 최근 들어 많이 사용하는 '역량'에 대한 개념도 학자마다 다르다.

[표 9-3]에서 학자들 사이의 공통적인 내용을 바탕으로 역량을 정의하면 '과제를 수행하는 데 필요한 지식, 기능, 태도의 포괄적이고 총체적인 능력'이라 할 수 있다.

[표 9-3] 역량에 대한 다양한 정의와 특징(이효성, 2016, p. 31)

학자	역량에 대한 정의
McClelland (1973, 1993)	실제 수행상황에서 성공적인 수행을 가능하게 하는, 평범한 수행자와 구분되는, 우수한 수행자의 특성
Klemp(1980)	어떤 개인이 어떤 역할을 수행함에 있어 성공적인 결과를 가져오는 그 개인이 가지고 있는 내재적 특성
Boyatzis(1982)	특정 과제에서 효과적이거나 뛰어난 수행의 이면에 있는 수행자의 내적 특성
Burgoyne(1989)	특정 과제를 수행할 수 있는 능력과 기꺼이 하고자 하는 마음
Spencer & Spencer (1993)	특정한 상황이나 직무에서 구체적인 준거나 기준에 비추어 평가했을 때 효과적이고 우수한 성과의 원인이 되는 동기, 특질, 자기개념, 지식, 기술 등의 개인의 내적인 특성
Parry(1996)	직무에 있어 중요하고 업무와 관련된 부분인 역할이나 책임 등에 영향을 주는 지식, 기술, 태도와 관련된 일종의 군으로, 기준에 의해 측정가능하고 훈련이나 개발을 통해 개선될 수 있는 것
Mirabile(1997)	특정 직무에서의 뛰어난 수행과 관련이 있는 지식, 기술, 능력 등의 특성
Athey & Orth(1999)	뛰어난 수행을 가능하게 하는 개인 및 조직의 지식, 기술, 태도, 행동으로 관찰 가능한 수행의 형태로 표현된 능력이며, 해당 조직이 지속적으로 경쟁에서 우위를 점할 수 있도록 하는 능력
NCES(2002)	구체적인 과제를 수행하는 데 필요한 기술, 능력, 지식의 집합체
IBSTPI(2005)	직업기준에 비추어 보았을 때, 해당 직업이나 기능을 효과적으로 수행하도록 하는 지식, 기술, 태도

2.2.2 수학적 창의 역량 및 하위 요소

창의 역량(creativity competence)은 창의성(creativity)과 현대 사회에서 요구하는 핵심역량을 통합하여 만든 개념으로, 이를 바탕으로 수학적 창의 역량을 정의하면 '수학적 문제 상황에서 자신이 가지고 있는 지식과 경험을 가지고 이를 해결하려는 지식, 기능, 태도의 포괄적이고 총체적인 능력'이라 할 수 있다. 하지만 아직까지 수학적 창의 역량의 개념 정립에 관한 연구가 제대로 이뤄지지 않았으며, 이로 인해 수학적 창

[표 9-4] 2015 개정 교육과정의 수학적 창의 역량 하위 요소와 의미(교육부, 2015)

하위 요소	의미
독창성	문제 상황에서 새로운 아이디어, 해결전략, 해결 방법을 찾아내거나 새로운 관점에서 문제를 제기하는 능력
유창성	문제 상황에서 많은 아이디어나 해결 방법, 해답을 산출하는 능력
융통성	고정된 사고방식에서 벗어나 다양한 관점에서 해결 방법이나 전략, 아이디어를 찾아내거나 문제를 제기하는 능력
정교성	기존의 수학적 아이디어에 세부사항을 추가하거나 변형하여 더욱 가치 있는 것으로 발전시키는 능력

의성 개념과 구별하여 사용하지 않고 있다. 본 장에서도 수학적 창의 역량과 수학적 창의성을 동일 개념으로 사용하고, 2015 개정 교육과정에서 제시하고 있는 수학적 창의 능력의 하위 요소를 수학적 창의 역량의 하위 요소로 사용하고자 한다.

2.3 창의적 사고를 자극할 수 있는 발문의 유형

학교 수학수업을 통해 학생들이 창의적 사고 경험을 제공하기 위해서 교사는 창의적 사고를 자극할 수 있는 발문을 개발하고 적절히 제시해야 한다. 발문은 수학적으로 학생들의 사고를 자극하고 적절하게 인지적으로 불완전한 상태에 빠뜨려서 학생들의 머릿속에서 활발하게 수학적으로 궁리하도록 함으로써 새로운 수학적인 사고를 하도록 촉진할 수 있다. 창의적 사고를 자극할 수 있는 발문의 유형은 다음과 같다

• 확산적 발문
학생들로부터 보다 깊고 다양한 반응을 요구하는 발문이다. 따라서 학생들의 다양한 반응을 얻고자 한다면 확산적 발문이 좋다.

• 과정 발문
학생들에게 해결책을 찾고 결론에 도달하게 되는 절차, 목적에 이르는 수단이나 단계의 설명을 요구하는 발문유형이다.

• 개방적 발문
확산적인 또는 창의적인 사고를 강조하며, 넓은 범위의 대답을 요구하는 발문이다.

• 탐구 발문
어느 정도의 탐구과정을 거쳐야 해결되는 발문이다. 실생활에 있어 대부분의 문제 해결은 관련된 자료를 조사, 분석하는 능력에 달려 있다. 따라서 탐구 발문은 기억에 요구되는 능력과는 다른 분석·종합하는 능력에 의하여 해결된다(한정민 외, 2010, p. 223).

3. 수학적 창의 역량 함양을 위한 수업 전략

학교 수학 수업을 통해 수학적 창의 역량 함양을 위해서는 2015 개정 교육과정에서 제시하고 있는 수학교과 단원별 핵심개념에 대한 이해를 바탕으로 학생들에게 표현의 기회를 풍부하게 제공하고, 그 과정에서 자신이 알고 있는 지식을 재구성하거나 새로운 지식을 창조하는 경험을 축적할 수 있도록 해야 한다. 중학생들을 대상으로 '문제를 해결할 수 있다는 학생 스스로의 인식'과 '수학적으로 서술하는 표현능력' 사이를

조사한 결과에서 수학적 창의 역량의 하위 요소 중에서 융통성(인식 3.87 / 표현 0.48), 독창성(인식 3.03 / 표현 0.61), 정교성(인식 3.45 / 표현 0.42)에 대한 차이가 특히 크게 나타났다.[1)]

교사는 학생들의 근접발달영역 내의 문제를 제시하거나 발문을 통해 학생들에게 인지적 갈등을 유발하고, 학생들은 핵심개념에 대한 이해를 바탕으로 제시된 문제의 해결방안을 탐구하고 자신의 이해 수준에서 풀이과정을 논리적으로 표현하며, 협동학습을 통해 오류를 수정할 수 있는 수업환경과 수업방법의 적용이 요구된다.

3.1 수학교과의 특성

수학교과는 정의되거나 증명된 사실과 답이 정해진 문제만을 수업으로 다루고 있어 다른 교과와는 달리 수업시간에 활발한 토론 수업을 진행하기 어렵다. 또한 권성연(2010)은 많은 학생들이 수학을 어려워하고 포기하는 현상이 반복되고 있는 실정이며, 학습결손이 누적된 학습 부진아는 위계성과 계통성이 강한 수학 교과의 특성으로 인해 더 이상 학교 수업을 따라가지 못하고 학교 수학수업에 대한 부정적인 인식만 늘어가고 있는 상황임을 지적하고 있다(p. 190).

수학교과의 수업 환경은 초·중·고등학교의 학교급에 따라 그 차이가 크다. 학교급 및 학년이 올라갈수록 추상적 개념이해와 문제해결이 수업에서 차지하는 비중이 높아지고 이로 인해 교사중심의 지식전달 위주의 수업이 이뤄지며, 수학 수업시간에 학생들은 수동적인 지식의 수용자로 수업에 주체적으로 참여하기 어렵다. 따라서 학교급에 맞는 수학적 창의 역량 신장을 위한 수업 방안에 대한 연구가 필요하다.

3.2 수학 수업 전략

수학 교과의 수업은 엄밀한 정의와 논리적 서술을 바탕으로 하기 때문에 대부분의 경우에 폐쇄적이고 경직된 분위기를 보여준다. 또한 답이 정해진 문제만을 다루기 때문에 실수는 용인되지 않고, 완벽한 이해와 표현능력을 갖춘 학생만이 수업시간에 발표의 기회를 갖는다. 이와 같은 수업 분위기 아래에서는 수학적 창의 역량을 육성하기 어려우며 수학교과의 수업 분위기를 학생들의 자발적이고 능동적인 참여 아래에서

1) 경기도 소재 대학부설 과학영재교육원 중등 수학반에 재학 중인 31명을 대상으로 수학적 창의성의 하위 요소인 유창성, 융통성, 독창성, 정교성에 대해 각각 5점 만점의 문항을 제시하고, 문제를 해결할 수 있는가에 대한 인식조사 후에 같은 문항의 풀이과정을 서술하도록 하였다.

개방적이고 실수를 허용하는 분위기로 바꾸어야 한다.

3.2.1. 수업 환경

개방적이고 허용적인 수업 분위기를 유도하기 위해서는 학생을 수업의 주체로 보는 인식의 변화와 함께 구성주의 교육관에 대한 교사의 이해가 필요하다. 교사는 학생과의 신뢰관계를 형성하고 허용적인 수업 분위기를 조성해야 하며, 발문을 제시하여 학생들에게 인지적 갈등을 유발해야 한다.

3.2.2. 학생 참여

교사가 제시하는 발문에 대하여 학생들은 자신이 가지고 있는 경험과 지식을 바탕으로 자기만의 논리로 해결방안을 제시할 수 있으며, 필요한 경우에는 다른 학생과의 협업을 통해 새롭고 가치 있는 지식을 창조하는 경험을 할 수 있다. 학생 참여형 수업이 학생들의 활동이나 체험만을 의미하지 않으며, 수학교과의 경우에 모든 학생들이 긍정적인 상호작용을 통해 새로운 지식을 구성하는 경험이 있는 수업도 학생 참여형 수업의 한 형태라 할 수 있다.

3.2.3. 교사의 발문

수학 수업에서 교사는 발문을 통해 학생들에게 인지적 갈등을 유발하고 탐구, 표현, 상호작용, 오류 수정 과정에서 새로운 지식을 구성하고 창조하는 경험을 제공할 수 있다. 학생들은 핵심개념에 대한 이해를 바탕으로 자기 수준에 따라 표현하고 발표하는 기회를 충분히 제공받아야 한다. 교사의 발문은 학생들이 인지적 갈등을 해결하는 과정에서 수학적 재발견을 경험하고 이를 통해 수학적 창의 역량을 신장할 수 있도록 제시되어야 한다.

4. 수학적 창의 역량 문항의 예

4.1 수학적 창의 역량을 키우는 교사의 발문

창의 역량은 신기하고 재미있는 몇 개의 수학문제를 풀어본다고 길러질 수 있는 능력이 아니며, 인지적 갈등 과정에서 이를 해결하기 위해 새로운 지식을 구성하거나 창조하는 경험을 통해 신장될 수 있다. 이를 위해서는 수업시간에 다루는 교과내용을 '다른 시각'으로 생각해 보게 하는 교사의 '발문'이 중요한 역할을 할 수 있다. 이때 학생들의 적극적이고 자발적인 참여를 유도하기 위해서는 교사와 학생들 사이의 신뢰 관계에 기반하여, 개방적이고 허용적인 수업 환경을 조성할 필요가 있다.

암기하거나 이해한 지식을 재생시키는 질문과는 달리, 본 장에서 사용하는 발문은 학생들이 가지고 있는 지식 또는 경험을 바탕으로 자신만의 답을 찾고자 '인지적 갈등'을 유발시키는 질문을 말한다. 물론 수학교과의 특성상 답변의 개방성에 대해서는 어느 정도 제한되는 경우가 많고, 대부분의 경우가 학생들이 당연하게 여기거나 전혀 생각해보지 않은 수학적 성질에 대한 질문으로 만들어진다. 교사는 교과서 내용에 담겨 있는 수학적 개념을 충분히 이해하고 학생들이 수학적 개념을 재발견할 수 있도록 하는 발문 개발에 시간과 노력을 투자할 필요가 있다.

4.2 중학교 수학적 창의 역량 문항

기하 영역

✔ 문항

다음 제시문을 읽고 물음에 답하시오.

'정사각형'은 '네 변의 길이와 네 각의 크기가 모두 같은 사각형'으로 정의된다. 사각형의 내각의 크기의 합은 360°이고 네 각의 크기가 모두 같으므로, 정사각형의 네 각의 크기는 모두 90°이다.

(1) 기본질문

눈금 없는 자와 컴퍼스만으로 정사각형을 작도하시오.

(2) 개방적(또는 확산적) 발문

(1)에서 제시한 작도와는 다른 방법으로 정사각형을 작도하시오.

✔ 문항 해설 및 답안

이 문항은 2015 개정 수학과 교육과정 중학교 1~3학년군 기하영역에서 제시된 성취기준 "[9수04-03] 삼각형을 작도할 수 있다."와 "[9수04-12] 사각형의 성질을 이해하고 설명할 수 있다."(교육부, 2015, p. 33-34)에 대한 평가문항이다. 세부적인 사항은 다음과 같다.

학년	관련단원	교육과정 내용	성취기준
중1	5) 도형의 기초	52. 작도와 합동	521. 간단한 도형을 작도할 수 있다.
중1	6) 평면도형과 입체 도형	61. 평면도형	612. 다각형의 내각의 크기를 구할 수 있다.
중2	6) 도형의 성질	62. 사각형의 성질	623. 여러 가지 사각형의 성질을 증명할 수 있다.

(1)번 문항은 초등학교 3~4학년군 도형에서 제시된 성취기준 “[4수02-10] 여러 가지 모양의 사각형에 대한 분류 활동을 통하여 직사각형, 정사각형, 사다리꼴, 평행사변형, 마름모를 알고, 그 성질을 이해한다.”(교육부, 2015, p. 17)와 중학교 1학년에서 배우는 ‘52.작도와 합동’을 연계하여 사각형과 작도에 대한 이해를 확인하기 위한 문항이다.

(2)번 문항은 창의적 사고를 자극할 수 있는 발문유형 중 ‘개방적 발문’에 해당하는 질문으로, 한 가지 고정된 방법에 의한 작도가 아닌 다양한 방법이 존재함을 인지하고 사고를 유연하게 확장시키기 위한 문항이다.

작도에 대한 기본 개념을 익힌 중학교 1학년 학생들이 초등학교에서 배운 내용을 연계하여 작도의 개념을 적용하는 과정을 통해 작도에 대한 거부감을 줄이고 삼각형 작도에서 정사각형 작도로 개념을 확장하는 경험을 할 수 있다. 특히, 정사각형은 학생들이 모두 잘 알고 있는 도형이라 생각하여 쉽게 도전의식을 갖는 반면에, 정사각형이 ‘네 변의 길이가 같고, 네 각의 크기가 모두 같은 사각형’으로 변의 길이와 각의 크기를 함께 고려하여 작도하는 과정이 쉽지 않음을 느끼게 된다.

정사각형의 작도과정에서는 ‘선분에 수선 작도’, ‘네 변의 길이 옮기기’ 등의 순서 배열에 따라 매우 다양한 작도 방법을 찾아 낼 수 있다. 개방적 발문을 제시한 후에 학생들에게 충분한 시간을 주고 새롭게 찾아낸 작도방법을 순차적으로 발표시키면서 수학적 창의 역량과 도전의식을 심어줄 수 있다. (2)번 개방적 발문은 간단하고 단순하게 생각하던 정사각형의 작도를 통해 창의성 하위 요소 중 ‘유창성’뿐만 아니라 ‘융통성’과 ‘정교성’을 함께 육성할 수 있는 문항이다.

✔ 예시 답안

(1)

작도	과정
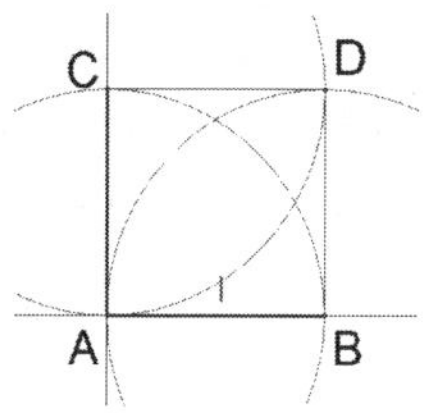	① 직선 l을 그린다. ② 자로 직선 l 위에 한 변 $\overline{AB}$를 그린다. ③ 점 A를 지나고 직선 l에 수직인 수선을 그린다. ④ $\overline{AB}$와 같은 길이의 $\overline{AC}$를 그린다. ⑤, ⑥ 두 점 B,C에서 같은 거리에 있는 점 D를 잡고 선분을 그린다.

(2)

작도	과정
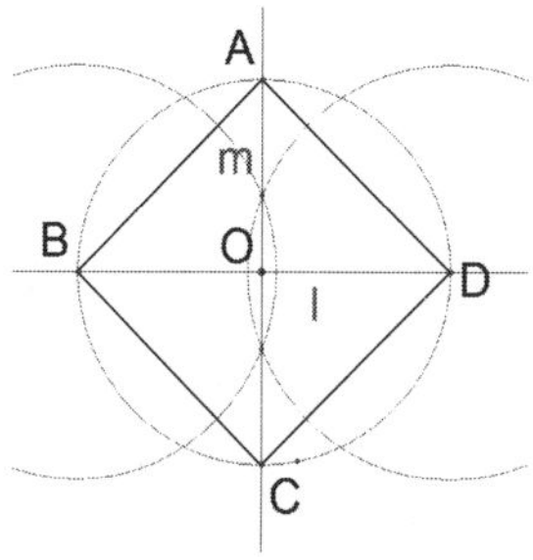	① 원 O를 그린다. ② 원점 O를 지나는 직선 l을 그린다. ③ 원 O와 직선 l의 교점 B,D를 잡는다. ④ 점 O를 지나고 직선 l에 수직인 직선 m을 그린다. ⑤, ⑥ 원 O와 직선 m의 교점 A,C를 잡고 사각형 ABCD를 그린다.

정사각형을 작도하는 방법은 10가지 이상이 있으며, 학생들이 자신이 이해한 작도와 정사각형의 개념에 따라 다양하게 표현될 가능성을 열어준다. 최대한 많은 방법을 찾아 낼 수 있도록 격려하고, 발표를 통해 결과를 공유하는 과정이 필요하다.

✔ 교과 역량 설명

이 문항과 관련된 교과 역량은 중학교 1~3학년군의 성취기준 [9수04-03]와 [9수04-12], 초등학교 3~4학년군의 성취기준 [4수02-10]과 관련하여 교과 내 단원의 연계성을 이해하고, 기본도형 작도, 삼각형 작도, 정사각형 작도로 사고를 확장하는 과정에서 다음과 같은 창의적 역량을 기르는 데 목적이 있다.

(1)번 문항은 작도의 개념, 삼각형의 작도, 사각형의 작도순으로 사고를 확산하는 과정을 통해 창의적 역량의 하위 요소 중 다음과 같은 교과 역량과 관련된다.

[정교성] '기존의 수학적 아이디어에 세부사항을 추가하거나 변형하여 더욱 가치 있는 것으로 발전시키는 능력'으로, 삼각형의 작도방법에 대한 이해를 바탕으로 사각형의 정의를 작도로 표현하는 능력을 키워준다.

(2)번 문항은 (1)번 문항의 이해 및 작도능력을 바탕으로 사고의 확장을 통해 다양한 결과를 도출하도록 하며 창의 역량의 하위 요소 중 다음과 같은 교과 역량과 관련된다.

(융통성) '고정된 사고방식에서 벗어나 다양한 관점에서 해결 방법이나 전략, 아이디어를 찾아내거나 문제를 제기하는 능력'으로, (1)번 문항에서 정사각형을 작도하는 방법을 참고하여 자신이 알고 있는 지식, 즉 정사각형과 작도의 개념, 수선의 작도 방법 등을 이용하여 새롭고 다양한 방법으로 정사각형을 작도하기 위해 다양한 관점에서 아이디어를 찾기 위한 확산적 사고를 경험하게 된다.

✔ 문항

다음 제시문을 읽고 물음에 답하시오.

'중선'은 '삼각형의 꼭짓점과 대변의 중점을 이은 선분'이고, 삼각형의 무게중심은 '세 중선의 교점'이다. 작도를 통해 삼각형의 무게중심을 찾는 과정은 다음과 같다.

도형	과정
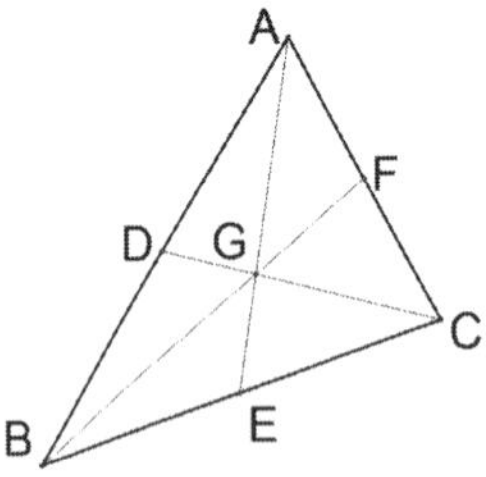 	① $\triangle ABC$를 그린다. ② 세 중점 D,E,F를 잡는다. ③ 세 중선 $\overline{AE},\overline{BF},\overline{CD}$의 교점 G를 잡는다.

[실험]

- 준비물: 우드락, 칼, 자
- 과정: 우드락에 그린 삼각형 ABC를 칼과 자를 이용하여 자른 후에 무게중심 G에서 평형을 이루는지 실험한다.

(1) 기본질문 1

삼각형의 중선은 삼각형의 넓이를 이등분하는가?

(2) 기본질문 2

삼각형의 무게중심 G에 대하여 $\overline{BG}:\overline{FG}$를 구하시오.

(3) 탐구 발문

무게중심 G를 지나는 직선은 삼각형 ABC의 넓이를 이등분하는가? 이등분 여부를 판단하고 그 이유를 설명하시오.

✔ 문항 해설 및 답안

이 문항은 2015 개정 수학과 교육과정 중학교 1~3학년군 기하영역에서 제시된 성취기준 "[9수04-13] 도형의 닮음의 의미와 닮은 도형의 성질을 이해한다."와 "[9수04-14] 삼각형의 닮음 조건을 이해하고, 이를 이용하여 두 삼각형이 닮음인지 판별할 수 있다."(교육부, 2015, p. 34)에 대한 평가문항이다. 세부적인 사항은 다음과 같다.

학년	관련단원	교육과정 내용	성취기준
중2	7) 도형의 닮음	72. 닮음의 활용	722. 삼각형의 무게중심의 성질을 이해하고, 이를 활용할 수 있다.

(1)번 문항은 '중선'의 성질을 이해하고, 넓이를 이등분하는 직선 위에 삼각형의 무게중심이 존재함을 직관적으로 전달하기 위한 문항이다. '넓이'와 '무게'의 개념을 연관하여 생각할 수 있도록 지도한다.

(2)번 문항은 성취기준 "722. 삼각형의 무게중심의 성질을 이해하고, 이를 활용할 수 있다."와 관련된 문항으로, 무게중심의 성질을 수학적으로 엄밀하게 증명하는 능력을 묻는 문항이다. 수학적 탐구는 수학적 엄밀성이 바탕이 될 때 그 의미를 찾을 수 있다.

(3)번 문항은 물리학적 개념인 '무게중심'과 수학적 개념인 '넓이' 사이의 관계를 실험을 통해 탐구하는 과정에서 나타나는 '직관적 오류'를 찾고 이에 대한 답을 찾는 문항이다.

✔ 예시 답안

(1) 삼각형의 넓이를 이등분한다. 예를 들어, $\triangle CAD$와 $\triangle CDB$는 밑변의 길이와 높이가 같으므로, 두 삼각형의 넓이는 같다.

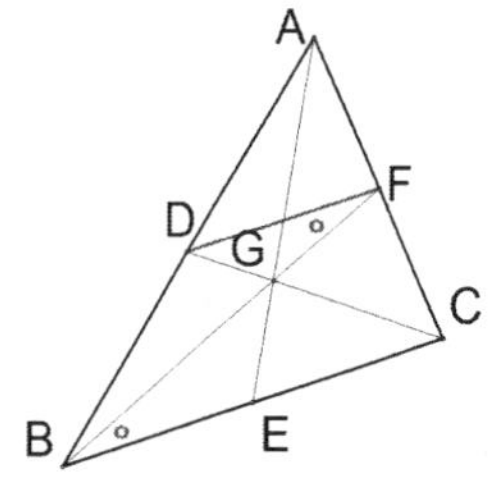

(2) $\triangle ABC$에서 $\overline{AB}$, $\overline{BC}$, $\overline{CA}$의 중점을 각각 점 D, E, F라 하자. 삼각형의 중점연결정리에 의해

$\overline{DF} // \overline{BC}$, $\overline{DF} = \frac{1}{2}\overline{BC}$

$\angle DFB = \angle EBF$(엇각)

$\angle BGE = \angle FGA$(맞꼭지각)

$\therefore \triangle ADF \backsim \triangle ABC$

$\therefore \overline{BG} : \overline{FG} = \overline{BC} : \overline{DF} = 2 : 1$

(3) 2가지 경우로 나누어 생각할 수 있다.

* 주의: 무게중심 G를 지나는 직선이 '무게중심 G와 꼭짓점을 지나는 경우'와 '무게중심 G를 지나고 꼭짓점을 지나지 않는 경우'로 나누어 생각해야 한다.

(가) 무게중심 G와 꼭짓점을 지나는 경우

꼭짓점을 지나는 경우	해설
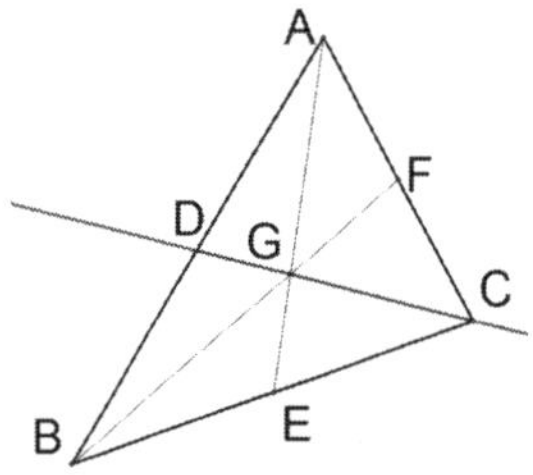	직선이 세 개의 꼭짓점 중에 하나를 지나는 경우에는 삼각형의 중선과 겹치게 된다. 따라서 삼각형의 넓이를 이등분한다.

(나) 무게중심 G를 지나고, 꼭짓점은 지나지 않는 경우

'삼각형의 넓이를 이등분하지 않는다.'는 '반례'를 보이면 된다. 일반적인 삼각형에서는 삼각형의 넓이를 이등분하지 않음을 증명하기 어렵다. 따라서 설명하기 쉬운 정삼각형에 대하여 반례를 보이는 능력도 평가가 가능한 문제이다.

일반삼각형	정삼각형
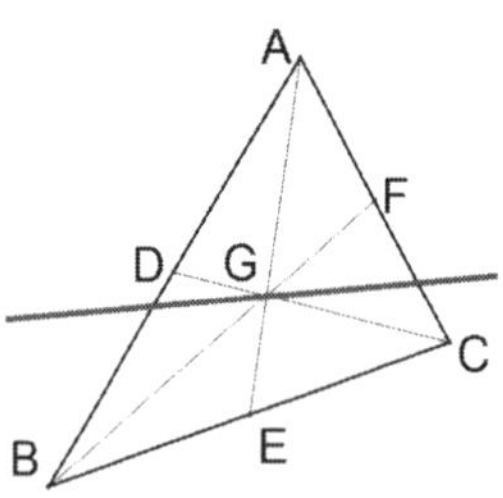	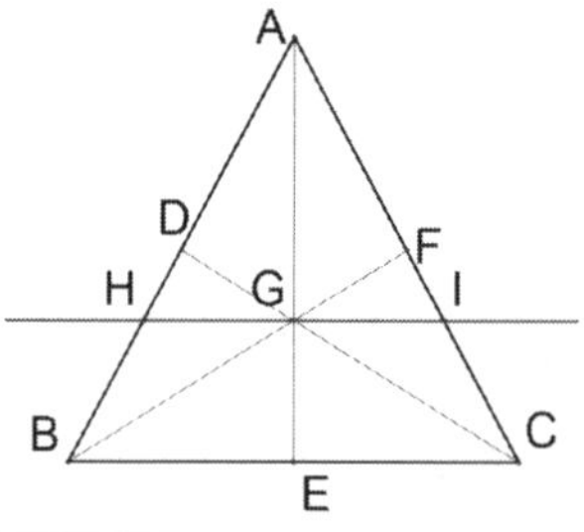

정삼각형인 경우의 해설은 다음과 같다.

꼭짓점을 지나는 경우	해설
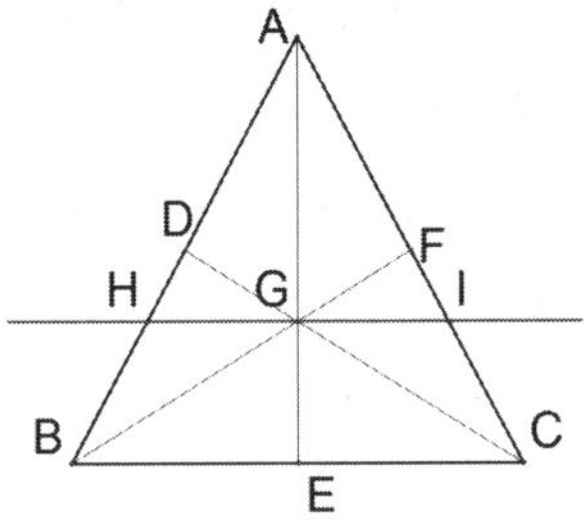	[반례] 정삼각형ABC에서 점 G를 지나고 변 $\overline{BC}$에 평행한 선을 긋고, 두 변의 교점을 각각 H,I라 하자. △AHI와 △ABC는 닮음(AA)이고 $\overline{AG}:\overline{AE}=2:3$이므로 삼각형의 넓이의 비는 $2^2:3^2=4:9$ 따라서 △AHI=$4a$, △ABC=$9a$이고 사각형 BCIH의 넓이는 $5a$이다.

✔ 교과 역량 설명

이 문항과 관련된 교과 역량은 2015 개정 수학과 교육과정 중학교 1~3학년군 기하 영역에서 제시된 성취기준 [9수04-13]과 [9수04-14]에서 찾을 수 있다. 특히 이 문항은 발문에 대한 인지적 또는 직관적 오류를 많이 보이는 특징이 있다. 인지적 오류를 범하는 이유는 주로 특정한 경우를 일반화하여 '무게중심을 지나는 직선은 넓이를 이등분한다.'고 생각하는 일반화의 오류가 대부분이다. (3)번 문항에서는 무게중심 G를 지나는 직선이 '꼭짓점을 지나는 경우'와 '꼭짓점을 지나지 않는 경우'로 구분할 수 있는가를 관찰할 필요가 있으며, 각 문항에 대한 세부적인 설명은 다음과 같다.

(1)번 문항은 중선의 성질과 삼각형의 넓에 대한 개념을 묻는 문제로, 특별히 창의 역량과 관련 없이 생각을 여는 기본 개념관련 문항이다.

(2)번 문항은 무게중심 G에 대한 수학적 엄밀성을 이해하고 표현하는 능력을 묻는 문항이다.

(3)번 문항은 무게중심과 삼각형의 넓이를 이등분하는 개념 사이의 직관적 오류에 관한 문제로, 이 문항을 통해 육성하고자 하는 창의 역량 관련 하위 요소는 다음과 같다.

[정교성] '기존의 수학적 아이디어에 세부사항을 추가하거나 변형하여 더욱 가치 있는 것으로 발전시키는 능력'으로, 이 발문은 대부분의 학생들이 인지적 오류를 보이는 특징을 가진다. 이유는 무게중심 G를 지나는 직선은 넓이를 이등분해야 좌우 균형을 이룰 수 있다는 착각에 기인하는 경우가 대부분으로, 무게중심에 대한 새로운 시각이 필요한 문항이다. 또한 교사의 발문에 대해 학생들이 직선이 '꼭짓점을 지나는 경우'와 '꼭짓점을 지나지 않는 경우'로 나누어 생각하고 발표할 수 있는지 관찰할 필요가 있다. 본인 스스로 조건을 설정하고 그 조건에 따라 '분류'하는 수학적 사고의 경험을 하게 된다.

[융통성] '고정된 사고방식에서 벗어나 다양한 관점에서 해결 방법이나 전략, 아이디어를 찾아내거나 문제를 제기하는 능력'으로, 꼭짓점을 지나지 않는 경우에 기울어진 삼각형 때문에 넓이를 계산하는 데 많은 어려움을 겪는다. 교사가 '반례'에 대한 의미를 설명하여 사고의 흐름과 방향을 제시해주는 것이 효과적이며, 반례는 성립하지 않는 한 가지 예를 보이면 되므로 '정삼각형'에 대하여 생각하도록 힌트를 제공해 주어도 된다. 실제 수업장면에서는 학생들이 정삼각형을 생각하더라도 직선을 밑변에 평행하게 긋는 학생도 매우 드물다. (3)번과 같은 탐구 발문은 활동수업을 하면서도 학생들의 직관적 오류로 인해 많은 관심과 집중도를 높이고 수학적 창의 역량을 키울 수 있는 경험을 제공해 줄 수 있다.

4.3 고등학교 수학적 창의 역량 문항

문자와 식 영역

✔ 문항

다음 제시문을 읽고 물음에 답하시오.

다항식을 두 개 이상의 인수의 곱으로 나타내는 것을 그 다항식을 '인수분해'한다고 한다. 예를 들어,

$$a^3 - b^3 = (a-b)(a^2 + ab + b^2)$$
$$a^3 + b^3 = (a+b)(a^2 - ab + b^2)$$

(1) 기본질문

$x^3 - 1$은 $(x-1)(x^2+x+1)$로 인수분해 되고, $x^4 - 1$은 $(x-1)(x^3+x^2+x+1)$로 인수분해 된다. 임의의 자연수 n에 대하여 $x^n - 1$은 항상 인수분해 됨을 설명하여라.

(2) 탐구 발문

x^2+1과 x^4+1이 인수분해 되지 않고, x^3+1과 x^5+1은 각각 $(x+1)(x^2-x+1)$과 $(x+1)(x^4-x^3+x^2-x+1)$로 인수분해 된다. 임의의 자연수 n에 대하여 x^n+1의 인수분해가 되지 않을 조건을 설명하여라.

(방승진·최중오, 2006, pp. 87-101 참조)

✔ **문항 해설 및 답안**

이 문항은 2015 개정 수학과 교육과정 고등학교 선택 중심 교육과정(공통 과목)의 문자와 식 영역에서 제시된 성취기준 "[10수01-04] 다항식의 인수분해를 할 수 있다."(교육부, 2015, p. 48)에 대한 평가문항이다. 세부적인 사항은 다음과 같다.

(1)번 문항은 다항식의 인수분해에 대한 기본 개념 이해를 바탕으로 조립제법을 이용하여 일반화하는 능력을 묻는다.

(2)번 문항은 $x-1$을 항상 인수로 갖는 (1)번 문항과는 달리 조립제법이 항상 적용되지 않는다. x^n+1이 인수분해 되기 위한 지수 n의 조건을 찾을 수 있는 능력을 묻는다.

✔ **예시 답안**

중학교 교육과정의 문자와 식 영역에서 제시된 성취기준은 "[9수02-12] 다항식의 곱셈과 인수분해를 할 수 있다."로 '다항식의 곱셈과 다항식의 인수분해의 역관계'에 대한 이해를 요구한다. 고등학교 교육과정의 문자와 식 영역에서 제시된 성취기준은 "[10수학01-04] 다항식의 인수분해를 할 수 있다."로 중학교에서 학습한 내용을 토대로 조립제법을 이용한 인수분해가 추가되었다.

(1) 다항식 $P(x)=x^n-1$에서 $P(1)=1-1=0$이므로 조립제법을 사용하여 인수분해 할 수 있다. $x^n-1=(x-1)(x^{n-1}+x^{n-2}+\cdots+x+1)$

(2) 다항식 x^n+1은 n의 값에 따라서 인수분해가 가능하거나 가능하지 않음을 알 수 있다.

x^2+1 인수분해 안 됨.

$x^3+1=(x+1)(x^2-x+1)$

x^4+1 인수분해 안 됨.

$x^5+1=(x^4-x^3+x^2-x+1)$

이 문제에서 대부분의 학생들이 n의 값이 짝수이면 인수분해 되지 않는다고 판단하는 오류를 범한다. 하지만 x^6+1이 인수분해 가능함을 보여주면 인지적 갈등이 증폭되고 집중도가 높아진다.

$$x^6+1=(x^2)^3+1^3 \ =(x^2+1)(x^4-x^2+1)$$

이상의 내용을 학생들에게 제시하고 x^n+1 이 인수분해 되기 위한 자연수 n의 조건을 분류하고 이에 따른 증명을 하도록 지도한다.

다항식 $P(x)=x^n+1$에서

(i) n이 홀수인 경우

$n=2k-1\ (k\in N)$이라 하면 $P(x)=x^{2k-1}+1$에서

$P(-1)=(-1)^{2k-1}+1=-1+1=0$이므로

조립제법을 사용하면 $x^n+1=(x+1)(x^{n-1}-x^{n-2}+\cdots-x+1)$이다.

(ii) n이 짝수인 경우

㉠ n이 홀수인 인수를 가지는 경우

$n=2^m\times(2p+1)\ (m\in N,\ p\in N)$이라 하면

$x^n+1=x^{2^m\cdot(2p+1)}+1=\left(x^{2^m}\right)^{2p+1}+1=X^{2p+1}+1\ (X=x^{2^m})$

(i)의 경우에 해당하므로 인수분해 가능.

㉡ n이 홀수인 인수를 갖지 않는 경우

n이 2의 거듭제곱 꼴로 표현되는 경우이다. 즉,

$x^n+1=x^{2^k}+1\ (k\in N)$이고, 임의의 x, k에 대하여 $x^{2^k}>0$이므로

$P(x)=x^{2^k}+1=0$인 실수 x는 존재하지 않는다.

$P(x)=x^{2^k}+1$에서 x가 홀수인 경우, 즉 $x=2l+1\ (l\in N)$이라 하면 $P(x)=P(2k+1)=(2l+1)^{2^k}+1$은 2보다 큰 짝수이므로 소수가 아니다. x에 짝수이면서 소수인 2를 대입하여 만든 수 $2^{2^k}+1$을 'Fermat 소수'라 하고 $F_n=2^{2^k}+1$ 로 나타낸다.

✔ **교과 역량 설명**

이 문항과 관련된 교과 역량은 2015 개정 수학과 교육과정 중학교 1~3학년 문자와 식 영역에서 제시된 성취기준 [9수02-12]와 고등학교 공통과정의 문자와 식 영역에서 제시된 성취기준 [10수학01-04]에서 찾을 수 있다. 각 문항에 대한 세부적인 설명은 아래와 같다.

(1)번 문항은 중학교 교육과정과의 교과 내 개념을 연결하고 조립제법을 이용하여 일화 능력을 키우기 위한 문항이다.

(2)번 문항은 어느 정도의 탐구과정을 거쳐야 해결되는 '탐구 발문'이다. 이 문항을 통해 육성하고자 하는 창의 역량 관련 하위 요소는 아래와 같다.

[정교성] '기존의 수학적 아이디어에 세부사항을 추가하거나 변형하여 더욱 가치 있는 것으로 발전시키는 능력'으로, 이 문항은 조립제법을 이용하여 항상 인수분해 가능한 다항식 x^n-1과 비교하여 식은 비슷하나 n의 값에 따라 인수분해가 가능하거나

가능하지 않은 다항식 x^n+1의 인수분해 조건에 대한 탐구를 유발시킨다. 학생들은 자연수 n의 값을 '홀수'인 경우와 '짝수'인 경우로 나누어 생각하고 다항식 x^2+1와 x^4+1 이 인수분해 되지 않는다는 것에서 n이 짝수인 경우에 인수분해 되지 않는다고 판단하는 오류에 빠지지 않아야 한다. 또한 학생들은 n이 짝수인 경우에도 '홀수인 인수를 가지는 경우'와 '홀수인 인수를 가지지 않는 경우'로 나누어 생각할 수 있어야 한다. 이 문항은 자연수 n의 값이 취할 수 있는 조건을 정확하게 분류하는 것에서 그치지 않고, 각 경우에 대해 논리적으로 증명하는 과정을 제시해야 한다.

✔ 문항

다음 제시문을 읽고 물음에 답하시오.

하노이 탑은 3개의 기둥과 크기가 다른 원판 8개가 크기순으로 쌓여 있는 수학교구이다. 원판을 옮기는 2가지 조건을 만족하면서 한 기둥에 크기순으로 쌓여 있는 원판을 다른 기둥으로 옮기는 최소이동횟수는 다음과 같다.

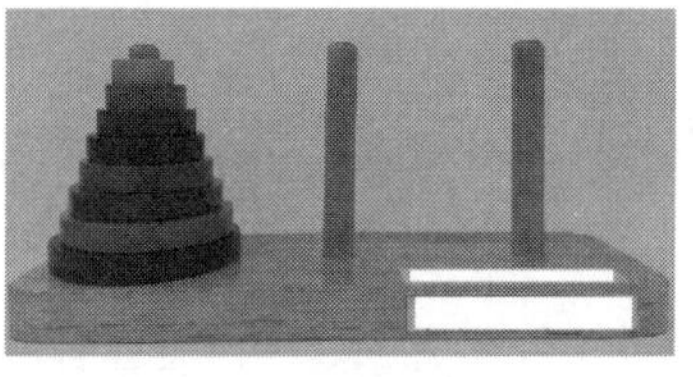

원판을 옮기는 조건	1. 한 번에 하나의 원판만 옮긴다. 2. 크기가 작은 원판 위에 큰 원판을 놓을 수 없다.

크기가 다른 n개의 원판을 2가지 조건을 만족하면서 다른 기둥으로 옮기는 최소이동횟수를 a_n이라 하면, $a_1=1$, $a_2=3$, $a_3=7$, $a_4=15$, $\cdots$이다.

(1) 기본 문제

크기가 다른 8개의 원판을 제일 작은 원판부터 '1번 원판', '2번 원판', …, '8번 원판'이라 이름을 붙일 때, 다음 물음에 답하시오.

(가) 각 원판이 움직인 최소이동횟수를 구하시오.

(나) 32번째 시행에서 움직인 원판을 말하시오.

(2) 탐구 문제

하노이 탑에서 원판을 옮기는 2가지 조건에 아래의 조건을 추가하여 만든 하노이 탑을 '인접통행 하노이 탑'이라 하자.

'일렬로 세워져 있는 3개의 기둥을 왼쪽부터 차례대로 A, B, C라 할 때, 인접한 기둥 사이에서만 원판을 옮길 수 있다.

$$A \leftrightarrow B, \quad B \leftrightarrow C'$$

기둥 A에 크기순으로 쌓여 있는 크기가 다른 원판을 기둥 B로 옮기는 인접통행 하노이 탑에 대해 다음 물음에 답하시오.

(가) n개의 원판을 옮기는 최소이동횟수 b_n을 구하시오.

(나) 8개의 원판을 옮길 때, 각 원판이 움직인 최소이동횟수를 구하시오.

(다) 8개의 원판을 옮길 때, 1215번째 시행에서 움직인 원판을 말하시오.

(최중오, 2014, pp. 44-92 참조)

✔ 문항 해설 및 답안

이 문항은 2015 개정 수학과 교육과정 고등학교 수학 I 의 수열 영역에서 제시된 성취기준 "[12수학 I 03-03] 등비수열의 뜻을 알고, 일반항, 첫째 항부터 제n항까지의 합을 구할 수 있다.", "[12수학 I 03-08] 수학적 귀납법을 이용하여 명제를 증명할 수 있다."(교육부, 2015, pp. 65-66)에 대한 평가문항이다. 세부적인 사항은 다음과 같다.

(1)번 문항에서 (가)는 하노이 탑에서 8개의 원판을 다른 기둥으로 옮기는 최소이동횟수는 각 원판이 움직이는 최소이동횟수의 합임을 이해하는 능력을 묻는다. (나)는 원판을 다른 기둥으로 옮기는 최소이동횟수가 2의 거듭제곱의 합으로 표현됨을 이용하여 이진법으로 표현하고, 원판의 이동규칙을 발견할 수 있는 능력을 묻는다.

(2)번 문항은 (1)번 문항의 이해를 바탕으로 조건을 추가하여 만든 인접통행 하노이 탑의 규칙을 이해할 수 있는 능력을 묻고 있다. (가)는 1개에서 4개까지의 최소이동횟수를 구하면서 인접통행 하노이 탑을 정확히 이해하기 위한 문항이다. (나)는 8개의 원판을 옮기는 최소이동횟수가 1번부터 8번까지의 원판을 옮기는 최소이동횟수의 합임을 이해하기 위한 문항이다. (다)는 최소이동횟수를 삼진법으로 표현하고 원판의 이동규칙을 발견하는 능력을 묻는 문항이다.

✔ 예시 답안

고등학교 수학 교육과정의 수열 영역에서 제시된 성취기준인 [12수학 I 03-03], [12

수학 I 03-08]을 바탕으로 활동을 통한 규칙 탐구과정을 진행하면서 아래의 답안을 제시할 필요가 있다.

(1) 하노이 탑에서 크기가 다른 n개의 원판을 다른 기둥으로 옮기는 최소이동횟수 a_n은 2^n-1이다. 이 식은 '수열의 규칙'이나 '점화식'을 이용하여 구할 수 있다.

첫째, 수열의 규칙을 이용

$a_1=1$ $a_2=3$ $a_3=7$ $a_4=15$	왼쪽의 수열은 오른쪽과 같이 표현을 달리하면 규칙을 찾기 쉽다.	$a_1=1$ $a_2=1+2$ $a_3=1+2+2^2$ $a_4=1+2+2^2+2^3$

따라서 $a_n=1+2+2^2+\cdots+2^{n-1}$이고 우변에서 n개의 항은 1번 원판부터 n번 원판까지 각각의 최소이동횟수이다. 등비수열의 합에서 $a_n=2^n-1$이다.

둘째, 점화식 이용

n개의 원판을 다른 기둥으로 옮기기 위해서는 n번 원판을 옮겨야 하므로 1번부터 $(n-1)$번 원판이 기둥 B나 기둥 C에 크기순으로 쌓여 있어야 한다. 이 과정을 점화식으로 만들면 $a_n=a_{n-1}+1+a_{n-1}=2a_{n-1}+1$이다. $a_n+1=2(a_{n-1}+1)$이 초항이 (a_1+1)이고 공비가 2인 등비수열이므로 $a_n+1=(a_1+1)\times 2^{n-1}$, 즉

$a_n=2^n-1$이 된다.

(가) 최소이동횟수 a_8은 $a_8=1+2+2^2+2^3+2^4+2^5+2^6+2^7$이므로 각 원판의 최소이동횟수는 다음과 같다.

원판	최소이동횟수	원판	최소이동횟수
1번	2^7	5번	2^3
2번	2^6	6번	2^2
3번	2^5	7번	2
4번	2^4	8번	1

(나) 하노이 탑에서 원판을 옮기는 최소이동횟수는 2의 거듭제곱의 합으로 표현된다는 성질에서 '이진법'표현과의 연관성을 생각할 수 있다. 예를 들어, 크기가 다른 4개의 원판을 다른 기둥으로 옮기는 최소이동횟수는 15이므로 원판을 옮기는 각 시행을 이진법으로 표현하면 각 시행에서 이동하는 원판을 알 수 있다. 즉, 이진법 표현에서 1의 자릿수가 1이면 1번 원판, 1의 자릿수가 0이고 2의 자릿수가 1이면 2번 원판, 1의 자리와 2의 자릿수가 모두 0이고 2^2 자릿수가 1이면 3번 원판이 이동된다.

이와 같은 규칙에 따라 32를 이진법으로 표현하면 $100000_{(2)}$이므로 움직이는 원판은 6번 원판이다.

원판을 옮긴 횟수	이진법 표현	움직인 원판	원판을 옮긴 횟수	이진법 표현	움직인 원판
1	1	1번	9	1001	1번
2	10	2번	10	1010	2번
3	11	1번	11	1011	1번
4	100	3번	12	1100	3번
5	101	1번	13	1101	1번
6	110	2번	14	1110	2번
7	111	1번	15	1111	1번
8	1000	4번			

(2) 인접통행 하노이 탑에서 기둥 A에 쌓여 있는 n개의 원판을 기둥 B로 옮기는 최소이동횟수를 b_n이라 하자.

(가) n번 원판을 기둥 B로 옮기기 위해서는 1번 원판부터 $(n-1)$번 원판을 기둥 B를 거쳐 기둥 C로 옮겨야 한다. 다음에 n번 원판을 기둥 B로 옮긴 후에 기둥 C에 쌓여 있는 1번부터 $(n-1)$번 원판을 기둥 B로 옮긴다. 이 과정을 점화식으로 표현하면 $b_n = b_{n-1} + b_{n-1} + 1 + b_{n-1} = 3b_{n-1} + 1$이다.

$b_n + \frac{1}{2} = 3\left(b_{n-1} + \frac{1}{2}\right)$은 첫 항이 $b_1 + \frac{1}{2}$이고 공비가 3인 등비수열이므로 일반항

$b_n + \frac{1}{2} = \left(1 + \frac{1}{2}\right) \times 3^{n-1} \quad \therefore b_n = \frac{1}{2}(3^n - 1)$

(나) 원판의 개수를 늘려가면서 각 원판이 움직인 횟수를 구하면 일정한 규칙을 발견할 수 있다.

최소이동횟수	각 원판이 움직인 횟수							
	1번	2번	3번	4번	5번	6번	7번	8번
$b_1 = 1$	1							
$b_2 = 4$	1	3						
$b_3 = 13$	1	3	3^2					
$b_4 = 40$	1	3	3^2	3^3				
$b_5 = 121$	1	3	3^2	3^3	3^4			

위의 규칙에 따라 8개의 원판을 옮길 때 각 원판이 움직인 횟수는 다음과 같다.

최소이동횟수	각 원판이 움직인 횟수							
	1번	2번	3번	4번	5번	6번	7번	8번
$b_8 = 3280$	1	3	3^2	3^3	3^4	3^5	3^6	3^7

(2)의 (가)에 의해 $b_n = \frac{1}{2}(3^n - 1) = \frac{3^n - 1}{3 - 1}$은 등비수열의 합 공식에 의해 $b_8 = 1 + 3 + 3^2 + \cdots + 3^7$이고, 우변의 각 항이 8개의 원판의 이동횟수를 나타내고 있음을 알 수 있다.

(다) (1)의 (나)에서 이진법을 이용하여 원판의 이동규칙을 찾은 것과 같이 인접통행 하노이 탑에서 최소이동횟수가 3의 거듭제곱의 합으로 표현됨을 이용하여 삼진법 표현으로 원판의 이동규칙을 탐구할 수 있다. 예를 들어, 크기가 다른 3개의 원판을 옮기는 최소이동횟수는 13이므로 원판을 옮기는 각 시행을 삼진법으로 표현하면 각 시행에서 이동하는 원판을 알 수 있다.

원판을 옮긴 횟수	삼진법 표현	움직인 원판	원판을 옮긴 횟수	삼진법 표현	움직인 원판
1	1	1번	8	22	1번
2	2	1번	9	100	3번
3	10	2번	10	101	1번
4	11	1번	11	102	1번
5	12	1번	12	110	2번
6	20	2번	13	111	1번
7	21	1번			

삼진법 표현에서 1의 자릿수가 1 또는 2이면 1번 원판, 1의 자릿수가 0이고 3의 자릿수가 1 또는 2이면 2번 원판이 움직임을 알 수 있다. 1215을 삼진법으로 표현하여 움직인 원판을 찾을 수 있다. $1215 = 1 \cdot 3^6 + 2 \cdot 3^5$이므로 삼진법으로 표현하면 $1200000_{(3)}$이고, 1215번째 시행에서 움직인 원판은 6번 원판이다.

✔ 교과 역량 설명

이 문항과 관련된 교과 역량은 2015 개정 수학과 교육과정 고등학교 수학 I 의 수열 영역에서 제시된 성취기준 [12수학 I 03-03]과 [12수학 I 03-08]에서 찾을 수 있다. 각 문항에 대한 세부적인 설명은 다음과 같다.

(1)번 문항의 (가)는 하노이 탑에서 원판의 이동규칙을 이해하고 이를 이용하여 최소이동횟수를 찾는 능력을 키우기 위한 문항이다. (나)는 원판을 옮기는 최소이동횟수가 2의 거듭제곱으로 표현됨을 이용하여 이진법과 연관시킬 수 있는 능력을 키우기 위한 문항이다.

(2)번 문항은 원판을 옮기는 2가지 조건에 새로운 조건을 추가하여 인접통행 하노이 탑을 만들고 규칙을 찾도록 하는 '탐구 발문'이다. (가)는 인접통행 하노이 탑에서 원판의 이동규칙을 점화식으로 표현하고 일반항을 구하는 문항으로, 창의 역량 관련 하위 요소는 다음과 같다.

[정교성] '기존의 수학적 아이디어에 세부사항을 추가하거나 변형하여 더욱 가치 있는 것으로 발전시키는 능력'으로, 이 발문에 대해 학생들은 '인접한 기둥 사이에서만 이동'하는 원판의 이동 조건을 추가하여 이를 점화식으로 표현하기 위한 탐구를 진행하게 된다.

(나)는 인접통행 하노이 탑의 최소이동횟수 $b_n = \frac{1}{2}(3^n - 1)$에서 $b_8 = 3280$을 구하고, 이 값이 8개의 원판이 각각 이동한 횟수의 합임을 이해하고 있는지 묻는 문항이다. $b_8 = \frac{1}{2}(3^n - 1) = 1 + 3 + 3^2 + 3^3 + 3^4 + 3^5 + 3^6 + 3^7$에서 우변을 8개의 항의 합으로 표현하고 각 원판의 이동횟수를 찾는 것도 가능하다.

(다)는 (가)에서 찾은 인접통행 하노이 탑의 최소이동횟수 b_n이 3의 거듭제곱의 합으로 표현될 수 있음을 이해하고 삼진법 표현과 연계하여 해결하는 능력을 묻는 문항으로, 창의 역량 관련 하위 요소는 다음과 같다.

[독창성] 인접통행 하노이 탑에서 최소이동횟수 b_n을 찾고 b_n이 3의 거듭제곱의 합으로 표현될 수 있음을 발견하는 능력을 묻는다. $b_1 = 1 = 1_{(3)}$, $b_2 = 1 + 3 = 11_{(3)}$, $b_3 = 1 + 3 + 3^2 = 111_{(3)}$, $b_4 = 1 + 3 + 3^2 + 3^3 = 1111_{(3)}$ 최소이동횟수를 삼진법으로 표현하고자 하는 아이디어를 도출할 수 있는 능력과 서로 관련이 없어 보이는 수열과 삼진법 개념을 융합하여 문제를 해결하는 능력을 묻는 문항이다.

5. 나오는 글

지금까지 수학적 창의 역량은 주로 '새롭고 가치 있는 산출물'에 중점을 두어왔다. 이로 인해 수학적 창의 역량이 학교에서 진행하는 수학 수업과는 관련이 적고 소수의 수학영재 학생들만을 대상으로 한다는 오해가 있었다. 새롭고 가치 있는 산출물은 우연히 또는 한 번의 시도에 얻을 수 있는 것이 아니다. 따라서 수업시간에 학생들이 자신의 생각을 발표할 기회를 풍부하게 제공해주어야 하며, 시행착오를 겪으면서 지식 창조의 경험을 축적할 때 가치 있는 산출물을 만들 수 있는 것이다.

본 장에서는 수학적 창의 역량을 기르는 수학 수업에서 학생참여형 수업과 교사 발문의 중요성에 대해 중점적으로 논하였다. 교과내용을 기반으로 학생들의 인지적 갈등을 유발하는 교사의 발문, 그리고 답을 찾아 가는 과정에서 학생들이 경험하는 수학적 창조에 중점을 두었다. 학교의 수업시간에 모든 학생들을 대상으로 수학적 창의 역량 함양을 위한 수업을 진행하기 위해서는 수학적 창의 역량에 대한 관점을 산출물이 아닌, 탐구하고 표현하는 과정으로 전환해야 한다. 즉 학생들이 다양하게 사고하고, 자신의 생각을 표현하는 기회를 풍부하게 제공하는 수학수업을 통해 지식 창조의 경험을 축적하고 이 과정에서 자기효능감을 높여주어야 한다.

❙참·고·문·헌

교육부(2015). 수학과 교육과정. 교육부 고시 제2015-74호 [별책 8].

강영혜, 박성호, 임후남, 정동철, 황정원, 설가인(2014) KEDI 학생역량지수 조사. 한국교육개발원, pp. 61-99.

구자옥, 김성숙, 이혜원, 조성민, 박혜영(2015). OECD 국제 학업성취도 평가 연구: PISA 2015 결과 분석 및 PISA 2018 예비검사 시행 기반 구축. 한국교육과정평가원, pp. 86-89

권성연(2010). 좋은 수업에 대한 중등학교 교사들의 인식-중요도와 실행도의 차이 분석을 중심으로. 교육공학연구, 26(1), pp. 185-215.

김영국(2012). 수학적 지식의 특성요소에 대한 수학교육전공 대학생의 인식 상황. 한국수학교육학회지 시리즈 A 〈수학교육〉, 51(2), pp. 161-171.

박만구(2009). 수학교육에서 창의성의 개념 및 신장 방안. 한국수학교육학회지 시리즈 E 〈수학교육 논문집〉, 23(3), pp. 803-822.

방승진, 최중오(2006). 심화 발문을 통한 영재 수업 모델 연구. 한국수학교육학회지 시리즈 E 〈수학교육 논문집〉, 20(1), pp. 87-101.

이효성(2016). 역량 재개념화와 대학 교육과정의 재구성. 전남대학교, 박사학위 논문

최중오(2014). 변형 하노이 탑. 퍼플, pp. 44-92.

한정민, 박만구(2010). 수학적 창의성 신장을 위한 교사의 발문 특성 연구. 한국초등수학교육학회 2010년 학술발표대회 논문집, pp. 219-235.

황우형, 최계현, 김경미, 이명희(2006). 수학교육과 수학적 창의성. 한국수학교육학회지 시리즈 E 〈수학교육논문집〉, 20(4), pp. 561-574.

제10장 수학적 정보 처리 역량

최남광(대전과학고등학교)

1. 들어가는 글

모바일과 사물인터넷(IoT)의 확산으로 데이터의 양과 생산 속도가 폭발적으로 증가하고 있다. 미국의 시장 조사 업체인 IDC(International Data Corporation)에 따르면 2015년 기준으로 전 세계에서 생성되는 디지털 정보량은 약 1.8제타바이트(1.8조 기가바이트)로 예측하였고, 이러한 데이터의 생성량은 2년마다 2배씩 증가할 것으로 전망하고 있다(안건태, 2015). 이렇게 폭발적으로 증가하는 데이터가 빅데이터이다. 미국의 의료서비스는 빅데이터를 효율적으로 활용하여 분석한 데이터로부터 얻게 되는 잠재적 가치가 매년 3천억 달러에 달할 것으로 전망하고 있다. 또한 민간영역에서는 빅데이터를 활용한 소매사업들의 운영마진을 약 60% 향상시킬 수 있고, 유럽의 선진국들은 빅데이터를 활용해 운영효율을 개선하여 약 1490억 달러의 비용절감 효과를 전망하고 있다(장병열, 김영돈, 2013). 이와 같이 빅데이터를 이용하여 이전에는 얻을 수 없었던 새로운 가치를 창출하고자 하는 시도는 기업과 국가의 이익에까지 직결되는 시대로 접어들었다(송민석, 2014).

이러한 세계적인 변화의 흐름에 부응하여 교육 분야에서도 엄청난 정보와 자료의 홍수 속에서 필요한 자료와 정보를 선별 수집, 저장, 분석하고 효과적으로 처리할 수 있는 정보 처리 능력은 학생들이 갖추어야 할 핵심 역량 중 하나로 부각되고 있다(김선희 외, 2016; 박경미 외, 2015; 방정숙 외, 2016; 유은서, 2017). 구체적으로, 2015 개정 교육과정의 총론에서는 '지식 정보 처리 역량'이 여섯 가지 핵심 역량 속에 포함되어 있으며, 교과의 특성이 반영된 수학과 교육과정의 여섯 가지 수학 교과 역량에도 정보 처리 역량을 포함시키는 등 정보 처리 능력을 전면에 내세워 강조하고 있다(교육부, 2015a, 2015b).

2015 개정 교육과정의 총론에서는 '지식 정보 처리 역량'을 '문제를 합리적으로 해결하기 위하여 다양한 영역의 지식과 정보를 처리하고 활용할 수 있는 능력'으로, 수

학의 여섯 가지 교과 역량 중에 '정보 처리 역량'은 '다양한 자료와 정보를 수집·정리·분석·활용하고, 적절한 공학적 도구나 교구를 선택·이용하여 자료와 정보를 효과적으로 처리하는 능력'으로 각각 명시하고 있다(교육부, 2015b).

이처럼 수학교육 분야에서도 4차 산업혁명의 빅데이터 시대를 맞이하여 정보 처리 역량의 중요성이 새롭게 부각되고 있으나, 정보 처리 역량의 관점에서 분석된 연구는 매우 부족하다(김선희 외, 2015; 이기마, 유명근, 2015; 이상문, 2017; 유은서, 2017). 특히, 정보 처리 역량을 포함한 여섯 가지 수학 교과 역량은 수학교육을 통해 학생들이 함양해야 할 필수 능력이지만, 다소 추상적일 수 있기에 교수·학습과정에서 구체적인 적용 방안을 제시해줄 필요가 있다(김선희 외, 2016). 그러므로 본 장에서는 수학 교과 역량으로서 새롭게 강조되고 있는 정보 처리 역량을 함양하기 위한 방안을 탐색해 보고자 한다. 구체적으로, 정보 처리 역량의 개념과 정보 처리 역량을 활성화하기 위한 교수·학습 방법, 정보 처리 역량에 기반을 두고 중·고등학교의 수학 수업에서 활용될 수 있는 예시문항을 제시하고 공학적 도구를 활용하여 그 해결과정을 살펴봄으로써 정보 처리 역량 함양을 위한 시사점을 얻고자 한다.

2. 수학적 정보 처리 역량의 개념

정보 처리 역량은 2015 개정 수학과 교육과정에서 새롭게 강조되고 있는 개념이기에 '정보 처리 역량'이라는 용어를 사용하여 연구된 자료는 매우 부족한 편이다. 여기서는 정보 처리 역량이 2015 개정 수학과 교육과정에서 수학 교과 역량에 포함되기까지 시행된 선행 연구에 나타나 있는 정보 처리 역량의 개념을 먼저 살펴보고자 한다.

윤현진 외(2007)는 미래 한국인이 갖추어야 할 핵심 역량의 유형을 9가지로 설정하고, 그중 '정보 처리 능력'을 '수많은 정보 가운데 적절한 정보를 수집하고 분석하는 능력, 컴퓨터 등 매체 활용 능력'으로 설명하였다. 이광우 외(2008)는 미래 사회에서 요구되는 핵심 역량을 규명하고 이러한 핵심 역량을 학교 교육을 통해 계발하기 위해

[표 10-1] 정보 처리 능력의 하위 요소와 의미(이광우 외, 2008)

정보 처리 능력	정보 수집	다양한 자료를 탐색하고 필요한 자료를 선별하는 능력
	정보 분석	수집된 정보를 비교, 분류, 종합하여 그 가치를 평가하는 능력
	정보 활용	다양한 정보를 효율적으로 처리하여 활용 및 생성하는 능력
	정보 윤리	정보에 대한 접근 및 활용에 요구되는 윤리의식
	매체 활용능력	다양한 매체를 선택, 활용하는 능력

'미래 사회 한국인의 핵심 역량'을 설정하였으며, 그중 '정보 처리 능력'을 [표 10-1]과 같이 세분화하였다.

또한 이광우 외(2014)는 2015 교과 교육과정 개발 방향 설정 연구에서 핵심역량으로서의 '정보 처리 능력'의 의미와 하위 요소를 [표 10-2]와 같이 설명하였다.

[표 10-2] 정보 처리 능력의 의미와 하위요소(이광우 외, 2014)

	의미	하위 요소(예시)
정보 처리 능력	학습과 삶 등에서 직면하게 되는 문제를 해결하기 위하여 다양한 정보와 자료를 수집, 분석, 평가, 선택하고, 적절한 매체를 활용하여 정보와 자료를 효과적으로 처리함으로써 합리적으로 문제를 해결할 수 있는 역량	논리적, 비판적 사고를 통한 문제 인식 / 정보 수집, 분석, 활용 등을 통한 문제해결 방안의 탐색 / 해결 방안의 실행, 평가 / 매체 활용 능력 등

이러한 연구들을 토대로 2015 개정 수학과 교육과정에서는 정보 처리 능력을 수학 교과의 핵심 역량으로서 강조하고 있으며, 정보 처리 역량을 '다양한 자료와 정보를 수집, 정리, 분석, 활용하고 적절한 공학적 도구나 교구를 선택, 이용하여 자료와 정보를 효과적으로 처리하는 능력'으로 명시하고 있다. 이러한 정보 처리 능력은 '자료와 정보 수집', '자료와 정보 처리 및 분석', '정보 해석 및 활용', '공학적 도구 및 교구 활용'의 4가지 하위 요소로 구분하고 그 구체적인 의미와 기능을 [표 10-3]과 같이 규정하였다(박경미 외, 2015).

[표 10-3] 정보 처리 능력의 하위 요소와 의미 및 기능(박경미 외, 2015)

하위 요소	의미	기능
자료와 정보 수집	실생활 및 수학적 문제 상황에서 적절한 자료와 정보를 탐색 및 생성하여 수집하는 능력	수집하기, 조사하기, 기록하기, 탐색하기, 생성하기
자료와 정보 정리 및 분석	수집한 자료와 정보를 목적에 맞게 분류, 정리, 분석, 평가하는 능력	표현하기, 분류하기, 정리하기, 열거하기, 배열하기, 비교하기, 묶기, 분석하기, 분류하기, 분할하기, 시각화하기, 평가하기
정보 해석 및 활용	분석한 정보에 내재된 의미를 올바르게 파악하여 해석, 종합, 활용하는 능력	예측하기, 설명하기, 해석하기, 종합하기, 활용하기
공학적 도구 및 교구 활용	수학적 아이디어와 개념을 탐구하고 문제를 해결하는 데 적합한 공학적 도구 및 교구를 선택하고 이용하는 능력	선택하기, 조작하기, 공학적 도구 활용하기, 시각화하기

정보 처리 능력은 최근 강조되고 있는 정보과학적 사고(computational thinking), 지식 정보화 시대를 살아가면서 다양한 정보를 해석하고 비판적으로 평가하며 의사소통하는 통계적 소양과 밀접하게 관련된다(김선희 외, 2016). 특히, 정보 처리 능력의 하위 요소인 '자료와 정보 수집', '자료와 정보 정리 및 분석', '정보 해석 및 활용'은 문제를 제기하면서 문제를 해결하기 위해 자료를 수집하고, 수집한 자료를 정리하고 요약하며, 해석하고 추론하는 일련의 과정을 통해 합리적인 의사결정을 하는 통계적 사고의 과정과 많이 흡사하다(유은서, 2017).

2015 개정 수학과 교육과정의 6가지 수학 교과 역량들이 모두 고르게 강조되고, 육성되어야 하나, 정보 처리 역량을 신장하기 위한 노력이 상대적으로 부족하다는 지적이 있다(김선희 외, 2016; 박경미 외, 2015; 이상문, 2017; 이기마, 유명근, 2015; 유은서, 2017). 또한, 정보 처리 역량을 신장시키기 위해서는 자료와 정보를 수집하는 활동, 수집한 자료와 정보를 정리하고 분석하는 활동, 그리고 분석된 정보를 해석하고 활용하는 활동으로 이어지는 일련의 과정들을 모두 균형 있게 다루어야 하는데, 현실은 그렇지 못하다. 대표적인 사례를 들어보면, 2015 개정 교육과정에서는 수학 교과 역량의 구현을 촉진하고자 '성취기준'과 '교수·학습 방법 및 유의 사항'을 학교별, 교과별, 유형별로 제시하고 있다. 그런데 이 중 정보 처리 능력의 범주에 해당되는 내용을 발췌해보면 [표 10-4]와 같다.

[표 10-4]에서 확인할 수 있듯이, 정보 처리 능력의 범주에 해당되는 교수·학습 방법 및 유의사항은 전반적으로 '공학적 도구를 이용'이라는 용어로 기술되고 있다. 즉, '공학적 도구 및 교구 활용'에 해당되는 내용들이 대부분이며, '자료와 정보 수집', '자료와 정보 정리 및 분석', '정보 해석 및 활용'에 해당되는 유의사항들은 상대적으로 부족하게 제시되어 있다. 이처럼 '자료와 정보 수집', '자료와 정보 정리 및 분석', '정보 해석 및 활용'에 대한 안내가 부족한 만큼, 실제로 학교에서 행해지는 교수·학습도 이들 하위 요소에 해당되는 활동은 상대적으로 덜 강조되거나 피상적으로 이루어질 가능성이 크다.

그러므로 실생활과 연계된 상황에서 자료와 정보를 수집하는 활동, 수집한 자료와 정보를 처리하고 분석하는 활동, 그리고 분석된 정보를 해석하고 활용하는 활동 모두 균형 있게 경험해 볼 수 있도록 교수·학습활동을 구성해야 할 것이다. 무엇보다도 학습자 스스로 '자료와 정보수집'을 직접 실행해보는 활동이 부족했던 만큼, 인위적으로 제공된 자료나 정보를 수동적으로 이용하는 것이 아니라, 다양한 실생활과 연계된 상황 속에서 학습자가 능동적으로 자료와 정보를 수집하는 활동이 강조되어야 한다.

한국교육개발원(2015)은 중학교 자유학기제 시행에 따라 수학과 교육과정 재구성을

[표 10-4] 2015 개정 교육과정의 정보 처리 능력에 해당되는 교수·학습 방법 및 유의 사항

중학교	함수	• 함수의 그래프를 그리고 여러 가지 성질을 탐구할 때, 공학적 도구를 이용할 수 있다.
	기하	• 공학적 도구나 다양한 교구를 이용하여 합동과 닮음의 의미를 이해하게 한다. • 공학적 도구나 다양한 교구를 이용하여 도형을 그리거나 만들어보는 활동을 통해 도형의 성질을 추론하고 토론할 수 있게 한다.
	확률과 통계	• 다양한 상황에서 자료를 수집하고, 수집한 자료가 적절한지 판단하게 한 후, 자신의 판단 근거를 설명해 보게 한다. • 대푯값과 산포도를 구할 때 공학적 도구를 이용할 수 있다.
고등학교	수학	• 함수의 그래프를 그릴 때, 공학적 도구를 이용할 수 있다.
	수학 Ⅰ	• 지수와 로그 및 지수함수와 로그함수를 다룰 때 공학적 도구를 이용할 수 있다. • 삼각함수의 그래프를 그리거나 삼각함수와 관련된 문제를 해결할 때 공학적 도구를 이용할 수 있다.
	수학 Ⅱ	• 함수의 극한에 대한 정의와 성질은 그래프를 통해 직관적으로 이해하게 하고, 이때 공학적 도구를 이용할 수 있다. • 미분계수의 기하적 의미는 직관적으로 이해하게 하고, 이때 공학적 도구를 이용할 수 있다.
	미적분	• 수열이나 급수의 수렴, 발산은 공학적 도구를 이용하여 이해하게 할 수 있다. • 정적분과 급수의 합 사이의 관계를 지도할 때 공학적 도구를 이용할 수 있다.
	확률과 통계	• 통계적 확률과 수학적 확률의 관계를 이해하고, 통계적 확률을 다룰 때 충분히 많은 횟수의 시행을 구현하기 위하여 공학적 도구를 이용할 수 있다. • 실생활 자료로 확률분포와 통계적 추정을 다룰 때 공학적 도구를 이용할 수 있다.
	실용 수학	• 도형의 닮음에서는 축척, 자기닮음 등을 다루고, 이때 공학적 도구를 이용할 수 있다. • 도형의 합동에서는 쪽매맞춤 등을 다루고, 이때 공학적 도구를 이용할 수 있다. • 시각에 따라 다르게 보이는 모양을 공학적 도구를 이용하여 확인하게 할 수 있다. • 자료를 표나 그래프로 나타내고 그 자료의 전체적인 경향과 분포를 파악하는 데 공학적 도구를 이용할 수 있다. • 자료를 분석할 때 대푯값, 분산과 표준편차, 상관관계 등을 이용할 수 있다.
	경제 수학	• 환율과 세금은 계산이 간단한 문제를 다루되, 필요한 경우 공학적 도구를 이용할 수 있다. • 금융상품과 관련된 복잡한 계산은 공학적 도구를 이용할 수 있다.

제안하고 그 방법으로 프로젝트형 통계 수업의 실시와 자유학기제 활동에서 통계를 중심으로 한 타 교과와 연계된 융합형 프로그램 운영을 권장하고 있다. 프로젝트형 통계수업은 실생활을 대상으로 학생 스스로 다양한 문제를 제기하고 계획을 수립하여 요구되는 자료를 수집, 분석하고 해석하여 결론에 이르는 일련의 과정을 경험하게 하는 실생활 중심의 실용 통계교육으로의 전환을 의미한다. 프로젝트형 통계수업은 적합한 공학도구를 적극적으로 활용하여 필요한 자료를 수집, 분석하고 해석하여 올바

른 의사결정을 내리는 일련의 과정을 경험함으로써 정보 처리 능력의 모든 하위요소를 자연스럽게 신장할 수 있다.

실생활의 방대한 정보와 자료의 홍수 속에서 문제해결에 필요한 자료와 정보를 선별하여 수집하고, 수집한 자료와 정보를 효과적으로 분류, 정리, 분석, 평가, 활용하기 위해서는 목적에 맞게 효율적으로 처리할 수 있는 공학적 도구나 교구를 선택해 활용할 수 있는 능력도 필수적인 정보 처리 능력이다. 공학용계산기, LOGO, GSP, Geogebra, EXCEL, FATHOM 등과 같은 탐구용 소프트웨어를 사용해 복잡한 계산이나 표현하기 어려운 표, 차트, 그래프를 간편하게 나타냄으로써, 자료의 수집과 정리를 보다 쉽게 할 수 있으며, 복잡하고 지루한 계산보다는 원리와 개념을 이해하는 활동에 보다 많이 치중할 수가 있다(권성룡 외, 2012; 김남희, 박경미, 2008).

PISA, TIMSS와 같은 학업성취도 국제비교 연구 결과에서 우리나라 학생들은 주어진 정보나 수학적 내용을 공학적 도구를 이용하여 해결하는 컴퓨터 기반 평가 문항에서 상대적으로 낮은 성취도를 보였다. 이러한 결과는 교과 역량으로서 정보 처리 역량을 강조할 필요성을 학업성취도 국제비교 연구 결과에서도 확인해 주고 있다. 예를 들어 PISA 2012 컴퓨터 기반 수학 평가의 '울타리(CM012Q02)' 문항은 둘레와 넓이에 따른 직사각형의 모양 변화와 두 변수 사이의 관계를 분석할 수 있는지를 평가하는 문항으로서 직사각형의 화단을 드래그하여 크기를 변화시키면 가로의 길이와 세로의 길이, 넓이가 함께 변화되면서 그 값이 하단 표에 나타난다. 즉, 이차함수에 대한 최대, 최소에 대한 내용을 배우지 않아도 도형을 드래그하면서 변화하는 값들을 관찰

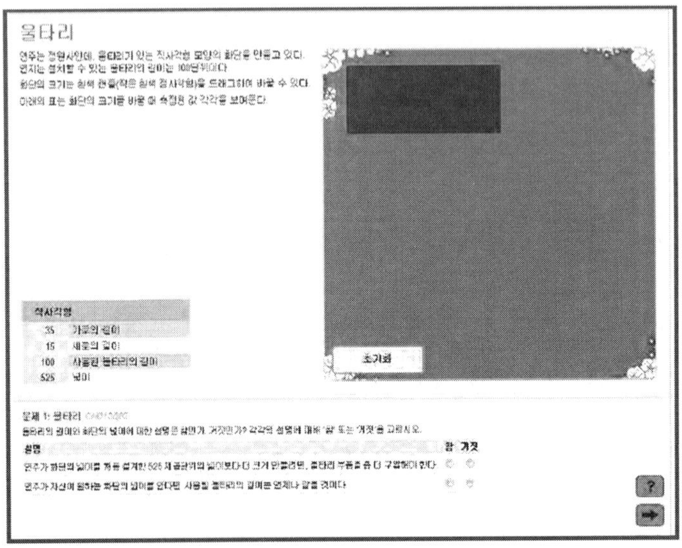

〈그림 10-1〉 PISA 2012 컴퓨터 기반 수학 문항: 울타리(CM012Q02)문항

함으로써 둘레와 넓이 사이의 관계를 파악해 직관적으로 해결할 수 있는 문제이다(조지민 외, 2012).

이와 같이 국제학업 성취도평가에서는 공학적 도구의 특성을 활용해 기존의 지필평가에서는 평가하기 힘든 수학적 탐구 과정을 평가에 반영하고 있다. 특히, 지필평가를 중심으로 측정되었던 국제학업 성취도평가의 방식이 PISA 2015부터 컴퓨터를 기반으로 평가하는 방식으로 전면적으로 전환된 것은 정보 처리 역량의 중요성과 강조에 시사하는 바가 크다.

3. 수학적 정보 처리 역량의 함양을 위한 수업 방법

수학과의 교수·학습에서 정보 처리 능력을 함양하기 위한 몇 가지 방법을 제시해 보면 다음과 같다.

첫째, 학생 스스로 '자료와 정보의 수집'과 관련된 활동을 강조해야 한다. 정보 처리 역량 관점에서 기존의 교육활동은 '자료와 정보 정리 및 분석'에 관한 활동과 '정보 해석 및 활용'에 관한 활동에 치중되어 있고, '자료와 정보의 수집'에 관한 활동은 매우 저조하다(김선희 외, 2015; 방정숙 외, 2016; 이기마, 유명근, 2015; 유은서, 2017; 이상문, 2017). 다시 말하면, 정보 처리 능력의 하위 요소인 자료와 정보를 수집하는 활동, 수집한 자료와 정보를 정리하고 분석하는 활동, 그리고 분석된 정보를 해석하고 활용하는 활동으로 이어지는 일련의 전 과정이 균형 있게 강조되어야 하나, '자료와 정보의 수집'과 관련된 활동이 매우 저조한 만큼, 관련 활동을 좀 더 다양화, 활성화하여 균형과 조화를 이루어야 한다는 것이다. 사실, 방대한 자료와 정보 속에서 필요한 자료를 수집하려면 수집방법에 대한 이해, 소요시간, 노동력 등을 꽤 투자해야 하며, 이런 정보와 자료 수집을 위한 활동은 수학 본연의 활동과는 다소 거리가 있는 간접적인 활동으로 취급되어 수학교실에서는 정보와 자료 수집 과정을 생략하는 사례가 많았으며, 교과서나 문제 상황에 일목요연하게 정리된 표 및 처리하기 좋게 정리된 자료를 학생들에게 제시된 상황에서 다음 활동인 자료의 분석과 해석하는 활동에 무게를 두었던 것도 사실이다. 그러나 실생활과 현실에 대한 탐구로부터 지식의 구성적 측면을 강조하는 입장에서 본다면, 다소 시간이 걸리고 성가신 과정이라도 학생 스스로 실생활에서 자료와 정보를 수집해보는 활동을 실시해야 한다. 교과서에도 실생활에서 다양한 정보와 자료를 수집해보는 활동이 수록되어야 하며, 학생들이 모둠을 구성하고 인터넷 정보 검색이나 설문조사를 실시하여 목적에 맞는 정보와 자료를 수집해보는 수고를 교수·학습활동에서 실제로 경험해야 할 것이다.

둘째, 실생활 중심의 실용 통계교육을 강화함으로써 정보 처리 능력을 함양시키는 방안을 고려해 볼 필요가 있다. 여러 학자들의 통계적 사고의 정의를 종합해보면, 우선 통계의 필요성을 인식하여 목적에 맞게 자료를 수집하는 과정이 전제되어야 하며, 수집한 자료를 정리하고 요약하여 시각적인 다양한 표현으로 변형할 수 있고, 그 속에서 자료를 비판적으로 사고하는 인지적 활동으로서, 통계적 사고의 과정은 자료 수집하기, 자료 기술하기, 자료 정리·요약하기, 자료 표현하기, 자료 분석 및 해석하기의 요소가 포함되어야 하며, 이 전체의 과정을 경험하고 이해하는 동안에 나타나는 사고 활동을 의미한다(장아름, 2016). 이와 같이 통계적 사고의 과정은 정보 처리 능력의 하위 요소와 유사한 과정을 거치게 됨을 확인할 수 있다(유은서, 2016).

따라서, 실생활 중심의 실용 통계교육을 강화하여 자연스럽게 정보 처리 능력의 하위 요소인 '자료와 정보 수집', '자료와 정보 처리 및 분석', '정보 해석 및 활용'에 해당되는 교육활동도 함께 함양될 수 있다. 이는 방대한 정보와 자료의 홍수 속에서 목적에 맞게 정보와 자료를 선별하여, 정리, 분석, 처리하여 합리적인 의사결정을 하는 통계적 소양도 급변하는 4차 산업혁명의 빅데이터 시대에 필수적인 역량인 만큼, 정보 처리 능력과 연계하여 함께 강화해야 할 것이다.

이러한 흐름에 맞춰 2015 개정 수학과 교육과정에서도 중학교 확률과 통계 영역에서 '도수분포와 그래프'를 '자료의 정리와 해석'이라는 정보 처리 능력의 하위요소에 해당하는 용어로 변경하였고, 고등학교 〈확률과 통계〉 과목에서는 자료수집 방법으로서 표본조사의 의미를 강조하는 등 통계적 소양을 함양하려는 노력을 하였다. 특히, 중학교 1학년은 자유학기제와 연계하여 프로젝트형 통계 수업 활동을 강화함으로써, 통계적 사고의 전 과정을 경험하게 하는 한편, 정보 처리 능력도 함께 함양할 수 있을 것이다.

셋째, 자료와 정보의 수집활동, 분석활동, 해석하고 활용하는 활동에서 Geogebra, GSP와 같은 탐구형 소프트웨어의 적극적인 활용이 요구된다. 탐구형 소프트웨어는 학생들이 직접 조작가능하고, 지필환경에서는 표현하기 어려운 복잡한 도형, 표, 그래프를 시각적으로 구현해 줌으로써 수학적 사고를 촉진해준다(김남희, 2008; 류희찬, 조완영, 1999; 손홍찬, 2011; 장경윤, 황우형, 이중권, 2001). 그러므로 정보를 발견하기 위해 추측하고, 문제상황에 나타나지 않은 숨겨진 새로운 조건과 정보를 수집하고 분석하는 데에 탐구형 소프트웨어는 매우 유용하다. 특히, 탐구형 소프트웨어의 드래깅 활동은 정보 처리 능력의 하위 요소와도 밀접한 관계가 있다. 즉, 새로운 정보를 탐색해보기 위해 무작위로 드래깅하는 'wandering dragging'과 이러한 과정에서 파악된 특정한 정보에 집중하거나 유지하도록 드래깅하는 'guided dragging' 및 'dummy locus dragging' 기법은 정보 처리 능력의 하위 요소인 '자료와 정보의 수집', '자료와 정보 정리 및 분석' 활동에 속한다고 볼 수 있으며, 마지막으로 드래깅을 통해 발견한 도형의 불변성을 확인하고, 추론하고, 일반화하기 위해 시도되는 'dragging test'는 정보 처리 능력의 하위 요소인 '자료와 정보의 해석과 활용'에 속하는 활동으로 해석 가능하다. 그러므로 탐구형 소프트웨어의 다양한 드래깅 방법을 사용해 정보 처리 능력을 함양할 수 있는 다양한 교수학습 방법을 고안해야 할 것이다(Arzarello et al. 2002; Baccaglini-Frank, 2010; Olivero, 1999; 손홍찬, 2011; 양은경, 신재홍, 2014; 조정수, 이은숙, 2013).

넷째, 정보 처리와 통계 교육에 매우 효과적인 공학적 도구인 스프레드시트의 활용을 활성화할 필요가 있다. 스프레드시트는 자료를 도수분포표, 누적분포표와 같은 다양한 통계표와 막대, 선, 원 등 다양한 그래프로 쉽게 정리할 수 있으므로 실생활에서 얻을 수 있는 복잡한 수량적인 자료들을 쉽게 표현하는 활동에 적합하며, 수량으로 표현된 여러 변수들 사이의 관계를 다양한 그래프로 표현할 수 있고, 변수들 간의 패턴의 변화를 쉽게 관찰하고 발견할 수 있기 때문에, 학생들은 자료를 다루는 번거로움에서 벗어나 수학적 아이디어와 같은 본질적인 내용과 실제적 문제해결 활동에 몰입하게 된다(손홍찬, 2004; 장경윤, 1997; 이종학, 김원경, 2011). 특히, EXCEL과 같은 스프레드시트는 방대한 자료를 신속하게 처리하고 데이터 관리, 수학적 계산, 통계 분석 등 다양한 기능을 갖추고 있어 여러 분야에서 폭넓게 사용되고 확장 가능하여 정보 처리 능력의 함양에 최적화된 소프트웨어로 권장할 만하다. 실제로 본 장의 다음 절에서는 스프레드시트가 자료 수집과 정리, 분석 및 해석 과정에서 어떻게 활용되는지를 구체적인 사례로 제시하였다.

4. 수학적 정보 처리 역량 문항의 예

본 절에서는 수학적 정보 처리 역량 성숙을 돕기 위한 예시 문항을 제시한다. 이러한 예시 문항은 역량의 성숙과 더불어 학교에서의 교수·학습과 평가 활동을 돕는 데 그 목적이 있다.

4.1 중학교 정보 처리 역량 문항

확률과 통계 영역

4.1.1 문항

KOSIS 국가통계포털(kosis.kr)에 있는 여러 통계 자료에서 양의 상관관계가 있는 두 자료와 음의 상관관계를 있는 두 자료를 찾아 그 상관관계를 구체적으로 제시해보라. (단, EXCEL, Geogebra, 통그라미 등과 같은 적절한 공학적 도구를 활용한다.)

4.1.2 문항해설 및 답안

4.1.2.1 정보 수집 활동

먼저 KOSIS 홈페이지를 방문한다. 이곳에서 다양한 통계자료를 살펴보고 양의 상관관계와 음의 상관관계가 있을 것으로 예상되는 두 자료를 수집해야 한다. 여기서는 한 사례로 양의 상관관계가 기대되는 '연도별 혼인건수'와 '연도별 출생아수'를 비교해보고, 음의 상관관계가 기대되는 '연도별 출생아수'와 '학생 1인당 월평균 사교육비'를 선택하여 비교해 보도록 하자.

1) [국가통계포털] > [통계시각화콘텐츠] > [KOSIS 100대 지표] > [교육 · 과학 · 교통] 항목에 있는 '학생 1인당 월평균사교육비'를 선택한다.

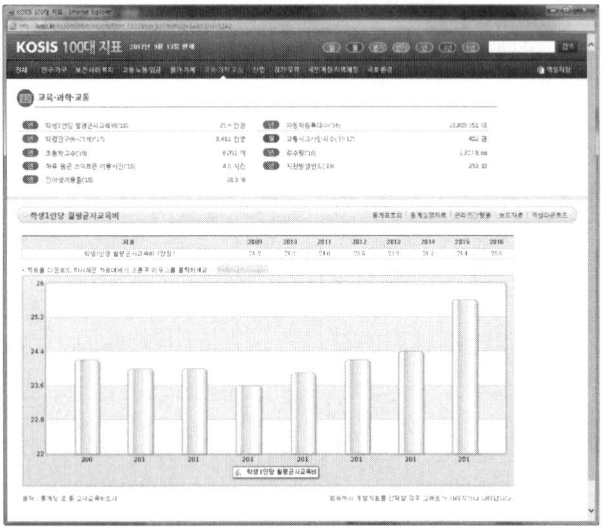

〈그림 10-2〉 국가통계포털(kosis.kr) 화면

2) '학생 1인당 월평균사교육비' 창이 뜨면 [엑셀다운로드] 단추를 클릭한다. 같은 방법으로 [KOSIS 100대 지표]의 [인구·가구] 항목에 있는 '혼인건수', '출생아수' 창을 차례로 선택하고 해당 창이 화면에 나타나면 [엑셀다운로드] 단추를 각각 클릭한다.

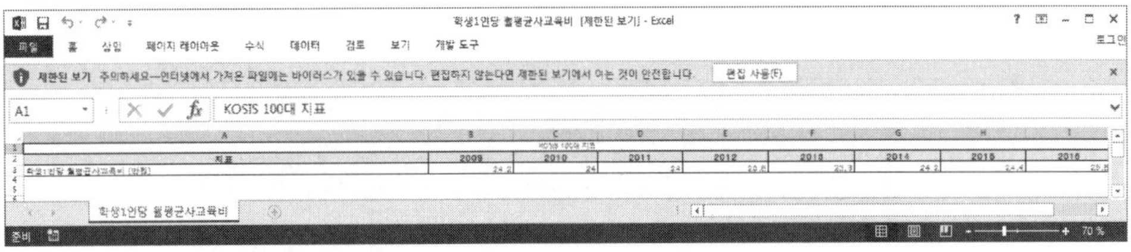

〈그림 10-3〉 학생 1인당 월평균사교육비 엑셀 다운로드

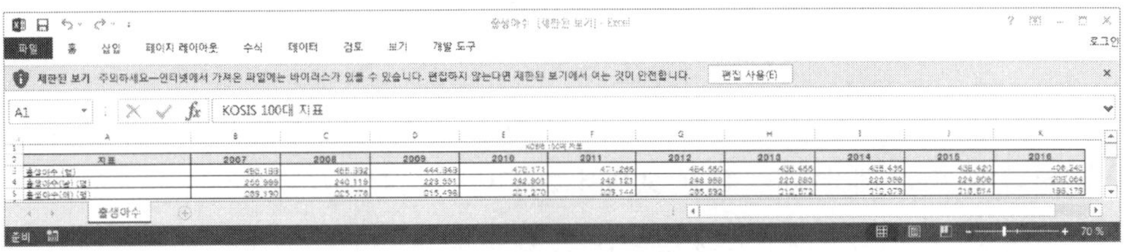

〈그림 10-4〉 출생아수 엑셀 다운로드

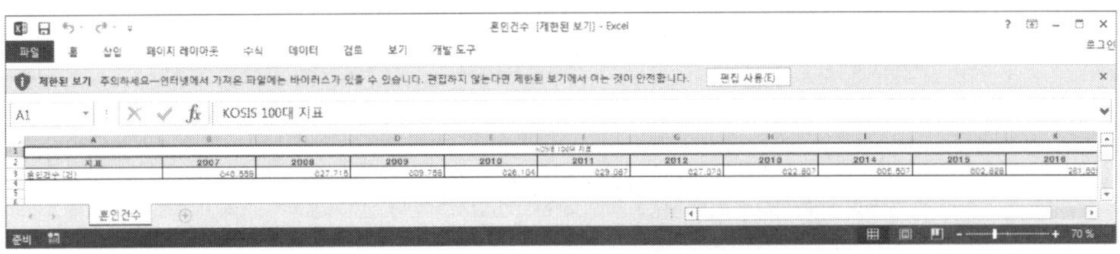

〈그림 10-5〉 혼인건수 엑셀 다운로드

4.1.2.2 자료와 정보 정리 및 분석

1) 다운로드한 3개의 EXCEL창에서 상단중앙의 [편집사용(E)]을 클릭하여 편집가능한 상태로 전환한 후, 자료들을 모두 복사하여 하나의 시트에 [붙여넣기]를 한다.

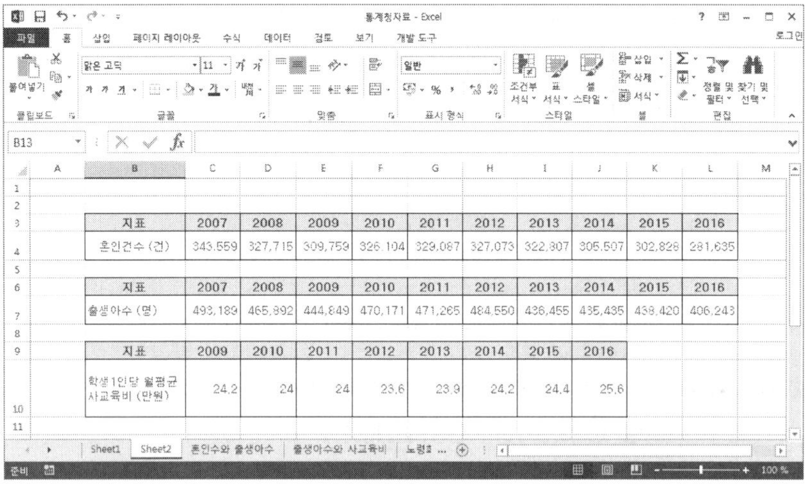

〈그림 10-6〉 엑셀 다운로드한 자료를 하나의 시트에 붙여넣기

2) EXCEL창에서 새 시트를 추가한 후 '혼인건수'의 표와 '출생건수'의 표를 연도에 맞춰 하나의 표로 제작한다. 합친 표에서 2007년도부터 2016년까지의 자료부분을 블록으로 지정한 후 [삽입]>[차트]>[분산형] 메뉴를 클릭하여 분산형 차트를 생성한다.

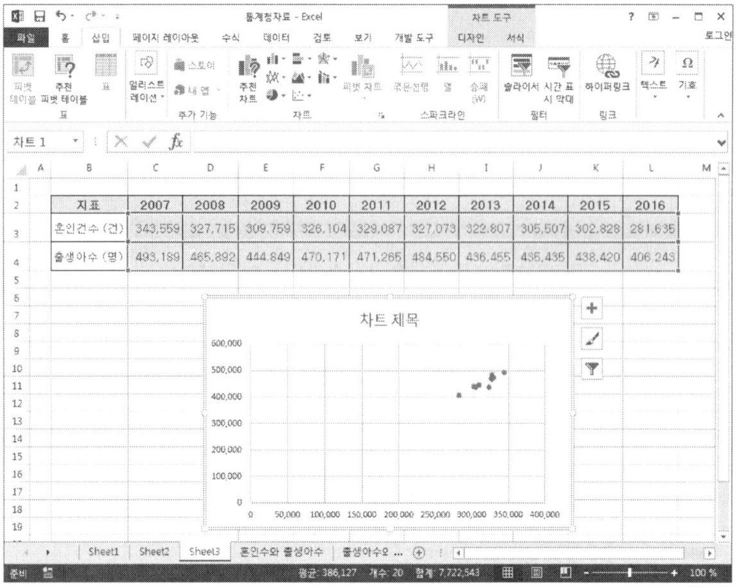

〈그림 10-7〉 분산형 차트 생성

3) 〈그림 10-7〉과 같이 차트 내의 점들이 한쪽(우측상단)으로 치우쳐 보인다. 축의 제한 범위를 수정하여 점들이 더 잘 보이게 조정하자. 생성된 차트 내부의 [세로축]을

더블클릭하여 [축서식]메뉴를 활성화한 후, [축옵션]의 최소 경계값을 300,000(자료의 최솟값보다 조금 더 작은 값)으로 입력한다. 같은 방법으로, [가로축]을 더블클릭하여 [축서식] 메뉴를 활성화한 후, [축옵션]의 최소 경계값으로 270,000을 입력한다.

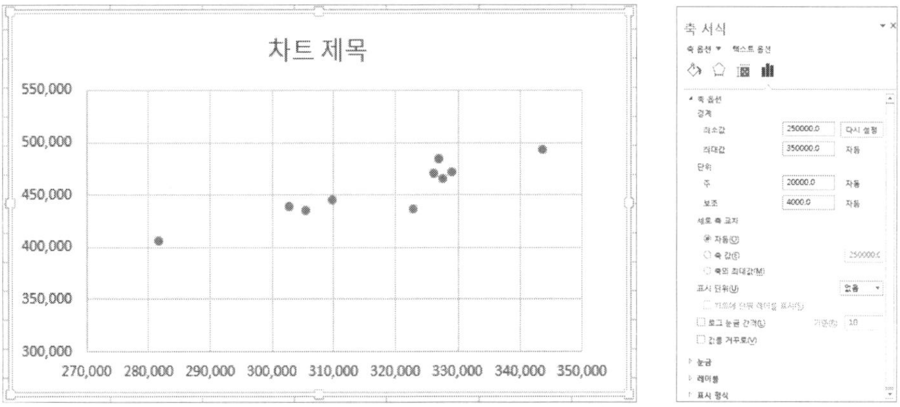

〈그림 10-8〉 차트의 축 옵션 설정

4) 차트영역의 오른쪽 상단의 차트요소 버튼(+)을 클릭한 후, [추세선]>[선형]을 클릭하여, 차트 내에 추세선을 활성화한다. 그리고 차트 내부에 생성된 추세선을 선택한 후, 더블클릭하여 오른쪽 화면에 [추세선 서식]을 활성화한다. 이때 나타난 [추세선 서식] 메뉴에서 [수식을 차트에 표시] 콤보상자를 선택하여 수식이 나타나게 한다. 수식을 더블클릭하여 크기와 색상을 변경한다. 마찬가지로 추세선을 더블클릭하여 추세선의 색상과 점의 크기를 적절히 변경한다.

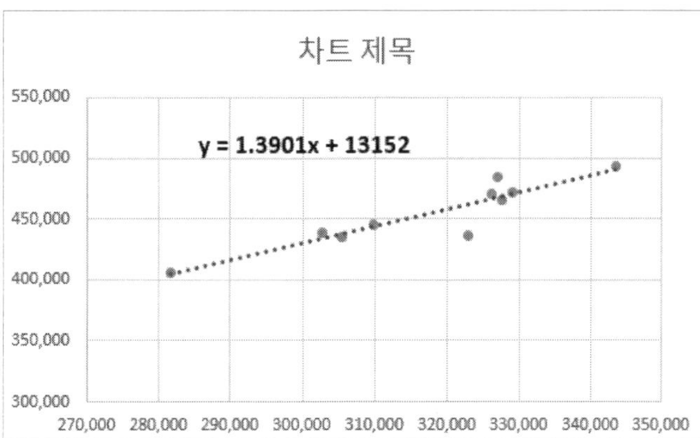

〈그림 10-9〉 양의 상관관계 확인(추세선 설정)

5) EXCEL창에 새 시트를 추가한 후 과정 1)에서 다운로드한 '출생건수'의 표와 '학생1인당 월평균 사교육비(만원)'의 표를 복사하여 하나의 표로 제작한다. 이때, '학생1인당 월평균 사교육비(만원)'는 2009년부터 자료가 조사되었기 때문에 2009년에 맞춰 표를 작성한다.

〈그림 10-10〉 출생건수와 사교육비 표 제작

6) 이제 '출생건수'와 '학생1인당 월평균 사교육비(만원)'에도 과정 2)에서 4)까지 수행한 작업을 동일하게 적용해 차트를 제작한다.

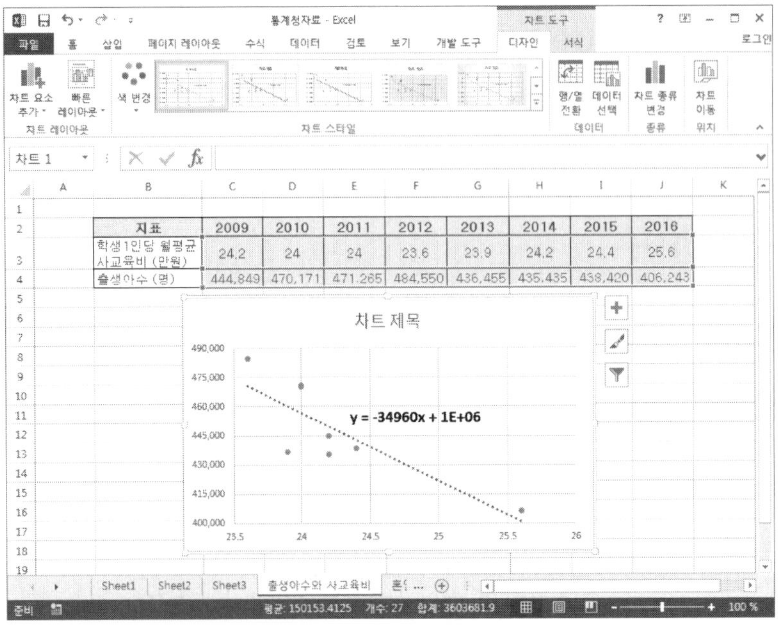

〈그림 10-11〉 음의 상관관계 확인(추세선 설정)

4.1.2.3 정보 해석 및 활용

자료의 분석 결과 2007년부터 2016년까지의 '혼인건수'와 '출생건수'의 자료를 상호 비교하였을 때, 두 변량 사이에는 양의 상관관계가 있음을 확인되었으며, 2009년부터 2016년까지 '학생1인당 월평균 사교육비'와 '출생건수'의 자료를 비교해본 결과, 두 변량 사이에는 음의 상관관계가 있음을 확인되었다. 즉, 우리나라의 출생률이 낮은 이유와 결혼수가 점점 감소하는 사회현상 사이, 그리고 사교육비의 증가와 출생률 감소 사이에는 유의미한 상관관계가 있음을 확인되었다. 따라서 결혼이 감소하는 이유, 사교육비를 줄이기 위한 방법 등 학생들이 나름의 원인과 대안을 생각해보고, 필요하다면 추가적인 통계 자료를 이용해 확인해보는 추후활동도 가능하다.

✔ 교과 역량 설명

본 과제는 국가통계포털 사이트와 같은 실생활의 자료에서 학생 스스로 자료와 정보를 수집, 생성해보는 활동을 시작으로 스프레드시트 프로그램인 EXCEL을 사용해 자료와 정보를 정리 및 분석하고, 분석된 자료를 이용하여 자료를 해석하고 설명해보는 활동을 할 수 있도록 문제 상황을 구성하였다. 특히, 정보 처리 능력의 하위 요소 중 자료와 정보를 수집해보는 활동이 부족하다는 지적이 있었던 만큼, 학생 스스로 자료와 정보를 수집하는 활동을 필수적으로 수행하게끔 출제된 중학교 3학년 상관관계에 관한 문항이다. 제7차 교육과정까지는 상관관계를 중학교에서 다루었으나, 학습부담 경감 차원에서 2007 개정 교육과정부터 삭제되었고, 상관관계의 중요성과 세계적 추세를 감안하여 2015 개정 교육과정에서는 다시 중학교 3학년 과정에서 다루게 되었다(박경미 외, 2015).

다양한 매스미디어를 통해 우리나라의 저출산을 염려하는 뉴스를 한번쯤은 접해 보게 된다. 저출산 문제에는 여러 가지 원인이 있겠으나 높은 양육비나 사교육비도 그 원인 중에 하나로 예상해 볼 수가 있다. 따라서 '출생아수'와 '사교육비' 사이에는 음의 상관관계를 예상해 볼 수가 있다. 그런데, 학생들이 이와 같이 스스로 통계자료를 검색하여 수집하다 보면 사회, 자연, 과학 등에 대한 일반적 상식이 필요한 경우가 발생할 수 있다. 그러므로 국가통계포털에 광범위한 자료가 있더라도, 처음부터 양의 상관관계와 음의 상관관계에 해당되는 자료를 곧바로 수집하여 원하는 결과를 얻기는 쉽지 않을 수 있다. 수집하고 자료를 처리하였지만, 본인의 예상했던 것과 다른 결과가 나타날 수도 있다. 이때는 실망하지 말고 다른 자료들을 찾아 재도전해보고, 웹자료 검색, 뉴스와 시사적인 정보에도 관심을 갖는 등 정보나 자료 수집에 필요한 내용에 지속적으로 관심을 가져야 할 것이다. 양의 상관관계 혹은 음의 상관관계를 갖는 다른 자료들을 학생 스스로 찾아보고, 자신이 예상했던 것과 일치하는지 또는 예상과 다른 결과를 얻게 되는지를 알아보고 그 이유에 대해 함께 이야기해보는 기회를 함께 부여할 필요도 있다. 그러므로 이 문항을 변형 또는 좀 더 구체화하여 모둠별 팀과제 혹은 프로젝트형 과제로 제시하여도 적절할 것이다.

4.2 고등학교 정보 처리 역량 문항

해석 영역

4.2.1 문항

승규는 집에서 토끼를 키우기 위해 그림과 같이 벽면을 제외한 나머지 세 변에 직사각형 모양의 울타리를 설치하려고 한다. 사용 가능한 울타리의 총 길이는 10m로 제한되어 있을 때, 울타리 내부의 넓이가 최대가 되는 가로, 세로의 길이를 구하고 그 이유를 설명하시오.

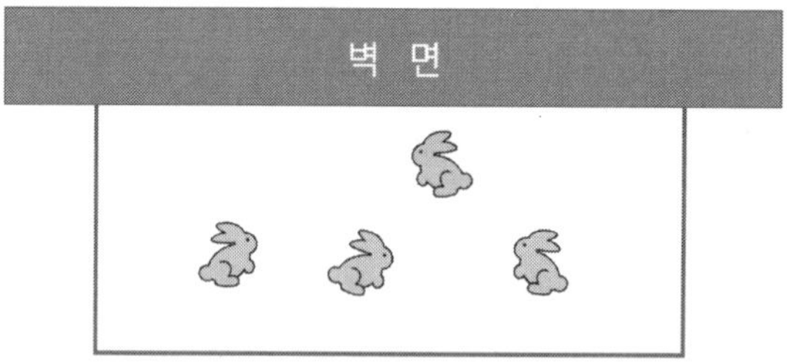

4.2.2 문항해설 및 답안

4.2.2.1 정보 수집

문제의 조건에서 같은 길이의 세로울타리 2개, 가로울타리 1개로 전체 울타리의 길이가 10m가 되어야 한다. 이 제한 조건을 만족하는 가로와 세로의 울타리의 길이 사이의 관계를 파악하는 활동을 탐구용 소프트웨어를 이용해 실시해보자.

1) Geogebra(또는 GSP도 가능)를 이용하여, 원점 A(0,0)와 제1사분면을 임의로 움직일 수 있는 동점 B(a, b), 점 B에서 x축으로 내린 수선의 발 C$(a, 0)$, 그리고 점 B에서 y축으로 내린 수선의 발 D$(0, b)$를 작도하고, 선분 DA와 선분 BC는 울타리의

세로의 길이, 선분 AC는 울타리의 가로의 길이가 되도록 작도를 한다. 또한, 동적 텍스트를 사용해 동점 B가 자유롭게 움직일 때마다 울타리의 길이의 합인 DA+AC+CB의 값이 함께 화면에 보이도록 나타낸다.

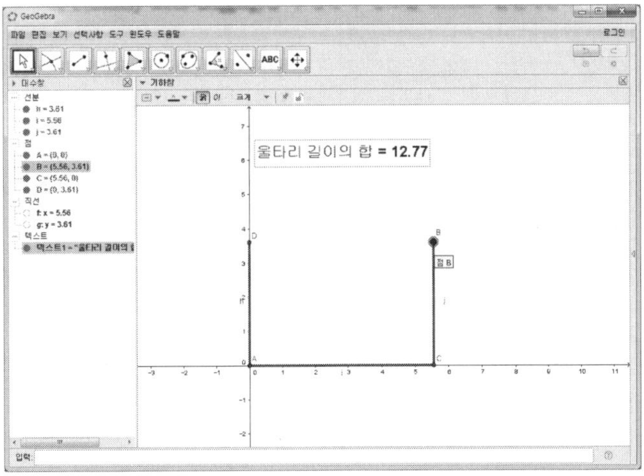

〈그림 10-12〉 울타리 작도

2) 점 B를 움직일 때마다 점의 이동경로를 파악할 수 있도록 오른쪽 마우스로 클릭하여 [자취보이기] 옵션을 선택한 상태에서 점 B를 이동시키되, 울타리의 길이의 합이 10이 유지될 수 있도록 움직여 본다. 〈그림 10-13〉은 그 드래깅(dragging) 과정을 보여준다. 부연설명을 하면, 그림 ①은 처음 B가 있었던 위치에서 울타리 길이의 합이 12.27이기 때문에, 제한 조건 10까지 줄여주기 위해 점 B를 울타리의 합이 9.99가 될 때까지 아래방향으로 드래그 한 상태이다. 그림 ②는 울타리의 합의 값인 10에 가깝도록 왼쪽 방향으로 옮긴 상태이며, 그림 ③에서 ④까지는 울타리가 사각형 모양을 유지될 때까지 계속해서 왼쪽방향으로 드래깅 한 상태이며, 그림 ⑤는 그림 ① 과정에서 왼쪽방향으로 드래깅 했기 때문에 확인해보지 못한 오른쪽 방향으로 드래깅을 시도해보는 과정이고, 그림 ⑥은 울타리의 모양이 거의 직선이 될 때까지 움직인 상태이다.[1)]

이와 같이 동적 기하에서 드래깅 방법을 이용해, 처음에는 어떤 위치가 울타리의 합이 10이 되는 위치인지 알 수 없기 때문에 점 B를 임의의 방향으로 이동시켜 보지만, 전체 울타리의 합이 10이라는 지정된 값을 유지하기 위해 계속해서 드래깅을 시도하다 보면 이러한 점들이 특정한 직선(즉, x절편이 10, y절편이 5인 직선) 위에 있

1) 숨겨진 자취 드래깅(dummy locus dragging)을 사용

는 점들이 된다는 사실을 직관적으로 느끼게 된다. 그러므로 이러한 드래깅 과정은 필요한 정보를 수집하기 위해 조사하고, 탐색하며, 생성하는 '자료의 정보 수집' 과정에 해당됨을 알 수 있다.

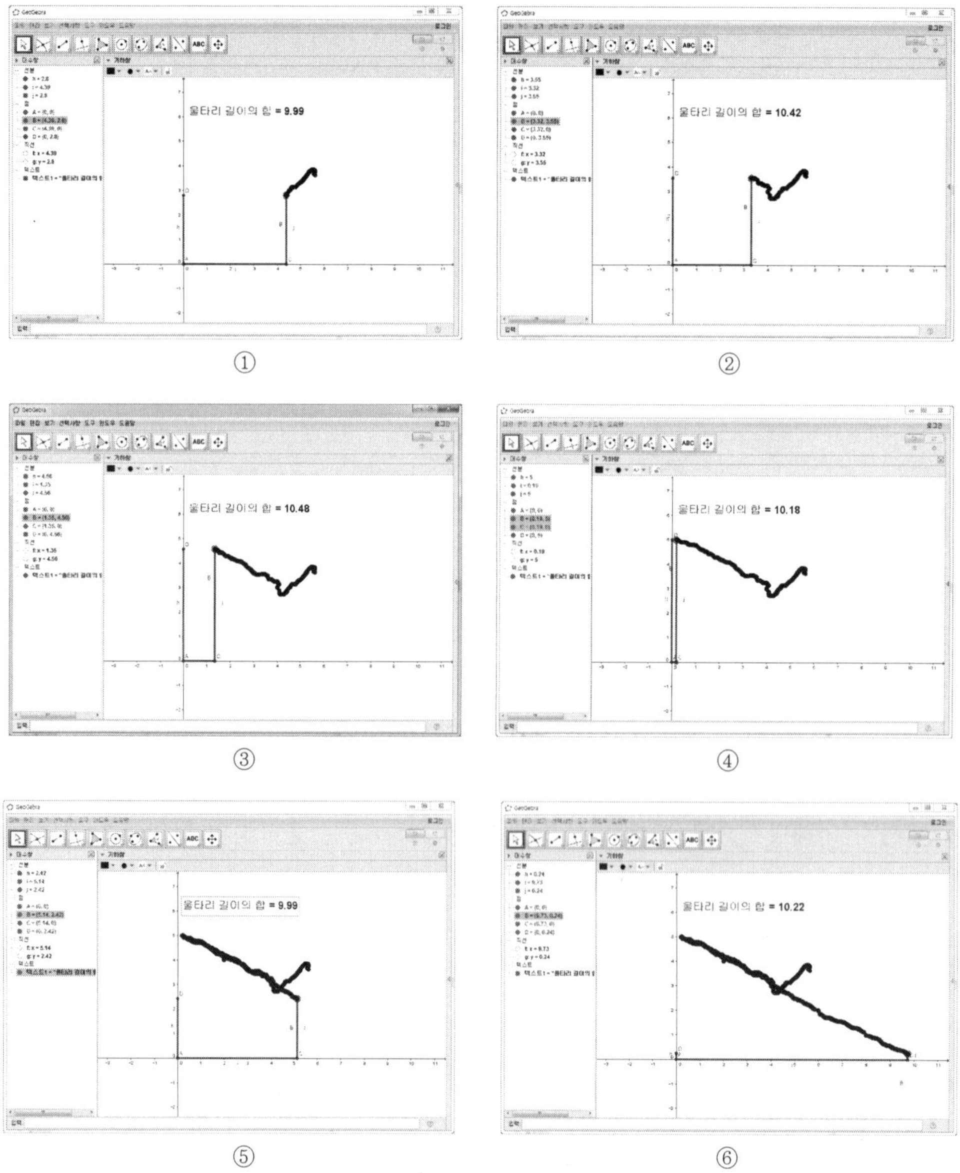

〈그림 10-13〉 울타리 길이의 합이 10인 자취를 찾기 위한 드래깅 과정

4.2.2.2 자료와 정보 정리 및 분석

1) 이제 자신의 추측이 맞는지 확인하기 위해, 좌표평면에 점 (0,5)와 점(10,0)을 지나는 선분 k와 이 선분 위를 움직이는 점 B를 작도한다. 점 B가 선분 k 위를 자유롭게 움직일 때, 울타리의 총 길이 DA+AC+CB의 값은 변함없이 10이 됨을 확인한다.[2)]

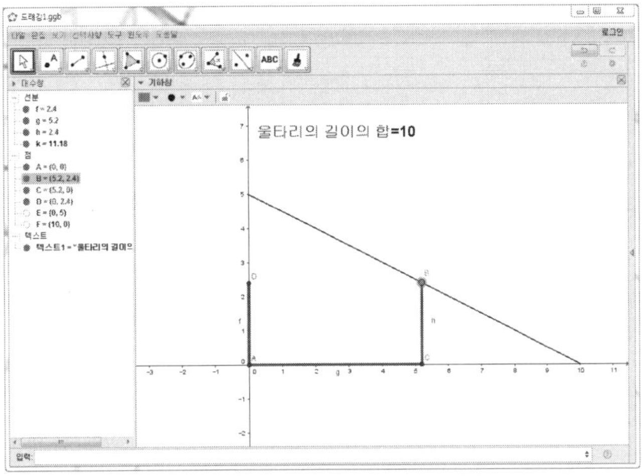

〈그림 10-14〉 드래깅 검증(dragging test)

2) Geogebra의 보기메뉴에서 [기하창2]를 열어 화면에 2개의 기하창을 동시에 관찰할 수 있도록 적절히 배치한다. [기하창2]에 동점 B의 x좌표를 x좌표로, 사각형 ACBD의 넓이의 값을 y좌표로 갖는 동점 G를 생성한다.

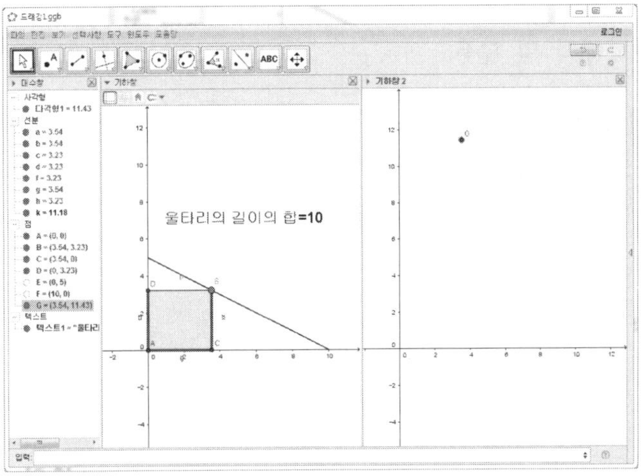

〈그림 10-15〉 동점 G[$(x, f(x))$] 생성

2) 이는 드래깅 검증(dragging test)에 해당된다.

3) 점 G를 움직일 때마다 점의 자취를 시각화할 수 있도록 [자취보이기] 옵션을 선택한다. 이제 동점 B를 드래깅할 때, 그에 따라 움직이는 점 G의 자취를 관찰한다.

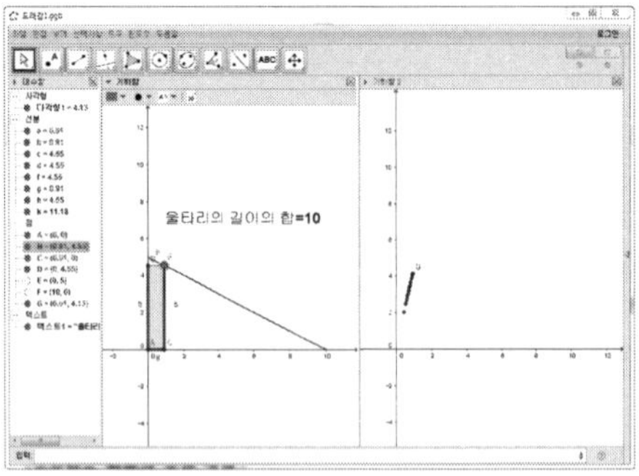

①

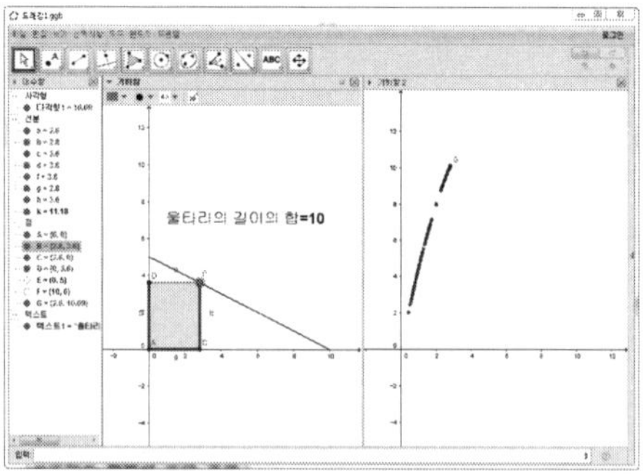

②

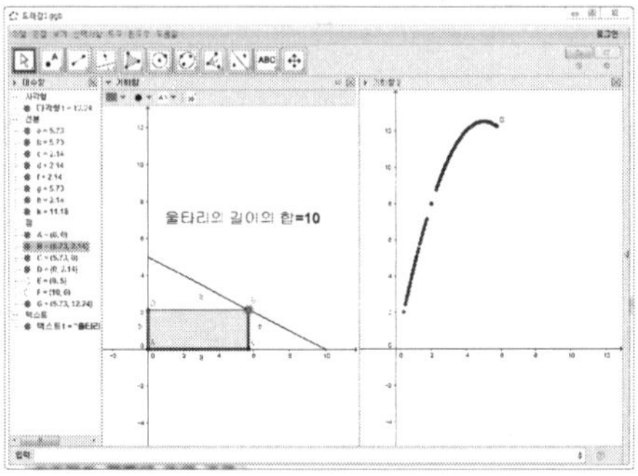

③

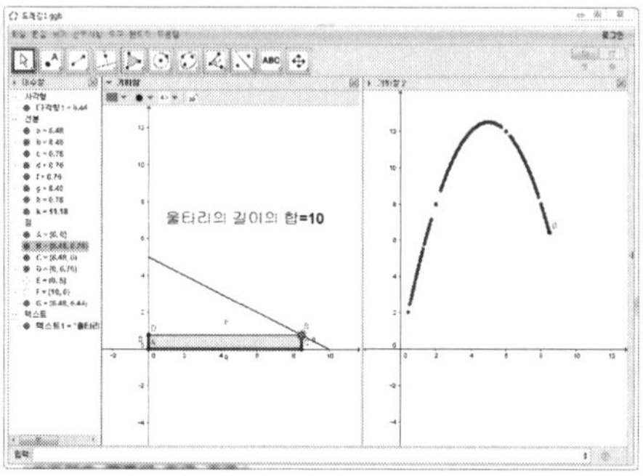

④

〈그림 10-16〉 드래깅을 통해 함수 G[$(x, f(x))$]의 그래프 관찰하기

4.2.2.3 정보 해석 및 활용

1) [기하창2]에 있는 점 G를 지나고 x축(y축)과 수직인 직선이 x축(y축)과의 교점을 H(I)라 하고, 점 H(I)의 좌표값이 화면에 나타나도록 하자.

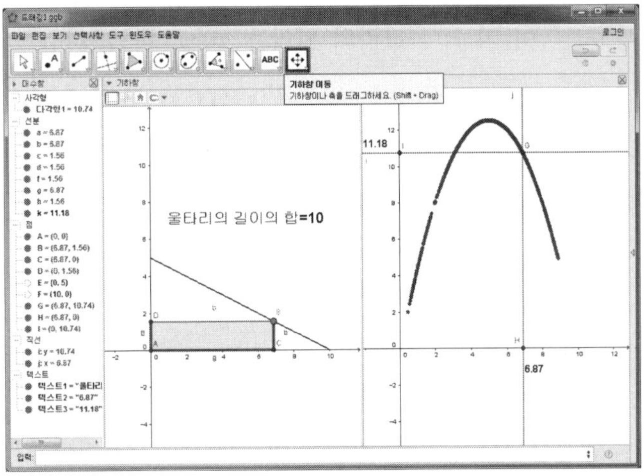

〈그림 10-17〉 동점 G의 x절편(H)과 y절편(I) 작도

2) 이제 [기하창2]에 있는 점 G의 위치가 가장 높은 위치에 놓이도록 [기하창1]의 점 B를 천천히 좌우로 드래그해 보자. 정확한 값은 아니지만, 대략 $x=5.02$일 때, 최대값이 $y=12.5$임을 화면상으로 확인된다.

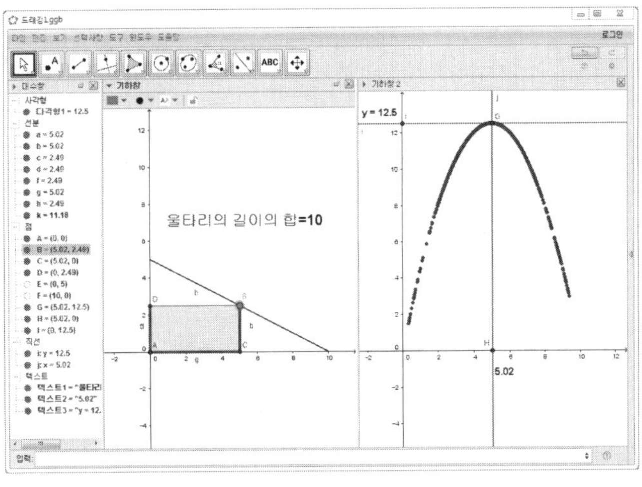

〈그림 10-18〉 동점 G[$(x, f(x))$]의 최댓값 위치 확인

이와 같이 울타리의 합이 일정하게 유지될 때, 전체 울타리의 넓이가 달라지는 과정을 시뮬레이션을 통해 시각적으로 확인하였다. 즉, 가로의 길이가 변함에 따라 넓이가 어떻게 변하게 되는지에 관한 함수적 관계를 시각적 사고로 이해해 보았다. 이러한 모의실험을 기반으로 이 문제를 풀어보면, 직사각형의 가로의 길이를 x라 할 때,

세로의 길이는 $\frac{10-x}{2}$이 되고, 울타리의 넓이를 y라고 하면, 다음 식을 얻을 수 있다.

$$y = x\left(\frac{10-x}{2}\right) = -\frac{1}{2}x^2 + 5x = -\frac{1}{2}(x-5)^2 + \frac{25}{2}$$

이차함수의 지식을 통해, $x = 5$일 때, 최댓값이 $y = 12.5$이다.

3) 문항을 조금 변형하여 추가 활동도 가능하다. 예를 들어 울타리의 가로 길이를 2에서 6까지로 제한될 때, 넓이가 취하는 범위를 알아보고자 한다면, [기하창2]에서 점 H와 점 G를 연결한 선분을 작도한 후, 이 선분의 [자취보이기] 옵션을 선택하고 점 B를 2에서 6까지만 움직이면 된다. 즉, 이차함수의 제한된 범위에서 최댓값과 최솟값을 구하는 활동을 수행해 볼 수가 있다.

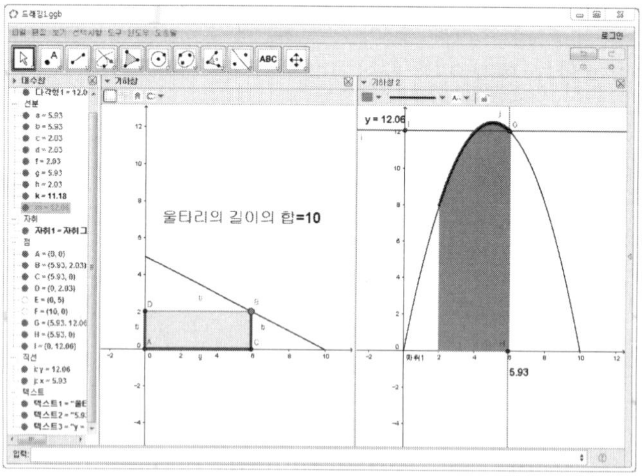

〈그림 10-19〉 이차함수의 제한범위에서 최대·최소 확인

✔ 교과 역량 설명

이 문항은 이차함수에 관한 최적화 문제이다. 2015 개정 수학과 교육과정에서는 중학교 3학년과 고등학교 1학년에서 중복해서 다루어지고 있는 이차함수의 내용 중 이차함수의 최대·최소를 중학교 학습 부담 경감 차원에서 고등학교에서 통합하여 지도하게 되어 있다. 이에 '최댓값', '최솟값'이라는 '학습요소'는 고등학교로 상향 이동하였다(박경미 외, 2015). 이 문항은 대수와 해석적인 방법으로도 해결이 가능하지만, 그 전에 공학적 도구를 사용해 해당 상황을 모의실험(시뮬레이션)을 실행해 볼 수 있

도록 설계하여, 학습자가 동적 기하 환경에서 점을 드래깅하면서 그에 따라 변하는 변수값을 시각적으로 확인하고 함수의 개념과 변수들 사이의 관계를 직관적으로 파악할 수 있도록 구성된 모델링 과정을 적용하였다.

이러한 활동은 대수 또는 해석적 방법인 수식으로 해결하기 전에 자료와 정보를 탐색, 수집, 조사과정에 기반을 두고 탐구활동으로 실시해 볼 수 있는 개연적 활동이며, 이러한 활동과정에서 학습자는 다양한 정보 처리 과정을 체험할 수 있게 된다.

이러한 정보 처리 과정에 초점을 두고 수행한 탐구적, 시각적 사고는 분석적 사고와 통합되어 수학적 이해와 개념 형성에 도움을 줄 것으로 기대한다. 또한, 문제해결을 위한 자신만의 아이디어를 도출하는 데 도움이 될 것이다. 정보 처리 역량을 기반으로 진행한, 이차함수에 관한 실생활 활용 문제를 해결하는 활동은 차후 더 복잡한 관계로 표현되는 실생활의 더 복잡한 문제 상황을 합리적으로 해결하게 하는 한편, 수학적 사고를 증진하는 데에도 도움이 줄 수 있을 것이다.

해석 영역

4.2.3 문항

지구 온난화는 지구의 평균 기온이 올라가는 현상으로 공기 중에 늘어나는 온실가스가 유리온실처럼 작용하여 지구 표면의 온도를 높이기 때문에 나타난다. 지구 온난화로 인해 해수면이 높아져 해안 지역이 물에 잠기고, 매우 많은 양의 토지가 손실될 뿐만 아니라, 집중 호우로 인한 홍수, 가뭄과 같은 다양한 자연재해가 일어나게 된다. 이런 지구 온난화의 가장 큰 원인은 화석 연료를 사용할 때에 배출되는 이산화탄소(CO_2)이다. 이산화탄소는 전체 온실가스 배출량 중 가장 많은 양을 차지하고 있으며, 다른 물질로 쉽게 전환되지도 않아 제거하기도 어렵기 때문에 온실가스를 줄이기 위해서는 이산화탄소의 발생량을 줄여야 한다.
우리나라의 연간 CO_2 배출량의 통계 자료를 수집한 후, 자료 분석을 통해 2050년에 예상되는 우리나라의 CO_2 배출량을 예측해보아라.

4.2.4 문항해설 및 답안

4.2.4.1 정보 수집

실생활 상황에서 적절한 자료를 학생 스스로 수집해보는 활동을 실시해 본다. 인터

넷을 통해 대기오염이나 환경에 관한 정보를 얻을 수 있는 사이트를 검색하여 탐색해 보고, 적절한 자료(예를 들면, 우리나라의 이산화탄소의 배출량에 관한 통계자료)를 스스로 수집 및 생성해보는 경험을 실시한다. 구체적으로 환경통계포털(http://stat.me.go.kr), 환경부(http://www.me.go.kr/), 통계청(http://kostat.go.kr), 온실가스종합정보센터(www.gir.go.kr) 등을 참고할 수가 있는데, 여기서는 통계청 사이트를 예를 들어 설명한다. 정보 수집 과정은 다음과 같다.

1) 통계청(http://kostat.go.kr) 사이트를 방문한다.

2) 사이트에서 국제·북한통계 > 주제별 국제통계 > 환경 > CO_2 배출량 수록기간 1990~2013을 차례로 선택한다.

3) '항목' 탭에서 '총량'만 선택하고, '국가별' 탭의 '1레벨 전체선택'에서 '아시아'를 선택하여 '한국'만 선택하고 다른 나라들은 모두 제외한다(북아메리카 등 다른 대륙도 모두 클릭하여 제외).

4) '시점' 탭에서 1990부터 2013년까지 선택한 후, 통계표 조회를 클릭한다.

5) 원하는 표가 화면에 나타나면 '다운로드' 아이콘을 클릭하여 활성화 된 팝업창에서 '엑셀' 형태 '오름차순'을 차례로 선택한 후, '다운로드'를 클릭한다.

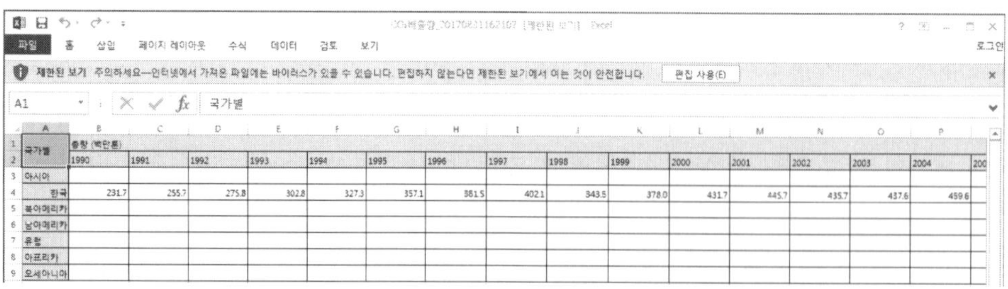

〈그림 10-20〉 연간 이산화탄소의 배출량(1990~2013)의 통계자료를 수집

6) EXCEL창에는 우리나라의 CO_2 배출량이 1990년부터 2013년까지 연도별로 제시되어 있다. EXCEL창 상단 중앙에 [편집사용(E)]을 클릭하여 편집할 수 있도록 조치하고 자료를 정리하여 다음과 같이 표로 제시한다.

[표 10-5] 연간 이산화탄소의 배출량(1990~2013)의 통계표제작 (단위: 백만 톤)

년도	1990	1991	1992	1993	1994	1995	1996	1997	1998	1999	2000	2001	2002	2003	2004	2005	2006	2007	2008	2009	2010	2011	2012	2013
CO_2 배출량	231.7	255.7	275.8	302.8	327.3	357.1	381.5	402.1	343.5	378.0	431.7	445.7	435.7	437.6	459.6	457.5	464.6	477.3	488.7	501.9	550.8	573.6	575.3	572.2

4.2.4.2 자료와 정보 정리 및 분석

자료와 정보 정리 및 분석 단계에서는 수집한 자료와 정보를 목적에 맞게 분류, 정리, 분석, 평가하는 능력을 의미한다. 여기서는 앞에서 수집한 자료들에 대한 추세나 경향을 시각적으로 확인할 수 있도록 적절한 그래프로 표현해보는 활동(즉, '표현하기', '시각화하기')을 실시해보자. 과정은 다음과 같다.

1) 수집한 자료 EXCEL파일에서 1990년부터 2013년까지 데이터를 마우스로 드래그하여 블록으로 지정한 후, [삽입]>[차트 메뉴] 내의 오른쪽 하단에 있는 [모든 차트 보기] 버튼을 클릭한다.

2) 화면에 나타난 [차트 삽입] 메뉴에서 [모든 차트]>[꺾은선형]을 선택한다.

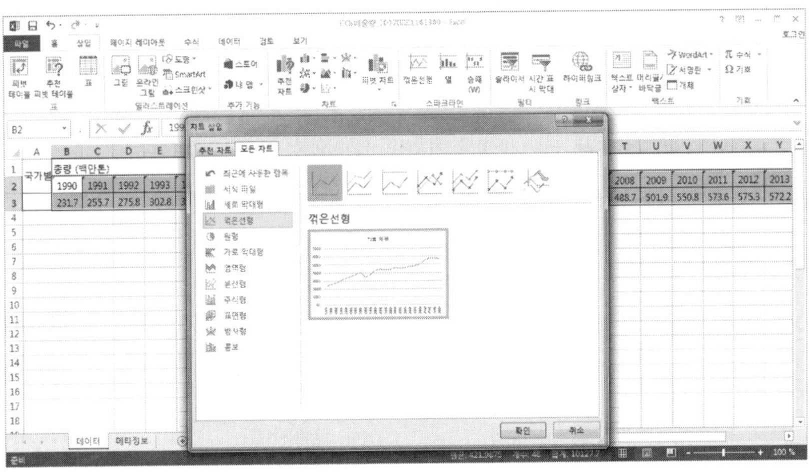

〈그림 10-21〉 차트삽입(꺾은선형)

3) 차트영역의 오른쪽 상단의 차트요소 버튼(+)을 클릭한 후, [추세선]>[기타옵션]을 차례로 선택하여, 화면 오른쪽에 [추세선 서식]을 활성화시킨다. 또한 나타난 [추세선 서식] 메뉴의 추세선 옵션에서 [로그]와 [수식을 차트에 표시] 콤보 상자를 모두 선택한다.

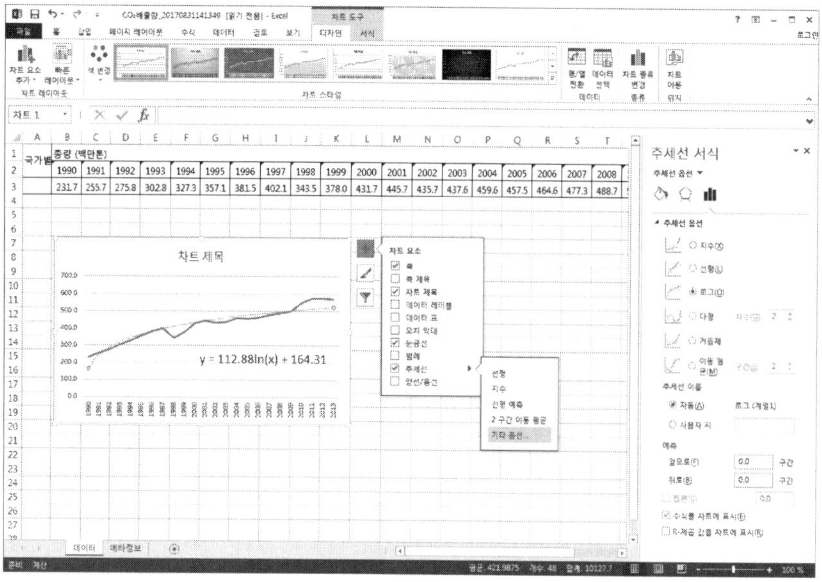

〈그림 10-22〉 로그 추세선 삽입

4) 차트 내부에 로그 추세선의 [채우기 및 선] 옵션에서 그래프가 잘 보이도록 적절히 설정한다. 또한, 생성된 수식도 선택하여 글자크기를 적절히 변경한다.

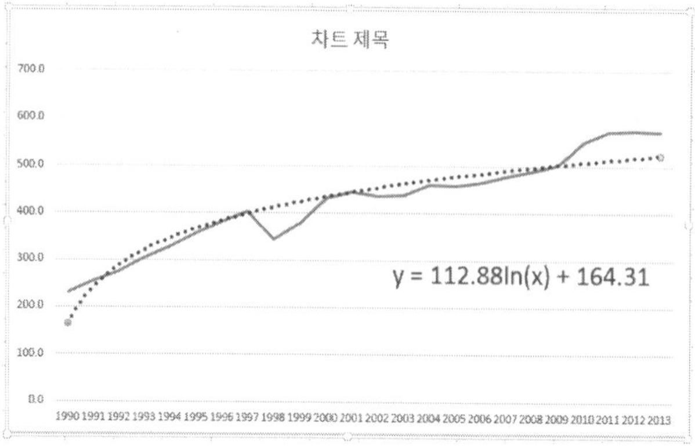

〈그림 10-23〉 로그 추세선 색변경과 수식 삽입

위와 같은 과정을 통해 표로 제시된 자료를 그래프와 수식으로 나타낼 수 있다. 이 자료는 엑셀로 불러들인 표를 그래프로 시각화하고, 수식을 이용해 추세나 경향을 예측해보는 정보 해석 활동의 기반이 된다.

4.2.4.3 정보 해석 및 활용

정보 해석 및 활용 단계는 분석한 정보에 내재된 의미를 올바르게 파악하여 해석, 종합, 활용하는 능력을 의미한다. 앞에서 그래프와 식으로 나타낸 정보를 토대로 우리나라 CO_2 배출량의 추세를 예측해보는 활동이 가능하다. 활동 과정은 다음과 같다.

1) 표현된 수식의 이해

그래프와 함께 생성된 수식 $y = 112.88\ln(x) + 164.31$에서 x는 연도 값을 대입하는 것이 아니라, 표의 열 번호를 대입해야 한다. 예를 들어 1997년도는 표에서 8번째 열에 위치하고 있으므로, $x = 8$을 대입해야 한다. 함숫값을 구해 보면, 표에서 1997년도 아래 셀(4행 I열)을 선택한 후, 수식입력줄에 = 112.88 * LN(8) + 164.31 를 입력해야 한다. 그러면 4행 I열 셀에 수식의 계산값 399.03… 이 입력된다. 이 값은 1997년의 CO_2 배출량 402.1에 가까운 근삿값이다.

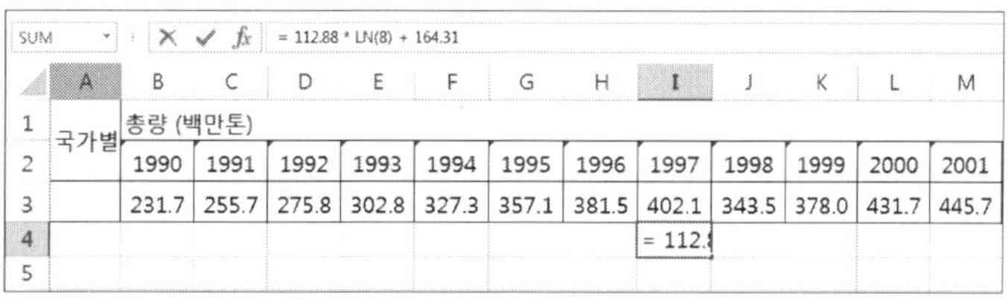

SUM | = 112.88 * LN(8) + 164.31

	A	B	C	D	E	F	G	H	I	J	K	L	M
1	국가별	총량 (백만톤)											
2		1990	1991	1992	1993	1994	1995	1996	1997	1998	1999	2000	2001
3		231.7	255.7	275.8	302.8	327.3	357.1	381.5	402.1	343.5	378.0	431.7	445.7
4									= 112.8				
5													

〈그림 10-24〉 수식입력줄을 이용해 1997년 CO_2 배출량 구하기

2) 예측 활동 실시

같은 방식으로 EXCEL의 수식입력줄 또는 계산기를 이용하여 앞으로 예상되는 CO_2 배출량을 예측해 볼 수 있다. CO_2 배출량의 추세가 유지될 때, 2050년에 예상되는 CO_2 배출량은 수식에 $x = 61$을 대입하면 112.88 * LN(61) + 164.31=628.34… 이므로, 약 628.3백만 톤 정도의 CO_2가 배출될 것으로 예상해 볼 수 있다.

✔ 교과 역량 설명

본 문항은 1990년부터 2013년까지 CO_2 배출량을 국가통계포털(http://kosis.kr)에서 실제 자료를 수집, 분석하여 CO_2 배출량의 추세를 예측해보는 과제이다. 자연현상, 과학, 사회, 경제 등 실생활에서는 생명체의 개체수 증감, 방사선 물질의 소멸, 원리합계와 복리법, 지진강도의 리히터 규모, 별의 밝기와 거리, 인체에 약이 흡수되는 비율,

로지스틱 곡선 등 다양한 현상을 지수함수와 로그함수의 그래프로 표현된다. 지수함수와 로그함수의 그래프를 학습하고 나서, 지수함수와 로그함수로 나타낼 수 있는 실생활 자료를 스스로 수집하고, 수집한 자료를 공학적 도구를 사용해 정리, 분석하여, 내재된 의미를 바르게 해석해보는 일련의 정보 처리 과정을 경험할 수 있도록 교수·학습 과정에 적용 또는 문항 개발이 이루어져야 한다.

5. 나오는 글

지금까지 2015 개정 수학과 교육과정에서 선정한 여섯 가지 교과 역량 중, 정보 처리 능력을 중심으로 정보 처리 능력의 개념, 정보 처리 능력을 활성화하기 위한 수업 방법, 중·고등학교의 수학 수업에서 정보 처리 능력에 초점을 두고 활용될 수 있도록 재구성한 예시문항 등 정보 처리 능력을 함양하기 위한 방안을 구체적으로 살펴보았다. 이러한 결과를 토대로, 정보 처리 능력 함양과 관련하여 다음과 같은 제언을 하고자 한다.

첫째, 정보 처리 관점에서 또는 정보 처리 능력을 적극적으로 반영된 다양한 연구가 지속적으로 이루어져야 할 것이다. 앞에서도 언급했던 것처럼, 정보 처리 관점의 연구는 부족하다. 2015 개정 수학과 교육과정에서 정보 처리 능력을 핵심역량으로 전면에 내세워 강조하고 있는 만큼 그에 걸맞은 다양한 연구 성과가 함께 도출되지 않는다면 또다시 단발성으로 끝날 우려가 있다.

둘째, 학생 스스로 자료를 수집, 분석하고, 결과를 해석하는 정보 처리의 전 과정을 모두 활성화하기 위해, 실생활 중심의 실용 통계교육과 연계하는 교육활동을 확대 실시할 필요가 있다. 불확실한 현상에서 합리적인 의사결정과 판단이 필요한 통계적 사고 과정과 4차 산업혁명의 빅데이터 시대를 맞이하여 폭발적으로 증가하는 정보와 자료의 홍수 속에서 필요한 자료를 선별하여 수집, 정리, 분석하여 내재된 정보와 자료의 올바른 의미를 해석, 평가하는 정보 처리능력의 하위 요소와의 연계는 매우 자연스럽고, 합리적인 연결이다. 특히 중학교 자유학기제 실시에 따른 실생활에서 다양한 프로젝트형 통계수업 운영이 가능한 여건이 조성된 만큼, 실용 통계교육의 활성화를 통해 정보 처리 능력과 소양의 활성화도 함께 가능할 것이다.

셋째, 정보 처리 능력을 함양을 위해서는 공학적 도구의 적극 활용을 재차 강조하지 않을 수 없다. 물론, 제6차 수학과 교육과정 이래로 지속적으로 공학적 도구의 적극 활용을 주장되어 왔으며 그에 따른 많은 변화와 성과가 있었던 것도 사실이지만,

정보 처리 능력에 기반을 두고 공학적 도구가 활용되는 다양한 교수·학습 자료와 사례가 교육 현장에 제공되어야 할 것이다. 가능하면 학년별, 단원별, 교과내용별 정보 처리 능력 관점에서 개발된 문항이나 교수·학습 자료가 확대 보급되어야 할 것이다.

❙참・고・문・헌

교육부(2015a). 수학과 교육과정. 교육부 고시 제2015-74호 [별책 8].

교육부(2015b). 초·중등학교 교육과정 총론. 교육부 고시 제2015-80호 [별책 1].

권성룡, 김남균, 류성림, 박성선(2012). 테크놀로지와 함께 하는 수학교육. 서울: 경문사. (원본은 2006년에 출판됨.)

김남희(2008). 수학교육에서의 컴퓨터 활용. 서울: 경문사.

김남희, 박경미(2008). 예비교사와 현직교사를 위한 수학교육에서의 컴퓨터 활용. 서울: 경문사.

김상룡(2000). 통계적 사고와 그 함양에 관한 연구. 한국수학교육학회 시리즈 C 〈초등수학교육〉, 12(1), 31-38.

김선희 외(2016). 2015 개정 교육과정 교수·학습 자료 수학. 교육부·대전광역시교육청.

김해윤(2015). 수학과 핵심역량에 관한 연구: 중학교 수학을 중심으로. 성균관 대학교 대학원 박사학위 논문.

류희찬, 조완영(1999). 증명의 필요성 이해와 탐구형 기하 소프트웨어의 활용. 대한수학교육학회논문집, 9(2), 419-438.

박경미 외(2015). 2015 개정 수학과 교육과정 시안 개발 연구Ⅱ. 한국과학 창의재단 연구보고서 BD15120005.

박지현(2013), 컴퓨터 기반 수학 평가 문항 설계 원리 연구, 서울대학교 대학원 박사학위 논문.

방정숙, 유은서, 김유경(2016). 통계 내용에 관한 초등학교 수학과 교과용 도서 분석: 정보 처리 능력을 중심으로. 한국초등수학교육학회지, 20(3), 499-519.

손홍찬(2004). 대수 및 함수 지도에서 Excel의 활용. 수학교육학 논총, 26, 319-331.

손홍찬(2004). 대수 및 함수 지도에서 Excel의 활용. 수학교육학 논총, 26, 319-331.

손홍찬(2011). GSP를 활용한 역동적 기하 환경에서 기하적 성질의 추측, 학교수학, 13(1), 107-125.

송민석(2014). 빅데이터를 활용한 마케팅 전략 실행의 실제에 관한 연구. 한국교통대학교 대학원 석사학위논문.

안건태(2015). 개혁확산관점에서 본 출판업계의 빅데이터 인식과 도입방안 연구. 경기대학교 대학원 석사학위 논문.

양은경, 신재홍(2014). 개방형 기하 문제에서 학생의 드래깅 활동을 통해 나타난 수학적 추론 분석. 수학교육학연구, 24(1), 1-27.

유은서(2017). 초등학교 4학년 학생들의 수학 교과 역량으로서의 정보 처리 능력 신장 방안: '막대그래프'단원을 중심으로. 한국교원대 대학원 석사학위 논문.

윤현진, 김연준, 이광우, 전제철(2007). 미래 한국인의 핵심 역량 증진을 위한 초·중등학교 교육과정 비전 연구(Ⅰ): 핵심 역량 준거와 영역 설정을 중심으로. 한국교육과정평가원.

이광우 외(2008). 미래 한국인의 핵심 역량 증진을 위한 초·중등학교 교육과정 비전 연구(Ⅱ). 한국교육과정평가원.

이광우 외(2014). 교과 교육과정 개발 방향 설정 연구. 한국교육과정평가원.

이기마, 유명근(2015). 정보 처리능력의 관점에서 본 2009·2015 중학교 수학과 통계영역 개정 교육과정 및 교과서 분석. 교과교육연구 8(1).

이상문(2017). 2015 개정 교사용 지도서에 제시된 수학 교과 역량 분석. 광주교육대학교 대학원 석사학위논문.

이종학, 김원경(2011). 스프레드시트를 활용한 수업이 통계적 사고 및 태도에 미치는 효과. 수학교육, 50(2), 185-212.

장경윤(1997). 스프레드시트를 이용한 수학교육 활동. 청람수학교육, 6, 143-158.

장경윤, 황우형, 이중권(2001). 탐구형 기하 소프트웨어의 활동 자료 개발과 그 효과에 관한 연구. 수학교육학연구, 11(1), 193-206.

장병열·김영돈(2013). 빅데이터 기반 융합 서비스 창출 주요 정책 및 시사점. 과학기술정책 통권 192호.

장아름(2016). 통계적 사고를 중심으로 한 교과서 문항 비교 분석: 중학교 1학년을 중심으로. 전남대학교 교육대학원 석사학위 논문.

조정수, 이은숙(2013). 역동기하 환경에서 끌기의 역할에 대한 고찰. 학교수학, 15(2), 481-501.

조지민 외(2012). PISA 공개 문항에 대한 우리나라 학생들의 답지 반응 분석 및 읽기 성취수준별 특성 비교. 한국과학 창의재단 연구보고서 RRE 2012-3-2.

조진숙(2010). 중학교 수학1 통계 단원의 통계적 사고에 관한 연구. 동국대학교 교육대학원 석사학위 논문.

한국교육개발원(2015). 자유학기제 교과별 수업 및 평가 사례집: 수학. 서울: 한국.

Arzarello, F., Olivero, F., Paola, D. & Robutti, O.(2002). A cognitive analysis of dragging practises in Cabri environments. Zentralblatt für Didaktik der Mathematik, 34, 66-72.

Baccaglini-Frank, A.(2010). Conjecturing in dynamic geometry: A model for conjecture-generation through maintaining dragging. Doctoral dissertation, University of New Hampshire, Durham, NH, USA.

Olivero, F.(1999). Cabri-Géomètre as mediator in the process of transition to proofs in open geometric situations: An exploratory study. Proceedings of ICTMT4 (pp. 1-15). Plymouth.

찾아보기

■ **집필진** (가나다순)
고상숙(단국대학교)
김동근(청구고등학교)
김지연(수성고등학교)
김진호(대구교육대학교)
서보억(충남대학교)
오택근(한국교육과정평가원)
이봉주(경북대학교)
주홍연(용동중학교)
최남광(대전과학고등학교)
최중오(성복중학교)
최희선(EBS)
한인기(경상대학교)
한혜숙(단국대학교)
홍주연(경상대학교)

한국수학교육학회 2017년 연보
수학교육에서 수학적 과정 및 교과 역량

편 집 서보억 · 한혜숙 · 주홍연 · 최남광
집 필 고상숙 · 김동근 · 김지연 · 김진호 · 서보억
오택근 · 이봉주 · 주홍연 · 최남광 · 최중오
최희선 · 한인기 · 한혜숙 · 홍주연
펴낸이 조경희
펴낸곳 경문사
펴낸날 2018년 4월 30일 1판 1쇄
2020년 2월 3일 1판 2쇄
등 록 1979년 11월 9일 제 1979-000023호
주 소 04057, 서울특별시 마포구 와우산로 174
전 화 (02)332-2004 팩스 (02)336-5193
이메일 kyungmoon@kyungmoon.com
facebook facebook.com/kyungmoonsa

값 22,000원

ISBN 979-11-6073-121-7